U0647662

G. W. F. Hegel Werke in zwanzig Bänden
Jenaer Schriften 1801-1807

《黑格尔著作集》（二十卷）中文版编委会

主　　编：张世英

副 主 编：杨祖陶　黄书元　张　慎

编　　委：辛广伟　任　超　张小平　陈亚明

　　　　　高宣扬　黄凤祝　燕宏远　邓安庆

　　　　　艾四林　先　刚　刘　哲　朱更生

　　　　　胡怡红　王志宏　柏裕江

编辑统筹：张振明

黑格尔著作集

第 2 卷

耶拿时期著作

1801－1807

朱更生　译

人民出版社

Georg Wilhelm Friedrich Hegel Werke in zwanzig Bänden
2
Jenaer Schriften 1801-1807

Auf der Grundlage der Werke von 1832-1845 neu edierte Ausgabe
Redaktion Eva Moldenhauer und Karl Markus Michel
Suhrkamp Verlag Frankfurt am Main 1970

"十二五"国家重点图书出版规划项目

黑格尔著作集（二十卷，理论著作版）

总　序

张世英

　　这套黑格尔文集的中文版,其所根据的版本是二十卷本的"理论著作版"(Theorie-Werkausgabe),即《格·威·弗·黑格尔二十卷著作集》(*G.W.F.Hegel Werke in zwanzig Bänden*),由莫尔登豪尔(E.Moldenhauer)和米歇尔(K.M.Michel)重新整理旧的版本,于20世纪60年代末开始出版。这个版本,虽不及1968年以来陆续出版的历史批判版《黑格尔全集》那样篇幅更大,包括了未曾公开发表过的黑格尔手稿和各种讲课记录以及辨析、重新校勘之类的更具学术研究性的内容,但仍然是当前德国大学科研和教学中被广泛使用的、可靠的黑格尔原著。我这里不拟对黑格尔文集的各种版本作溯源性的考察,只想就黑格尔哲学思想在当今的现实意义作点简单的论述。

　　黑格尔是德国古典唯心主义之集大成者,他结束了西方传统形而上学的旧时代。黑格尔去世后,西方现当代哲学家大多对黑格尔哲学采取批评的态度,但正如他们当中一些人所说的那样,现当代哲学离不开黑格尔,甚至其中许多伟大的东西都源于黑格尔。在中国,自20世纪初就有些学者致力于黑格尔哲学的介绍、翻译与评论。1949年中华人民共和国成立到1976年所谓"文化大革命"结束,大家所广为传播的观点是把黑格尔哲学看成是马克思主义的三个来源之一,一方面批判黑格尔哲学,一方面又强调吸取其"合理内核",黑格尔是当时最受重视的西方哲学家。1976年以来,哲学界由重视西方古典哲学转而注意西方现当代哲学的介绍与评论,黑格尔哲学更多地遭到批评,其总体地位远不如从前了,但不少学者对黑格尔哲学的兴趣与研究却比以前更加深沉、更多创新。黑格尔无论在西方还是在中国,其名声的浮沉,其思想影响的起伏,正说明他的哲学在人类思想史上所占的历史地位时刻不容忽视,即使是在它遭到反对的时候。他的哲学体系之庞大,著述之宏富,思想内容之广博和深邃,在中西哲学史上都是罕见的;黑格尔特别熟悉人类思想史,他的哲学像一片汪洋大海,融会了前人几乎全部的思想精华。尽管他个人文笔之晦涩增加了我们对他的哲学作整体把握的难度,特别是对于不懂德文的中国读者来说,这种难度当然要更大一些。但只要我们耐心琢磨,仔细玩味,这气象万千的世界必能给我们提供各式各样的启迪和收益。

一、黑格尔哲学是一种既重视现实 又超越现实的哲学

一般都批评黑格尔哲学过于重抽象的概念体系,有脱离现实之弊。我以为对于这个问题,应作全面的、辩证的分析和思考。

黑格尔一方面强调概念的先在性和纯粹性,一方面又非常重视概念的具体性和现实性。

黑格尔明确表示,无时间性的"纯粹概念"不能脱离有时间性的人类历史。西方现当代人文主义思想家们一般都继承了黑格尔思想的这一方面而主张人与世界的交融合一。只不过,他同时又承认和允许有一个无时间性的逻辑概念的王国,这就始终会面临一个有时间性的环节(认识过程、历史过程)如何与无时间性的环节(纯粹概念)统一起来的问题,或者用黑格尔《自然哲学》中的话语来说,也就是有时间性的"持久性"与无时间性的"永恒性"之间的鸿沟如何填平的问题。无论黑格尔怎样强调认识和历史的"持久性"多么漫长、曲折,最终还是回避不了如何由"持久性"一跃而到"永恒性"、如何由现实的具体事物一跃而到抽象的逻辑概念的问题。黑格尔由于把抽象的"永恒性"的"纯粹概念"奉为哲学的最终领域,用普遍概念的王国压制了在时间中具有"持久性"的现实世界,

他的哲学被西方现当代哲学家贬称为"概念哲学"或"传统形而上学"的集大成者。但无论如何，黑格尔哲学既是传统形而上学的顶峰，又蕴涵和预示了传统形而上学的倾覆和现当代哲学的某些重要思想，这就是黑格尔哲学中所包含的重视具体性和现实性的方面。

黑格尔早年就很重视现实和实践，但他之重视现实，远非安于现实，而是与改造现实的理想紧密结合在一起的，为此，他早在1800年的而立之年，就明确表示，要"从人类的低级需求"，"推进到科学"（1800年11月2日黑格尔致谢林的信，*BRIEFE VON UND AN HEGEL*, Verlag von Felix Meiner , Hamburg, Band 1, S.59）。他所谓要"推进到科学"的宏愿，就是要把实践提高到科学理论（黑格尔的"科学"一词远非专指自然科学，而是指系统的哲学理论的意思）的高度，以指导实践，改造现实。黑格尔在1816年10月于海德堡大学讲授哲学史课程的开讲词里说过这样一些话：一段时间以来，人们过多地忙碌于现实利益和日常生活琐事，"因而使得人们没有自由的心情去理会那较高的内心生活和较纯洁的精神活动"，"阻遏了我们深切地和热诚地去从事哲学工作，分散了我们对于哲学的普遍注意"。现在形势变了，"我们可以希望……除了政治的和其他与日常现实相联系的兴趣之外，科学、自由合理的精神世界也要重新兴盛起来"。为了反对先前轻视哲学的"浅薄空疏"之风，我们应该"把哲学从它所陷入的孤寂境地中拯救出来"，以便在"更美丽的时代里"，让人的心灵"超脱日常的兴趣"，而"虚心接受那真的、永恒的和神圣的事物，并以虚心接受的态度去观察并把握那最高的东西"（黑格尔：《哲学史讲演录》，生活·读书·新知三联书店1956年版，第1—3页）。黑格尔所建立的庞大的哲学体系，其目的显然是要为改造现实提供理论的、哲学的根据。黑格尔的这些话是差不多两百年以前讲的，但对我们今天仍有很大的启发意义。针对当前人们过分沉溺于低级的现实欲求之风，我们的哲学也要既面对现实，又超越现实。"超越"不是抛弃，而是既包含又高出之意。

二、黑格尔哲学是一种揭示人的自由本质、以追求自由为人生最高目标的哲学

　　黑格尔哲学体系包括三大部分:逻辑学、自然哲学和精神哲学。在1949年中华人民共和国成立到改革开放以前的大约30年里,我们的学界一般都只注重逻辑学,这是受了列宁《哲学笔记》以评述逻辑学为主的思想影响的缘故。其实,黑格尔虽然把逻辑学看成是讲事物的"灵魂"的哲学,而自然哲学和精神哲学不过是"应用逻辑学",但这只是就逻辑学所讲的"逻辑概念"比起自然现象和人的精神现象来是"逻辑上在先"而言,离开了自然现象和精神现象的"纯粹概念",必然失去其为灵魂的意义,而成为无血无肉、无所依附的幽灵,不具现实性,而只是单纯的可能性。

　　黑格尔明确承认"自然在时间上是最先的东西"的事实,但正因为自然的这种时间上的先在性,而使它具有一种与人的精神相对立的外在性。人的精神性的本质在于克服自然的外在性、对立性,使之包含、融化于自身之内,充实其自身,这也就是人的自由(独立自主的主体性)本质。黑格尔认为,精神的最高、最大特征是自由。所谓自由,不是任性。"自由正是精神在其他物中即在其自身中,是精神自己依赖自己,是精神自己规定自己"(黑格尔:《逻辑学》,人民出版社2002年版,第72页)。所以精神乃是克服分离性、对立性和外在性,达到对立面的统一;在精神中,主体即是客体,客体即是主体,主体没有外在客体的束缚和限制。精神所追求的目标是通过一系列大大小小的主客对立统一的阶段而达到的最高的对立统一体,这是一种最高的自由境界。黑格尔由此而认为精神哲学是"最具体的,因而是最高的"(G.W.F.Hegel Werke in zwanzig Bänden 10, S. 9)。也就是说,关于人生的学问——"精神哲学"是最具体的、最高的学问(比起逻辑学和自然哲学来)。黑格尔哲学体系所讲的这一系列大大小小对立统一的阶段,体现了人生为实现自我、达到最终的主客对立统一

的最高自由之境所经历的漫长曲折的战斗历程，这对于我们中国传统哲学把主体——自我湮没于原始的、朴素的、浑沌的"天人合一"的"一体"（自然界的整体和封建等级制的社会群体）之中而忽视精神性自我的自由本质的思想传统来说，应能起到冲击的作用。

三、"辩证的否定性"是"创新的源泉和动力"

黑格尔认为克服对立以达到统一即自由之境的动力是"否定性"。这种"否定性"不是简单抛弃、消灭对立面和旧事物，而是保持又超越对立面和旧事物，他称之为"思辨的否定"或"辩证的否定"。这种否定是"创新的源泉和动力"，是精神性自我"前进的灵魂"。一般都大讲而特讲的黑格尔辩证法，其最核心的实质就在于此种否定性。没有否定性，就没有前进的动力，就不能实现人的自由本质。我以为，我们今天讲弘扬中华传统文化，就用得着黑格尔辩证哲学中的否定性概念。辩证法"喜新"，但并不"厌旧"，它所强调的是在旧的基础上对旧事物进行改造、提高，从而获得前进。中华文化要振兴、前进，就得讲辩证哲学，就得有"否定性"的动力。

2013 年 8 月 27 日于北京北郊静林湾

目　录

费希特与谢林哲学体系的差异（1801 年）

《埃朗根文学报》评论（1801—1802 年）

《哲学批评杂志》文章（1802—1803 年）

附　　录

费希特与谢林哲学体系的差异

涉及莱因霍特《19 世纪初叶哲学状况概览文集》第一册

格奥尔格·威廉·弗里德里希·黑格尔
世界智慧博士

耶拿

学术书店

出版人 塞德勒

1801 年

前　言

　　在少数公开言论中，看出对费希特与谢林哲学体系差异的感觉，从这些言论中显现出来回避或者对自己掩饰这种差异性的努力多于对此的清晰意识。无论是直接审视位于公众面前的两个体系还是谢林回应埃申迈尔①针对自然哲学所作的唯心主义异议，都没有谈及那种差异性。相反，例如莱因霍特②对此无甚概念，即其实曾被认为已知的两个体系的完全同一性在此也对使他针对谢林体系的视点错位。莱因霍特的这种迷惘（不止是面临的或者不如说已经宣告发生的哲学经由回溯至逻辑学的革命）是如下文章的诱因。

　　康德哲学需要的是，其精神与字眼分离，在属于理性反思或者可能用于理性反思的其余事物中突出纯粹思辨的原理。本着范畴演绎的原则，这种哲学是纯正的唯心主义，而这项原则是费希特以纯粹与严格形式突出过并且称为康德哲学精神。自在之物（由此不过客观地表达对立物的空洞形式）又得到假设并且如教条主义者的事物一样被设定成绝对客观性，使范畴自身一部分成为智力的无生命的静止之扇，一部分成为至高原则，借助这些范畴，能够毁灭以此宣布绝对性本身的用语，如斯宾诺莎的实体，进而否定的推断能够一如既往代替哲学探索，只是在批判哲学名下要求更多，这些情况至多以康德范畴演绎的形式存在，并非符合其原则或精神；而如果除了这部分之外，我们没有康德哲学的任何部分，则那种变

---

　　①　卡尔·奥·埃申迈尔，1768—1852年，自然哲学家。
　　②　卡·莱·莱因霍特：《19世纪初叶哲学状况概览文集》，第一册与第二册；汉堡1801年；第三册，1802年。

化几乎不可捉摸。在对知性形式的那种演绎中,最明确宣布了思辨原则、主体与客体的同一性;这种关于知性的理论经受了理性的洗礼。而如果康德使作为理性的这种同一性本身成为哲学反思的对象,同一性就在自己身上消失;若曾用理性对待了知性,就与此相反,要用知性来对待理性。此处很明显,在哪个次要阶段上把握了主体与客体的同一性。主体与客体的同一性只限于十二种或者不如说只限于九种纯粹的思维活动,因为样式不给出真正客观的规定;在样式中主要有主体与客体的非同一性。除了经由范畴的客观规定之外,余下关于感性与感知的一个非凡的经验王国、一种绝对的后天性。就此后天性而言,没有一种先天性被指明为只是反思性判断力的主观准则;亦即非同一性升格为绝对原则。从理念、从理性产物中取走同一性、亦即理性之事后,把同一性与存在绝对对立之后,——理性被阐述为实际能力,没有被阐述为绝对同一性,而是处于无穷对立之中,被阐述为纯粹知性统一的能力之后,正如纯粹知性统一必定由有穷思维、亦即由知性所设想,情况不可能不同。由此产生对照性的结果,即对知性而言,不存在绝对客观的规定,而对理性而言,存在绝对客观的规定。

[11]

以自我=自我的形式出现的对自身的纯粹思维、主体与客体的同一性是**费希特**体系的原则,而如果直接只遵守该原则,且在康德哲学中只遵守作为范畴演绎根据的先验的原则,就有大胆宣布的纯正思辨原则。但思辨一脱离它自行提出的概念并且自成体系,它就离开自身与其原则,不回归该原则。思辨把理性交给知性,转入意识的有穷性之链,它不再由有穷性把自己重建成同一性与真正的无穷性。原则本身、先验直观由此得到的尴尬地位是从原则演绎出来的多样性的对立物。体系的绝对性显示自己只以其现象的形式由①②哲学反思所领会,而通过反思对体系的绝对性所给定的这种确定性,也就是有穷性与对立没有遭抽走。原则、主体——客体证明自己是主观性的主体——客体。由它演绎之物由此得到

---

① 首版"在哲学反思面前得到领会"。
② 首版指 1968 年出版的历史校勘版《黑格尔全集》第四卷《耶拿评论文集》,由哈特穆特·布赫纳与奥托·珀格勒编选。——译者注

的形式是纯粹意识的一个条件、自我＝自我的一个条件,而纯粹意识自身通过客观无穷性、**无穷**(**in infinitum**)的时间——过程得到一种有条件意识的形式,先验的直观迷失于无穷的时间——过程中,而自我没有把自己 [12]建构成绝对的自我直观,也就是自我＝自我变成这项原则:自我就该是自我。被置于绝对相反之中、也就是降级成知性的理性因而成为诸形态的原则、绝对性必定表现出的形态及其科学的原则。

费希特哲学的这两个方面(该体系根据一方面纯粹地提出理性与思辨的概念,也就是使哲学成为可能,该体系根据另一方面把理性与纯粹意识设定为一个事物,把以一种无穷形态得到领会的理性升格成原则),必须区分这两方面,这必定会表明自己是事情自身的内在必然性。外在诱因产生时间需求并且首先产生了沉浸在这种时间需求中的莱因霍特《19世纪初叶哲学状况概览文集》,在这些文集中,综观了两个方面,一方面,费希特体系是纯正的思辨,也就是哲学,还有谢林体系的方面,谢林体系从该方面区别于费希特体系,把自然哲学中的客观性主体客体(Subjektobjekt)与主观性主体客观相对立,在作为主体的一个更高者中集中阐述两者。

至于时间需求,费希特哲学如此惹人注目、划时代,连那些宣称反对它并且力求把自己的思辨体系引上正轨者也更加混沌、更加不纯地落入费希特哲学的原则,无力抗拒该原则。在划时代的体系上,紧接着出现的现象是误解还有其对手的不当举止。如果可以言说一个体系,说它走运,则哲学的一种较普遍的需求以一种本能的倾向转向一个体系,这种需求无力独自为哲学而生,因为借此它就会通过创建一个体系来满足自己;而 [13]被动接受的假象来源于,在内部存在体系所宣布之事,现在,人人都在其学术范围或者活跃范围内提出此事。不能在此意义上说费希特体系走运。它有那么多事给时代非哲理倾向添麻烦,虽然同时知性与功利性越善于给自己谋得分量并提出、顾及有限的宗旨,尤其在无拘无束、还是少壮的世界中,就越强烈地催促较好的精神。如果像《关于宗教的演讲》①

---

① 施莱尔马赫:《论宗教——对身处鄙视者中的有文化者的演讲》,柏林1799年版。

之类的出版物不直接涉及思辨需求,则它们及其接受情况、更多的却是威严,它们表明对一种哲学的需求,威严带着较模糊或者较有意识的感觉开始把诗和一般艺术维持在其真正的范围内,这种哲学使自然谅解了它在康德与费希特体系中所受的虐待,而理性自身被置于与自然的一种一致之中,并非被置于这样一种一致中,理性在其中放弃自我或者不得不成为对自然无聊的模仿者,而是以此被置于一种一致中,即理性用内力把自己塑造成自然。

　　本文以一般反思开始,至于对哲学的需求、前提、原则等等的一般反思,则它们的错误是成为一般的反思,而反思的诱因在于,借助作为前提、[14]　原则等等的此类形式,哲学的入门途径始终还是纠结缠绕并且遭遮蔽,因而,在某种程度上被迫参与其间,直到有朝一日言说的完全只是哲学本身。这些对象中一些较有趣者还会得到更多的论述。

1801 年 7 月,于耶拿

现在哲学探索中出现的某些形式

哲学体系的历史观

一个时代把如此大量的哲学体系作为往昔甩在身后,在尝试了一切形式之后,它似乎必定达到生活所获得的那种无差异;如果个性迂腐者不再敢进入生活,对总体性的欲望还表现为对知识完整性的欲望;个性迂腐者尝试通过其拥有之事的多样性来谋得其并非如此之事的假象。个性迂腐者把科学转变成一种知识,拒绝了科学所要求的鲜活部分,把科学维持在远处和纯客观的形态中,针对要自我升格成普遍性的一切要求,让自己不受干扰维持在独到的特性中。如果此类无差异摆脱自我而达到好奇,对它而言,最迫切之事莫过于命名一种新形成的哲学,还有,如亚当通过给动物定名来宣布其对动物的统治一样,对此类无差异而言,最迫切之事莫过于通过找到名字来宣布对一种哲学的控制。以此方式,就把哲学置于认识这一等级之中。认识涉及异己客体;对哲学的了解从未异于一种认识,在这种对哲学的了解中,内部的总体性并未活动,而是漠不关心保全了其自由。

没有任何哲学体系能够摆脱这样一种可能的接受情况;每个哲学体系都能够历史地得到对待。正如任何鲜活的形态同时属于现象,作为现 象的一种哲学让自己听凭那种威力的摆布,那种威力能够把哲学体系变成一种过气的意见,并且从一开始就能够变成一种往昔。寓于哲学之中的鲜活精神要求因一种相近的精神而生,以自我揭露。历史性的举止出于某种兴趣而着手了解各种意见,在历史性的举止面前,鲜活的精神作为陌生的现象一掠而过,不表露其内心。鲜活的精神不得不用于扩大其余的木乃伊藏品与一般数量的偶然性,它可能无所谓,因为它自身逃脱了对知识的好奇积累。这种体系可能坚持其对真理无所谓的立场,保持其独立性,它可能接受或者摈弃各种意见或者不作抉择;对诸哲学体系而言,与自身可能有的关系莫过于它们是意见,而像意见这类的偶有属性可能无损于哲学体系;哲学体系没有认识到,存在着真理。

　　但若要扩展科学这一欲望投身于此,哲学史就赢得一个较有利的方面,因为按莱因霍特的说法,它该用于比曾经发生的更深入地钻研哲学精神,用新的独特观点推进前人关于探索人类认识实在的独特观点;迄今为止,从事了要完成哲学任务的预习性尝试,只有通过对这些尝试的这样一种认识,尝试才可能最终确实成功,只要不赐予人类以这种成功。① ——看得出,这样一种探究的宗旨以对哲学的一种想象为根据,根据这种想象,这种探究就会是一种手艺,可以通过一再重新发明的手段得到改善。

[17]　任何新发明均以对已经使用手段及其宗旨的认识为前提;但在一切迄今为止的改善之后,依旧留有主要任务,据一切迹象看来,莱因霍特似乎如此设想该主要任务,即可以找到一种普遍有效的终极手段,对只能使自己熟悉它的任何人而言,由此会自己完成工作。如果事关这样一种发明,而科学是他人熟巧的一种过气成果,则机械艺术能够做到的那种可臻完美性当然归这种发明所有,对任何时代而言,就总是该把迄今为止的哲学体系无非目为豪杰的预习。但如果绝对者及其现象、理性永远是同一件事(就是如此),则专注于自身并且认清了自我的任何理性就产生真正的哲学并且完成任务,该任务及其完成在任何时代都是同一件事。因为在哲学中,认清自我的理性只与自身相关,所以,理性的全部工作与其活动也在理性自身之中,而在哲学的内在本质方面,既无前身亦无后续者。

　　就跟不怎么谈得上哲学的持续改善一样,同样也不怎么能谈得上哲学的**独特观点**。理性之事怎么会独特呢? 一种哲学所特有之事,可以就

---

① 参见莱因霍特:《19世纪初叶哲学状况概览文集》第一册,第5页以下第4项。

因为它独特而只属于体系的形式,不属于哲学的本质。如果一种独特之事确实构成一种哲学的本质,则它就不会是哲学;而如果一种体系自身把一种独特之事宣布为其本质,则尽管如此,它可能来源于纯正的思辨,这种思辨只在是尝试以一门科学的形式自我表达时失败了。有谁囿于独特性,在他者身上看见的无非是独特性;如果在哲学的本质上,允许特殊观点有一席之地,如果莱因霍特把他新近所转向之事视为一种独特的哲学, [18] 那当然可能用莱因霍特的话,把迄今为止阐述并完成哲学任务的一切方式笼统地看作不过是独特性与预习,但通过独特性与预习,还是预备性地导致成功的尝试,因为(哪怕在我们渴望之处,我们也只是瞥见失事船只的残骸覆盖哲学极乐之岛的海滨,没有在港湾中瞥见留存的车辆)我们不得放弃目的论观点。至少也不得不用费希特哲学用以表现的形式的独特性来解释,费希特可以言说斯宾诺莎①,说斯宾诺莎可能不曾相信其哲学,未曾有过充满内心的鲜活信念,并且可以言说古人,他们是否有意识地考虑过哲学的任务,甚至这点都可疑。

如果特有体系形式有独特性,这种形式的全部强健特性在此产生这样一种表现,而与此相反,莱因霍特哲学的独特性在于探究倾向与说理倾向,以独特的哲学观和围绕这些独特哲学观的历史性努力而给自己大添麻烦。对真理的热爱与信仰增强至如此纯粹与令人厌恶的高度,为了恰当地探究迈入庙堂的步骤并说明理由,**信仰**建成了一座宽敞的前院,为了避免该步骤,**热爱**在前院中如此长久地忙于分析、条理化与叙述,直至它为了安慰自己对哲学力不能及而劝告自己,说他者的冒失步骤不过是预习或者精神错乱。

就独特性而言,哲学的本质恰恰深不可测,而如果物体表示独特性的 [19] 总和,为了获得独特性,必然**一头(à corps perdu)**扑进去;因为理性发现意识囿于特殊性,理性只能由此成为哲学思辨,即理性升格至自我并且只对自己与同时成为其对象的绝对者吐露实情。对此,理性敢做的不过是

---

① 参见《知识学第二导论》,《费希特全集》卷一,第 513 页。

意识中的有穷性,而为了克服这些有穷性并且在意识中建构绝对,理性自己升格为思辨,在深不可测的限制与独特性中,把自己的说理掌握在自己手中。因为思辨是一种普遍理性在自己身上的活动,如果它让自己的观点摆脱偶然性与限制,通过经由自身的特殊形式,一般它就必定(并非在不同时代与头脑的哲学体系中只看见不同的方式与纯粹——独特的观点)发现明智的概念与意见的单纯多种多样性,而这样一种多种多样性并非哲学。一种哲学的真正独特性是有趣的个性,理性于其中用一个特殊时代的建筑工具给自己安排一种形态;特殊的思辨理性于其中发现其精神的精神、其肉体的肉体,它把后者看成同一件事、看成另一种鲜活的本质。任何哲学在自身中完善并且如一件纯正的艺术品,自身具有全面性。如果拉斐尔和莎士比亚认识阿佩莱斯和索福克勒斯,他们不怎么可能觉得后者的作品本身是单纯的预习,而觉得是精神上相近的力量,理性也不怎么可能把自己的较早形态只视作单独的有益预习;而如果维吉 [20] 尔①把荷马看成这样一种单独的预习和为其教化时代所作的预习,则维吉尔的作品在此方面就依然是温习。

哲学的需求

如果我们细看一种哲学所具有的特殊形式,我们一方面看出它源自精神的鲜活独创性,精神在独创性中通过自身而建立、主动塑造了四分五裂的和谐;另一方面,我们看出这种特殊形式源自两分所具有的特殊形式,体系出自这种两分。两分是**哲学需求**的源泉,作为时代的形成物,它是形态中非自由给定的那个方面。在形成物中,绝对者的现象使自己与绝对性隔离,把自己固着为一个为独立者。但同时,现象不能否定其起源,必定意在将其多种多样的限制建构成一个整体;限制的力量、知性把对人有价值而神圣的一切与它那置于人和绝对者之间的大厦相连,用自

---

① 维吉尔(公元前 70 年—前 19 年),罗马诗人。——译者注

然与人杰的一切威力巩固之,将之无穷扩展。其中可以找到诸限制的整个全面性,只是找不到绝对者本身;绝对者迷失于各部分,它驱使知性无穷发展其多种多样性,知性力求扩展至绝对性,但只是无穷尽地出产自己,不把自己当回事。理性只有走出这种多种多样的部分本质,才达致绝对者;知性大厦越坚固、辉煌,生命就越加焦虑地追求,生命囿于作为部分的知性,生命的追求要摆脱知性而奔向自由。绝对者作为理性步入远方,同时,诸限制的全面性遭消灭,在这种消灭中涉及绝对者,同时以此被视 [21] 为、设定为单纯现象;绝对者与诸限制的全面性之间的两分消失了。

知性在绝对设定中模仿理性,通过这种形式本身给自己提供理性的假象,即便受设定者本身是对立者、即有穷者;知性若把理性的否定变成、固着为一种产物,就是以就此而言更大的假象来做此事。只要把无穷者与有穷者对立,无穷者就是这样一种由知性设定的理性之事;本身作为理性之事,它只表示对有穷者的否定。知性固着有穷者,将它与有穷者绝对对立,而反思通过扬弃有穷者而使自己升格为理性,通过把理性所作所为固着为对立物,反思又把自己降格成知性;此外,它就妄称,即使在这种倒退中也是理性的。——此类对立物应视为理性产物与绝对者,不同时代的形成物以不同形式列出此类对立物,知性为它们而操劳。对立在其他情况下以精神与物质、心灵与躯体、信仰与知性、自由与必然性等等形式并且在受限制的领域还以某些方式而曾经重要,把人类爱好的一切分量加在自己身上,这些对立在形成进展中变成理性与感性、智力与本性对立的形式,[并且]①,就一般概念而言,变成绝对主体性与绝对客体性对立的形式。

扬弃此类固定下来的对立,是理性的唯一兴趣。它的这种兴趣并无那种意义,即似乎它笼统地反对对立与限制;因为必要的两分是生活的一个因素,生活的构成永远是对立性的,而在至高的生动性中,只有通过从 [22]

---

① 全书中方括号为德文版原书编辑所加。圆括号中,大部分为原文中已有,有些是为便于对照、理解,由译者给标明外文处加上圆括号,不再逐一标明。个别标明文献处,为照顾阅读习惯,由译者加上圆括号并注明。——译者注

至高的分离中恢复，才可能有全面性。而理性反对两分通过知性而绝对固着，如果绝对对立者本身源自理性，则更加如此。

如果团结的威力从人的生活中消失，而对立失去其活跃的关系与交互作用而赢得独立，就形成哲学的需求。就此而言，哲学需求是一种偶然性，但在给定的两分情况下是一种必然的尝试，要扬弃固定下来的主体性与客体性的对立、把智力世界与真实世界的已经生成领会成一种生成、把作为产物的智力世界与真实世界的存在领会成一种生产。在生成与生产的无穷活动中，理性汇集了曾经分离的一切，把绝对的两分降格为相对的两分，后者受制于原初的同一性。作为哲学，理性的此类自我复制何时、何处、以何形式作为哲学出现，是偶然的。必须由此来领会这种偶然性，绝对者自我设定成一种客观的全面性。只要把绝对者的客观性视作时间中的一种继续，偶然性就是时间中的一种偶然性；但只要两分显现为空间中的并存，它就是受制于气候性；以固着的反思形式，作为具有思考性本质与所设想的本质的一个世界，与具有现实性的一个世界相反，这种两分处于西方的北部。

形成物发展的程度越深，生命表现的发展越多种多样，两分可能纠缠于这种发展中，两分的威力就会变得越大，其受制于气候的神圣性就越稳固，对形成物的整体而言，生命的追求、即要再生为和谐就越发陌生、无意[23] 义。针对较新的形成物，发生了与整体相比少量的这样一些尝试，还有对往昔或者异乡较重要的优美塑造只可能激起那种关注，如果鲜活艺术更深刻严肃的关系不能得到理解，才留有那种关注的可能性。随着生活状况的整个体系离开鲜活艺术，关于鲜活艺术包罗万象关联的概念就失落了，或者变为迷信的概念，或者变为消遣游戏的概念。至高的美学完美性（正如它在一种特定的宗教中成形，在这种宗教中，人超越一切两分，在恩惠的王国中看见主体的自由与客体的必然性消失）只有达到某个形成阶段，并且在一般不开化与群氓不开化中才可能富有活力。有进展的文化与它两分，把它与自己**并列**或者把自己与它**并列**，而因为知性变得对自己有把握，两者并行成长为某种静止，因为它们分成完全隔离的领域，对其每一领域而言,在另一领域居于优先地位之事没有意义。

但知性也可能直接在其领域受理性攻击,而要通过反思本身来消灭两分、进而消灭知性的绝对性,这些尝试可能更容易得到理解;因此,自己觉得受到攻击的两分如此长久地带着憎恨与盛怒转而对付理性,直至知性王国跃升为这样一种威力,在此威力之中,知性王国有把握在理性面前自保。——但正如人们惯常言说德行的那样,说德行实在的最大证人是虚伪从它那里借用的假象,所以,连知性也抗拒不了理性,而针对内心空洞感、针对受局限性折磨这种隐忧,知性试图通过理性的假象来自保,它以此掩饰自己的特性。理性遭随意鄙弃、贬损,对理性的蔑视并非由此最强地表现出来,而是局限性自夸精通哲学、与哲学交好。哲学必定拒绝与此类虚伪的尝试交好,后者不正派地自夸消灭了特性,以限制为出发点,而为了拯救并保证此类限制,此类尝试把哲学用作一种手段。 [24]

在知性与理性的斗争中,只有理性放弃自我,知性才有强度;因此,斗争的成功取决于理性自身,取决于对恢复全面性的需求是否纯真,理性来自这种需求。

如果要给从自己着手的哲学造一种前院,可以把哲学的需求表达为哲学的**前提**,而在我们的时代,大量言说绝对的前提。称为哲学前提之事,无非是表达出来的需求。因为由此为反思而设定需求,所以,必定有两种前提。

一种前提是绝对者本身;它是所寻求的宗旨;它已经存在——此外还能怎么寻找它呢? 理性只有让意识摆脱限制,才会产生绝对者;这种对限制的扬弃受制于预设的不受限制。

另一前提会是意识退出全面性,会是在与非在、概念与在、有穷与无穷中的两分。就两分的立场而言,绝对综合是一种彼岸——与两分的确定性相反的不确定与无形。绝对者是夜,而光比夜更朝气蓬勃,而两者的区别以及光脱离夜是一种绝对差异,虚无是初始之事,由此产生一切存在,产生有穷者的一切多种多样性。哲学的任务却在于统一这些前提,把在设定为生成而置于非在之中,把两分设定为绝对的现象而置于绝对之 [25]

中，把有穷设定为生命而置于无穷之中。

把哲学的需求表达为哲学的一种前提，却不聪明，因为需求由此得到反思的形式；反思的这种形式显现为矛盾的定律，下面将会说到。可能会要求定律辨明自己；这些定律辨明自己为前提，还不该是哲学自身，这样，探究与说明理由就先于并且在哲学之外开始了。

作为哲学探索工具的反思

如果要把哲学需求表达为前提，哲学需求会得到的形式从哲学需求过渡到**哲学探索的工具**、作为理性的**反思**。应为意识建构绝对者，［这］是哲学的任务；但因为反思的生产以及产物只是限制，所以，这是一种矛盾。应该反思、设定绝对者；这样却并未设定、而是扬弃了绝对者，因为通过设定绝对者，就限制了绝对者。对这种矛盾的调解是哲学性的反思。尤其应表明，在何种程度上，反思能够掌握绝对者，而在反思的事务中，作

[26] 为思辨，具有必然性与可能性，借助绝对直观来综合，并且本身在主观上要与其产物、在意识中建构的绝对者一样完整，后者必定同时作为有意识者与无意识者而存在。

孤立的反思、作为对对立物的设定，将会是扬弃绝对者；反思是存在的能力与限制的能力。但反思作为理性关涉绝对者，只有经由这种关涉，才是理性。反思让一切存在与受限者关涉绝对者，就此而言，反思毁灭自身与一切存在和受限者。但同时，受限者正是通过其关涉绝对者而具有一种持存。

理性自我表现为否定性绝对者的力量、进而表现为绝对的否定，而同时表现为对相反的客观与主观全面性作设定的力量。一旦它让知性自我超越，就驱使后者按知性的方式成为一个整体；理性诱使知性产生客观的全面性。任何存在因为受设定，它就是一种对立的、有条件的与制约性的存在；通过把对立的限制设定成条件，知性使它的这些限制变得完备；这些作为条件的对立的限制需要相同的完备，而知性的任务扩展至无穷的

14

任务。反思在此中显得只是知性的,但这种引导至必然性的全面性是理性的分内事与秘密作用。理性使知性无限度,知性及其客观世界就在无穷的丰富中没落。因为知性所产生的任何存在都是一种确定者,而确定者面前与身后都有一种不确定者,而存在的多种多样性处于两段黑暗时期之间,无所依托;多种多样性基于虚无,因为不确定者对知性而言是虚无并且终结于虚无。知性的固执能够让确定者与不确定者、有穷性与遭放弃的无穷性的对立不调和地并存,顶着对它而言同样必然的非在(Nichtsein)而坚持在(Sein)。因为知性的本质从事通行的规定,其确定性却直接受限于不确定性,所以知性的设定与规定从未完成任务;在发生的设定与规定本身中有不设定与不确定,也就是一再有要设定与确定这项任务本身。——如果知性固着这些对立者、有穷者与无穷者,要使两者同时作为彼此对立而持存,它就在自毁;因为有穷者与无穷者的对立具有的意义是,只要设定其中的一个,就扬弃了另一个。理性认识到这点,它就扬弃了知性本身;理性觉得知性的设定是一种不设定,知性的产物是否定。如果把理性与这种客观无穷性对立,这种消灭或者理性舍弃对立者而作纯粹设定就是主观无穷性——与客观世界对立的自由王国。因为这种形式中的王国自身对立并且有条件,所以,为了绝对地扬弃对立,理性也必须消灭处于独立中的这个王国。理性汇集两者,它就消灭了两者;因为只有它们不汇集,它们才存在。在这种汇集中,两者同时存在;因为对立者、也就是受限者就此关涉绝对者。但只要它在绝对者中,也就是被设定成同一性,它就并非单独存在;受限者只要属于对立的全面性之一,也就是相对全面性,它就或者是必然的,或者是自由的;只要它属于对两者的综合,其限制就停止了:它同时是自由与必然的,是有意识的与无意识的受限者。有穷者与无穷性的这种有意识同一性,两个世界的汇集,感性与智力世界、必然与自由世界的汇集,在意识中是**知识**。反思作为有穷者的能力和与反思对立的无穷者,在理性中得到综合,其无穷性包含有穷者。

[27]

[28]

只要反思使自己成为其对象,其最高律令就是其毁灭,由理性给予它以最高律令，它由此变成理性；正如万物一样，反思只在于绝对者，但作为反思，它与绝对者对立；那为了持存，它不得不赋予自己以自我毁灭的律令。它通过内在的律令独力地自我建构成为绝对，内在的律令就会是矛盾的律令，因为其受设定之在会存在并且保持；反思由此将其产物固着成与绝对者绝对对立者，它使之成为永恒律令的是，依旧是知性、不成为理性、坚持其工作，与绝对者对立，它的工作什么也不是（而作为受限者，它的工作与绝对者对立）。

如果把理性置于一种对立之中，理性由此变成一个知性者而理性的无穷性变成一种主观无穷性，同样，把反思表达成思维的那种形式恰恰能够做得到这种模棱两可与这种滥用。如果不把思维设定成理性的绝对活动本身，对这种活动而言，绝对没有对立，而只把思维视为一种纯粹的反思、亦即这样一种反思，其中只是放弃对立，则出自知性的这样一种概括性思维甚至不可能通向理性应包含的逻辑，更不怎么可能通向哲学。思维作为思维，其本质或者内在特征由莱因霍特①设定成同一件事作为同一件事、在同一件事中、通过同一件事的无穷可重复性，或者设定成同一性。人们可能因同一性的这种表面特征而受诱导把这种思维看成理性。但通过思维与思维应用、与一种绝对质料性（Stoffheit）的对立，变得很清楚的是，这种思维并非绝对同一性、主体与客体的同一性，这种同一性在两者的对立中扬弃两者并且把它们包含在自身中，而是这种思维是一种**纯粹的**同一性、亦即因抽象而形成并且受制于对立的一种同一性——关于统一的抽象知性概念、固着的对立物之一。笼统地并且把处于应用中的思维想象成一种单纯主观的思维，莱因霍特把我们时代的哲学家中间如此广为流行并且如此根深蒂固的这种习惯看做一切迄今为止哲学的错误。② 如果所说这种思维的同一性与非主观性是相当顶真的话，则莱因霍特就根本不可能区分思维与思维的应用；如果思维是真正的同一性、并

[29]

---

① 参见《19 世纪初叶哲学状况概览文集》第一册，第 106 页及下页。
② 同上书，第 96 页。

非主观的思维,何处还会有这种有别于思维之事、一种应用,根本谈不上为了应用而假设的质料。如果分析性方法处理一种活动,因为后者应得到分析,则前者必定觉得后者是一种综合活动,而通过分析,就形成统一的环节和与统一对立的多种多样性的环节。分析表明为统一之事,称为主观的,而思维被刻画成与多种多样性对立的这样一种统一、一种抽象的同一性;通过这种方式,思维成为纯粹受限的应用,而思维活动成为一种合乎规律、适合规则的应用,应用到一种一向存在的质料上,这种应用不可能渗透到知识中。

反思只有关涉绝对者,它才是理性,而其业绩是一种知识;通过这种 [30]
关涉,其工作却消逝了,而只有关涉持存并且是认识的唯一实在;因此除了孤立反思毁灭的真相,没有孤立反思的真相、纯粹思维的真相。但在哲学探索中,由反思为了意识而产生绝对者,绝对者由此变成一种客观全面性、一个知识整体、对认识的一种组织。在此组织中,每个部分同时是整体,因为每个部分作为对绝对者的关涉而持存。作为在自己之外拥有诸他者的那个部分,它是受限者,只通过他者而存在;孤立地作为限制,它有缺陷,它只通过与整体的关联才具有意义与意思。因此谈不上单独的个别概念、个别认识作为一种知识。可能有大量个别的经验性认识,作为经验的知识,它们在经验中,亦即在概念与存在、主体与客体的同一性中表明自己正确。它们之所以并非学术性知识,是因为它们只在一种受限的、相对的同一性中具有这种辩明,既未使自己合法地成为在意识中得到组织的一个认识整体的必然部分,亦未通过思辨认识到绝对同一性、对在它们之中的绝对者的关涉。

思辨与健全人类知性的关系

连所谓健全人类知性所知的理性之事也同样是个别部分,从绝对者中拉入意识之中,是独自摆脱了全面性之夜的稀疏各点,借助这些点,人 [31]
理性地渡过生活的难关;对人而言,那些是正确的立足点,他由此出发并且回归至此。

但确实，人对这些立足点的真实性也只有此类信赖，因为绝对者以一种感觉伴随他，而只有这种感觉才给予这些立足点以意义。正如人们单独处理凡人知性的此类真理，只是知性地把它们当作一般认识而加以孤立，它们就显得走样并且半真半假。健全的人类知性可能通过反思被置于困惑之中；健全人类知性从事反思，所以它现在宣布成反思定律之事就有权要求单独被视为一种知识、认识，而健全人类知性放弃其力量，也就是要只通过作为感觉而存在的模糊的全面性来支持其表示、要仅凭感觉来对抗不安定的反思。健全的人类知性大概为了反思而自我表达，但其表示并非也为了意识而包含与绝对全面性的关涉，而是绝对全面性留在内部而未及表达。因此，思辨虽然很理解健全人类知性，但健全人类知性不理解思辨的所作所为。思辨只承认全面性中认识的存在是认识的实在；对思辨而言，一切确定者只在认识到的与绝对者的关涉中才具有实在与真实性。因此，在健全人类知性的表示作为基础的事物中，思辨也看出绝对者；但因为对思辨而言，只有处于绝对者中，认识才具有实在，为了反思，认识到与已知之事得到宣布并且由此得到一种特定形式，在思辨面前，认识到与已知之事同时遭消灭。健全人类知性的相对同一性似乎完全以其受限的形式要求得到绝对性，就哲学反思而言，它们变成偶然性。

[32] 健全人类知性不可能领会，对它而言直接的肯定之事对哲学而言同时是一种虚无；因为它在其直接真理中只感到它们关涉绝对者，但不把这种感觉与直接真理的现象分离，通过这种现象，直接真理成为限制，但本身还会具有持存与绝对存在，但在思辨面前消失。

但健全人类知性不仅不能理解思辨，而且，如果它获悉思辨，它也必定憎恨思辨，如果它不是完全不计较自信，它必定嫌恶并且迫害思辨。因为，正如对健全人类知性而言，其表示的本质与偶然性的同一性是绝对的，而它无力把现象的障碍与绝对者分离，所以，连它在其意识中分离之事，也是绝对对立的，而它无力在意识中把它认定为受限之事与不受限制者集于一体；虽然它们在它之中是同一的，但这种同一性是并且仍然是一

18

种内在之事、一种感觉、一种未及认识之事与一种未及宣布之事。正如健
全人类知性让人想起受限者并将其置于意识之中,对意识而言,不受限制
者与受限者绝对对立。这种关系或者局限性与绝对者的关涉叫做**信仰**,
在这种关涉中,只有对立存在于意识中,而通过同一性,存在一种完全的
无意识。信仰不表示感觉的综合之事或者直观的综合之事;它是反思与
绝对者的一种关系,反思在此关系中虽然是理性,并且作为分离者与遭分
离者消灭自己及其产物——一种个别的意识,但还是保留了分离的形
式。信仰的直接肯定性被如此频繁地说成意识的终极者与至高者,它不
过是同一性本身、理性,理性却并未认清自己,而是伴以对立的意识。但 [33]
思辨把对健全人类知性而言无意识的同一性升格成意识,或者它把在凡
人知性的意识中必然的对立者建构成有意识的同一性,而对信仰中遭分
离者的这种汇集对凡人知性而言是一种恶行。因为在其意识中,圣性与
神性只作为客体而存在,所以,凡人知性把遭扬弃的对立、把针对意识的
同一性视为只是神性的毁灭。

但想必尤其是凡人知性在那些哲学体系中看出的不过是毁灭,那些
哲学体系在这样一种对两分的扬弃中满足有意识的同一性的要求,由此,
对立者之一升格成绝对者,而他者遭消灭,尤其是在这样一种对立者通过
时代的教化遭固着时。此处,思辨作为哲学大概扬弃了对立,但作为体
系,把一个依照其惯常所知形式受限者升格成绝对者。在此情况下在考
虑之列的唯一方面、也就是思辨方面,对凡人知性而言,根本就不存在;在
此思辨方面中,受限者是与凡人知性所感觉之事迥异之事;因为它升格成
绝对者,它因此就不再是这个受限者。存在唯物主义者的物质或者唯心
主义者的自我,前者不再是非活性物质,为了对立与形成而具有生命,后
者不再是经验性意识,作为受限的意识而不得不在自身之外设定一个无
穷者。属于哲学的问题是,体系是否事实上使它将之升格为无穷者的有
穷现象清除了一切有穷性,思辨与凡人知性及其对对立物的固着所处距
离最大,它是否遭受它那个时代的命运,必须绝对地设定绝对者的一种形
式、也就是依本质是一个对立者。如果思辨让它使之无穷的有穷者确实 [34]

摆脱现象的一切形式,则有穷者首先是凡人知性在此反感的名称,如果凡人知性平素毫不理会思辨事务。如果思辨只根据行动把有穷者提高成无穷者①并由此消灭之,而只要物质、自我会包含全面性,它们就不再是自我,不再是物质,则虽然缺乏哲理性反思的终极行动,也就是关于有穷者毁灭的意识,尽管有按行动看来发生过的这种毁灭,哪怕体系的绝对者尚保持了一种特定的形式,则至少纯正思辨的倾向明白无误,但凡人知性对此倾向一窍不通。凡人知性甚至根本看不出那种哲学原理,即要扬弃两分,而只看出系统性原则,发现对立者之一升格成绝对者而他者遭消灭,所以在凡人知性这方面,在两分方面尚有益处;在凡人知性以及体系中存在一种绝对的对立,但凡人知性还是具有**完整**的对立并且加倍受激怒。这样一种哲学体系附着那种缺陷,即把从某个方面而言还是对立者升格成绝对者,在这种哲学体系的哲学方面之外,此外还有一种益处与功绩归它所有,凡人知性不仅毫不领会这些益处与功绩,而且还必定嫌恶它们,益处是,通过把一个有穷者升格成无穷的原则,一举打消了取决于对立原[35] 则的大量有穷性,功绩是在教化方面,如此使两分更加激烈,大为加强了全面性中集于一体的需求。

健全人类知性固执地在其惯性力量中顶着意识保障了处于原初困难与对立中的无意识、顶着差异保障了物质,这种固执之所以澄清差异,为的是在更高的幂次中再把差异建构成综合,在北方气候下,大概需要较长的时期,以暂且只是在此程度上克服这种固执,即孤立的物质本身变得更加多种多样,首先通过对孤立的物质较多种多样的组合与分解并且通过就此制造的较大数量固定的原子,让惯性在其立足点上运动起来,使得人的知性在其知性的活动与认识中愈益迷惘,直至它使自己能够忍受对这种迷惘与对立本身的扬弃。

如果对健全人类知性而言,只显现思辨的毁灭性一面,则这种毁灭也未对它全盘显现。如果健全知性能够把握这种规模,则它不认为思辨是

---

① 在首版中前言不搭后语:"如果有穷者,思辨根据行动将其提高至无穷者"。

其对手;因为思辨在其对有意识与无意识的至高综合中也要求消灭意识自身,而理性以此把它对绝对同一性的反思和它的知识与自身沉入自己的深渊,而两者可能邂逅于单纯反思之夜、知性作理性推断之夜,此时正值生命的壮年。

绝对原理形式的哲学原则

哲学作为通过反思而制造的知识全面性成为关于概念的一个体系、[36]一个有机整体,这个整体的至高律令并非知性,而是理性;知性须正确指明其所设定者的对立者、其界限、根据与条件,但理性联合这些矛盾者,同时设定两者并且扬弃两者。体系是关于定律的组织,可能出现对体系的要求,即对体系而言,作为反思根据的绝对者也要按照反思的方式作为最高绝对原理而存在。这样一种要求本身却已经蕴含其无谓;因为一个通过反思设定者、一项定律本身是受限与受制约者,需要一个他者来为其说明理由,等等,以至无穷。如果用一项通过思维而生效并且对思维具有约束力的原理来表达绝对者,说后者的形式与实质相同,则或者设定了单纯的相同性,排除了形式与实质的不同性,而原理受制于这种不同性;在此情况下,原理并非绝对,而是有缺陷,它只表达一种知性概念、一种抽象;或者形式与实质作为不同性同时包含在它之中,定律同时是分析性的与综合性的:如此,原理就是一种二律背反并且由此不是定律,它作为定律处于知性的律令之下,要它别自相矛盾,别自我扬弃,而要成为一种律令;作为二律背反,它却自我扬弃。

只为反思而设定者必然作为至高绝对原理处于一个体系之巅,或者任何一个体系的本质可以用对思维而言是绝对的一项定律来表达,这种妄想与它将其评判应用于其上的体系做了一笔轻松的交易;因为对定律所表达的设想之事可以很容易证明,它受制于一个对立者,也就是并非绝对;对这个与定律对立者证明,必须设定它,也就是定律所表达的那种设[37]想之事是无谓的。如果体系自己以一项定律或者一种界定的形式表达成为体系原则的绝对者,但这种界定其实是一种二律背反,因此作为受设定者,为了单纯反思而自我扬弃,妄想就愈益认为自己是有理由的;例如,把实体同时解释成因果、概念与存在,斯宾诺莎的实体概念就不再是一个概念,因为对立者汇集到一种矛盾之中。没有一种哲学的肇始可能比在斯宾诺莎处以一种界定来肇始看上去更糟糕,一种肇始,与对知识原则说明理由、探究、演绎,与费力地把一切哲学溯源至意识的至高事实等等构成奇特的对比。但如果理性涤除了反思的主体性,则连斯宾诺莎的那种天真也可以得到恰如其分的评价,那种天真以哲学本身肇始哲学并让理性直接以一种二律背反出现。

如果以适用于反思的形式上的定律宣布哲学的原则,则作为此项任务的对象,首先存在的无非是知识,一般是对主体性与客体性的综合,或者是绝对思维。但倘若要把一项定律视为适用于知性的一项本真定律,反思无力以此定律来表达绝对综合;反思必须分离在绝对同一性中合一之事,用两项定律分别表达综合与反题,用一项定律表达同一性,用另一项定律表达两分。

在作为同一性定律的 A=A 中,谋求关涉,而这种关涉,这种合一,相同性包含在这种纯粹同一性中;放弃了一切不同性。A=A 表达绝对思维[38] 或者表达理性,对以知性的定律宣示的形式上的反思而言,这种表达只具有知性同一性的意义、纯粹统一的意义,也就是这样一种统一,其中放弃了对立。

但理性发现自己在抽象统一的这种片面性中未得到表达;它也假设设定在纯粹相同性中放弃之事、设定对立者、不同性;一个 A 是主体,另一个是客体,而对其差异的表达是 A 不等于 A,或者 A=B。此定律简直与前面的定律相抵触;在它之中,放弃了纯粹同一性,而设定非同一性、不思考的纯粹形式①,正如第一项定律[设定]纯粹思维的形式,这种纯粹思维是一个他者,不同于绝对的思维、理性。不过,因为也设想了不思考,通

---

① 参见莱因霍特:《19 世纪初叶哲学状况概览文集》第一册,第 111 页。

过思维设定了 A 不等于 A,该定律也确实可以得到设定;在 A 不等于 A 或者 A＝B 中同样有同一性、等于第一项定律的关涉,但只是主观的,亦即只有通过思维设定不思考时。但对不思考而言,这种为思维而设定不思考完全是偶然的,是适用于第二项定律的一种单纯形式,为了纯粹地拥有此定律的实质,必定放弃此形式。

这第二项定律与第一项定律一样无条件,就此而言是第一项定律的条件,正如第一项定律是第二项定律的条件。只要第一项定律通过放弃第二项定律所包含的不同性而存在,第一项定律就受制于第二项定律;只要第二项定律为了成为一项定律而需要关涉,它就受制于第一项定律。

通常以根据律的下位形式宣布第二项定律;或者不如说,只有通过使它成为因果律,才把它贬入这种至为下位的意义。A 具有根据,意味着:A 得到一种存在,这种存在并非 A 的存在,A 是一种受设定之在,这种设定之在并非 A 的受设定之在;也就是 A 不等于 A,A＝B。如果不考虑 A 是一个受设定者,正如为了纯粹地拥有第二项定律而不得不放弃一样,则第二项定律确实表达 A 的未受设定之在。同时设定 A 为受设定者与未受设定者,就是第一与第二项定律的合题。 [39]

两项定律均为矛盾律,只是在相反的意义上。第一项定律、同一性的定律说明,矛盾＝0;第二项定律只要涉及第一项定律,就说明矛盾与非矛盾同样必然。作为定律,两者本身是幂次相同的受设定者。只要如此宣布第二项定律,使得第一项定律同时涉及它,则它至为可能通过知性表示理性;两者的这种关系就是二律背反的表示,而作为二律背反,作为绝对同一性的表示,若假定 A＝B 与 A＝A 是两项定律的关系,设定 A＝B 或者 A＝A 就无关紧要。A＝A 包含作为主体的 A 与作为客体的 A 的差异,同时带有同一性,正如 A＝B 包含 A 与 B 的同一性,带有两者的差异。

如果知性在作为两者关系的根据律中未认识到二律背反,则知性没有发展成理性,而在形式上,对它而言,第二项定律并非新定律。对单纯知性而言,A＝B 说明的并不比第一项定律更多;因为知性就只把 A 受设定成 B 领会成对 A 的一种重复,亦即它只坚持同一性,而它不考虑,重复把 A 设定成 B 或者把 A 置于 B 之中,就设定了一个他者、一个非 A,而且设定成 A,也就是设定 A 为非 A。——只要谋求思辨的正式性,而以分析的形式坚持对知识的综合,则二律背反、自我扬弃的矛盾就是至为正式地表达知识与真理。

[40]　　如果承认二律背反是正式表达真理,在二律背反之中,理性把反映的形式本质置于自己之下。如果要以带有抽象统一特征、与第二项定律对立的第一项定律的形式把思维设定成哲学的首要真理,从对思维应用的分析中设立关于认识的现实性的一个体系,形式本质却占上风。于是以如下方式产生这种纯粹分析性事务的整个过程。

　　思维被表示为 A 是 A 的无尽可重复性、一种抽象,第一项定律被表示为活动。现在却缺少第二项定律、不思考;必然转向作为首项定律条件的思维,也必然设定不思考、物质。对立者就此齐全了,而过渡是两者彼此的某种关系,这种关系叫做思维的应用并且是一种至为不完整的综合。但连这种很弱的综合本身也违反假设思维是设定 A 为 A 而无穷无尽;因为在**应用**中,同时把 A 设定成非 A,而思维作为无穷重复 A 是 A 而处于绝对持存时,遭扬弃。——与思维对立者因其关涉思维而被规定成一种设想之事=A。但因为这样一种思维、设定等于 A 受制于一种抽象,它也就是一种对立者,所以,除了它是所设想之事=A 之外,连所设想之事也还有其他规定=B,这些规定完全摆脱了经由纯粹思维而单纯受规定之在,而对思维而言,这些规定只是给定的。也就是对思维而言,必定存在

[41]　一种绝对材料,作为分析性哲学探索的原则,后面将会谈到此事。把哲学溯源至逻辑的著名发明①基于形式事务,这种绝对对立的基础允许形式事务保留的内在综合无非是知性同一性的内在综合、无穷重复 A。但即使为了重复,它也需要 B、C 等等,其中可以设定重复的 A;因为 A 的可重复性的缘故,这些 B、C、D 等等是一种多种多样之事、自相对立之事(每一个都通过 A 而具有未设定、特殊的规定),亦即是一种绝对多种多样的材

---

　　① 莱因霍特:《19 世纪初叶哲学状况概览文集》第一册,第 98 页。

料,其 B、C、D 等等必须尽可能服从 A;这样一种荒谬的服从取代了原初的同一性。可以如此想象基本错误,即在形式方面,对 A＝A 与 A＝B 的二律背反不感兴趣。这样一种分析性的本质并非根据那种意识,即绝对者的形式现象是矛盾,——一种意识,只有思辨从理性并从 A＝A 作为主体与客体的绝对同一性出发,才可能形成这种意识。

先验直观

只要从单纯反思方面来看待思辨,绝对同一性就显现于对立者的综合中,也就是在二律背反之中。绝对同一性分化成相对同一性,后者虽然受限制,就此而言适用于知性,就不是二律背反性的;但同时,因为相对同一性是同一性,它们就并非纯粹的知性概念;而它们必定是同一性,因为在一种哲学中,不关涉绝对者就不可能有受设定者。但从这种关涉来说,甚至任何受限者都是一种(相对)同一性,就此而言,对反思来说是二律背反之事,而这是知识的负面、是形式,形式受理性统治,自我毁灭。除了 [42] 这种负面外,知识还具有一种正面,即直观。纯粹知识(这意味着舍弃直观的知识)是消灭处于矛盾中的对立者;不对对立者作这种综合,直观就是经验性的、给定的、无意识的。先验知识汇集两者、反思与直观;它同时是概念与存在。直观变得先验,在经验性直观中分离的主体性与客体性的同一性由此进入意识;只要知识变得先验,它就不仅设定概念及其条件——或者两者的二律背反、主体性——,而且同时设定客体性、存在。在哲学知识中,受直观者同时是智力与本性、意识与无意识的一种活动。它同时属于两个世界、理念的和真实的世界,它在智力中并且由此在自由中得到设定,就属于理念世界,它在客观全面性中[具有]其地位,被演绎成必然性之链中的一环,就属于真实世界。如果站到反思或者自由的立场上,则理念是首要之事,而本质与存在只是图式化的智力;如果站到必然性或者存在的立场上,则思维只是关于绝对存在的一种图式。在先验知识中汇集了两者、存在与智力;同样,先验知识与先验直观是同一件事:

不同的表达只表明偏重理念因素还是真实因素。

具有最深刻意义的是,如此严肃地声称,没有先验直观就不可能推究哲理。那究竟什么该叫舍弃直观地推究哲理? 在绝对的有穷性中无穷无
[43] 尽地消遣;这些有穷性是主观还是客观的,是概念还是事物,或者也会从一种过渡至另一种,这样,舍弃直观地推究哲理就借助无穷级数的有穷性而继续,而从存在到概念或者从概念到存在的过渡是一种无理由的突变。这样一种推究哲理叫做形式上的推究哲理,因为事物与概念本身各自只是绝对者的形式;这种推究哲理预设摧毁先验直观、预设存在与概念的一种绝对对立,而如果推究哲理言说一种无条件者,它自己就又大约以会与存在对立的一种理念这种形式使无条件者成为一种形式性。方法越佳,结果越显眼。对思辨而言,有穷性是无穷焦点的半径,焦点放射出半径并且由它们组成;在半径中设定焦点并且在焦点中设定半径。在先验直观中,扬弃了一切对立,消灭了通过智力并且为智力而建构宇宙与建构被目为一种客体性、独立显现的宇宙的组织之间的一切区别。思辨是产生关于这种同一性的意识,而因为同一性与实在在思辨中合一,思辨就是直观。

理性的假设

对两个由反思设定的对立者作综合,作为反思的工作,它需要完整,作为自我扬弃的二律背反,它需要在直观中持存。因为必须把思辨性知识领会成反思与直观的同一性,所以,只要单独设定反思的比重(这一比重是理性的、二律背反的),但必然关涉直观,在此情况下,就可以说反思
[44] 假设了直观。不能说假设了理念;因为理念是理性的产物,或者不如说通过知性把理性之事设定成产物。理性之事必定按其特定内容,也就是从特定对立者的矛盾中演绎出来,对特定对立者的综合是理性之事;不过,充满并且保持这种二律背反之事的直观是可假设之事。这样一种一向假设的理念是无穷的过程、是经验之事与理性之事的混合物;经验之事是对

时间的直观,理性之事是扬弃一切时间、把时间无穷化;在经验性过程中,时间却未遭纯粹无穷化,因为时间应在经验性过程中作为有穷者、作为受限契机而持存,经验性过程是经验性的无穷性。真正的二律背反并非并行地、而是同时把两者、受限者与不受限制者设定成同一,就此必定同时扬弃对立;二律背反假设对时间作特定直观,时间——当下的受限契机与这种契机被置于自身之外的不受限制性——就必定同时是两者,也就是必定是永恒。

同样也不怎么能要求直观作为与理念对立者或者更确切说作为针对必然的二律背反的一个对立者。直观与理念对立,它是受限的定在,就因为它排除理念。直观大概是理性所假设之事,但并非作为受限者,而是为了使反思工作的片面性得到完善,并非它们保持对立,而是假定合一。确实看得出,假设的这种全部方式,其根据仅在于由反思的片面性出发;为了弥补缺陷性,这种片面性需要假设由它排除的对立者。理性的本质却在此方面获得尴尬的地位,因为它在此显现为并非自给自足者、而是一个 [45] 困窘者。但如果理性认定自己是绝对的,哲学就开始由反思出发的那种方式所停止之事:着手理念与存在的同一性。哲学不假设其一,因为它以绝对性直接设定两者,而理性的绝对性不过是两者的同一性。

推究哲理与一种哲学体系的关系

达到消灭一切固着的对立这种原则,达到使受限者关涉绝对者,哲学的需求可以在其中得到满足。在一般推究哲理中可以找到本着绝对同一性原则的这种满足。所知之事根据其内容就会是偶然之事、它着手消灭之的两分,给定并且消失,并非自己重构的综合;这样一种推究哲理的内容在自己中间根本就不会有关联,不构成知识的一种客观全面性。仅因为其内容无关联,这种推究哲理恰恰不会必然是一种理性推理。理性推理只是把受设定者分散得更加多种多样,而如果它坠入这股大流,随波逐流,则知性的多种多样性本身毫无立场的全部扩展就会继续存在;而对真正的、尽管无关联的推究哲理而言,受设定者及其对立者消失了,前者不仅让受设定者与其他受限者相关联,而且关涉绝对者并且由此扬弃受设定者。

[46]　但因为受限者对绝对者的这种关涉是一种多种多样之事,因为受限者正是此事,所以,推究哲理必定意在把这种多种多样性本身置于关涉之中。必定形成需求,要产生知识的全面性、科学的一个体系。那些关系维持其在知识的客观全面性关联中的地位,实现其客观完整性,由此,那些关系的多种多样性才摆脱偶然性。推究哲理并未把自己建构成体系,它是持续逃避限制,更多是理性争取自由作为理性的纯粹自我认识,这种自我认识对自己有把握并且对自己一清二楚。自由理性及其行动合一,而其活动是纯粹表现自己。

　　在理性的这种自行产生中,绝对者变成一种客观全面性,这种全面性自身蕴涵一个整体并且是完美的,在自身之外没有根据,而是通过自身奠基于其肇始、手段与终结。这样一种整体显现为关于定律与直观的一种组织。理性的任何综合和与之一致的直观,两者汇集于思辨之中,作为有意识者与无意识者的同一性本身处于绝对者中并且无穷;但同时,只要它在客观全面性中得到设定并且在自身之外具有他者,它就有穷并且受限。最为两分的同一性——客观上是物质,主观上是感觉(自我意识)——同时是一种无穷对立的、一种完全相对的同一性;理性、(就此而言客观的)全面性的能力通过这种同一性的对立者来完善这种同一性并且通过两者的综合产生一种新的同一性,这种新同一性在理性面前又是一种有缺陷的同一性,同样再度自我补充。既称不上综合性也称不上分析性的体系

[47]　方法如果显现为理性本身的一种发展,表现最为纯粹,这种发展没有将其现象的流溢当作一种双重性而一再召回自身之中,它只是就此消灭之,而是在其中将自身建构成受制于那种双重性的一种同一性,使这种相对同一性又与自己对立,使得体系延续至完美的客观全面性,把这种完美的客观全面性与对立的主观全面性汇集成无穷的世界观,其膨胀就此同时收缩成最丰富与最简单的同一性。

可能纯正的思辨并不完全表现在其体系中,或者体系的哲学与体系本身并不重合,一个体系最为明确地表达倾向,要消灭一切对立,而本身未达到最完备的同一性。在对哲学体系的评判中,这两方面的区分很重要。如果在一个体系中,作为基础的需求未得到完善的发展,而一个有条件者,只在对立中存续者升格成绝对者,它作为体系就变成独断论;但在相互诋毁为独断论与精神错乱的迥异哲学中,可以找到真正的思辨。哲学史只有坚持此观点,才具有价值与趣味。否则,它不会得出以无穷多样形式呈现的永恒合一的理性史,而只不过讲述关于人类精神与无谓意见的偶然事件,它们被强加于理性,因为它们还只成为那个人的负担,此人未在它们之中认识到理性之事,因而把它们颠倒了。

一种纯正的思辨,却并未达到其在体系中完美的自我建构,必然从绝 [48]
对的同一性出发;绝对的同一性两分成主体性与客体性是绝对者的一个产物。基本原则就是完全先验的,而从其立场出发,它不会产生主体性与客体性的绝对对立。但因此,绝对者的现象就是一种对立;绝对者不在其现象中;两者本身对立。现象并非同一性。不可能先验地扬弃这种对立,亦即不可能本来没有对立;就此只是消灭了现象,而现象应该还是同样存在;有人会声称,绝对者在其现象中摆脱了自我。绝对者就必定在现象中设定自己,亦即必定不消灭现象,而将其建构成同一性。一种错误的同一性是绝对者与其现象之间的因果关系;因为这种关系以绝对对立为基础。在这种关系中,存续着两个对立者,但在不同等级中;集于一体是强行的,一个使另一个在自己之下;一个统治,另一个臣服。在一种只是相对的同一性中强求统一;**应为绝对同一性的同一性是**一种不完备的同一性。如果唯实论与唯心主义两者(在前者处比在后者处更模棱两可)摆脱真正的思辨,体系就违反其哲学变成一种独断论——变成一种唯实论,绝对地设定客体性,或者变成一种唯心主义,绝对地设定主体性。

纯粹的独断论是哲学的一种独断论,按其倾向也依旧内在于对立之中;因果关系在其较完备的形式中作为交互作用、智力作用于感性或者感性作用于智力,在独断论中作为基本原则占统治地位。哪怕这种关系似 [49]

乎占统治地位,在唯实论中,把主体设定成客体的产物,在唯心主义中,把客体设定成为主体的产物,在一贯的唯实论与唯心主义中,这种关系还是只起从属作用;因果关系却按本质遭扬弃,生产是绝对的生产,产物是绝对的产物,亦即除了在生产中,产物没有持存,未被设定成一个独立者、在生产之前并且不依赖生产而持存者,不像在纯粹的因果关系中、独断论的正式原则中那种情况。在此情况中,因果关系是通过 A 受设定者,而同时也不是通过 A 受设定者,A 就绝对地只是主体,而 A = A 只表示知性同一性。即使哲学在其先验业务中利用因果关系,则似乎与主体对立的 B 按其对立之在是一种单纯的可能性,并且绝对依旧是一种可能性,亦即它只是一种偶有属性;而思辨的真正关系、实体性关系在因果关系的假象之下是先验的原则。也可以正式地如此表达这点:真正的独断论承认两项原理 A = A 与 A = B,但它们在其二律背反之中依旧未及综合地并存;真正的独断论不承认此中有一种二律背反,因此,也不承认要扬弃对立者的持存这种必然性;通过因果关系从一个过渡到另一个是对它而言唯一可能的不完备综合。尽管先验哲学与独断论具有这种鲜明的区别,由于它自我建构成体系,它还是能够转化成独断论,就此而言,它无非是绝对同一性,并且在它之中,一切差异与对立者的持存自我扬弃,如果先验哲学不让真实的因果关系生效,只要同时会有现象持存,绝对者与现象的另一种关系就此会作为消灭现象的关系而存在,但先验哲学引入因果关系,使现象成为臣服者,也就是让先验直观只是主观地、并非客观地出现,或者不让同一性出现。A = A 与 A = B 两者依旧无条件;只**会**有 A = A 适用;但意味着不是以其真正综合来表现其同一性,其真正的综合并非单纯应该。所以,在费希特体系中,自我=自我是绝对者。理性的全面性导致第二项定律,后者设定非我;非我不仅存在于设定两种完备性的这种二律背反之中,而且这种二律背反的综合也得到假设。但在综合中依旧有对立;不该消灭两者、自我与非我,而是一项定律应持存,它在等级上高于另一项定律。体系的思辨要求扬弃对立者,但体系本身不扬弃对立者;体系所得到的绝对综合并非自我=自我,而是自我**应该**就是自我。绝对者为先验视

[50]

点而建构,但并非为现象的视点而建构;两者还相互矛盾。因为同一性并非同时被置于现象之中,或者同一性也未完全转成客体性,所以,先验性本身是一个对立者、主体性,也可以说,现象未完全遭消灭。

在如下对费希特体系的阐述中,要尝试指出,纯粹意识、在体系中被当作绝对而提出的主体与客观的同一性是主体与客体的一种主观同一性。阐述将采用的进程是,证明自我、体系的原则是主观性的主体——客体,既是直接地也是借助对自然的演绎方式,尤其借助同一性在关于道德与自然权利的特别科学中的状况并借助整个体系与美的关系。

由上述之事已经可见,在这种阐述中首先言及这种哲学是体系,不可 [51] 能由于该体系是最彻底、最深刻的思辨,一种纯正的探究哲理因时间而愈加引人注意,这种哲学显现于此种时间中,在此时间中,连康德哲学也不可能激发理性产生纯正思辨这一失落了的概念。

阐述费希特体系

费希特体系的基础是理智直观,是对体系自身的纯粹思维,是那种纯粹的自我意识,即自我=自我,我存在①;绝对者是主体兼客体,而自我是主体与客体的这种同一性。

在普通的意识中,自我在对立中出现;哲学必须解释与客体的这种对立;解释这种对立意味着,揭示其受制于一个他者,也就是证明这种对立是现象。如果证明经验性意识完全奠基于纯粹的意识而不仅受制于纯粹意识,这样就扬弃了这种解释的对立,如果通过别的方式,解释还是完备的,亦即如果揭示的不仅是纯粹意识与经验性意识的部分同一性。如果只给经验性意识余下一个方面,经验性意识并非通过纯粹意识而受这个方面的规定,而是无条件的,同一性就只是一种部分同一性;而因为只有纯粹意识与经验性的意识作为至高对立的环节出现,所以,纯粹意识自身就会由经验意识规定并且受制于经验性意识,只要后者是无条件的。这种关系就会以此方式成为 种交互关系,后者包含相互规定与受规定,但前提是相互作用者绝对对立,也就是不可能在绝对同一性中抬升一分为二。

对哲学家而言,这种纯粹自我意识由此产生,即他在其思维中放弃并非自我的一切异类,而只坚持主体与客体的关系。在经验性直观中,主体与客体对立;哲学家把握直观这种活动,他对直观作直观并将它领会成一种同一性。对直观的这种直观一方面是哲理性反思,与普通反思以及一

---

① 参见费希特:《整个知识学的基础》(1794 年),《费希特全集》卷一,第 94 页。

般经验性意识对立,这种经验性意识并非超越自我及其对立物;另一方面,这种先验直观同时是哲理反思的对象,是绝对者,是原初的同一性。哲学家将自己升入自由并且升至绝对的立场上。

从现在起,他的任务就是扬弃先验意识与经验性意识的表面对立。一般由此实现此事,即从先验意识演绎经验性意识。这种演绎必然不可能是过渡至一个异者;先验哲学只是意在并非用处于经验性意识之外者,而用一项内在原则把经验性意识建构成原则的一种积极流溢或者自我生产。在经验性意识中,不怎么可能出现并非由纯粹自我意识建构之事,正如纯粹意识很少是按本质异于经验意识者。两者的形式恰恰于此中有异,即在经验性意识中显现为客体、与主体对立者,在对这种经验性直观的直观中被设定成同一,经验性意识由此通过构成其本质者而得以完善,但它对此没有意识。

也可以如此表达任务:通过哲学,应扬弃作为概念的纯粹意识。在与 [54] 经验性意识的对立中,理智直观、经验性意识自身的纯粹思维显现为概念,也就是显现为放弃主体与客体一切多样性、一切不同性。理智直观虽然纯属活动、作为、直观,它只是存在于它所产生的自由自动中;这种行动脱离一切经验性、多样性、对立者,升格为思维的统一、自我 = 自我、主体与客体的同一性,却借助其他行动而具有一种对立;就此而言,它能够确定为概念,与跟它对立者具有共同的更高级范围、一般思维的范围。除了其自身的思维之外,还有其他思维,除了自我意识之外,还有多种多样的经验性意识,除了作为客体的自我之外,还有意识多种多样的客体。自我意识的行动肯定由此有别于其他意识,即其客体就是主体;就此而言,自我 = 自我与一个无穷的客观世界对立。

以此方式,通过先验直观,没有产生哲学知识,而是相反,如果反思使先验性直观就范,使其与其他直观对立并坚持这种对立,就不可能有哲学知识。自由自动的这种绝对行动是哲学知识的条件,但它还不是哲学本身;通过哲学,经验性知识的客观全面性等同于纯粹的自我意识,后者就此完全作为概念或者作为对立者遭扬弃,进而经验性知识也遭扬弃。有人声称,一般只有纯粹的意识,自我＝自我是绝对者;一切经验性意识就会只是自我＝自我的一个纯粹产物,而经验性意识就会完全遭否认,因为[55] 在它之中或者通过它,应有一种绝对的二元性(Zweiheit),经验性意识中应出现一种受设定之在,这种受设定之在不会是自我为自我、通过自我的一种受设定之在。随着自我的自我设定,就会设定一切,并且在这种自我设定之外别无他物;纯粹意识、经验性意识的同一性并非放弃其原初的对立之在,而是相反,其对立是放弃其原初同一性。

理智直观由此被设定等同于一切,它是全面性。一切经验性意识与纯粹意识的这种同一是**知识**,而知晓这种同一的哲学是关于知识的科学①;哲学必须通过行动、通过客体性真正从自我中发展来表明经验意识的多种多样,必须把经验意识的全面性描写成自我意识的客观全面性;在自我＝自我中,对哲学给定了知识的全部多种多样性。从多种多样性的统一、从纯粹同一性来推导二元性,单纯反思觉得这种演绎是矛盾性的开始;但自我＝自我的同一性并非**纯粹**同一性,亦即并非通过放弃反思而产生的同一性。如果反思把自我＝自我领会成统一,则它必定把自我同时也领会成二元性;自我＝自我同时是同一性与双重性,在自我＝自我中有一种对立。自我忽而是主体,忽而是客体;但与自我对立者,同样是自我;对立者是同一的。经验性意识因此不能视作摆脱纯粹意识;据此观点,由[56] 纯粹意识出发的关于知识的一门科学当然就会是背理之事;在经验性意识中,似乎脱离了纯粹意识,这种观点以上面的概括为基础,在这种概括中,反思将其对立孤立起来。作为知性,反思本身无力把握先验直观;而即使理性也达到自我认知,则虽然给反思给定了空间,反思还是把理性之事又颠倒成一个对立者。

迄今为止,我们描写了体系的纯粹先验方面,反思在其中没有威力,而是通过理性,哲学的任务得到规定与描写。因为这一纯正先验的方面,就更难既根据起点把握另一方面又一般性地断定另一方面,反思在其中

---

① 参见费希特:《论知识学的概念》(1794 年),《费希特全集》卷一,第43页。

占统治地位,因为对知性者而言,是否退向先验方面始终悬而未决,反思把理性者颠倒成知性者。因而须表明,两种立场,思辨的立场与反思的立场本质上属于该体系,而且反思的立场并无从属的地位,而是这两者在体系的中心点上绝对必然并且不集于一体。或者自我=自我是思辨的绝对原则,但这种同一性未由体系指明;客观的自我并非等同于主观的自我,两者依旧绝对对立。自我未在其现象或者在其设定中自我发现;为了发现自己是自我,它不得不消灭其现象。自我的本质及其设定不重合:**自我并不对自己客观**。

费希特在适合于阐述其体系原则的知识学中选择了原理的形式,上面曾提及其尴尬之处。第一项原理是自我的绝对自我设定、自我作为无穷的设定;第二项原理是绝对对立或者设定一个无穷的非我;第三项原理是通过绝对分隔自找与非我而把前两项原理绝对汇集于一体,而且是把无穷的范围分给一个可分的自我与一个可分的非我。这三项绝对原理构成自我的三种绝对行动。这些绝对行动占多数所直接导致的后果是,这些行动与原理只是相对的因素,或者,只要它们建构意识的全面性,它们就只是理念的因素。在这种地位中,自我=自我与其他绝对行动对立,只要纯粹自我意识与经验性自我意识对立,在这种地位中,自我=自我就只有纯粹自我意识的意义;纯粹的自我意识本身受制于放弃经验性自我意识,而虽然连第一项也是纯粹的自我意识,第二项原理与第三项原理同样是受制约的原理;如果绝对行动占多数,其内容也完全不为人知,则绝对行动占多数就直接表明了前面这点。自我=自我、绝对的自我设定,被领会成一个有条件者,这根本不是必然的;相反,我们在上面在其先验意义上把它看成绝对的(不仅看成知性同一性)同一性。但提出自我=自我作为若干原理中的**一项**,在这种形式中,此原理所具有的意义无非是纯粹自我意识的意义,纯粹自我意识与经验性自我意识对立,此原理所具有的意义不过是哲理性反思的意义,哲理性反思与庸常的反思对立。

纯粹设定与纯粹对立的这些理念因素却只能为了哲理性反思而得到设定,即使哲理性反思以原初同一性为出发点,恰恰(为了描写这种同一

[57]

性的真正本质)以阐述绝对对立者开始并将其与二律背反联系起来,——要阐述绝对者,这是反思唯一的方式,为的是即刻把绝对同一性从概念的范围中取走并将其建构成一种同一性,这种同一性并非放弃主

[58]

体与客体,而是主体与客体的同一性。不能如此领会这种同一性,即纯粹的自我设定与纯粹的对立两者都是同一个自我的活动;这样一种同一性就绝对不会是一种先验的同一性,而会是一种超验的同一性;对立者的绝对矛盾就会持存,两者的汇集就会缩减至汇集在活动的一般概念之中。有人会要求一种先验的汇集,其中,扬弃两种活动本身的矛盾并且用理念因素建构一种真正的、同时是理念上的与真实的综合。第三项原理提供这种综合:自我在自我之中让一种可分的非我与可分的自我对立。① 无穷的客观范围、对立者既非绝对的自我,亦非绝对的非我,而是包含对立者之事、充满对立因素之事,它们处于这种关系中,即设定一个,就不设定另一个,只要一个因素起,另一个因素就落。

在这种综合中,客观自我却并非等同于主观自我;主观的自我是自我,客观的自我是自我加非我。在综合中没有呈现出原初的同一性;自我=自我这种纯粹的意识与自我=自我加非我这种经验性意识,连同在其中建构自我的一切形式,依旧对立。如果第一与第二项原理的行动是绝对对立的活动,则第三项原理所宣布的这种综合必然不完整。或者说,其实根本不可能有综合;只有把自我设定的活动与对立的活动设定成理念因素,才可能有综合。虽然显得自相矛盾的是,绝对不该成为概念的那些活动,只应作为理念因素来处理;[但]无论是把自我与非我、主体性与

[59]

客体性、有待汇集者表达成活动(设定与对立)还是产物(客观的自我与非我),本身并且即使对其原则是同一性的一个体系而言,也不构成区别。要绝对对立,这些有待汇集者的这种特征使其简直成为一个单纯理念之物,而费希特承认这些有待汇集者的同一性。对他而言,对立者在综合**之前**截然不同于综合**之后**:在综合**之前**,它们是单纯对立者,别的什么

---

① 费希特:《整个知识学的基础》,《费希特全集》卷一,第110页。

也不是；一个成为另一个没有成为之事，而另一个成为这一个没有成为之事，——不含任何实在的一个单纯意念，加之单纯实在的意念；一个出现时，另一个遭消灭；但因为这一个只能在另一个的对立物这种评价之下出现，所以，另一个的概念与这一个的概念同时出现并且消灭这一个，甚至这一个也不可能出现。因而，根本不存在什么，而只有想象力的一种善意错觉，不为人觉察地把一种基质强加于那些单纯对立者，使人有可能考虑它们。① 由对立因素的同一性所引发的是，对立因素只存在于综合性活动中，只通过综合性活动，它们的对立之在与它们本身得到设定，只是为了哲理性建构而需要它们的对立，为的是使综合能力变得明了。创建性的想象力就会是绝对的同一性本身，被想象成活动，通过设定产物、界限，它只是同时把对立者设定成限定者。创造性的想象力显现为受制于对立者的综合能力，会只适用于反思的立场，反思由对立者出发，把直观只是 [60] 领会成对立者集于一体。但同时，为了把这种观点称为一种主观的、属于反思的观点，哲理性反思必定由此建立先验的立场，即它认定那些绝对对立的活动无非是理念因素、在绝对同一性方面完全是相对的同一性，在这种同一性中，经验性意识不亚于其对立物、纯粹意识，后者作为对前者的放弃而凭借前者具有一个对立物，两者均遭扬弃。只有在此意识上，自我才是两种对立活动的先验中心点并且对两者都不感兴趣；它们的绝对对立只对其同一性具有意义。

在第三项原理中表达了综合，其中，客观的自我是一种自我加非我，单是这种综合的不完美本身就激起了怀疑，即不应只把对立的活动视为相对的同一性、视作理念因素，如果只重视它们与综合的关系并且放弃两种活动与第三种活动所持绝对性的头衔，就可能如此看待对立的活动。

但自我设定与对立不应在自己中间并且对综合活动有此关系。自我＝自我是绝对的活动，在任何方面均不应把它目为相对同一性与理念因素。就这种自我＝自我而言，一种非我是绝对对立者；但把它们集于一

---

① 费希特：《整个知识学的基础》，《费希特全集》卷一，第224页及下页。

体是必然的,并且是思辨的唯一兴趣。但预设有绝对对立者时,何种汇集是可能的? 显然,其实根本不可能有任何汇集;或者(因为必定至少部分放弃其对立的绝对性,必然出现第三项原理,却以对立为基础)只是一种[61] 部分的同一性。绝对的同一性虽然是思辨的原则,但这项原则与其表达"自我＝自我"一样依旧只是规则,假设这种规则得到无穷遵守,但在体系中得不到建构。

要点必定是要证明,自我设定与对立是体系中绝对对立的活动。费希特的话虽然直接宣布了这点;但这种绝对对立恰恰该是条件,只在这种条件下才可能有创造性的想象力。创造性的想象力却是只作为理论能力的自我,这种理论能力无法超越对立;就实际能力而言,略去了对立,而只有实际能力扬弃了对立。因而,需证明,即使对实际能力而言,对立也是绝对的,甚至在实际能力之中,自我并不把自己设定成自我本身,而是客观自我同样是一种自我加非我,而实际能力并未达到自我＝自我。反之,对立的绝对性来自体系中至高综合的不完善,前者尚存在于后者中。

独断论的唯心主义由此使自己保持原则的统一,它否认一般客体,把对立者之一、处于规定性之中的主体设定成绝对者,正如独断论,纯正时即为唯物主义,否认主体性。如果推究哲理的基础是只需要这样一种同一性,通过这种同一性应完成的是,对立者之一遭否认,绝对地遭放弃,则无关紧要的就是,两者中的何者、主体性还是客体性遭否认。它们的对立存在于意识之中,而一个的实在正如另一个的实在奠基于其中;纯粹意识在经验性意识中能够得到的证明不多不少与独断论者的自在之物一样。

[62] 无论是主体性还是客体性,都不会单独充满意识;纯主体性与纯客体性一样是抽象;独断论的唯心主义把主体性设定成客体性的实在根据,独断论的唯实论把客体性设定成主体性的实在根据。一以贯之的唯实论笼统地否认意识是自我设定的一种主动活动。但如果连它设定成意识的实在根据的其主体也被表示成非我＝非我,如果它揭示其客体于意识中的实在,也就是对其客体提出意识的同一性作为一个绝对者来反对其客观地把有

穷者与有穷者相邻排列,则它当然不得不放弃其纯粹客观性原则的形式。正如它承认一种思维,所以,应该从对思维的分析来阐述自我=自我。思维被表达成定律;因为思维是主动关涉对立者,而关涉是把对立者设定成相同。不过,正如唯心主义提出意识的统一,唯实论也可以提出意识的二元性。意识的统一预设一种二元性,关涉预设一种对立之在;另一项定律同样绝对地与自我=自我对立:主体并不等同于客体;两项定律具有相同地位。虽然费希特用以阐述其体系的一些形式可能诱使人将其体系当作独断论唯心主义的体系,独断论唯心主义否认与其对立的原则,正如莱因霍特忽略费希特原则的先验意义,根据这种意义,在自我=自我中同时要求设定主体与客体的差异,而莱因霍特把费希特体系视为绝对主体性的体系,亦即一种独断论的唯心主义①,费希特体的唯心主义还是恰恰因此不同,即他提出的同一性不否认客体性,而是把主体性与客体性置于实在 [63] 与可靠性的相同地位上,而纯粹意识与经验性意识合一。为了主体与客体的同一性缘故,我设定我之外之物与设定自我一样肯定;我肯定,存在事物。但若自我只设定事物或者自身,只设定两者中之一或者也同时设定两者,但分别设定,则自我在体系中并不觉得甚至主体=客体。主体性大概是主体=客体,但客体性并非如此,也就是并非主体等于客体。

作为**理论能力**,自我不能完全客观地自我设定并且脱离对立。"自我通过非我而设定自己是确定的"②是第三项原理的那个部分,通过那个部分,自我建构成智者。如果客观世界就证明自己是智力的一种偶有属性,而非我是一个不确定者,对它的任何确定都是智力的一种产物,智力通过非我而把自己设定是确定的,那还剩余理论能力的一个方面,理论能力受制于这个方面;就是客观世界,因智力而处于其无穷的确定性中,对智力而言,它同时始终是不确定之事。非我虽然没有正面特征,但它具有

① 莱因霍特:《19世纪初叶哲学状况概览文集》第一册,第124页及下页。
② 费希特:《知识学》,《费希特全集》卷一,第127页。

负面特征,要成为一个他者、亦即一个一般对立者;或者如费希特所表示的:智力受制于一种推动,后者本身却完全不确定①。因为非我只表示负面、一种不确定性,所以,它本身只通过设定自我而得到这种特征:自我把自己设定成未受设定;一般对立、设定一个绝对因自我而不确定者,本身[64] 是自我的一种设定。在这种措辞中,声称了自我的内在,也作为智力,在其受制于一个他者方面=X。但矛盾只是维持了另一种形式,通过这种形式,它自己变得内在:就是自我的对立与自我的自我设定自相矛盾;而理论能力无力摆脱这种对立;因此,对理论能力而言,对立依旧是绝对的。创造性的想象力是在绝对对立者之间的一种游移,它只能在临界处综合它们,却无法把它们的对立端集于一体。

通过理论能力,自我不会觉得客观;并非达到自我=自我,而是对它而言,客体作为自我加非我而形成;或者纯粹意识证明自己并非等同于经验性意识。

由此产生对一个客观世界作先验性演绎的特征。自我=自我作为思辨的原则或者主观哲理反思的原则,这种反思与经验性意识对立,自我=自我客观上必须由此证明自己是哲学的原则,即自我=自我扬弃对经验性意识的对立。必须实现此事,如果纯粹意识由自身中制造出活动的多样性,这种多样性等同于经验性意识的多样性;由此,自我=自我就会证明自己是客观性的相外(Außereinander)那种全面性的内在的实在根据。但在经验性意识中,有一个对立者、一个X,因为它是一种自我设定,纯粹意识既不能由自身来制造它也不能克服它,而是不得不预设它。问题是,如果绝对同一性显现为理论能力,它是否也能完全放弃主体性并且放弃对经验性意识的对立,是否也能在此范围内自己觉得客观、A=A。但这[65] 种理论能力作为自我,把自己设定成自我,由非我决定,根本不是纯粹内在的范围;即使在此范围内,自我的任何产物也同时是一个不由自我来决定者;纯粹意识只要由自身产生经验性意识的多样性,就因此显得带有缺

---

① 费希特:《知识学》,《费希特全集》卷一,第248页。

陷的特征。纯粹意识的这种原初缺陷于是建构对一般客观世界作演绎的可能性,而纯粹意识的主体性在这种演绎中显现得最为清晰。自我设定一个客观世界,因为只要自我设定自己,就认识到自己有缺陷;这样,纯粹意识的绝对性就遭除去。客观世界与自我意识维持关系,使前者成为后者的一项**条件**。纯粹意识与经验性意识相互制约,一个与另一个同样必要;按照费希特的表达①,纯粹意识进展成经验性意识,因为纯粹意识并非完整的意识。在这种交互关系中,它们的绝对对立保持不变;可能发生的同一性是一种至为不完整、肤浅的同一性;必然有另一种同一性,它把纯粹意识与经验性意识容纳在自身中,但把两者作为它们所成为之事而扬弃。

客观性(或者自然)通过此类演绎得到形式,下面将谈到这种形式。但纯粹意识的主观性由探讨过的演绎形式而产生,它就演绎的另一种形式给我们提供了启迪,客观性的产生以此形式成为自由活动的一种纯粹行动。如果自我意识受制于经验性意识,则经验性意识不可能是绝对自由的产物,而自我的自由活动只会在建构对一个客观世界的直观时成为**一个**因素。世界是智力的自由的一种产物,这是唯心主义明确宣布的原则,而如果费希特的唯心主义未把此原则建构成一个体系,则可以在那种特征中找到根据,自由在该体系中以此特征出现。 [66]

哲理性反思是绝对自由的一种行动,它以绝对的任意而脱离给定之在的范围,抬升自己,有意识地制造智力在经验性意识中无意识地制造、因而显得给定之事。在哲理性反思的意义上,必然的想象的多样性作为通过自由而产生的一个体系而形成,在此意义上,不会把无意识地制造一个客观世界宣称为自由的一种行动,因为就此而言,经验性意识与哲学意识对立,而是在此范围内,两者是自我设定的同一性;自我设定、主体与客体的同一性是自由活动。在前述用纯粹意识或者自我设定来制造客观世界中,必然出现一种绝对对立;只要把客观世界演绎成自由的一种行动,

---

① 费希特:《知识学》,《费希特全集》卷一,第167页及下页。

绝对对立就显现为自我通过自己而自我限制,而创造性的想象力由不确定、无穷的活动的因素与限制性的、有穷化的活动的因素建构而成。如果把反思性的活动同样设定成一种无穷活动,因为它在此是理念因素,是一个绝对对立者,不得不受设定,则连它自己也可能被设定成自由的一种行动,而自我以自由来限制自己。以此方式,自由与束缚就不会相互对立,但设定自己无穷而且有穷:上面作为第一与第二项原理的矛盾出现的是同一件事。然而,限制就此成为一个内在者,因为这个内在者是限制自己

[67] 的自我;为了解释这种限制,才设定客体,而智力的自我限制是唯一真实者。以此方式摒弃了经验性意识在主体与客体之间设定的绝对对立,但它以其他形式被送入智力本身;而智力发现自己包含在不可捉摸的束缚之中,对它而言,限制自己是绝对不可捉摸的律令;但恰恰是凡庸意识与律令的对立这种不可捉摸性驱使人思辨。但由于被置于智力之中的束缚,这种不可捉摸性留存在体系中,突破这种束缚的范围是哲学需求的唯一兴趣。如果让自由与限制性活动对立,作为自我设定与对立对立,则自由受制约,不该有此情况;如果也把限制性活动设定成自由的一种活动,如上面自我设定与对立两者被置于自我之中,则自由是绝对的同一性,但它与其现象相矛盾,其现象始终是一个同一者、有穷者与不自由者。在体系中,自由自我生产未果;产物与生产者不相符;由自我设定出发的体系按智力受制约的条件把智力延至具有有穷性的一个有穷者,而不在有穷性中并用有穷性来恢复智力。

因为在无意识的生产中,思辨无法完全证明其自我＝自我这一原则,而是理论能力的客体必然包含一个不由自我决定者,这样就让人求助于**实际能力**。通过无意识的生产,自我不可能成功地把自己设定成自我＝自我或者把自己视作主体＝客体;也就还有要求,即自我作为同一性、作为主体＝客体,亦即实际上自我生产,自我使自己变形成客体。这种至高

[68] 要求在费希特体系中依旧是一种要求;它不仅化为一种纯正的综合,而且固着成要求,以使理想与真实绝对对立,而使自我至高地自我直观成主体＝客体变得不可能。

自我＝自我实际上得到假设,而对此的想象是,自我与非我建立因果关系,以此方式作为自我成为客体,由此,非我就会消失,而客体就会是一个绝对由自我决定者、也就是＝自我。此处,因果关系变成支配性的,由此,理性或者主体＝客体固着成对立者之一,而使真正的综合变得不可能。

自我在无意识的生产中形成 X,自我用主体性与 X 的对立来重构自己并且与自己的现象合一,这种不可能性如此表现出来,即体系所揭示的至高综合是一种**应该**。自我**等于**自我变成:自我**应该**等于自我;体系的结果未回归其开端。

自我**应该**消灭客观世界,自我应该对非我具有因果性①;这会让人发现相互矛盾,因为这样就会摒弃非我,而对立或者对一种非我的设定是绝对的。就只能把纯粹活动关涉客体设定成**追求**②。与主观自我相同的客观自我因为构成自我＝自我,具有一种对立、也就是具有同时针对自己的一个非我;自我是理想的自我,而非我是真实的非我,**应该**相同。绝对应该这种实际假设表达的不过是**设想出来的**把对立集于一体,它没有把自己汇集于一种直观中,只表达第一与第二项原理的反题。

自我＝自我就此遭思辨离弃而落入反思之手;纯粹的意识不再作 [69] 为绝对同一性出现,而是在至高的尊严中与经验性意识对立。由此可见,自由在该体系中具有何种特征;因为它并非扬弃对立者,而是与它们对立,在这种对立中固着成负面的自由。通过反思,理性把自己建构成统一,一种多样性绝对与统一对立;应该就表示这种既存的对立、绝对同一性的非在。纯粹的设定是一种自由活动,它以一种主体性的绝对形式被设定成一种抽象。体系由先验直观出发,先验直观以哲学反思的形式成为一种主体性,哲学反思通过绝对抽象使自己升格成体系自身的纯粹思维;为了拥有真正无形的先验直观,必定放弃主体性的这

① 费希特:《知识学》,《费希特全集》卷一,第 250 页及下页。
② 同上书,《费希特全集》卷一,第 261 页及下页。

种特征;思辨必定从其主观原则中去除这种形式,以把主观原则升格成
主体与客体的真正同一性。但这样一来,属于哲学反思的先验直观与
既非主体性亦非客体性的先验直观就依旧是同一件事。主体=客体再
也摆脱不了差异,再也摆脱不了反思;它依旧是主观性的主体=客体,
对主体=客体而言,现象绝对是一个异者,而主体=客体没有达到在现
象中直观自己。

    自我的理论能力不怎么能达到绝对自我直观,实际能力也不怎么能
如此;前者与后者均受制于一种推动,无法从自我中推导出作为事实的推
[70] 动,对它的演绎具有的意义是,揭示它是理论与实际能力的条件。二律背
反依旧是二律背反,表现在追求中,这种追求是作为活动的应该。这种二
律背反并非反思的绝对性以此显现的形式,就如同对反思而言,除了通过
二律背反,不可能对绝对性作其他领会;而二律背反的这种对立是遭固着
者、绝对性:作为活动,也就是作为追求,它应该成为至高综合,而无穷性
的理念应该依旧是康德意义上的理念,在康德的意义上,它绝对与直观对
立。理念与直观的综合,无非是一种自我毁灭的要求,也就是要求汇集,
但不该发生汇集,理念与直观的这种绝对对立与综合表现在无穷的过程
中。绝对对立就此被移入一种较低立足点的形式,这种形式长久被视为
真正扬弃对立、通过理性对二律背反作最佳的消解。延长至永恒的定在
包含两者、理念与直观的无穷性,但处于此类形式中的两者使人不可能综
合它们。理念的无穷性排除一切多样性;而时间直接包含对立、一种相
外,而时间中的定在是一个自相对立者、多种多样者,而无穷性在时间之
外。空间同样是一种被置于自身之外(Außersichgesetztsein);但在其对立
的特征中,可称它是比时间无穷丰富的综合。过程应发生于时间之中,时
间所得到的这种好处只能在于,追求绝对与一个外部感官世界对立,而被
设定为一个内在者,此时,自我被假设成绝对主体,作为要点的统一,说得
通俗些,被假设成灵魂。如果时间是全面性,作为无穷的时间,则时间本
[71] 身遭扬弃,而不必遁向其名称,遁向延长了的定在的一个过程。对时间的
真正扬弃是无时间的当下,亦即永恒;而在永恒之中,省略了追求还有绝

对对立的持存。那种延长了的定在只在时间的综合中美化对立,通过这种美化性地联系一种与它绝对对立的无穷性,时间的贫乏并未得以完备,而是变得更加显眼。

包含在追求中的一切今后的发展和对由发展而产生的对立作综合,它们包含了非同一性的原则。对体系的全部进一步论述属于一以贯之的反思;没有思辨的份。绝对的同一性只以一个对立者的形式,也就是作为**理念**存在;不完备的因果关系作为同一性与对立者作任何调和的基础。在对立中设定自己或者限制自己的自我以主观自我的名义,进入无穷的自我以客观自我的名义,两者建立这种联系,即主观自我的自己确定是根据客观自我的理念、绝对主动性的理念、无穷性的理念来确定,而客观自我、绝对的主动性由主观自我根据这种理念来确定。它们的确定是一种交互确定。可以说,主观的、理念的自我从客观自我得到其理念的质料,也就是绝对主动性、不确定性;客观的、进入无穷的、真正的自我受主观自我限定;但因为主观自我按无穷性理念得到确定,又扬弃限定,虽然使处于无穷性中的客观自我变得有穷,但同时使处于有穷性中的客观自我变得无穷。在这种交互确定中,留有有穷性与无穷性、真实确定性与理念上的不确定性的对立;理念性与实在未集于一体;或者,像以后会表明的那 [72] 样,理念上与真实的活动只作为不同方向而有别,在各项不完整的综合中,自我同时作为理念上与真实的活动,在冲动中、在感觉上汇集了其不同的方向,但它在不同方向中没有达到完整地表现自己;它在延长的定在的无穷过程中无穷地产生自己的各部分,但在自我观照为主体——客体的永恒中,没有产生自己。

自我通过坚持先验直观的主观性而依旧是一种主观的主体——客体,对先验直观的主观性的这种坚持在**自我与自然的关系**中显得最显眼,部分显现在对自然的演绎中,部分显现在基于此的科学之中。

因为自我是主观的主体——客体,所以,给它留下一个方面,一个客体从该方面与它绝对对立,它由此方面受制于该客体;我们看到,在这种唯心主义中,对一个绝对的客体作独断论的设定变成——与自由活动绝对对立的——自我限制。这种自然通过自我受设定之在是对自然的演绎与先验的观点;情况会表明,这种观点达到多远,其意义是什么。

作为智力的条件,假设了一种原初的确定性,这在上面显现为进展至经验性意识这种必然性(因为纯粹意识并非完整的意识)。自我应该绝对限定自己,与自己对立;它是主体,而约束在自我之中并且经由自我。这种自我限定既是限定主观活动、智力,也是限定客观活动;受限定的客观活动是**冲动**①;受限定的主观活动是**目的概念**。对这种双重确定性的

[73] 综合是**感觉**;在感觉之中,汇集了认识与冲动。同时,感知却只是一种主观物②,而与自我=自我相反,与不确定者相反,它却显现为一种一般确定物,并且与作为客观物的自我相反,它显现为一种主观物;它显现为一般有穷者,既与无穷真实的活动相反,也与理念上的无穷性相反,与后者相比,显现为一种客观物。但把感知本身刻画成对主体性与客体性、认识与冲动的综合,而因为它是综合,略去它与一个不确定者的对立,无论这个不确定者是无穷的客观活动还是主观活动。它确实只对反思而言是有穷的,无穷性的那种对立产生反思;感知本身等同于质料,同时是主观物与客观物,只要同一性没有重建成全面性,感知就是同一性。

感觉与冲动均显现为受限定者,而在我们身上,受限定者与限定的表现是冲动与感觉;关于冲动与感觉的原初确定体系是**本性**。因为我们不禁产生对本性的意识,而同时关于限定的这个体系在其中出现的实体应该是那种实体,它自由思想并且想要自由,我们把它设定成我们自己,这个实体就是**我们的**本性③;而自我与我的本性构成主观的主体——客体,我的本性自身在自我中。

但必须区分对本性与自由、原初受限者与原初不受限制者之间对立的两类**调和**,而且,从根本上要证明,以不同方式发生调和;先验立场与反

---

① 费希特:《伦理学体系》(1798 年),《费希特全集》卷四,第 105 页及下页。
② 费希特:《知识学》,《费希特全集》卷一,第 289 页。
③ 费希特:《伦理学体系》,《费希特全集》卷四,第 109 页。

思立场的差异性、该体系的起点与结果的差异将以新的形式向我们展示 [74]
这点,反思的立场排挤了先验立场。

有时自我＝自我,自由与冲动就是同一件事,——这是先验观点。
"虽然我应该得到之事的一部分只有通过自由才会有可能,而另一部分
不应依赖自由,而自由不应依赖另一部分,尽管如此,应该得到两者的实
体只是同一实体并且被设定成同一实体。感知的我、思维的我、受驱动的
我,还有以自由意志自己决定的我,是同一个我。"①"我的冲动作为自然
物,我的倾向作为纯粹精神,［……］从先验观点来说,是构成我的本质的
同一原始冲动,不过,它从两个不同方面得到看待"②;它们的差异性只在
现象上。

有时两者不同,一个是另一个的条件,一个统治另一个。虽然必须把
作为冲动的本性**设想**成通过自己来确定自己,但本性通过自由的对立物
得到刻画。本性确定自己,因此意味着:在形式上,本性因其本质而一定
要自我确定,它绝不可能像一个自由存在者甚或可能的那样不确定;它也
恰恰在实质上是确定的,不像自由存在者在某种规定及其对立者之间选
择。③ 本性与自由的综合就导致如下用两分把同一性重建成全面性。自
我,作为智力、不确定者,——还有受驱动的自我,本性、确定者,由此变成
同一个,即冲动进入意识;就此而言,冲动就在**我的控制**之中,**它**在该范围 [75]
根本不起作用,而是无论**我**是否起作用均基于它。④ 反思者**高**于所反思
者;反思者的冲动、意识主体的冲动称为较高级冲动⑤;较低级冲动、本性
必须置入**较高冲动、反思的管辖**之中。自我的一种现象对另一现象的这
种管辖关系应该是至高的综合。

但这后一种同一性与先验观点的同一性截然对立。在先验观点中,

---

① 费希特:《伦理学体系》,《费希特全集》卷四,第 108 页。
② 同上书,《费希特全集》卷四,第 130 页。
③ 同上书,《费希特全集》卷四,第 111 页、第 112 页及下页。
④ 同上书,《费希特全集》卷四,第 126 页及下页。
⑤ 同上书,《费希特全集》卷四,第 131 页。

自我＝自我,自我置于实体性关系中或者至少还置于交互关系之中;而在同一性的这种重建中,一个是统治者,另一个是受统治者,主体性不等同于客体性,而是它们处于因果关系之中,——一个臣服;在自由与必然性的两个范围中,后者隶属于前者。这样,体系的终局不忠于其开端,结果不忠于其原则。原则曾是自我＝自我;结果是自我不等于自我。前一种同一性是一种理念上——真实的同一性,形式与质料合一;后一种同一性是一种单纯理念上的同一性,形式与质料分离;它是一种单纯形式上的综合。

对统治的这种综合以如下方式产生。纯粹冲动从事绝对自决,为活动而活动,与纯粹冲动相反的是一种客观冲动、关于限制的一个体系。自由与本性集于一体,前者放弃其纯粹性,后者放弃其不纯;为了使综合活动的确纯粹而无穷,必须把它设想成一种客观活动,其终极目的是绝对自由,绝对不依赖一切本性,——一个绝不可能达到的终极目的①,一个无穷的级数,通过其延续,自我会绝对＝自我,亦即自我把自己作为客体、进而也作为主体自我扬弃。但它不该自我扬弃;这样对自我而言,只是产生一种充满限制、数量、无法确定地延长了的时间,而已知的过程应该帮助摆脱困境;在可以期待至高综合之处,始终留有受限制的当下与位于其外的无穷性这同一种反题。自我＝自我是绝对者、全面性,在自我之外什么也没有;但自我在体系中没有到达这一步,而如果要插入时间,就绝不会达到这一步;自我绝对受一种非我感染,始终只能把自己设定成自我的一个份额。

[76]

本性就此既在理论方面也在实际方面成为一个本质上确定者与死者。在理论方面,它是得到直观的自我限制,亦即自我限制的客观方面;它被演绎成自我意识的条件,并且为了解释自我意识而被设定成自我意识的条件,它就只是为了解释而由反思设定者、一个理念上所导致之事。自我意识经证明受制于本性,如果本性由此得到与自我意识相同的独立

---

① 费希特:《伦理学体系》,《费希特全集》卷四,第 144、131 页。

性尊严,则因为本性只通过反思得到设定,其独立性也就同样由此遭消灭,而其基本特征是对立之在的基本特征。

在实际方面,在对无意识的自我确定与通过概念自我确定作综合、对本性冲动与为自由而自由的冲动作综合时①,本性同样通过自由的因果关系成为一个真实产生物。结果是:概念应该对本性有因果性,而本性应被设定成一个绝对确定者。

如果反思完全在一种二律背反中设定其对绝对者的分析,一个环节作为自我、不确定性或者自我确定,另一个环节作为客体、确定之在,而两者获承认为是原初的,则反思断言相对的无条件性,进而也断言两者的相对制约性。反思不可能超越相互制约的这种交互关系。它由此证明自己是理性,即它提出有条件的无条件性这种二律背反,它通过这种二律背反表明对自由与本性冲动的一种绝对综合,它就没有把两者的对立与持存、或者两者之一、并且没有把自己作为绝对者与永恒者加以维护,而是加以消灭并且推入登峰造极的深渊。但如果它把自己或者其对立者之一作为绝对者来维护并坚持因果关系,则先验观点与理性就败于单纯反思的立场与知性,知性成功地以一种理念的形式把知性之事固着成一个绝对对立者。对理性而言,留存的无非是,自我扬弃的要求是无能的,还有本着扬弃诸对立这一单纯**理念**倒是知性地、形式上调和本性与自由是假象,本着自我与本性的绝对——确定之在均为独立这一**理念**,这种独立被设定成一个应予否定者、绝对不独立。对立却没有消失,而是变得无穷,因为它的一个环节持存,另一个也持存。 [77]

在这种至高的立足点上,本性具有绝对客观性的特征或者死亡的特征;只有在一个较低的立足点上,它才以一种生命的假象、作为主体=客体而出现。正如在至高立足点上,自我并未丧失其作为主体这种现象的形式,相反,主体=客体这一本性的特征就成为单纯假象,而绝对客观性成为本性的本质。

---

① 费希特:《伦理学体系》,《费希特全集》卷四,第 139 页。

[78]　　　本性就是自我的无意识生产,而自我的生产是一种自我确定,本性自身就是自我,主体＝客体;而正如我的本性得到设定一样,在我的本性之外还有本性,我的本性并非全部本性;为了解释我的本性,设定我之外的本性。因为我的本性被确定成一种冲动、通过自己的一种自我确定,所以,我之外的本性也必须如此得到确定,而这种我之外的确定是对我的本性的一种解释根据。①

　　　反思产物、因果、整体与部分等等就必须在其二律背反之中由这种通过自己而自我确定加以表述(prädiziert),本性就必须同时被设定成其自身的因果、同时被设定成整体与部分等等,由此,本性得到假象,即成为一个鲜活者与有机者。②

　　　在这种立足点上,客体性由反思性判断力刻画成一个鲜活者,然而,该立足点成为一个较低级的立足点。因为只要自我单独直观其原初的局限性并且客观地设定对原始冲动的绝对约束、也就是客观地设定自己,自我就**认**为自己只是本性。在先验的立场上,主体＝客体却只在纯粹意识中、在不受限制的自我设定中得到承认;这种自我设定却与自己绝对对立,这种对立由此被确定为对原始冲动的绝对约束。只要自我作为冲动不按无穷性的理念来确定自己,也就是设定自己有穷,这种有穷性就是本性;作为自我,这种有穷性同时无穷并且是主体——客体。因为先验观点只把无穷性设定成自我,它以此造成有穷与无穷的分离。它从显现为本性之事中抽出主体——客体性③,而留给这种主体——客体性的无非是

[79]客体性枯死的外壳。主体——客体性、先前的有穷——无穷者,被取走了无穷性,而它依旧是纯粹有穷性,与自我＝自我对立;自我附着在它上面之事,被拉向主体。在自我＝自我这种同一性中,既无主体性,亦无客体性,如果先验观点从这种同一性进展至两者的差异,这种差异依旧是与自我设定对立、与自我＝自我对立,而先验观点越来越广泛地确定对立者,

---

①　费希特:《伦理学体系》,《费希特全集》卷四,第 113 页。
②　同上书,第 114 页及下页。
③　首版:"主体＝客体性"。

它也就到达一个立足点,在此立足点上,本性自身被设定成主体=客体;但不该忘记,这种本性观只是在较低立足点上反思的一种产物。在先验演绎中,对原始冲动的约束(客观设定——本性)依旧是与原始冲动、真正本质绝对对立的一种纯粹客观性,真正本质是自我=自我、主体=客体。这种对立是条件,自我通过该条件变得实际,亦即必须扬弃对立;对这种扬弃的设想是,设定一个依赖另一个。本性在实际方面被设定成一个绝对通过概念确定者;只要本性不由自我确定,自我就没有因果性或者不实际;而那种立足点曾设定本性是鲜活的,那种立足点又遭废除,因为本性的本质、其自在(Ansich)应该就是一种约束、一种否定。在此实际立足点上,理性依旧无非是形式性统一的扼杀性死规则,交到反思手中,反思把主体与客体置于一个依赖另一个的关系之中或者因果性的关系之中,而以此方式,完全排除思辨原则、同一性。

自然权利体系中给定了对**本性**的阐述与**演绎**,在阐述与演绎本性时,显示出本性与理性的绝对对立和反思的严厉统治。

因为理性存在者必须为其自由构成一个范围;它把此范围记在自己 [80] 名下;但只有在对立中,只有它排他性地把自己置于其中,没有他人在其中选择,它才是此范围本身;它把此范围记在自己名下,就同时在本质上使其与自己对立。主体——作为绝对者、在自身中活动者和自我确定为对客体的思维者——在自身之外设定属于其的自由范围并且与此范围分道扬镳①,它与此范围的关系只是一种**拥有**。本性的基本特征是,成为一个有机者的世界,一个绝对对立者;本性的本质是一个孤立的无生气者,一种更为流动或者更为坚韧、更为坚固的质料②,这种质料以多种多样的方式互为因果。交互作用的概念没怎么减少单纯原因与单纯所导致之事的完全对立;质料由此变得在方方面面可互变;但甚至用来作这种贫乏联系的力量也在质料之外。各部分应借助独立性在自身中成为有机整体,

---

① 费希特:《自然权利基础》(1796 年),《费希特全集》卷三,第 57 页及下页。
② 同上书,《费希特全集》卷三,第 67 页以下。

各部分的独立性以及各部分对整体的依赖性是在目的论上对概念的依赖性,因为设定连接(Artikulation)①是为了一个他者、本质上与连接不同的理性存在者。空气、光线等等成为孤立的可塑质料,而且在此还是惯常意义上的质料,地地道道与自我设定者对立。

比起康德来,费希特以此方式更接近于对付本性与自由的对立并把本性揭示为一个绝对导致之事与无生气之事;在康德处,同样把本性设定成一件绝对确定之事。但因为本性不可能通过在康德处称为知性之事而[81] 得到确定的设想,而是本性的特殊多种多样现象通过**我们人类的**推理**知性**而保持不确定,所以必须通过**另**一种知性设想这些现象是确定的,但这只被视为我们反思性判断力的准则,并未澄清另一知性的现实。通过不同于人类知性的另一非同寻常的知性这种理念才让本性成为一个确定者,费希特不需要这条弯路;本性直接通过智力并且为了智力而成为确定者。智力绝对限制自己,而这种自我限制不会由自我=自我推导,而只能由此演绎,亦即只能由纯粹意识的多样性来揭示这种自我限制的必然性,而对这种绝对局限性作直观、对否定作直观,是客观本性。

因为由此产生的后果,更为显眼的是在**人的共同体的两个体系**中本性依赖概念的这种关系、理性的对立。

这种共同体被想象成理性存在者的一个共同体,它必须选取概念统治的弯路。对他者而言,任何理性存在者都是一个加倍者:甲)一个自由、理性的存在者;乙)一种可修改的质料、一个有能力者,能够当作单纯事物得到处理。② 这种分离是绝对的,而且像它在其反常性中作为基础一样,彼此不再可能有纯粹的关系,在纯粹关系中,呈现出原初的同一性并且自我认识,而是任何关系都是根据一贯知性的律令的一种统治与受统治;鲜活存在者共同体的整座大厦由反思建成。

[82]   理性存在者的共同体显现为受制于对自由的必然限制,自由给自己

---

① 费希特:《自然权利基础》(1796年),《费希特全集》卷三,第61页。
② 同上书,《费希特全集》卷三,第86页及下页。

定下要自我限制的律令①；而限制这一概念建立了一个自由王国，在此王
国中，任何真正自由的、本身无穷并且不受限制的、亦即生命中美好的相
互关系由此遭消灭，即鲜活者在概念上与质料上破裂，而本性臣服。自由
是理性的特征，它是自身扬弃一切限制者与费希特体系中的至高者；在与
他者的共同体中却必须**放弃**它，以便共同体中的一切理性存在者可能有
自由，而共同体又是自由的一项条件；自由必须扬弃自己，以成为自由。
由此又可见，自由在此是一个单纯负面者，也就是绝对的不确定性，或者
如上面由自我设定所表明的那样，是一个纯粹理念上的因素——从反思
立场来观照的自由。这种自由觉得自己不是理性，而是理性存在者，亦
即与其对立者、一个有穷者综合；而人格的这种综合就已经包含对理念
因素之一的限制，正如此处是自由一样。理性与自由作为理性存在者
不再是理性与自由，而是一个个别者；而与他者的人格共同体因而在本
质上不必视为限制个人的真正自由，而必须视为扩展个人的真正自由。
至高的共同体是至高的自由，既根据自由的威力也根据对自由的行使，
但在至高的共同体中，恰恰是作为理念因素的自由，还有作为与本性对
立的理性完全略去。

如果理性存在者共同体在本质上是限制真正的自由，则它本身就会 [83]
是至高的专制；但因为这种限制暂且只是自由作为不确定者与理念因素，
这种自由受到限制，所以，通过那种想象本身在共同体中尚未直接产生专
制。但专制完全通过那种方式而产生，即要如何限制自由，以便其他理性
存在者的自由成为可能；也就是通过共同体，自由不应失去成为一种理念
之事、对立者这种形式，而是应固着成这样一种理念之事、对立者并且占
统治地位。通过活跃关系的一个真正自由的共同体，个人放弃了其不确
定性、即自由。只有自由包含自我扬弃并且建立其他关系这种可能性，在
活跃关系中才有自由；亦即自由作为理念因素、作为不确定性略去；在一
种自由的活跃关系中，不确定性只是**可能者**，并非一个成为统治者的现实

---

① 费希特：《自然权利基础》（1796 年），《费希特全集》卷三，第 85 页、第 92 页及下页。

者,并非一个主宰性的概念。但在自然权利体系中,并非把自由地限制可
能者的自由理解成遭扬弃的不确定性;而是通过共同的意志,限制抬升成
律令并且固着成概念,这样,要扬弃一种特定关系这种真正的自由、可能
性就遭消灭。活跃关系不再可能①不确定,也就不再是理性的,而是绝对
确定并且通过知性来规定;生命臣服,而反思赢得对生命的统治与对理性
的胜利。这种困境被宣称为自然权利,而且不会声称,至高目标是要摒弃
[84] 这种困境,要通过理性建立摆脱一切概念奴役的一种生命组织来代替这
种知性而非理性的共同体,而是困境及其无穷延至生命的一切冲动被视
为绝对必然性。不会如此想象在知性统治下的这种共同体,即它必定会
使之成为自己的最高律令的是,生命通过知性被置于生命的困境之中,要
扬弃生命的这种困顿,还要扬弃在一个美好共同体这种真正无穷性中确
定与统治的这种无尽性,对重要客体而言,要通过习俗使律令不可或缺,
要通过被奉若神明的享受使未及满足的生命的放纵不可或缺,通过可能
的活动,要使受压抑力量的罪过不可或缺;正好相反,概念的统治与本性
的受奴役变得绝对并且无穷扩展。

知性必定陷入确定这种无尽性中,确定这种无穷性最直接显示出确
定这种原则的多样性,即通过概念来统治的多样性。连这个强制国家
(Notstaat)也了解那种目的,即防止对其国民的侵害要多于他们为已受侵
害而报复。这个强制国家就必须不仅禁止实际侵害,违者处罚,而且也预
防侵害的可能性,为了终极目的而禁止那些行为,它们本身似乎不损害任
何人并且完全无关紧要,但使对他人的侵害更容易并且妨碍对他人的保
护或者妨碍人去发现过失者。② 如果一方面,除了尽可能自由地使用并
享受其能力,人也不会出于其他冲动而臣服于一个国家,则另一方面,还
是绝对没有那种行为,这个国家一以贯之的知性不可能预计那种行为对
[85] 他人可能有伤害,而预防性的知性及其暴力、警察的义务与这种无尽的可

---

① 《黑格尔全集》:"活跃关系不再包含可能性"。
② 费希特:《自然权利基础》,《费希特全集》卷三,第294页。

能性打交道,在关于国家的这种理想中,没有作为,这种作为未必臣服于一项律令、置于直接监督之下、受警察与其他统治者注意,使得(第二部分,第155页[《黑格尔全集》卷三,第302页])在具有根据此原则设立的建构的一个国家里,警察确知,每个国民每天每小时何在、何为。*①

在必定进展至此的这种无穷性中,自我扬弃的是确定与得到确定。[86]对自由的限定本身该是无穷的;在无限定的局限性这种二律背反中,对自由的限制与国家消失了;确定的理论通过把确定无穷扩展而消灭了确定、其原则。

————————

* 确定的无尽性如何在自身中失去其目的与自身,最好借助一些例证来澄清。通过完善警察来预防在不完善的国家中可能的大量犯罪,如伪造汇票与货币。第148页以下[《黑格尔全集》卷三,第297页及下页],我们看见以何方式如此:"任何交付汇票者必须以护照证明,他就是在某处找得到的这个特定者,等等。接受者于是只是在汇票背面对交付者的姓名标注道:**使用某某当局的护照**。——须多写两句话并且需要再多一两分钟来审视护照与人员;此外,事情与先前一样简单"(或者不如说更简单;因为一个谨慎者很可能会避免接受一个他根本不了解者的汇票,即使它似乎也完全正常;而比起以任何一方式得到关于一个人的一些记录来,审视一本护照与一个人极其简单)。——"如果汇票确实有假,则如果调查回到人员身上,很快就找得到人。不允许任何人从一地动身;可以使他留在门内"(我们的村庄与许多城市没有大门,单独的住宅更少有大门,这种现实并非反对的理由;而是以此演绎出大门的必要性)。"他必须确定前往之地,在当地的登记簿册上、在护照中注明"(此中有对守门录事的要求,要能够区分一名旅行者与任何其他穿门而过者)。"除了在护照上注明的地点之外,无处会接待他。"——"护照上是对此人的真正描写(第146页[《黑格尔全集》卷三,第295页])或者,因为这种描写必定总是模棱两可,遇到付得起照片钱的重要人员时",在我们说的情况中是能够伪造汇票的此类人,取而代之"有一幅逼真的照片"。——"护照写在为此特制的纸张上,这种纸张在最高当局与下属当局的手里并受其监督,当局必须就耗费的纸张作出**报告**。这种纸张不会遭仿制,因为要伪造汇票只需**一本**护照,为了这本护照,必定涉及如此众多机构、汇集如此众多的技能"(因而假设,在一个安排妥当的国家里,可能出现只是对一本假护照的需求,也就是在寻常国家间或可能发现的假护照制造厂不会找到买主。)——为预防仿制享有特权的纸张,(根据第152页[《黑格尔全集》卷三,第299页及下页])却也有"为预防假币"而作的另外一种国家安排来协助;因为"国家垄断金属等等,所以,如果没有证明刚才得到之物交付给谁、作何用途,国家就不该把金属交付给零售商"。——在普鲁士军队中,一名外国人只有**一名**熟人来监督,每个国民不会像在普鲁士军队中那样只有一人来监督,而是将至少让半打人忙于监督、考量等等,这些监督者中的每一个同样如此,以至无穷;正如最简单的业务中每一笔都无穷促进大量业务。

① *为黑格尔所加。——译者注

寻常国家①在这一点上前后不一致,即只将其最高警察法律扩展至少数伤害的可能性,此外,把公民托付给他们自己,希望人人不必因一个概念并且借助一项法律而更受限制,不修改他者可修改的质料,正如人人能够做到的那样,因为他作为理性存在者必定根据其自由给自己设定非我是决定性的,必定把修改一般质料的能力记在自己名下。不完善的国家之所以不完善,是因为它们必定固着任一对立;它们前后不一,因为它们不通过所有关系来实施其对立;对立把人绝对地两分为一种理性存在者与一种可修改的质料,那些国家使这种对立无穷并且使确定变得无尽,这种一贯性自我扬弃,而那种不一贯性是不完善国家里最完善之事。

通过纯粹冲动与本能冲动的绝对对立,自然权利是表现知性的完备统治与对鲜活者的奴役,——一座大厦,理性在其中无份,理性就摒弃它,因为理性在能够赋予自己的最完善组织之中、在自我塑造成一个民族时,必定最明确地出现。但那种知性国家并非一种组织,而是一种机械,民族并非一种共同丰富生活的有机体,而是孤立论的缺乏活力的众多,其因素是绝对对立的实体,部分是大量要点、理性存在者,部分通过理性而多种多样,亦即以此形式:通过知性成为可修改的质料,——那些因素,其统一是一个概念,那些因素的联系是一种无尽的统治。要点的这种绝对实质性建立了实践哲学的原子论体系,其中如在本性的原子论中一样,对原子而言异己的一种知性成为在实在法中自称的律令,全面性的一个**概念**,此概念会与任何行为对立,因为任何行为都是特定的行为,此概念会确定行为,也就是扼杀行为之中的活跃者、真正的同一性。**即使世界毁灭,也要行正义**(Fiat iustitia, pereat mundus)是律令,根本不在康德阐释过的意义上②:会行正义,哪怕世上一切无赖都毁灭,而是:必须行正义,尽管因此信赖、兴趣与爱、一种纯正的道义同一性的一切幂次都会如人们

[87]

---

① 《黑格尔全集》卷三,第301页。
② 参见康德:《论永久和平》,B 93。

所说的那样遭根除。

我们转至**人类道德共同体**的体系。

伦理学与自然权利的共同之处是,理念绝对会控制冲动,自由绝对会 [88]
控制本性;但它们的不同之处在于,在自然权利中,自由存在者臣服于一
般概念是绝对的目的本身,使得共同意志中固定的抽象也会存在于个体
之外并会对个体具有威力。在伦理学中,必须设定概念与本性汇集于同
一人;在国家之中,只应有法律来统治,在德性王国中,只有义务由个体的
理性承认为律令,义务才有威力。

成为其自身的主仆,这虽然似乎优于人在其中成为一个异己者的奴
仆的状况,不过,自由与本性的关系如果在德性中会成为主观的统治与受
奴役、**自己**压抑本性,那就比自然权利中的关系要不自然得多,在后者中,
主宰者与当权者显现为一个他者、处于鲜活个体之外者。鲜活者在这种
关系中总还具有包含于自身中的独立性;在它之中不一致者,它就排除出
去;抗争者是一种异己的威力。而即使取消了对内心与外部一致性的信
仰,可以持存的还有相信其内在协调、作为特征的一种同一性;内在本性
忠于自己。但如果在伦理学中,主宰者移到人自身中,在人身上,主宰者
与臣服者绝对对立,就摧毁了内心的和谐;不一致与绝对两分构成人的本
质。他须寻求一种统一,但遇有作为基础的绝对非同一性时,留给他的只
有一种形式上的统一。

概念要占统治地位,此种概念的形式统一与本性的多样性相互矛盾,
而两者之间的争抢很快显示出相当大的弊端。形式上的概念要占统治地 [89]
位;但它是个空洞,必须通过与冲动相关涉来充盈,于是形成要去行动的
大量可能性。但如果科学维持此概念的统一,则科学通过这样一项形式
上的空洞原则并没有完成什么。自我应该按照要扬弃客观世界这一绝对
主动的理念来确定自己,应该对客观自我具有因果关系,也就是与它建立
关系;道义冲动成为一种混合冲动①并且由此成为一个多样者,与客观冲

①　费希特:《伦理学》,《费希特全集》卷四,第152页。

动本身一样,由此就产生关于义务的巨大多样性。如果像费希特一样止步于概念的普遍性,就很可以减少义务的多样性;但这样就又只有形式上的原则。多种多样义务的对立在冲突名下出现,带来显著的矛盾。如果演绎出来的义务是绝对的,则它们不可能冲突;但它们必然冲突,因为它们对立;为了它们相同的绝对性,有可能选择并且因为冲突而必然选择;除了任意,不存在什么抉择者。如果不发生任意性,则义务必定不会与绝对性处于同一等级;人们就必定说,一项义务必定会比另一项更绝对,这与概念相矛盾,因为任何义务作为义务都是绝对的。但因为在遇有这种冲突时还是不得不讨价还价,也就是不得不放弃绝对性而优先选择一项义务胜于另一项,所以,为了能够实现自决,现在一切取决于,通过评判来查明一个义务概念优先于另一个并在有条件的义务中按最佳的认识来选

[90] 择。如果在自由的自决中,通过至高的概念排除倾向的任意性与偶然性,则自决就转入认识的偶然性、进而转入由此决断一种偶然认识的无意识。人们发现,如果康德在其伦理学中承认绝对性地设立的义务有决疑学的疑问,而人们不愿相信,他其实想以此嘲讽所设立的义务的绝对性,那就必须假设,他其实暗示,对伦理学而言,一种决疑学有必然性,进而暗示那种必然性,即不信任确实是完全偶然之事的他自己的认识。只有偶然性是应该通过一种伦理学遭扬弃之事;把倾向的偶然性变成认识的偶然性,不可能满足面向必然性的道义冲动。

在伦理学与自然权利的这些体系之中,在遇到自由与必然性的固定、绝对两极性时,无法设想任何综合与随遇平衡点;先验性在其现象上、在其能力上完全不再为知性效力;绝对的同一性找不到自我,在先验性中恢复不了自我。即使在对无穷过程作美化时,对立也依旧固着;它既不能为个体而真正化为性情与行为之美的随遇平衡点,也不能为个体完整、活跃共同体而真正化为一个团体。

在不同等级的义务中,费希特也谈到**有审美感的**艺术家的义务是道德的终极附属物之一,虽然他也言说审美感是知性与内心之间的纽带,而因为艺术家既不像学者只求助于知性,也不像国民学校教师只求助内心,

而是求助于全部性情连同其能力①,他记在有审美感的艺术家与美育名 [91] 下的是极有效地关涉对理性目的的促进②。

此外,人们不理解,在这一伦理学体系这样基于绝对对立的科学中,如何能够言说知性与内心的纽带,言说性情的整体性,因为根据一个概念而绝对确定本性是通过知性来绝对控制内心,这种绝对控制受制于遭扬弃的纽带,美育于其中现身的从属地位就表明,要完善体系,对它的指望究竟多么少。要求艺术极其有效地关涉对理性目的的促进,方法是,艺术为道德准备基础,如果出现道德,艺术就发现已经事半功倍,也就是摆脱了感性桎梏。

奇怪的是,费希特在其体系方面对美作了出色的表述,却前后不一,根本没有应用到其体系上而直接错误地应用到道德律令的观念上。

费希特表述道,**艺术使先验视角成为庸常视角,在先验视角上造就了世界,在庸常视角上,给定了世界:在审美视角上,世界被给定成它受造就的面貌**。通过审美能力,承认了真正汇集智力的创造与制造它觉得给定了的产物——设定自己无所限制并且同时把自己设定为局限性的自我,或者不如说汇集智力与本性,后者就因为这种可能的汇集而还具有另一 [92] 面,即成为智力的产物。承认在审美上汇集创造与产物迥异于设定绝对的应该与追求、设定无穷过程,正如那种至高的汇集得到承认一样,诸概念预示自己作为反题只是作为对从属范围的综合、进而需要更高综合而即将来临。

审美观如此进一步得到描述:给定的世界、自然具有两方面;它是我们限制的产物,而且它是我们自由的理念行动的产物;空间中的任何形态均应视为表现具有这种形态的物体自身内在的丰富与力量。有谁探究前一种观点,只会看见扭曲、受迫、可怕的形式;他看见丑。有谁探究后一种观点,会看见充溢着本性、活力与奋发向上;他看见美。③ 智力在自然权

---

① 费希特:《伦理学》,《费希特全集》卷四,第353页。
② 同上书,《费希特全集》卷四,第355页。
③ 同上书,《费希特全集》卷四,第354页。

利中的行动只把自然作为一种可修改的质料而生产出来;它并非自由的理念行动,并非理性的行动,而是知性的行动。对自然的审美观也就应用到道德律令上,当然,自然在道德律令面前不得享有美观能力的优先权。**道德律令绝对主宰,压制一切自然倾向。有谁如此看待它,对它表现得就像奴隶一样。但道德律令同时还是自我本身,它来自我们自身本质的内心深处;而如果我们听从它,我们还只是听从我们自己。有谁如此看待它,就唯美地看待它。**① 我们听从我们自己,意味着我们的自然倾向听从

[93]

我们的道德律令;但在把自然作为表现物体内在的丰富与力量的审美观中,没有出现此类听从的分离,像我们在依据此体系的道义性中、在听从自我中把自然倾向看成受相邻的理性限定、冲动臣服于概念。关于这种德性的这种必然观点、而非一种审美观点,必定恰恰展示扭曲、可怕、受迫的形式,展示丑。

如果道德律令只要求独立性作为根据概念并且通过概念来确定;如果本性只能根据关于众多理性存在者的自由的**概念**通过限制自由来得到其权利;如果这两种受迫的方式是至高的方式,人由此把自己建构成人,则对必定在最宽广范围上得到理解的审美感而言,对全面性完美的自我塑造而言,只要审美感在其不受限制的自我享受中显得纯粹,无论在汇集自由与必然性、意识与无意识中,还是在审美感受限制的现象中、在公民的正派性与道德性上,都找不到空间;因为在审美感中,恰恰如此强烈地扬弃了一切根据概念来作规定,使得对它而言,如果统治与规定的这种知性存在者获得审美感,这种存在者就丑陋而可憎。

---

① 费希特:《伦理学》,《费希特全集》卷四,第354页。

谢林哲学原则与费希特哲学原则的比较

被指明为费希特原则的基本特征是,主体=客体摆脱了这种同一性,再也无力恢复成这种同一性,因为差异置于因果关系之中。同一性原则并未成为体系的原则;体系一开始形成,就放弃了同一性。体系自身是一以贯之的知性数量的有穷性,无力把原初的同一性捏合进全面性的焦点之中、捏合成绝对的自我直观。主体=客体因而使自己成为主观的主体=客体,而要扬弃这种主观性、把自己设定成客观的,它没能成功。

同一性原则是**整个**谢林体系的绝对原则;哲学与体系重合;同一性未消失于部分之中,更未消失于结果之中。

说绝对同一性是一整个体系的原则,为此必然把主体与客体**两者**设定成主体—客体。同一性在费希特体系中只把自己建构成一种主观的主体—客体。为了补充之,还需要一种客观的主体—客体,使得绝对者显现在两者中的任何一个,只在两者中才完整聚合,只要两者是对立的,绝对者就显现为在消灭两者时的至高综合,作为它们的随遇平衡点把两者包含于自身之中,生养它们,而自己从两者之中产生。

如果把扬弃两分设定成哲学在形式上的任务,则理性可以尝试以此 方式完成任务,即它消灭对立者之一并把另一个升格成一个无穷者。根据实情,这发生在费希特体系之中;不过,以此方式留有对立,因为设定成绝对者之事,受制于另一个,一个持存,另一个也持存。为了扬弃两分,必须扬弃两个对立者、主体与客体;把它们设定成同一,就把它们作为主体与客体而扬弃。在绝对同一性中,主体与客体相互关涉,进而遭消灭,就此而言,对反思与知识而言,什么都不存在。一般的探究哲理到此地步,

61

它不可能形成一种体系;它满足于负面,负面埋头于无穷中的一切有穷;探究哲理也很可能再度获得知识,而一种体系的需求是否与此相连,这是一种主观偶然性。但如果这种负面自身是原则,则不应走向知识,因为任何知识同时从一方面步入有穷性的范围。狂热就坚持对无色彩光线的这种直观;只有这种狂热与多样性作斗争,在狂热中才会有多样性。狂热缺乏对自身的意识,即其收缩受制于一种扩张;它是片面的,因为它自己坚持一个对立者,而使绝对同一性成为一个对立者。在绝对同一性中,扬弃了主体与客体;但因为它们在绝对同一性中,它们就同时持存,而正是它们的持存使知识成为可能,因为在知识中,部分设定了对两者的分隔。分隔性的活动是反思;只要分隔性的活动本身得到观照,它就扬弃同一性与绝对者,而任何认识就会干脆成为迷误,因为在认识之中有分隔。认识由[96] 此方面成为一种分隔而认识的产物是一种有穷,这一方面使任何知识成为一个受限者、进而成为一种谬误;但只要任何知识同时是一种同一性,就此而言就没有绝对的迷误。如何良好地主张同一性,就必须同样主张分隔。只要同一性与分隔彼此对立,两者就都是绝对的;而如果要通过消灭两分来坚持同一性,它们就保持对立。哲学必须让分隔成主体与客体得到公正对待;但哲学同样绝对地设定分隔成主体与客体具有与分隔对立的同一性,哲学就只是有条件地设定分隔成主体与客体,正如这样一种同一性一样也只是相对的,这种同一性以消灭对立者为条件。绝对者自身却因此是同一性与非同一性的同一性;绝对者之中同时有对立与一致。

哲学会分隔,如果不在绝对者中设定受分隔者,它就不可能设定受分隔者;因为否则它们就是纯粹对立者,它们具有的特征无非是,只要另一个存在,一个就不存在。这种关涉并非又是扬弃两者,因为就此就不会是受分隔,而是只要它们存在于绝对者中或者在它们之中设定绝对者,它们就应该作为受分隔者而留存并且不失去这种特征。而且必须在绝对者中设定两者——一个优先于另一个该得到哪项权利呢? 两者中不仅发生相同的权利,而且发生相同的必然性;因为如果只有一个关涉绝对者,另一个不关涉,它们的本质就会得到不同的设定,而汇集两者、也就是要扬弃两分这种哲学的任务就不可能了。费希特只把对立者之一置于绝对者中或者把它设定成绝对者;对他而言,权利与必然性在自我意识中,因为只有自我意识是一种自我设定、一种主体＝客体,而这种自我意识不会先 [97]
关涉作为更高者的绝对者,而是它本身是绝对者、绝对的同一性。被设定成绝对者,自我意识的这种更高权利就在于,它设定自己,而客体就不是,客体只由意识来设定。但只要把主体—客体设定成自我意识,由主体—客体的偶然性可知,客体的这种地位只是一种偶然地位;因为这种主体—客体自身是受制约者。其立场因而并非最高立场;理性以有限的形式得到设定,而只有从这种有限形式的立场出发,客体才显现为一个并非自我规定者、显现为绝对确定之事。因而必须把两者置于绝对者之中或者以两种形式设定绝对者,同时,两者作为受分隔者而持存;主体就此成为主观性的主体—客体,客体就此成为客观性的主体—客体。而因为现在设定了一种二元性,对立者中的每一个都是与自己对立者并且无穷分裂,所以,绝对者中的主体的任何部分与客体的任何部分本身是主体与客体的一种同一性,任何认识都是一种真理,正如任何灰尘都是一种组织。

只有客体自身成为一种主体—客体,自我＝自我才是绝对者。只有客观性自我本身是主体＝客体,自我＝自我才不会变成:自我应该就是自我。

无论主体还是客体都是主体—客体,由此,主体与客体的对立成为一种真正的对立;因为两者在绝对者中得到设定并且由此得到实在。对立者的实在与真正的对立只通过两者的同一性才发生。*① 如果客体是一个绝对的客体,则它是单纯理念之物,如同对立是单纯的理念对立。客体 [98]

---

* 柏拉图如此表述经由绝对同一性的真正对立:"真正美好的纽带是使自己与相连者合一的纽带。因为如果任意三个数字或者三种质量或者力量中,对中等的而言是头一个,对末一个而言就是中等的,并且反之,对中等的而言是末一个,对头一个而言就是中等的,——于是中等的成为头一个与末一个,头一个与末一个却反之,两者都成为中等的,这样,它们必然都成为同一个;但彼此成为同一个,就都同一。"[《蒂迈欧篇》(Timaios),斯特凡努斯分页法第31—32页]

① ＊为黑格尔所加。——译者注

只是一种理念的客体而不在绝对者中,由此,连主体也只是一个单纯理念的主体,而此类理念因素是作为自我设定的自我与非我作为相互对立。无济于事的是,自我是纯粹的活力与灵敏、所作所为本身,任何一个人的意识中最实在、最直接者;正如它与客体绝对对立,它并非实在物,而只是设想物,反思的一种纯粹产物,认识的一种单纯形式。而同一性不能用单纯的反思产物建构成全面性,因为这些产物通过放弃绝对同一性而形成,绝对同一性对这些产物只可能直接消灭,而不可能建构。无穷性与有穷性、不确定性与确定性等等就是此类反思产物。从无穷到有穷没有过渡,从不确定到确定没有过渡。过渡作为综合变成一种二律背反;对有穷与无穷、确定与不确定的综合却不能让反思、绝对的分隔得以实现,而综合正是在此立法者;综合有权只提出形式统一,因为其杰作、两分成无穷与有穷得到允许与采纳;理性却在二律背反中对它加以综合并由此消灭它。如果一种理念上的对立是反思的杰作,完全放弃绝对同一性,则真正的对立是理性的杰作,它不仅以认识的形式、而且以存在的形式来同一地设定[99] 对立者、同一性与非同一性。而只有这样一种真正的对立才在其中把主体与客体两者设定成主体—客体,两者均持存于绝对者中,绝对者在两者中,也就是在两种实在中。因此,也只有在真正的对立中,同一性原则才是一项真正的原则;如果对立是理念上的与绝对的,则同一性依旧是一项形式上的原则,它只以对立形式之一得到设定并且不可能作为主体—客体起作用。哲学的原则是一项形式原则,哲学自身成为一种正式的哲学,就如费希特在某处所言①,就上帝的自我意识而言其系统只具有形式上的正确性,在这样一种意识中会通过自我的受设定之在而设定一切。而如果质料、客体本身是一种主体—客体,则可以取消对形式与质料的分隔,而系统及其原则不再是单纯形式上的,而是同时是形式上的与实质上的;通过绝对理性而设定了一切。只有在实在的对立中,绝对者才能以主体或者客体的形式自我设定,主体才可能按本质转成客体,客观才可能按

---

① 参见费希特:《知识学》,《费希特全集》卷一,第253页。

本质转成主体，——主体自身才可能变成客体，因为它原初是客体的，或者因为客体自身是主体—客体，或者客体才可能变得主观，因为它只是原初是主体—客体。只有真正的同一性才以此为内容，即两者是一种主体—客体，而且同时是它们所能够做到的真正对立。如果并非两者都是主体—客体，则对立是理念上的，而同一性的原则是形式上的。遇有形式上的同一性与理念上的对立时，有可能的不过是不完整的综合，亦即只要同一性综合对立者，它自身就只是一个量，而按照范畴的种类，差异是质上的，在范畴上，第一个范畴像第二个范畴一样在数量上得到设定，如实 [100] 在只是在第三个范畴中在数量上得到设定。但反之，如果对立是真正的，它只是量上的；原则同时是理念上的与真实的，它是唯一的质，而由数量差异重构的绝对者并非量，而是总体性。

为了设定主体与客体的真正同一性，把两者设定成主体—客体；而每个本身就能够成为一门特殊科学的对象。这些科学的任何一门都要求放弃另一门科学的原则。在智力系统中，客体本身什么也不是，本性只在意识中具有持存；不予考虑的是，客体是一种本性，而智力作为意识受制于此。在本性体系中，遭遗忘的是，本性是为人所知之事；本性在科学中所得到的理念上的确定同时内在于本性之中。相互放弃却并非科学的片面性，并非主观上放弃另一门科学的真正原则，为了知识而会做这种主观上的放弃，在一个更高的立足点上，这种主观放弃就会消失，使得就本身看来，意识的客体在唯心主义中无非是意识的产物，可它们还是会成为绝对不同之事，会在意识的存在者之外有绝对的持存，而本性在其科学中被设定成自决并且在自身中在理念上得到设定，就本身看来，只会是客体，而理性在本性中认识到的一切同一性只会是由知识赋予它的一种形式。不会放弃内在的原则，而只会放弃另一门科学的特有形式，以便纯粹地保持每门科学，亦即保持两者的内在同一性；而放弃另一门科学的特点是放弃片面性。本性与自我意识**本身**如此，正如它们在自身的科学中由思辨来 [101] 设定；它们之所以自身如此，因为正是理性设定它们，而理性把它们设定成主体—客体，也就是设定成绝对者，而唯一的自在（Ansich）是绝对者。

理性设定它们为主体—客体,因为理性自身是主体—客体,理性作为本性与智力而自己产生并在它们之中看清自己。

为了主体与客体均被置于其中的真正同一性,也就是由于两者均是主体—客体,并且因为其对立因而是一种真实的对立,也就是一个能够转成另一个,两门科学的不同立足点就并非相矛盾的立足点。如果主体与客体绝对对立,只有一个是主体—客体,则两门科学不可能以相同的等级并存;只有一个立足点会成为理性的立足点。两门科学只是由此才成为可能,即在两者中,同一件事以其存在的必然形式得到建构。两门科学似乎相矛盾,因为在每门科学中,绝对者以一种对立的形式得到设定。它们的矛盾却并不由此得到扬弃,即只有其中一门科学作为唯一的科学而坚持下来并且由其立足点出发消灭另一门科学;更高的立足点事实上扬弃了两者的片面性,这个立足点在两者中识别出同一个绝对者。关于主观性主体—客体的科学迄今为止称为先验哲学;关于客观性主体—客体的科学称为自然哲学。只要它们彼此对立,在先验哲学中,主观性是首要之事,在自然哲学中,客观性是首要之事。在两者中,主观性与客观性置于实体性关系之中;在先验哲学中,作为智力的主体是绝对的实体,而自然是客体、一种偶有属性,在自然哲学中,自然是绝对实体,而主体、智力只[102]是一种偶有属性。更高的立足点就既非这样一种立足点,其中扬弃一门或者另一门科学,或者只有主体或者只有客体得以保持,更高的立足点亦非把两门科学混杂于其中的这样一个立足点。

至于混杂,属于自然科学的混杂混入智力体系中,就提供了超验的假说,这些假说因汇集意识与无意识者这种假象而可能变得吸引人;它们冒充是自然的,也确实不疏漏可感知之事,如意识的纤维理论;而智慧之事本身混入自然科学之中,提供超自然的解释,尤其是目的论解释。混杂的两种失策都从解释倾向出发,为了解释,把智力与自然置于因果关系之中,把一个设定成根据,把另一个设定成有理有据之事,由此却只把对立固着成绝对的,而通过这样一种形式同一性的假象如因果同一性,完全截断了通往绝对汇集的道路。

通过另一立足点，应该扬弃两门科学的矛盾之处，另一个立足点会是那一个立足点，它不让人把一门或另一门科学视为绝对者的一门科学。二元论能够很好地领会智力的科学，还让人把事物视为特有的本质；二元论能够为此而把自然科学当成事物特有本质的这样一个体系；每门［科学］只要愿意，就会涉及二元论；它们和平共处。但就此会忽视两门科学的本质，即成为绝对者的科学，因为绝对者并非并行。

或者还有一个立足点，在这个立足点上，不会把一门或者另一门科学视为绝对者的一门科学，也就是那个立足点，在那个立足点上，会扬弃设 [103] 定为处于绝对者中的一门科学的原则或者会扬弃设定为以该项原则的现象出现的绝对者。在这方面，最奇怪的立足点是通常所谓先验唯心主义的立足点；据称，主观性主体—客体的这门科学本身是哲学的整合性科学之一，但也只是一门科学。如果它声称自己是一般（ϰατ' ἐξοχήν）科学，就揭示该科学的片面性，还有自然由该科学而具有的形态。此处可以考虑的还有，如果从该立足点建立关于自然的科学，它所得到的形式。

康德承认一种自然，方法是设定客体是（因知性）不确定之事，他把自然阐述成一种主体—客体，方法是把自然产物视作自然目的，合乎目的而没有目的的概念，必然而没有机制，概念与存在同一。但同时，只该把这种自然观视为目的论的，亦即只视为我们受限制的、作推理性思考的人类知性的准则，在这种知性的一般概念中，据说不包含自然的特殊现象；通过这种**人类**的观照方式，据说没有说明什么自然的实在；观照方式也就依旧是完全主观之事，而自然依旧是一种纯客观物、一个单纯设想物。在一种感性的知性中，对通过知性得到确定而同时又不确定的自然作综合，虽然依旧会是一个单纯的理念；以机制的途径作解释与合乎目的性重合，**对我们人而言**，这虽然会是不可能的。这些至为无关紧要、非理性的批评性观点如果即刻把人类理性与绝对理性干脆对立，它们还是升格成一种感性知性的**理念**、亦即理性的理念；**本身**、亦即在理性中，还不会不可能的是，自然机制与自然合乎目的性重合。康德却没有放弃区分一个**本身可** [104] **能者**与一个**真实者**，还把必然的关于感性知性的至高理念升格成实在，而因此,对他而言,在他的自然科学中,有时要洞见基本力量的可能性确实是不可能之事,有时,这样一门科学只能建构一种力学,就这样一门科学而言,自然[是]一种物质,亦即绝对相反者、非自决者。由于引力与斥力贫乏①,它就使物质过于丰富;因为力量是产生外物的一种内在物、一种自我设定=自我,而从纯唯心主义的立场看来,这样一种事物不可能归物质所有。他只把物质领会成与自我对立的客观;那些力量对他而言不仅多余,而且或者是纯粹理念上的,于是它们就并非力量,或者是超验的。对他而言,余下的并非动态地建构现象,而只是精确地建构现象。② 现象必定存在,通过范畴来展开现象可能提供某些正确的概念,但就现象而言不会产生必然性,而必然性之链是关于建构的科学性的形式。对自然而言,概念依旧是一个偶然物,正如对概念而言,自然依旧是一个偶然物。因而,通过范畴而正确建构起来的综合未必会在自然本身中具有证据;自然只能呈献多种多样的好戏,它们可能被视为适合于知性律令的偶然图式,由于只在这些例证中识别出反思规定,这些例证的特点与鲜活性恰恰遭废除。反之,范畴只是自然的贫乏图式。③

[105]　　如果自然只是物质,并非主体—客体,没有任何对自然的这样一种科学建构还会有可能,对这种建构而言,认识者与所认识者必定合一。一种理性,通过与客体绝对对立而使自己成为反思,这种理性先天地只能通过演绎对自然所作说明不仅是其物质的一般特征;这种特征依旧作为根据。多种多样的其他规定为反思并且通过反思得到设定。这样一种演绎之所以具有先验性的假象,是因为它把反思产物、概念设定为一个客观物;因为它不再继续设定什么,它当然就依旧是内在的。这样一种演绎按其本质与那种观点是同一件事,那种观点只承认自然有外在的合乎目的性。差别只是,那种观点更系统地从一个特定点出发,如从理性存在者的躯体出发;在两者中,自然是绝对由概念——一个它感到异己者——确定之

---

① 参见康德:《自然科学的形而上学基础》,A 34 页及下页。
② 同上书,A Ⅶ。
③ 同上书,A ⅩⅥ。

事。目的论的观点只承认自然［是］按外在目的得到确定，这种观点在完备性方面具有长处，因为它吸收经验性地给定的自然的多种多样性。而对自然的演绎从一个特定点出发，并且因为这个点的不完备性而再假设其他事物，这种演绎就以其为内容，对自然的演绎就满足于假设，假设所要完成之事就应该如概念所要求的一样多。自然的一个现实客体是否能够单独完成所要求之事，与对自然的演绎无关，而对自然的演绎只能通过经验发现此事；如果直接假设的自然中的客体认为自己不充分，则会演绎出另一客体，诸如此类，直至达到目的。这些演绎出来的客体的顺序取决于作为出发点的特定目的；只有它们关涉此目的，才在自己中间有关联。但其实，它们无力有内在关联；因为如果直接演绎出来的客体在经验中被 ［106］认为够不上应该实现的概念，则通过这样一个唯一的客体就分散至无穷，因为这样一个客体外表上无穷可确定，这样一种分散，大约只会由此加以避免，即演绎将其形形色色各点转成一个圆周，但它无力将自己置于圆周的内在中心点，因为它从一开始就在外部。对概念而言，客体是一个外物，对客体而言，概念是一个外物。

两门科学中的任何一门也就都不能把自己建构成唯一的，没有一门能够扬弃另一门。绝对者由此只会以其存在的**一种**形式得到设定，而正如绝对者以存在的形式自我设定，它必定以形式的二元性自我设定；因为显现与两分合一。

因为两门科学有内在同一性，因为两者阐述绝对者，绝对者如何从现象的**一种**形式的低级幂次成为该形式的全面性，每门科学据其关联与梯级顺序与另一门相同。一门科学是另一门的证据；正如一名昔日的哲学家对此大致如此言说：理念（主观性）的秩序与关联与事物（客观性）的关联与秩序是同一个。① 一切只在**一种**全面性中；客观的全面性与主观的全面性、自然的体系与智力的体系是同一个；就是同一种客观的确定性与一种主观确定性一致。

———————

① 斯宾诺莎:《伦理学》II, Propos. VII。

作为科学,它们是客观的全面性并且从受限者行进至受限者。任何
[107] 受限者本身却处于绝对者中,也就是在内部是一个不受限制者;它由此失
去其外部限制,即它在系统性关联中在客观全面性中得到设定;在客观的
全面性中,它也作为一个受限者具有真实性,而对其处所的确定是关于它
的知识。体系是一种有组织的无知①,对雅科比的这种表达只消补充,无
知——个人的认识——得到组织,它由此变成知识。

只要这些科学相分离,除了外部相同外,其原则必然同时直接相互渗
透。如果一门科学的原则是主观性主体—客体,另一项原则是客观性主
体—客体,则的确在主观性的体系中同时有客观性,在客观性的体系中同
时有主体性,自然是内在的理念性几乎如同智力是一种内在的实在。认
识与存在的两极存在于每一个中,两者在自身中也就拥有随遇平衡点;只
是在一个体系中,理念之极占优,在另一体系中,真实之极占优。理念之
极在自然中并未直抵绝对抽象之点,绝对抽象顶着无穷的膨胀把自己设
定成自身中的点,正如理念在理性中建构自己;真实之极在智力中并未直
抵对无穷的包裹(Einwicklung)②,无穷在这种收缩中在自身之外无穷地
自我设定,正如真实在物质中建构自己。

任何体系都同时是**自由**与**必然性**的一个体系。自由与必然性是理念
因素,也就是并非处于真实对立之中;绝对者因而不可能以两种形式中的
任何一种自我设定成绝对者,而哲学的诸科学不可能一门是自由的体系,
另一门是必然性的体系。这样一种分离的自由就会是形式上的自由,正
[108] 如一种分离的必然性会是形式上的必然性。自由是绝对者的特征,如果
把绝对者设定成一个内在者,只要它把自己置于一种受限的形式,置于客
观总体性的特定诸点之中,它就依旧是它自己、一个不受限者,如果它与
其存在对立,亦即被视为内在者,因而有可能离开其存在并转成另一种现
象。必然性是绝对者的特征,只要把它视为一个外物、也就是一种客观总

---

① 参见《雅科比全集》卷三,第29页。
② 或许是"发展(Entwicklung)"。

体性,也就是一种相外(Außereinander),其各部分却不该得到存在,除了在客观性的整体之中。因为无论智力还是自然都通过在绝对者中得到设定而具有一种真实的对立,两者中的任何一个都该得到自由与必然性的理念因素。但自由的假象、任意性、亦即一种自由,其中会完全放弃必然性或者放弃作为一种总体性的自由,只有在单个范围内已经设定自由,才可能发生此事,还有与代替必然性的任意性相应的偶然,借助偶然设定各部分,似乎各部分不会在客观总体性中、不会仅通过客观总体性而存在,而会是自为存在,任意性与偶然,它们只在次要的立足点上具有活动余地,从绝对者的诸科学的概念中逐出。而必然性既属于智力亦属于自然。因为智力在绝对者中得到设定,所以,它同样该得到存在的形式;它必定两分并且显现;它是关于认识与直观的一种完美组织。其形态的任何一种都受制于对立形态,而如果形态的抽象同一性作为自由与形态本身相隔离,则它只是智力的随遇平衡点的**一个理念之极**,这个理念之极拥有一种客观总体性作为另一个内在之极。自然却有自由,因为它并非一种静止的存在,而同时是一种生成,这样一种存在,没有遭从外部两分、综合, [109] 而是在自身中自己分隔、汇集,不以其形态中的任何一种设定自己为一个单纯受限者,而是作为整体释放自己。其无意识的发展是活力的一种反映,它无限两分,但以任何受限的形态自我设定并且同一;就此而言,自然的任何形态都不受限,而是自由的。

因而,如果关于自然的科学确实是哲学的**理论部分**,关于智力的科学是哲学的**实践部分**,则两门科学的任何一门自身又都具有一个自己的理论与实践部分。正如在自然体系中,在光、重物质(der schweren Materie)的幂次中的同一性并非自身、而是作为幂而成为一个异己者,这个异己者把同一性两分成内聚并合一,产生无机自然的一个体系,对在客观性直观中产生的智力而言,自我设定的幂中的同一性是不存在者,同一性在直观中没有识别出自己;两者是不谋求行事的对同一性的生产,也就是一个理论部分的对象。而同样,正如在意志之中,智力认识自己,作为自己置身于客观性中,消灭其无意识地生产出来的直观,则自然在有机自然中变得实际,方法是光走向自己的产物、变成一个内在者。如果光在无机自然中把收缩点向外置于结晶之中作为外在的同一性,则光在有机自然中形成为大脑萎缩的核心,在植物中就形成为花,在植物之中,内在的光要素散射成色彩并在色彩之中迅速凋谢;但在植物之中,就像在动物身上更稳定一样,光通过性别的极性同时在主观与客观上自我设定;个体在他者中寻[110] 找并发现自己。在动物身上,光在内部更强烈,在动物身上,它作为或多或少可变的声音将其个性设定成一般告知中的一种主观物,设定[成]认识自己并且应予认可。自然科学阐述同一性如何从内部**重构**无机自然的要素,它在自身中拥有一个实际部分。重构的实际存在的磁性是扬弃向外扩展至诸极的重力,重力重新缩入大脑随遇点、把两极内移,作为两个随遇平衡点,正如自然也在行星的椭圆轨道中设置了随遇平衡点;由内部重构的电设定了组织的性别差异,每个组织都通过自身产生差异,为了其缺陷而在理念上自我设定,在另一个组织中客观地出现,因与该组织融合而必定产生同一性。只要自然通过化学过程变得实用,它就把第三者、调和差异者放回自己之中作为一个内在者,这个内在者作为声音、一种内在地自己产生的发声,像无机过程的第三个物体一样是一个无幂次物并且消逝,消灭有差异存在者的绝对实体性,使之达到相互承认的随遇,达到一种理念上设定的随遇,这种理念上设定不再像性别比例一样消失于一种真正的同一性中。

迄今为止,两门科学虽有内在同一性,我们仍让它们对立;在一门科学中,绝对者是以认识形式出现的一个主观物,在另一门科学中,绝对者是以存在形式出现的客观物。存在与认识由此成为理念因素或者形式,使得它们彼此对立;在两门科学中都有两者,但在一门科学中,认识是物质,存在是形式,在另一门科学中,存在是物质,认识是形式。因为绝对者在两者中[111] 是同一个,两门科学不仅把对立者阐述成形式,而且只要主体—客体在它们之中自我设定,两门科学就把它们阐述(darstellen 复数)成形式①,所

---

① 首版:"阐述(darstellt 单数)"。

以，两门科学自身并非处于理念对立中，而是处于真正的对立中，而因此，必须同时在一种连续性中把它们视为一门相关联的科学。只要它们对立，虽然它们在内部自我包含并且是总体性，但同时只会是相对的总体性，而作为相对的总体性，它们力求随遇平衡点；作为同一性并作为相对总体性，随遇平衡点处处在科学自己中间，作为绝对总体性，在科学之外。但只要关于绝对者的两门科学及其对立是一种真正的对立，它们作为随遇的诸极在这种对立中本身就相关联；它们自身是线条，把极与中心点联系起来。但此中心点本身是一个双重中心点，忽而是同一性，忽而是总体性，就此而言，两门科学显现为同一性的发展或者自我建构进展至总体性。只要从两门科学的理念因素来观照，它们就是对立的，它们力求随遇平衡点，随遇平衡点是整体，被想象成绝对者的自我建构，是自我建构的终极者与至高者。中间者、从作为自然而自我建构的同一性到其建构为智力的过渡点，是自然之光的内化，——如谢林所言①，是理念的闪电击中真实及其自我建构成要点。此点作为理性是两门科学的转折点，是自然的金字塔的顶端、自然的终极产物，自然圆满地在这个终极产物上成功了；但作为要点，它同样不得不扩展进入一个自然。如果科学把自己置于作为中心点的这个要点中，并且由该点把自己分隔成两部分，指定一个方面作无意识的生产，指定另一个方面作有意识的生产，则它同时知晓，智力作为一个真实因素同时在另一方面带来自然的整个自我建构，在自身中具有先前之事或者从旁协助之事，它还知道，在作为一个真实因素的自然中，在科学中与它对立者同样是内在的。就此扬弃了诸因素的一切理念性及其片面形式；这是唯一更高的立足点，在这个立足点上，两门科学彼此拘泥，方法是其分隔只获承认为一种学术之事而诸因素的理念性只获承认为一种为此而设定之事。这种观点就只是负面的，只是扬弃两门科学的分隔、扬弃绝对者用来自我设定的形式，并非真正的综合，并非绝对的随遇平衡点，在该点之中，这些形式因两者汇集起来持存而遭消灭。

[112]

① 《思辨物理学杂志》卷二，第二册，第116页。

原初的同一性将其无意识的收缩——主观上是感觉的收缩,客观上是物质的收缩——展开至空间与时间无尽地得到组织的并存与相继,展开至客观的总体性,通过消灭扩展而自我建构成收缩至(主观)理性这一自我认识点、收缩至主观总体性,使主观总体性与此扩展对立,原初的同一性必定把两者汇入对自己在完备的总体性中变得客观的绝对者作直观——汇入对上帝永远成人身、对证明当初的圣言作直观。

　　同样又可以在一种极性中观照对自我塑造的绝对者或者觉得自己客观的绝对者作这种直观,只要压倒性地设定这种平衡的因素,一方面是意识,另一方面是无意识。那种直观在**艺术**中更多显得集中于一点上并且

[113]　反映意识,或者在真正所谓艺术中显现为作品,这种作品客观上有时是持久的,有时可能由知性当作一个无生气的外物,个体的产物、天才的产物,但属于人类,或者在**宗教**中显现为一种活跃的活动,这种活动主观上只是充满契机,可能由知性设定成一个单纯的内在物,一个人群的产物、一种一般天赋的产物,但也属于每个个人。在**思辨**中,那种直观更多显现为意识,而在意识中展开之事显现为主观理性的作为,主观理性扬弃客观性与无意识。如果对真正范围的艺术而言,绝对者更多以绝对存在的形式而显现,则对思辨而言,它更多显现为在无穷直观中自我制造者;但思辨虽然把这个自我制造者领会成一种生成,思辨同时设定生成与存在的同一性,而这个对思辨显现为自我制造者同时被设定成原初绝对的存在,只有它存在,它才可能生成。思辨善于以此方式自行取得意识在它之中所拥有的优势,这样一种优势,反正是一种脱离本质之事(ein Außerwesentliches)。两者,艺术与思辨在其本质上都是礼拜,两者都是对绝对的生命作生动的直观、因而是与之合一。

　　思辨及其知识因此处于随遇平衡点上,但并非本身处于真正的随遇平衡点上;它是否处于其中,取决于它是否认定自己只是该点的**一个方面**。先验哲学是关于绝对者的**一门科学**,因为主体自身是主体兼客体,就此而言是理性;如果这种理性作为主观理性把自己设定成绝对者,则它是一种纯粹的、亦即形式上的理性,其产物、理念与一种感性或者本性绝对

对立,并且只能作为一种它们所不熟悉的统一的规则而服务于现象。把绝对者置于一个主体的形式之中,这门科学就具有内在的界限;它只是由此自我升格成关于绝对者的科学并且升入绝对的随遇平衡点,即它了解其界限并且善于扬弃自己与这种界限,而且是学术性地。因为大概以前大谈人类理性的界桩,并且连先验的唯心主义也承认自我意识不可捉摸的范围,我们一度包含在这些范围内;但范围有时充作理性的界桩,有时被说成不可捉摸,这样科学就承认其无能,无力通过自己、亦即并非通过**孤注一掷**(salto mortale)来自我扬弃或者无力再度放弃主观性,它曾把理性置于其中。 [114]

因为先验哲学设定其主体为一种主体兼客体、就此成为绝对随遇平衡点的一个方面,所以,当然总体性在它之中;整个自然哲学本身作为一门知识落入其范围内,知识的科学只会构成先验哲学的一部分,而人们不可能阻止知识的科学,就像不怎么可能阻止逻辑去要求获得它对知识所提供的形式、要求获得知识中的同一性,更确切地说,不能阻止其孤立作为意识的形式并建构自为的现象。但这种同一性脱离了知识的一切方方面面,作为纯粹的自我意识,在这点上表现为一种相对的同一性,即通过不采用其任何形式的一种对立而摆脱其受制约之在。

绝对原则、哲学的唯一的实在根据与坚定立足点无论在费希特的哲学还是在谢林的哲学中都是智力的直观,对反思而言,表述为:主体与客体的同一性。它在科学中成为反思的对象;而因此,哲学反思自身是先验的直观,它使自己成为客体并且与之合一;由此,它成为思辨。费希特的哲学因此是思辨的纯正产物。哲学反思受制约,或者先验直观通过自愿放弃经验意识的一切多种多样性而进入意识,就此而言,它是主观之物。如果哲学反思在此范围内使自己成为对象,则它使一个受制约者成为其哲学的原则;为了纯粹地把握先验直观,它还得放弃这种主观之物,使得先验直观对它而言,作为哲学基础既非主观亦非客观,既非与物质对立的自我意识,亦非与自我意识对立的物质,而是绝对的、纯粹的先验直观,既非主观的,亦非客观的。作为反思的对象,它成为主体与客体;依旧处于 [115]

其对立之中的哲学反思把纯粹反思的这些产物置于绝对者之中。思辨性反思的对立不再是一个客观与一个主体,而是一种主观先验的直观与一种客观先验的直观,主观先验的直观是自我,客观先验的直观是自然,两者是绝对的、作自我直观的理性的至高现象。这两个对立者叫做自我与自然、纯粹的与经验性的自我意识、认识与存在、自我设定与对立、有穷性与无穷性,它们同时在绝对者中得到设定,在这种二律背反之中,庸常反思看出的无非是矛盾,只有理性将此绝对矛盾视作真相,通过此绝对矛盾,两者得到设定并且遭消灭,两者均不存在又同时存在。

［论莱因霍特的观点与哲学］

剩下的还有,一部分来言说**莱因霍特对费希特哲学与谢林哲学的观点**,一部分来言说他自己的哲学。

至于他的**那种观点**,莱因霍特首先认识到两者作为体系的差异,另外,不把它们当作哲学。

莱因霍特似乎没有预感到,不同于纯粹先验唯心主义的另一种哲学一向摆在公众面前;他令人惊异地把谢林创立的哲学看成无非是主观性可领会之事的一项原则、自我性(Ichheit)。① 莱因霍特能够在**一种**联系中说,谢林发现,绝对者并非单纯的主观性,在此程度上,它不过是并且无非可能是单纯的客观性或者单纯的自然本身,而**在此方面的途径**是,把绝对者置于智力与自然的绝对同一性之中②,也就是一口气如此想象谢林的原则:一、绝对者并非单纯的主观性,在此程度上,它是单纯的客观性,也就是并非两者的同一性;还有二、绝对者是两者的同一性。反之,主体与客体同一性的原则必定成为洞察的途径,来洞察绝对者作为同一性既非单纯的主观性亦非单纯的客观性。后来,莱因霍特正确想象了两门科学的关系,两者当然并非只是对同一个**事物**的不同观点,当然并非对绝对相同性(Dieselbigeit)、对完全合一(Alleins)的不同观点。而就因此,无论一门科学的原则还是另一门科学的原则既非单纯的主观性,亦非单纯的客观性,更非仅有两者弥漫其中之事、纯粹的自我性,此事如自然一样纠

---

① 莱因霍特:《19 世纪初叶哲学状况概览文集》第一册,第 86 页及下页。
② 同上书,第 85 页及下页。

结于绝对的随遇平衡点之中。

莱因霍特以为，有谁因对真理的爱与信仰而非通过体系而有先入之见，容易确信，所描写的解决之道的错误在于表达任务的方式方法，但莱因霍特对依据谢林哲学之事所作描写的错误何在，还有如何可能有表达这些描述的方式方法，对此不那么容易找到说明。

可能无济于事的是，让人注意先验唯心主义的引论本身，在该引论中，提出了唯心主义与哲学整体的关系与这个哲学整体的概念；因为在他对哲学整体的评判中，莱因霍特自己限于该引论，在其中发现存在于其中之事的对立物。同样也不怎么能够使人注意该引论的个别之处，其中最为确定地宣示了真正的观点；因为莱因霍特在其对该体系的最初评判中引述了最为确定之处，它们包括，只有**在哲学的一门必然基本科学之中**，在先验唯心主义之中，主观性才是**首要之事**①，并非如事情在莱因霍特身上直接颠倒的那样，整个哲学的首要之事就算纯粹主观之事也只是先验唯心主义的原则，而是作为主观性的**主体兼客体**。

那些人能够不从特定的表达中听出其相反物，对他们而言，或许并非多余的是，除了给先验唯心主义体系作引论本身、反正除了《思辨物理学杂志》较新的部分之外，已经让人关注该杂志第一卷的第二部分，谢林在 [118] 其中如此表述［第84页及下页］："自然哲学是对唯心主义的一种物理解释；……自然早就规划达到它在理性中达到的这个高度。哲学家之所以忽略此事，只是因为他最初行动时，就在最高的幂次之中把客体当作具有意识天赋的自我来接受，而只有物理学家探出这种错觉……唯心主义者如果使理性成为一切的亲手缔造者（Selbstschöpfer），他就有理……他本身具有自然对人的特有意向；但就因为这是自然的意向，那种唯心主义本身就成为……可解释之事，唯心主义的理论实在与此重合。如果人会先学会纯粹理论性地、**单纯客观地**、**舍弃主观性的一切介入**而思考，他们就会学会理解此事。"

---

① 谢林：《先验唯心主义》，《谢林全集》（由 F. F. A.谢林编）卷三，第339页以下。

如果莱因霍特把迄今为止哲学的主要缺陷置于其中,即人们至今在单纯主观活动的特征下想象思维,若他还要求尝试放弃思维的主观性①,则正如不仅在引文中、而且在整个谢林体系的原则中存在之事,放弃先验直观的主观性是该哲学正式的基本特征,[在]《思辨物理学杂志》第二卷第一部分更明确地谈及,在取自《先验唯心主义的根据》的埃申迈尔的《对自然哲学的反驳》中谈及,在先验唯心主义中,只把总体性设定成一个理念、一个意念、亦即一个主观物。

　　至于**莱因霍特对两个体系共同方面的观点**,即成为思辨哲学,对莱因霍特独特的立场而言,它们必然显得是特性、因而并非哲学。如果依莱因　　[119]霍特之见,哲学最本质的事务、主题与原则是通过分析、亦即通过分隔来说明认识的实在②,则思辨当然就无意义,其至高的任务是在主体与客体的同一性中扬弃分隔,而一个哲学体系最本质的方面、成为思辨,就不可能在考虑之列;余下的无非是一种独特的观点与或强或弱的精神迷误。例如,连唯物主义也只是从非德国本土的精神迷误方面让莱因霍特觉得如此③,而他在其中没看见什么纯正的哲学需求,即以精神与物质的形式扬弃两分。该体系出自教化的西方定位,如果教化的西方定位始终把该体系逐出一个国度,那问题是,这种去除是否源自教化的一种相反的片面性;而如果该体系的学术价值也会是十分贫乏,则同时不该错认的是,例如在《自然体系》(Système de la nature)④中,显露出一种怀疑其时代并在科学中再现的精神,还有哀于其时代普遍的欺骗,哀于对自然无底的破坏,哀于自称真理与公正的无穷无尽的谎言,对此的哀伤贯穿始终,如何留下足够的力量来在一门科学中把脱离生命现象的绝对者建构成具有纯正哲学需求与真正思辨的真理,这门科学的形式显现在客观性的局部原则中,而德国教化经常不加思辨地安营扎寨于主观性的形式,连爱与信仰

---

① 莱因霍特:《19 世纪初叶哲学状况概览文集》第一册,第 96、98 页。
② 同上书,第 1 页及下页、第 90 页。
③ 同上书,第 77 页。
④ 霍尔巴赫:《自然体系》(Système de la nature),1770 年。

[120]　也属于此处。因为分析方面基于绝对对立,它因一种哲学而恰恰不得不忽略其哲学方面,后者面向绝对汇集,所以,分析方面觉得最为异常的是,正如莱因霍特所表述的那样,谢林把有穷与无穷的联系引入哲学之中,似乎推究哲理会异于把有穷置于无穷之中;换言之:分析方面觉得最为异常的是,要把推究哲理引入哲学之中。

　　同样,在费希特与谢林体系之中,莱因霍特不仅确实忽略了思辨、哲理的方面,而且他当作一项重要发现与启示的是,对他而言,这种哲学的诸原则变成最局部者,而对他来说,最普遍者、主体与客体的同一性变成最特殊者,亦即费希特与谢林先生①与众不同的独特个性。如果莱因霍特如此从其有局限的原则和其独特观点的山坡落入这些体系有局限的观点的深渊,这就是可以领会与必然的。但这种转变是偶然与恶意的,莱因霍特目前在《德国墨丘利》②上并且将在《19世纪初叶哲学状况概览文集》*③的下一册上更详尽地用不道德性来解释这些体系的局部性,而且说这些体系中的不道德性维持了一项原则的形式与哲学的形式。如果愿意,可以将这样一种转变称作、骂作一种可耻、一种愤恨权宜之计等等;因为这样的事不受法律保护。然而,一种哲学出自其时代,并且,如果要把

[121]　时代的四分五裂领会成一种不道德性,哲学就出自不道德性,但为的是逆着时代的崩坏而从自身恢复人并且维持时代所粉碎了的总体性。

　　至于**莱因霍特自己的哲学**,他提供了一段公开的故事,说他在其哲学的灵魂转生过程中,首先步入康德的逻辑,抛弃它后进入费希特的逻辑,从该逻辑进入雅科比的逻辑,自从他也离开此逻辑之后,进入巴迪利的逻辑。在他按《19世纪初叶哲学状况概览文集》第163页所说"将其对巴迪利逻辑的研究限于在最本真的知性中纯粹地学习、真正地接受与**沉思**,以

---

　　① 莱因霍特:《19世纪初叶哲学状况概览文集》卷一,第一册,第153页。
　　② 《德国新墨丘利》(1801年),第三部分第167—193页。
　　* 自此篇写就以来,已经完成了[参见《19世纪初叶哲学状况概览文集》第二册,第104页以下]。
　　③ *为黑格尔所加。——译者注

制服被惯坏了的想象力,并最终用新的唯理论的类型把旧的先验的类型从头脑中排挤出去",他就在《19世纪初叶哲学状况概览文集》中开始处理这些类型。

这些文稿把握了在人类精神的教化进展中一个新世纪开端的重要阶段,"祝愿这个新世纪,不早不晚在18世纪倒数第二年,一切哲学革命的诱因确实得到发现,进而在事物本身中得到扬弃"①。正如"**革命结束了(La révolution est finie)**"在法国过于频繁地丧失威信,莱因霍特也已经若干次宣告了哲学革命的末日。现在,他断定最后完成各种终结,"虽则先验革命的恶果还将延续良久",他还补充问道,"是否他现在又搞错了?是否虽然如此,这真正的本真终结又可能只是新的转向的开端?"②其实该提问,这种终结无甚能力成为终结,它是否能够成为某事的开端?

[122]

说明根据的倾向与探究的倾向、在哲学之前的推究哲理最终懂得了充分自我表达。它正好发现了与何有关;那是哲学变成认识的形式物、变成逻辑。

如果哲学作为整体奠定自身基础,而认识的实在根据其形式与其内容奠基于自身,则说明根据与探究因群集了经受考验、分析、原因、程度、后果、条件,既未脱离自身亦未步入哲学。无端的恐惧在其忙碌之中愈益增加,对它而言,一切探究来得太快,而任何开端是抢先,任何哲学只是一种预习。科学声称由此奠基于自身,即它绝对地设定其每一部分,由此在开端并在每个单独点上建构一种同一性与一种知识;作为客观总体性,形成的知识越多,它同时就越多地说明自己的根据,而其诸部分只是同时借助认识的这个整体得到说明。中心点与圆周相互关涉,使得圆周的首个开端就涉及中心点,而该中心点的全部关涉、整个圆周如果不尽善尽美,该中心点就并非一个完整的中心点,这样一个整体,甚少需要说明根据这一特殊依据,就如同地球甚少需要一种特殊依据,以由那种力量所掌握,

---

① 莱因霍特:《19世纪初叶哲学状况概览文集》第一册,第 IV、第 VI 页。
② 同上书,第 V 页以下。

那种力量牵引地球围绕太阳,同时保持地球形态的鲜活多样性。

[123] 但说明根据忙于始终寻找依据并开始奔向鲜活的哲学;说明根据使这种启动成为真正的作为,而因其原则,它使自己不可能形成知识、形成哲学。逻辑认识如果确实进展至理性,导致的结果就必定是,它在理性中自我消灭;它必定认识到二律背反是其最高律令。在莱因霍特的主题、对思维的运用中,由于在运用中,事实上把 A 设定成 B,思维作为 A 中的 A 与通过 A 的 A 这种 A 的无穷可重复性①,虽然也变得二律背反。但这种二律背反完全无意识并且未受承认地存在着,因为思维、其运用、其材料和平共处。因此,思维作为抽象统一的能力以及认识只是形式上的,而完全说明根据只会是成问题与假说性的,直到人们随着时间推移在成问题者与假说物的进展中遇见真之中的原真、遇见经由原真的真②。但部分程度上,这是不可能的,因为从一种绝对的形式性无法达到任何实质性(两者绝对对立),更不怎么可能达到一种绝对的综合,这种综合必定不止是一种单纯接合,部分程度上,借助一种假说物与成问题者,根本没有说明任何根据。或者认识却与绝对者相关涉,它变成主体与客体、思维与材料的一种同一性;这样,它就不再是形式上的,一种奇特的知识产生了,而在知识之前,说明根据又遭耽误了。会陷入知识,这种恐惧只有因其爱、其信仰、其目标明确的固定倾向而借助分析、条理化与讲述来使自己温暖。

[124] 如果奔跑不越过沟渠,就不会透过于这种奔跑的持续不断,而是透过于这种奔跑的方法。真正的方法却会是那种方法,通过它,在沟渠的此岸就把知识拖入奔跑本身的活动余地中,而哲学还原至逻辑。

我们不能即刻转向对此方法作观照,通过此法,应把哲学置于奔跑的范围,而是我们必须先言说莱因霍特认为**对哲学而言**必需的那些**前提**,也就是言说从启动奔向启动。

---

① 莱因霍特:《19世纪初叶哲学状况概览文集》第一册,第108页。
② 同上书,第90页及下页。

　　探究认识这种追求必定从探究哲理的**先行条件**出发,莱因霍特把**爱真理**、爱确定性称为探究哲理的**先行条件**;而因为这点够快、够容易地得到承认,所以,莱因霍特也不再盘桓于此①。而事实上,哲学反思的客体不可能异于真与确定者。如果意识充满了此客体,则以爱的形式追求主体性在其中没有位置;这种追求固着主体性,才造就爱,而且追求把具有如真理一般崇高的对象的爱造就成至为崇高者,至少满怀此类爱的个体如此假设这种爱。

　　莱因霍特考虑,推究哲理的第二项本质条件、**相信真理是真理**不会像爱那样轻易地得到承认。信仰可能足以表达应该表达之事;在哲学方面,比如可以言说对理性的信仰是真正的健康;"相信真理是真理"这一表达的冗余没有使该表达更令人满意,而是带来了败笔。关键是,莱因霍特认真地解释道,**人们不该问那种表达,何为对真理的信仰;有谁不是通过自己而清楚那种表达,就没有、不了解那种需求,即要在只可能以该信仰为出发点的知识中发现这种表达可靠。那种表达在那个疑问中并不理解自己;而莱因霍特对那种表达就无什么可说的了。**② [125]

　　如果莱因霍特相信有权假设,就同样出现一个超越一切证据者的前提与由此有权、有必要在先验直观的假设中作假定。正如莱因霍特自己所言,费希特与谢林毕竟还是把纯粹理性的独特作为、先验直观描写成退回自身的行动③;但可能有人询问对莱因霍特信仰的描写,莱因霍特对此人根本没有什么可说。不过,他做的不止是相信自己相关;他至少通过与一种知识对立来决定信仰,作为不由知识确定的一种信以为真,而对何为知识的规定会在成问题的与假说性的说明根据过程中就像知识与信仰的共同领域一样也得以证明,也就是描写会使自己完备起来。

　　如果莱因霍特以为通过一种假设而使自己摆脱了继续言说,那相比之下,他觉得奇怪的就是,费希特与谢林先生作假定;他把他们的假设视

---

①　莱因霍特:《19 世纪初叶哲学状况概览文集》第一册,第 67 页。

②　同上书,第 69 页。

③　同上书,第 141 页。

为在某些异乎寻常、对此具有特殊感觉的个体的意识中一种特异质,在这些个体的著作中,纯粹理性本身公布其行知与知行①。连莱因霍特也相信(在第 143 页)自己曾身处此魔圈中,摆脱了此魔圈,认为现在能够公开此秘密。他捅出来的就是,最普遍之事、理性的作为,对他而言变成最特殊之事、变成费希特与谢林先生的特异质。自己对莱因霍特的爱与信仰不清楚而莱因霍特就此对他无话可说,那人至少必定把一个奥秘的魔圈看成莱因霍特,奥秘的拥有者作为爱与信仰的代表,同样会佯言具有特殊的知觉,这样一个奥秘,在这个异乎寻常的个体的意识中成形、显现,通过逻辑概论与处理逻辑概论的文稿公布在感官世界中,云云。

[126]

比起先验直观那么一种奇异的要求来,对爱与信仰的假设听起来舒服些、柔和些。通过一种柔和的假设,可以振奋公众,通过先验直观的生硬假设却可能使公众反感;不过,这无关大局。

我们现在说到**主要前提**,它终究更直接地涉及推究哲理。哪怕只是可以设想成尝试,暂且可以给哲学作为前提之事,莱因霍特称为原真*②,它本身是真与确定物、一切可把握之真的解释根据;但哲学以此开始之事,必定是首个可把握的真,而且是真正的首个可把握者,在推究哲理中,暂且只是成问题、假说性地把真正首个可把握者假定成追求;在推究哲理中,它先证明自己适合作为知识,后来才证明自己适合作为唯一可能的首要者,而范围是,何时、在何程度上完全确定地表明,原真是一切借助可能者、现实者而预示来临之物的原始根据,通过原真,首个可把握者本身与可认识之物的可能性、现实性和认识的可能性、现实性有可能存在,为何有可能存在,它如何、为何因原真而有可能,它借助其与可能者、现实者的关系而显示出来,原真在其与可能者、现实者的关系之外,简直

[127]

① 莱因霍特:《19 世纪初叶哲学状况概览文集》第一册,第 140 页。

* 莱因霍特在此保留了雅科比的语言,却未保留实质;正如他所言,他不得不背离雅科比。如果雅科比说理性是**真之前提**的能力,则他设定真是真正的**本质**,违背正式的真相,作为怀疑主义者,却否认它可能为人所**知**;莱因霍特则说,他学会了思考,——通过一种正式的说明根据,对雅科比而言,其中找不到真。[在第 126 页]

② *为黑格尔所加。——译者注

是不可把握者、不可解释者与不可名状者①。

　　绝对者作为一种原真,人们从它的这种形式中看出,它据此在哲学中不关心通过理性来产生知识与真理,采用真理形式的绝对者并非理性的杰作,而是它**本身已经**是一种真与肯定,也就是得到认识者与为人所知者。理性不可能对它表现出活跃的关系;相反,理性的任何活动、绝对者通过这种活动所得到的任何形式,都应会视为对绝对者的改变,而对原真的改变会产生迷误。因而,推究哲理意味着,以绝对被动的接受性把已经完善的所知之事纳入自身之中,而这种手法的舒适性无可否认。无需提醒,说无论是信仰抑或知识,这种认识之外的真理与确定性是一种不当之事,只有通过理性的主动,绝对者才变成真者与确定者。但可以领会的是,如果要求思维通过理性的主动而使自己提高成知识,通过科学,创造 [128] 适合于意识的自然,而主体—客体并非它不通过主动性而使自己成为之事,那已经以一种完善的原真为前提的这种舒适性想必会觉得多么奇怪。借助那种舒适的手法,完全按照一个哲学乌托邦的理想,在知识中发生反思与绝对者的汇集,在这个乌托邦中,绝对者已经为自己把自己制成一种真与为人所知者,完全让自己享受只需张嘴这种思维的被动性。从这个乌托邦中逐出了费力、实然与绝对的创造与建构;认识之树立于说明根据之沙上,通过成问题、假说性的摇晃,从认识之树上落下由自己咀嚼、消化的果实。归纳过的哲学只会成为一种成问题、假说性的尝试与临时性,对归纳过的哲学的整个事务而言,必然已经把绝对者设定为原真、为人所知,否则,从成问题者与假说之事中该如何得出真理与知识呢?

　　因为哲学的前提是本身不可把握者与原真,所以,就此而言,后者就只会借助一种可把握的真来预示自己即将来临,而推究哲理不可能从一种不可把握的原真出发,而是［必定］从一种可把握的真出发。这种结论不仅无从证明,而且不如作出对立的推论:如果哲学的前提、原

---

① 莱因霍特:《19世纪初叶哲学状况概览文集》第一册,第70—75页多处。

真是一个不可把握者,则原真就会借助一个可把握者通过其对立者、也就是不当地预示自己即将来临。其实就不得不说,哲学虽然必定以概念,但以不可把握的概念开始、进展并终结;因为在对一个概念的限制之中,不可把握者遭扬弃,而非得到预示,而在二律背反之中汇集对立的概念,就领会力而言是矛盾,并非单纯成问题的、假说性的汇集,而是因为与矛盾有直接关联,就是矛盾的实然与绝对的现象,是真正因反思而可能的揭示概念中的不可把握者。如果依莱因霍特之见,绝对者借助其对现实者、可能者的关系而自我显示,绝对者只在其与现实者、可能者的关系**之外**是一个不可把握者,也就是在可能者、现实者中可以得到认识,这就只会是通过知性的一种认识而不会是对绝对者的认识。因为理性对现实者、可能者与绝对者的关系作直观,理性就借此扬弃作为可能者、现实者的可能者、现实者;在理性面前,这些确定性及其对立消失了,而理性由此认识的并非作为揭示的外在现象,而是认识显示出来的本质,而不得把一个概念本身以及思维的抽象统一认定为对思维的预示,而须认定为思维从意识中消失;思维本身当然并未消失,而是从这样一种思辨中消失。

我们转而观照**归结到逻辑上的哲学的真正事务**。因为,通过把思维用作思维的分析,哲学的这种真正事务应该发现并提出带有真的原真和经由原真的真,而我们发现为此所需的某些绝对者(Absoluta):

甲、**思维**并非在应用中、通过应用、作为一个获应用者才成为一种思维,而是其**内在**特性在此必须得到理解,而这种特性是关于同一件事、在同一件事中、通过同一件事的无穷可重复性,——纯粹的同一性,把一切相外、相继与并行从自身中排除的绝对无穷性①。

乙、与思维本身迥异者是**思维的应用**;思维本身肯定绝非思维的应用;在应用中并且通过应用而走向思维时肯定必须。

---

① 莱因霍特:《19世纪初叶哲学状况概览文集》第一册,第100页、第106页及下页。

[129]

[130]

丙、再添加一个第三者＝丙、思维应用的**物质**①。这种在思维中部分遭消灭、部分与思维相适应的物质化（Materiatur）得到了假设，而要设想、预设物质，这种权限与必要性在于，如果没有一种物质，思维不可能得到应用。因为物质不可能成为思维所成为之事——因为，如果物质是此事，它就不会是一个他者，就不会发生应用，因为思维的内在特性是统一——，所以，物质的内在特性是与思维相反的特性、多样性②。曾经干脆假定经验性地存在之事，自康德时代起得到假说，而这样的事就意味着依旧内在；只在主观性中——客观性必定得到假说——还允许经验性地存在的律令、形式，或者如人们在其他情况下所愿意的那样，以意识的事实之名所允许之事。

正如上面已经提醒过的，首先思维涉及之事，莱因霍特就把一切较新哲学的根本性错误置于根本性成见与恶习之中，即人们会把思维当成一种单纯主观性的活动，莱因霍特还恳求，只是做尝试，要暂且放弃思维的一切主观性与客观性。但不难看到，一把思维置于纯粹的、亦即放弃物质化（Materiatur）的、也就是对立的统一之中，于是，必然在这种放弃之后出现关于与思维本质上不同并且不依赖思维的一种物质的假说——程度最 [131] 强烈的那种根本性错误与根本性成见本身出现了。思维在此本质上并非主体与客体的同一性，由此，思维被刻画成理性的活动、进而只是由此同时放弃一切主观性和客观性，即它同时是两者，而是客体是一种针对思维而假说的物质，由此，思维不过是一种主观性的思维。要放弃思维的主观性、同时把思维设定成主观的与客观的，而同时又不用这些谓项中的任何一个来设定思维，如果人们也不愿满足这项请求，则此事就不会获准，而是，通过一种客观物的对立，把思维规定为一个主观物，而绝对对立成为通过逻辑而处于还原之中的哲学的主题与原则。

---

① 莱因霍特：《19 世纪初叶哲学状况概览文集》第一册，第 107、110 页。

② 参见巴迪利：《初始逻辑概论》，斯图加特 1800 年版，第 35、114 页；莱因霍特：《19世纪初叶哲学状况概览文集》第一册，第 111 页及下页。

根据此原则,就取消了综合。综合被用通俗的字眼表述为一种应用,就这种简陋的形态而言,从绝对对立者到综合差不了多少,而即使在此简陋的形态中,综合与之不协调一致的是,哲学的首要主题应该是一个可把握者;因为连对应用作微小综合也包括从统一转入多样性、汇集思维与物质,也就包含一个所谓不可把握者。为了能够综合思维与物质,不必把思维与物质设定成绝对对立,而是必须设定成原初合一,这样我们就会处于主体与客体的奇特同一性、先验直观、明智的思维中。

　　不过,《初始逻辑概论》中有事物可用来缓解存在于绝对对立之中的那类困难,莱因霍特在前面的这篇引言中没有说出一切有关之事。因为除了得到假说的物质及其得到演绎的多样性之外,《初始逻辑概论》也假说了物质的一种内在的能力和熟巧,即得到设想,除了在思维中必定遭毁灭的物质化(Materiatur)之外,《初始逻辑概论》还假说了不可能通过思维来毁灭之事,马的感知(Gewahrnehmung)也不会缺乏此事,——一种不依赖思维的形式,因为**根据自然规律**,形式不可能由形式摧毁,思维的形式**必须适应**那种不依赖思维的形式,除了无法设想的物质化(Materiatur)、自在之物,《初始逻辑概论》还假说不依赖想象者的一种绝对可想象的材料却在想象中关涉形式①。莱因霍特始终把形式对材料的这种关涉称为思维的应用而避免巴迪利为此所用的"想象"这一表达。因为据称,《初始逻辑概论》不过是**老调重弹的基础哲学**。说人们把那种意图记在莱因霍特名下,似乎他想把在哲学读者中不再受青睐的基础哲学以这种几乎未变的形式再度引入哲学界,情况似乎并非如此,而是似乎在不知情的情况下,真诚地接受、单纯地学习逻辑其实是拜自己为师。莱因霍特在《19世纪初叶哲学状况概览文集》中以如下论据反驳对此事的这种看法:**首先**,他不在《初始逻辑概论》中寻找其基础哲学,而是把《初始逻辑概论》看成"与唯心主义近似",而且因为巴迪利在任何场合提及莱因霍特理论时都会尖刻嘲讽,倒不如说莱因霍特在其中预感到了任何其他哲学;

[132]

---

① 巴迪利:《初始逻辑概论》,第66、第67、第88、第99、第114页等。

——想象、所想象之事与单纯想象等等话语在《初始逻辑概论》中完全以另一种意义出现,此意义与基础哲学的作者想必知道得最清楚的使用这些话语的意义完全对立;

——那种概论也只在某种可设想的意义上［是］对莱因霍特基础哲 ［133］学的改写,通过这种论断,声称此事者显然表现出,他不曾理解他所评判之事①。

对第一项根据、尖刻的嘲讽,再没什么可探讨的了。其他的是些论断,其说服力将从简短比较《理论》②的要素与《初始逻辑概论》中得出。

根据《理论》,想象的内在条件、根本性组成部分属于想象的有

甲、想象的材料、对接受性给定之事,其形式是多样性;

乙、想象的一种形式、自发产生之事,其形式是统一③。

在《逻辑》中:

甲、一种思维、一项活动,其基本特征是统一;

乙、一种物质,其特征是多样性;

丙、在《理论》与《逻辑》,把两者相关涉叫做想象,不过,莱因霍特始终说是思维的应用。形式与材料、思维与物质在两者中同样单独持存。

至于物质还涉及之事,则

甲、物质的一部分在《理论》与《概论》中是**自在之物**,在《理论》中,只要对象本身不可想象,物质的一部分就是对象本身④,但就像可想象的对象本身一样不怎么能受否定,在《概论》中,物质的一部分是在思维中必定遭毁灭的物质化(Materiatur)、物质的不可设想之事。

乙、客体的另一部分在《理论》中是想象的已知材料⑤,在《逻辑》中 ［134］是客体不依赖思维、不可剔除的形式⑥,因为形式不可能消灭形式,思维

---

① 莱因霍特:《19 世纪初叶哲学状况概览文集》第一册,第 128 页及下页。
② 莱因霍特:《人类想象力新论》,布拉格,耶拿 1789 年版。
③ 同上书,第 230、第 255—285 页。
④ 同上书,第 244 页。
⑤ 同上书,第 304 页。
⑥ 巴迪利:《初始逻辑概论》,第 82 页。

的形式必定**顺应**这种形式。

而通过客体的这种两部分性——一方面是对思维而言绝对物质化
(Materiatur)的两部分性,思维不懂得**顺应**物质化(Materiatur),而是对它
一筹莫展,只会消灭它,亦即放弃它,另一方面是一种特性的两部分性,这
种特性又不依赖任何思维而归客体所有,却是一种形式,这种形式灵巧地
使客体得到考虑,若要思维投入生活,思维不得不尽可能地顺应这种形
式①。在哲学中,思维惊险地从突变中到达这样一种绝对二元性,这样一
种二元性,可能无穷地变更其形式,但始终产生同一种非哲学(Unphiloso-
phie)。莱因霍特并非不像无意间用自己的酒窖最为满意地招待自己的
那种人,他在其自己学说的这种新公布的理论中发现一切希望与愿望得
以实现,哲学革命在新世纪遭终结,这样,哲学永恒的和平就可能直接出
现在通过逻辑对哲学作普遍有效的还原中。

正如平素政治期刊每期都是以讲述开始,莱因霍特以讲述开始这座
哲学葡萄园中的新工作,说结果一次次不同于他的预言:"不同于他在革
命之初预告之事;不同于他在革命过程中试图促进其进展,——不同于他
在革命临近结束时以为达到其目标;他问道,他是否第四次估计错了。"②
[135] 否则,如果错觉的数量能够方便计算概率并在人们所称的权威方面能够
得到考虑,则在这个不会是真正权威者面前,可以在那三个认识到的错觉
之外从《文集》中再列举若干个:

——也就是根据第 126 页,莱因霍特不得不永远放弃他以为在费希
特哲学与雅科比哲学之间找到的中间立场;

——他相信、希望等等(第 129 页),巴迪利哲学的本质可以回溯至
费希特哲学的本质并且反之,他非常认真地有意使巴迪利确信他是一个
唯心主义者。但不仅巴迪利不可说服,相反,莱因霍特因巴迪利的信件
(第 130 页)而被迫完全放弃唯心主义;

---

① 巴迪利:《初始逻辑概论》,第 69 页。
② 莱因霍特:《19 世纪初叶哲学状况概览文集》第一册,第 III 至第 VI 页。

——因为在巴迪利身上的尝试失败了,他急切请求费希特呵护《概论》(第163页),他感叹:"如果费希特能够穿越他和您(巴迪利)的字眼的堡垒而与您达到统一,那对好事而言该是怎样的胜利啊!"——结果如何,众所周知。

最后,即使在历史观方面,也不能忘记,如果莱因霍特以为把谢林哲学的一部分看成整个体系而认为这种哲学是人们惯常所称的唯心主义,情况就不同于莱因霍特所想。

最终,对哲学的逻辑还原结果会如何,对此不容易预言什么。为了在哲学之外自保而仍推究哲理,发明太有益了,以致它不会不受欢迎;不过,它自我审判。因为它在反思立场的众多可能形式中不得不选择随便一种,所以,自己创造另一种形式就听便了。如此之事就意味着用一个新体系排挤一个旧体系,而且必定意味着如此,因为反思形式必定被当成体系的本质;所以,连莱因霍特本人也可能把巴迪利的逻辑看成不同于他理论中的另一体系。 [136]

说明根据的趋势意在把哲学回溯至逻辑,必定作为**哲学普遍需求的一个方面的**一种固着性**现象**而在教化的多种多样追求中占据其必然、确定的客观地位,这些追求关涉哲学,但在它们达致哲学本身之前,表现出一种固定的形态。绝对者在完善自己之前产生发展的路线,处于发展路线中的绝对者必定同时在每一点上自我抑制并自我组织成一种形态,而它在这种多样性中显得正在形成。

如果哲学的需求不达到哲学的中心点,它就分别展现绝对者的两个方面,绝对者同时是内在者与外在者、本质与现象,哲学的需求展现内在本质、尤其是外在现象。外在现象本身成为绝对客观的总体性,成为无穷分散的多样性,这种多样性在追求无穷数量时表明了其与绝对者的无意识关联,而人们必须使非学术性的努力得到公正的对待,使得这种努力在此范围内对总体性的需求[有所]感觉,即这种努力追求把经验无穷扩展,虽则正是由此,材料最终必然变得相当贫乏。借助无穷客观材料的这种努力构成与精练这一极的对立极,精练力求留在内在本质中,由于其纯 [137]

正材料收缩而不可能获得学术扩张。虽然不是一种生命、但还是一场雨通过无穷的忙碌而终结了那种努力所处理的本质,而如果达那伊得斯姐妹因为水永远外溢而从未装满过,而那些努力就并非如此,她们通过持续添注让其大海无穷变宽;再也找不到任何未遭浇淋之物,如果她们没有达到这种满足,则忙碌就在其中在无法量度的表面永远得到滋长;没有一种受造的精神深入自然的内部①,肯定了这一格言,忙碌就不再创造精神和一种内心,放弃把死物复活至自然。——痴迷者的内心重力却拒绝水,由于水获得密度,这种重力可能结晶成形;蕴蓄的压力源自要成形这一自然必然性,这种压力挡回了成形的可能性,把自然消解成精灵,把它们组成无形的形态,或者,如果反思压倒幻想,就形成纯正的怀疑主义。

[138] 一种通俗哲学与格式哲学构成两者之间一个错误的中心点,这种哲学没有容纳两者,因此以为可以如此感谢它们,即两者任一者的原则保持其本质,而两者通过改性相互适应。这种哲学没有把两极容于一身,而是在表面的改性与相邻的汇集中,两者的本质从它之中消失,而对两者及哲学而言,它是异己的。它从分散之极得到对立的原则,但对立者不应是单纯的现象与无穷的概念,而是对立者之一也应该是一个无穷者与不可把握者;因此,痴迷者对一种超感觉者的需要也应得到满足。但分散的原则拒绝超感觉,正如痴迷的原则拒绝超感觉的对立和除超感觉之外一个受限者的某种持存。通俗哲学给其关于一个有穷者与无穷者绝对非同一性的原则提供了一个中心点的假象,同样,任何关于这种中心点的假象都遭哲学摒弃,哲学通过绝对同一性使两分者起死回生,理性吞入它们两者并且同样慈母般地设定它们,通过理性,哲学追求有穷与无穷这种同一性的意识,亦即追求知识与真理。

---

① 参见阿尔布莱希特·冯·哈勒:《人类德行的虚妄》,载于《瑞士诗歌试作》,伯尔尼,1732 年。

《埃朗根文学报》评论

［布特威克思辨哲学基础］①

《思辨哲学基础》

弗里德里希·布特威克一本试用教科书

格丁根,迪特里希出版社1800年版,S. 242(18个格罗森②)

　　对这本《基础》的一种一般见解最好在内容发表后得出并且证明是合理的。作者先生在《前言》中以为,无论承认、怀疑还是摒弃一门学说,可以**有理有节**、**平和**地加以商榷。在有理有节方面,可以从前言的结论中看到,作者赋予它以广泛的范围;至于平和,则评论者可以不无不和地商榷这本《基础》。

　　作者在前言中把该教科书的外在形式规定为,会是**一本完全依照怀疑主义方法的教科书**。在整个发展进程中,作者主要考虑,一直进展到怀疑主义者能够容忍的地步,直至在第384节中最终正式反驳怀疑主义。作者有时不忠于此意图,有时依旧忠于此意图,——不忠于此意图,因为他基于怀疑本身是思维这一根据把思维规律整个体系建成为逻辑,正如先验的想象规律这整个体系一样(亦即康德的《理性批判》节选),因为坚定的怀疑主义者还是完全否定规律的概念;忠于此意图,因为作者确实把整体保持在微小范围之内,怀疑主义者根本不可能认为值得费力掺和;然 而,这是赶走怀疑主义者的最有力手法。不过,为何作者没有立即开始后来对怀疑主义者的那种反驳呢? 这样就可以省下作者所称的贯穿几百

---

　　① 载于:《埃朗根文学报》,1801年,第181与第182期(9月15和16日),第1441栏以下。

　　② 格罗森,旧时欧洲银币单位。——译者注

段、成问题而权宜的哲理探究；人们领会临时政府、法院临时裁决等等的必要性、进而领会其相对价值，但权宜的哲理探究究竟会有何意义呢？如果怀疑主义者抓住摆在他面前的二难推理的一个方面，得到的解释是，**我们能够做的不过是从他说的第一句话开始让其自我反驳**，那就越加可以开始第 430 节那种对怀疑主义的反驳；或者，如果他提及另一面，他就会被问及，**实在性这一概念如何也会将信将疑地进入知性**，于是会让他注意一种论证，在这种论证中会声称，连概念与想象也有一种定在作为根据；怀疑主义者不会怀疑想象与概念的这种定在，但我们只把想象与概念的这种定在考虑为一种非本真的定在，而定在这一概念**无可置疑会**是想象的原则和**想象的可能性的根据**，是知性必定预设的一种实在性。这种反驳不过是肯定地断言怀疑主义者所否定之事，如果细究这种反驳，不过是洞察怀疑主义其实不可辩驳。那种所谓反驳避向绝对的假设，以那种所谓反驳来开始整个思辨哲学，或者以这种洞察来开始整个思辨哲学，把对怀疑主义者的一切顾忌置于一旁，不是权宜性地、而是确然地探究哲理，

[143] 这都无妨。如布特威克先生所称，所谓怀疑主义方法在第 22 节非常做作地得到称颂，实际上得到说明，这种方法就在于并非探究哲理的这种权宜性探究哲理："**既**别让骄傲**也**别让钦佩**也**别让你心灵中的任一其他热情对任一原则说话！如果你把一个他者苛求你承认为真的任何一个定律在开始时考虑为**或许是错误的**，那你就处于纯粹怀疑的状态，而只有在此状态中，你才肯定不会错失纯粹真理的视点！"第 12 页说，有争议的体系越多证明其首创者的罕见才能，**尽管如此，也**未把**一切良材**拉到它们那方面，我们就有理由越加怀疑这些体系。康德式惯例或者自己惯例的拼凑物，不会让怀疑主义者露出破绽，与之相比，应该更喜欢阐述任一罕见才俊的体系或者会更喜欢作者在第 11 页对此加以警告之事，即"根本不重视怀疑主义者而追随一种盲目、但相当坚定的独断论"。坚定的（我说的是坚定的）独断论也不是很多，而比起以权宜方式［去］推究哲理来，提出这样一种独断论是一项迥异的工作。

在 60 个段落中，引言的第一部分论及一般哲学，第二部分论及哲学

与博学的关系,第三部分论及一切哲理思维的首个与终极对象,第四部分论及哲学的划分,第五部分论及哲学研究的方法,第一段可作为此引言写作口吻的例子,它的原文是:"每个教化时代最敏锐的良材觉得值得研习的科学之中,有一门科学通常自称哲学,在德语里间或以世界智慧这一奇特的名字自称。"第三部分说,一门科学摒弃一切前提,亦即若无证据就 [144] 绝对不得把任何定律作为证明根据推到此科学后续定律之巅,只能着手要求有思维的人,要通过思维本身来承认自己是有思维的人;——人们产生了希望,作者通过对理智直观的这种要求会赢得一个固定点,他将由此点建构意识;不过,第 39 节还说明了,在承认我们自身时,只要我们认识到我们**在自身中**发现的**在我们之外**之事,我们自身就关涉之,则第 40 节抛出了疑问:"我们确实只把自己想象成有思维能力,**此外却想象成完全不熟悉我们自己**,此后**我们该以何定律继续探究哲理?**"因为作者没有回答此疑问,而且不知他该如何继续,所以,在第 41 节中,他想起那种方法,"像哲学家足够长久做过那样,就那么随意,即于是开始枚举一系列所谓心灵力量";但他问道,那究竟什么使我们**有权**做此枚举呢?如果人们**此外**还认为,每个学派中的目录各不相同,关于这些力量作用的争执常常是一场空洞无物的论战,只有**语言**的不确定性和差异性给这场论战提供诱因,那我们就将**有理由**怀疑所有此类目录;更糟糕的是,就是第 42 节还补充说明,连预设的划分根据也是根据划分的前提才得以由人尝试着说明,若用这样一种方法就不可能说明任一体系是哲学,所以还是以关于心灵力量的任一体系开始,试探以此会走多远。虽然那些根据无关紧要,它们还是足以与心理学保持距离;究竟为何还是以这种心理学起步, [145] 第 43 节在字面上如此说明:"**因为在此期间,哲学思辨始终采取这种进程,想必此进程是最为自然的进程**。"——无论是理解最为著名的哲学,还是从通俗的想象方式过渡至哲理性的想象方式,这都是必需的。——**根据心理学进入哲学**这项受人欢迎的发现,既允许对哲学作**心理学划分**(第 44 节),也允许心理学假设(第 46 节),根据心理学假设,我们区分对我们自身所作关注的某些方向与其他方向,只要这些区分(甲)由人声称通过自身而肯定,(乙)同样由**常人知性**所声称,(丙)得到**所有推究哲理的学派**的赞同(第 48 节)。因为怀疑也是意念,而即使我们怀疑,也遵循任一规则,它作为我们意念相互的一种必然关系,所以,通过对这种关系作分离,我们获得了逻辑的概念。"(第 49 节)但也包含怀疑在内的单纯思维如何不同于排除怀疑的知识,还没有两个哲学学派就此达成一致。"说明哲学知识的所有部分,这种成问题的科学[是]**基础学说**或**形而上学**。这种心理学的划分是作者成问题的怀疑主义方法的一个例子,根据这种心理学划分,思辨哲学的基础知识分成三个主要部分,带有许多极有条理的细分。在前两部分中,我们将只做少量检验,主要以第三部分为准。

[146] 　　在《基础心理学》中,在驳斥了心灵事物(Seelending)的论断之后,指出了主体、客体与想象这三个寻常的概念作为自我观察这个概念的基本条件;根据自我观察,对感性与理性权宜性地作了反驳,两者在心理学上得到了论述,而寻常者由高级与低级心灵力量提供;根据观察,一切都会是权宜性地提出的,作者由此摆脱了关于建构诸能力的这种多样性的一切要求;在紧接着的种类中,从一种能力过渡到另一种能力(第 80 节)①。因为**我们还意识到一种能力**,即再度意识到消失的印象,如果并非总是立即成功,那我们先以回忆力之名指称之,其次**推断**另一种能力,想象如果从意识中消失,就**仿佛**停留在这种能力上,——记性(也就是回忆力的能力——记性与回忆力的一般差异根本没有得到正确说明)(第 81 节)。与回忆**近似**、但还是有别于它的是想象力等。从第 92 节中已经先看到,对逻辑可以有何期待;"**何来**思维的规律或者必要条件?此疑问在此(在心理学中)依旧未及回答。**此疑问也可能永远得不到回答。**"

　　在《逻辑》中,对概念、判断与推论的区分以如下辩解为基础(第 135节 b)。"在多数学派中,会把概念看成狭义知性的产物,把定律看成判断力的产物,把推论看成狭义理性的产物;但因为我们在**我们思辨**的过程中

---

① 括号为译者所加。——译者注

只了解理性是一般思维原则(作者在此让人注意心理学的一个段落,也就可能把那种心理学上的观照(Provisieren)真的看成思辨),但我们尚无理由假设判断力的一种特殊能力,所以,我们暂且只以一般综合的概念为准;根据此概念,**只取决于我们的是,我们意识到人们在平凡生活中所区分**的概念、定律与推论是只有通过综合才有可能的**不同想象**。"在第57页,我们得知,语言与知性重合;一旦我们让知性关涉任一事,并承认此事是通过特征与知性分离之事,我们就需要一种感性想象,以在记忆中把概念与此紧密相连,当作与**第二特征**紧密相连;此特征叫作**言辞**。在第67页,我们获悉,在康德学派中,概念与定律的联系叫作纯粹综合或者先天综合。根据第88页第182节,一项定律的条件是,两个概念通过第三个概念相互关涉;这第三个概念是逻辑学家所称的联项,意味着思维本身;但就因为联项意味着作为活动的思维本身,所以它并非定律本身中的概念;只要它得到考虑,也就是只要它成为概念,它就存在,它不存在于定律中,定律中的关系不通过第三个概念发生,这是推论。对某些种类的概念、定律与推论的界定充满此类不确定性与此类深刻的启示,如上面关于语言的启示,这些界定根据大多寻常的康德式的环节,通过逻辑,带着很有条理的细分的外表而延续。

[147]

《第三部分》。在一篇引言之后,《基础哲学》以一种怀疑论开始,因为这种怀疑论并非从始终还在挪动的最高立足点出发来建构怀疑主义,它徒有其表,没有学术趣味。人们希望,基础哲学的第二部分、知识论从现在起终于将触及知识本身并触及真理,但人们发现自己又受骗了;"从关于普遍规律与人类想象的一种理论开始,以暂且就这些规律的范围、体系与怀疑主义者比较";声称为此事根据的是:**因为在此期间,此事不会有害**。这种先验的理论无非就是康德对时空与范畴的空洞阐述,它们因在所有教科书中无穷重复而极其令人厌恶。难道作者真的相信,怀疑主义者会容忍这些先验的想象规律? 在逻辑中,人们必定希望,用于划分概念与定律的形式毕竟还是会在基础哲学中给定一种先验的演绎;但作者偏偏原封不动地接纳在康德处发现的一切,他相信,**只要想不起**有根有据

[148]

之事来反对所声称的完整性，必定会承认由理性批判的首创者提出的范畴表是完整的。他还"只把**心理**真实性的价值只记在这种关于完整性的论题名下，只要无论区分我们知识中的数学与动力学、还是区分主体性与客体性，对它们的解释都没有完全满足理性。"那究竟为何作者没有在通过理性加以说明的这种区分**之后**才论述范畴，就像对整个逻辑那样呢？通过这种区分，他本该会给自己准备好可能性去演绎那些范畴。不过，在随后的段落中，我们听说，"幸亏关于康德范畴表的完整性与周密性的争执**没有引发那么多**结局；因为知性还从未以此认识一个客体，所以范畴**可能越来越多或者越来越少**"。可以相信，即使对多数康德信徒而言，在心底对一些范畴也或多或少不关心，但不容易承认得那么坦率。因为作者

[149]　曾感觉良好，哲学之事或多或少不关心一些范畴，例如我们通过这些范畴还是没有认识客体的原貌，也就是没有通过这些范畴获得真相，［那么］作者为何愿意提出这样一种基础心理学、这样一系列更不重要的形式逻辑界定呢？可以预见的理由无非是更好的感觉为因袭的习俗所战胜，这种感觉对所有这些无所谓并不当真。如果作者此外（在第三部分《论理性与感性的先验联系》中）认定批判哲学是关于先验**想象**的一个体系，亦即认定为一种空洞的"形式主义"，则作者如果不能通过从最高立足点来建构而使形式主义获得一种真正的意义，他就必定更加把逻辑的平庸性和他称为先验知识的空虚性搁置于一旁。在第416节中，在确然性中，哲学的这些基础探出哲学的一项原则，我们必须对此原则予以解释。根据第420节，我们困于二难推理，"**或者是**，只要实在性概念应指称之事原本异于理性本身，就否认此概念的一切意义，而只认为纯粹理性是真正的实在性，但认为感性想象是纯粹理性的间接产物；**或者是**，我们不得不声称一项实在原则，它如此异于理性，亦异于感性，给两者**奠基**"；此处，作者有时眼前有康德的理性概念，据此概念，纯粹理性与感性绝对对立，有时，作者却又把唯心主义意义上的理性与那种正式纯粹的理性混淆起来。因为如通常所认为的那样，在康德体系中，感性想象并非理性的产物；但

[150]　如果设定它们是此类产物，则实在性概念的确也对理性产物具有意义，而

且是至高意义。在下一段里，作者反驳了二难推理的第一方面、理性在唯心主义体系中的自我产生，根据此体系，理性创造意识与客观性，"以便**略过意识**，因为在**意识本身**中，一切都**颠倒**，而认识的主体**只出现**于与客体的**关涉**中，**但并非作为关涉的制造者**。"该做什么来反对这样一种理由呢？作者的实在原则依此取消，它是**原初对立之中的主体与客体**。因为事情特性如此，所以评论者怀疑，如果他说，探究哲理只是为了扬弃主体与客体的对立和认识[迷失]于其间的矛盾，如果认识按在意识中**所发现**的状态那样接受对立，作者是否会理解他；这种解决之道却被置于主体与客体的一种**原初**对立之中，**但这种对立受制于两者的原初同一**。如果作者以为，唯心主义通过这种同一性而略过意识，则用作回答的是，这种同一性却在意识之中并且是意识本身，但无意识地存在，作为只在推究哲理本身中认识自我的理性。作者有了判断力的原初对立作为实在原则，他就发现心理学与逻辑学的一切谜团解开了；在逻辑学中，本来必定依旧未及解释、悬而未决的是，概念、定律究竟是否有实在性，逻辑学未能解释想象等等所关涉的客体；通过实在原则，从现在起，一切都实在地得到设定，意念是一种知识，思维本身曾预设客体，总之，实在原则才宣布客体具有绝对实在性。倘若如上所引，要实在原则为感性与理性奠基，如果在第 [151]
429 节中，还**用一种实在**来表达绝对的实在判断是主体借助相反的客体而自我持存，人们可能有好评，说作者的实在原则确实包含了主体与客体的绝对同一性；不过，情况很快表明，这一实在只是一种**相同的**实在，亦即只是一个概念或者一种基质，并非两者的一种鲜活同一性。就在这种思辨哲学的这些基础知识发端之时，我们已经看见，作者把自我思考接受为具有唯心主义方式的哲学的起始点之后，就**不知他该继续什么**，也就是乞灵于心理学与逻辑学的自然途径，如果实在原则是绝对的同一性，这些途径就必定遭弃绝；如果从第 431 节起把一项绝对理想原则与那项实在原则相提并论，人们还将得到说明，因为（**而且如果还是要**实在原则为**理性与感性奠基**）**概念的主观可能性**也属于理性推论，只要概念的主观可能性基于纯粹抽象，就不能用那种实在原则来**解释**，而根据第 434 节，就**不**

可能仅仅用理性来解释实在或者用实在来解释理性,**而是宣布两者绝对是同一件事**。

在第 438 节,再次升腾起希望,作者终于将找到出路,摆脱二元论;此处言及绝对者的**理念**;**一切概念中的这个至高概念既会意味着现实原则也会意味着理想原则**。如果作者明晰他想借此言说什么,他在之前几段就不会宣布不可能把理想原则与现实原则设定为合一;绝对者的这种双重意义究竟意味着什么呢? 如果绝对者并非同时是现实原则与理想原则,如果就因此,两者并非**同一件事**,绝对者如何可能意味着两者? 作者忘了,第 410 节指责康德信徒使绝对者成为一种**单纯理念**? 为何他不把他在第 430 节中对怀疑主义者所提的疑问提给自己:绝对者作为既意味着理想原则也意味着现实原则之事,其理念如何哪怕只是将信将疑地进入知性? 对作者而言,绝对者却不过用于说明,通过**在意义上作为现实原则之事**的概念,我们设想一个客观的、一个封闭的全体或者总体,此概念在意义上**作为理想原则**,是先验无穷者的概念,进而也是思维中无穷怀疑的概念,就是在一个永不完结系列的概念之中。

[152]

人由躯体与心灵构成,如果康德把这种一般界定改写成人由理性与感性构成这种界定,则无甚改善,但两者还是很明显产生了对立;布特威克先生改写成一项理想原则与一项现实原则,却只是把事情弄得更乱;他的现实原则就已经把一个主体与客体相提并论,该主体在第 432 节中"能够理性推论,就是不能**自己设想**,各学派究竟是否即刻当然地把两者当作一件事。"除了作为理想原则的理性,除了现实原则,布特威克先生毕竟也还特别急需感性,因为正如现实原则如此难以为理性奠基,使得人们在现实原则之外还需要一种理性,现实原则可能也不会更好地为感性奠基;在很后面才会就此找到说明。这种先验哲学的最后部分——论先验的断念,这部分以此起头,即我们**穷究哲理**,还是无法摆脱理想原则与现实原则的思辨对立——这部分列举了穷究哲理之后尚余的谜团;甲)意识对自身而言是一个无法破解之谜;乙)**感性想象的众多与多种多样性**既没有通过理想原则也没有通过**现实原则**得到解释;现实原则只不过

[153]

提供了**一般客体**,没有提供**这个**或**那个**客体(第446节)。理想原则在第447节中是思维中的自我,在与多种多样性的对立中是**单一的**;为了解释多种多样性,我们就**需要感性**(第448节)。丙)在第451节中,在认识的形式方面,在康德想象律的形式方面,只能让这些形式确实基于自身。鉴于不可能先验地满足理性,绝对真理只是**一种理念**,而(第453节)"意识到不可能**发现**它得以实现,**我们就凭经验**用**经验性**真理或者**心理**真理的概念**来对付**,我们把这种真理设想成我们的想象与其对象协调一致!!"**绰绰有余**(Satis superque)。——最终,随之而来的还有康德了结了合理的心理学、宇宙论和神学;在第462节中的关于上帝的理念上,布特威克先生通过纯粹观念又只认识到现实与理想性之间对立的**存废**的**二律背反**;他没有认识到,对万有与全无的综合必定是绝对的现实。

此哲学的至高处是意识;不知为何,人们在这种意识中发现一项理想原则与现实原则、一种感性还有大量他物。这种意识正好是适用于一切的同一种基质,正如以前的心灵事物一样;差异纯粹是形式上的,而哲学认为此差异根本微不足道。

从迄今所言的一切可见,作者在拥有思辨哲学的教科书这一需求上很清楚地认识到尤其是康德的材料的无可凭依,但在哲学的原则方面没有穿越康德体系的原则、没有穿越绝对者的**理念**而到达绝对者自身—— [154] 存在或者活动,这些形式在思辨本身的至高立足点上变得无所谓——,在材料方面,因为没有达到至高立足点,他没能建构材料,而是用权宜之计掩盖材料的破绽,使怀疑主义者对材料如此贫乏将无可指责,而鉴于对材料鲜有兴趣,他就既不在正确区分方面更不在深度方面认真对待界定。某些受采纳的材料使全体成为由相当异质的因素、由经验心理学、普通逻辑、怀疑主义、康德的批判主义、还有先验唯心主义组成的一个混合物。因为先验唯心主义偶尔提供了这些段落的开端;因为怀疑论的方法,作者不愿开始界定,而是要按唯心主义的要求通过主动思维并通过对此的关注而自己产生待界定者的概念;不过,事情也就止步于这种要求,没有如可以预期的那样随之出现建构处于必然性中的活动,而是开始着手分析性地界定并陈述在意识中可见之事,康德和他人保证有此事,我们上面在说到范畴时看到,范畴如此得到采纳,因为康德拥有如此数量的范畴;其他事情亦如此。这样一种折衷主义就通过自身变得独特,因为异类体系的各部分借以延续的主线是任意的,而能够用来列出二元论至高对立的反映形式是无穷的。对理性与哲学的畏惧由此来证明自己有理,即在探究哲理之前,认识的实在必须得到恰当的说明;正如在莱因霍特处那样,这种恐惧自称对真理的纯爱与信仰,或者自称对独断论的害怕、批判性探 [155] 究哲理、怀疑论方法;因为不该探究哲理而还是应该做富于哲理之事,所以,在我们的时代,发明了权宜性的推究哲理并且以此新现象丰富了哲学史。

[韦讷布尔格的两部著作]①

一、约·弗·克·韦讷布尔格的《合乎科学地简述费希特的先验唯心[主义]体系与[其对头]无稽的享受论(Genusslehre)体系和批判体系的站不住脚和无稽》,1800 年,S. 27. 8

二、约·弗·克·韦讷布尔格的《简短易懂地试述大全科学论(All-wissenschaftslehre)或者唯一的所谓哲学并较为易懂地阐述唯心主义与独断论两种极端体系的无稽等等》,最新文献出版社 1060(1800 年) ,S. 70. 8

除了此处缩短的标题外,第二部著作还赘附了另一个更详尽的标题;而所标明的页码也应按②十二进位体系(Taunsystem)来理解。就是这种乏味的主观性流露在两本小册子的内容中,它没有得到客观表现,也没有获得学术认识,而是游荡于夸夸其谈同一内容、应该深刻的含糊其辞和找不到头绪的混乱,同时提出极高的非分要求。在第一部著作的前言中,作者说:四分五裂的哲学派别中**多数都**希望有一个人,他不仅拥有周密的哲学,而且还把哲学数学与它结合起来并且作为仲裁人出现;他(韦氏)现在敢于尽力不偏不倚地向两个部分指出其迷误;这时,他再强烈不过地感觉到这样一个擅自承担的职务的重要性与负担,他只是觉得希望如此这般。 [156]

在第一部著作中,作者想证明费希特体系的无根据,他顾及《知识

---

① 载于《埃朗根文学报》启事版,1802 年第 14 期(4 月 9 日),第 105 栏以下。

② 按韦讷布尔格的说法,这是"唯一完善的数字体系,其中每个较高的单位由 taun(十二)个低一级的单位组成",也就是十二进位体系,他宣传普遍采用之。

学》，同时顾及其（韦氏）友人霍伊辛格，后者以其反对费希特的著作①曾令他（韦氏）十分痛苦，在第二部著作中，作者顾及在《哲学杂志》中对《知识学》的阐述②。我们以作者自己的话来提供第 19 页他的主要原则、以此同时验证他的风格与手法：“哲学家能够并且应该有所顾忌地（然而根本不是绝对、无条件地）放弃，亦即撇开、不顾某事；这就是说，他应该通过获悉与思维的自由与必然性来判断、分离在获悉与经验中、在意识中**原本聚合之事**。而他能够并且应该**又**通过获悉的自由与必然性在放弃（撇开、不顾）之后并且在此期间**真正聚合**（urvereinen）、联合**原本分裂之事**（das Urgeteilte）。在获悉与经验中有**物**（你）、极其必然之事，是不依赖我们的自由而应受确定之事并且就是此事，而我们的认识应以它为准，还有**智力**、**精神**（自我）、**原本自由之事**，是应该认识之事，**密不可分**，亦即这两[157]项判断、原本分裂者不仅聚合、而且真正聚合入一个整体。”臆测完全放弃了你的那种行事方法是唯心主义，臆测完全放弃了自我的那种行事方法是独断论；不如此伤害圣物、原本聚合之事的那种行事方法，据说是自然主义；作者把原本聚合之事称为自我—你。除了上面表达作者主要观念的那一处，两部著作中余下的是唯心主义与独断论的一种单调、疑神疑鬼、贴标签式的对立、是反复的夸夸其谈，诸如此类，对此无话可说，其中，评论者只落脚于第 41 页的**一个排字疏开之处**：“人作为理性生物，他仿佛承认自己是镜子，无穷之事于其中才自我认识并且能够自我认识，他才发现并认识其真正的尊严……他是工具，无穷的综合通过它才意识到自己并且对自己作直观。”对作者的基本理念，不能否认的是，在此理念中，可能表达了哲学的理念；但这是否确实如此，对其断定只能是，如果使此理念合乎科学，它才具有价值与功绩。

① 约翰·海因里希·戈特利布·霍伊辛格：《论耶拿的教授费希特先生的唯心主义美学体系》，德累斯顿、哥达，1799 年。
② 《知识学第一导论》，《费希特全集》卷一，第 417 页以下。

[格斯特克对公正概念的演绎]①

《从知识作为形成权利哲学未来体系这些至高的
理由尝试演绎通俗易懂的公正概念》
K. Fr. Wilh.格斯特克,莱比锡法律顾问
布雷斯劳,奥古斯特·沙尔出版社 Schall 1801 年,
S. 170. 8(14 个格罗森)

作者做了一项困难的功课,把从知识的至高根据作演绎与通俗易懂 [158]
性集于一体;作此类尝试时,通常的情况是,通俗易懂性压倒深刻的根据,
在此尝试中也可见到。

《引言》包含应为深刻的对公正的**形而上学**与**物理**的区分;**形而上学**
把公正这个理念与经常跟它混淆的道德、幸福与任意强力(强者的权利)
这些概念并与它可以借以表现的一切特殊经验情况相分离,完整地发展
出它所包含的特征,由这些特征引出关于公正的纯粹理性原则体系,诸如
此类。自然公正(公正的**物理**)使形而上学提出的理念以及由其引导出
的纯粹理性原则的体系关涉可能的人类状况的整个范围,这些状况属此
范围并且需要检验,它们是否、在何程度上由公正规律(Rechtsgesetz)决
定。纯粹形式上的公正概念与其现实的这种分离把公正的形而上学变成
一种单纯的形式主义,这种形式主义只会与一个空洞的概念及对其的分
析打交道,但这种分离把公正的物理变成一种把可能的人类状况归入在
前面所谓形而上学中提出的一般概念;但这些可能的人类状况,并非寓于

① 载于《埃朗根文学报》评论版,1802 年第 35 期(4 月 28),第 276 页以下。

它们之中、在物理中特别提出的概念才应用于它们,这样一种行事方式究竟如何不以经验方式得到人类状况呢? 因为人类状况不存在于概念之中;而那个概念,它有什么不同于一种抽象性的形式主义的产物? 公正的科学这样齐全地分成形而上学与物理,表达的无非是诸科学的共同方法,即从共同的经验中取得其内容,从反映中取得形式;要从知识的终极根据中以这样一种方式给我们演绎公正,知识的终极根据不怎么可能是终极的根据,它们不会上升至哲学。

[159]

作者于是将其论文分成三部分;**第一部分**要从常人知性关于公正状况的形形色色言论来掌握关于公正的常人知性中模糊浮现的概念的组成部分,并合并成一个一般概念,**第二部分**要上升为知识的至高根据,也从这些根据中引导出公正的必然性(现实),因而同时引导出公正概念的范围与特征,所以,**第三部分**要比较处于此高度的概念与以此为出发点来探究的那个概念,从前一个概念中为被纳入后一个概念的每个组成部分提出证据。

至于公正概念如何从常人知性的判断中发展,则根据公正概念,常人知性关于公正的格言由此有别于关于公正的知识,即常人知性完全意识不到理念(它可能有形式上的原则与概念,但在此情况中,它自己直接限制其一般概念,知识就必定包含这些概念)也意识不到公正状况总体性的关联,只在个别情况下,根据一种直观的全体,它宣布**公正或不公正**。常人知性关于公正与不公的判断因而不过是借助实际情况的大量例证而得到表示,不能模糊不清地概括这一数量,而必须根据总体性的理念在这样一个范围里选取,使得公正状况的范围会局限于这样一个数量的例证之中,这点本身就是不可能的,还因为常人的知性之所以是常人的知性,

[160]

就因为它在其活跃的判断之中并不概括,对公正性不下纯粹判断,而是混入了对道义的顾忌。格氏没有选择此路,而是试图对常人的知性考问其公正判断的一般概念,那就无非意味着,他其实根本不让常人知性的判断来发表意见,而是在采纳这种判断时立即解释之,亦即将其作为自己的概念来陈述;比如就这样陈述为常人知性的一种判断:通过一项行为强行影

响一个人的活动范围,这样一项行为会被视为违法,其始作俑者必定知晓其行为与受限者的外在自由这样强行重合,或者还是因此担心有义务,诸如此类。

第 25 页**第二部分**,它包含从知识的至高根据来演绎公正概念,通过学术演绎的概念立即提供了特别的想象;作者在第 26 页说:如果公正概念的客体在直观中,则只**需**把此概念与**这种直观聚合**,以确信此概念的真实性,如"**纯数学与纯粹经验性自然科学的概念与定律是这种情况。这种纯数学与纯粹经验性自然科学的正确性与不正确性**必定即刻**因在它们与直观之间所作的比较而一目了然**,而不必在**发现两者一致之后去寻找其他根据**。"因为敏感者无人能够否认直观的定在,拥有寻常判断力者无人能够否认一个概念、定律与直观的和谐;与现象在各点上一致的定律因而具有完全的直观明见性。这就会是那种手法,毕达哥拉斯会据此证明那项定律,即直角三角形斜边的平方等于两个直角边的平方和,他会在现象中试验其定律如何以此与它们协调一致。在作者所称经验性自然科学中,当然将如此行事,但为此,它是经验而非科学。康德在《纯粹理性批判》引言中[B 第 14 页及以下几页]说明了数学与自然科学的判断的先天性还有这种先天性在何程度上将其必然性建筑在直观上,无疑,作者由于误解了康德所言而被引导到关于学术建构的此类概念上。 [161]

作者欲从知识的至高根据、可谓从理性的最深处来汲取对公正本身的演绎,说来话就很长了;作者在第 29 页以此开始演绎,他环顾对他而言可能的知识的整个视界时,它就分成两个让他萦怀的领域,分为内心与外表。于是会同样地聆听外界与内心世界,聆听可在它们之中找到之事,如第一部分中的常人知性。有许多页都在讲述,如果从未尝过酸物,从未见过紫色外衣,也不会知道,什么是酸的,等等;但正因为人人必定感受这些特性,它们就根本不会是外物。"我越深思,就会越明了,色彩、进而外形还有时间与空间并非物自身,而只是我身上的感受,是我的精神的简单、不可分的事情,是我才把它们扩大到我之外的事物上;一切都是我身上强求而得的状况,因为把明显只是感受的一切特性分离之后,事物就再也剩

不下什么了。"这种至高的唯心主义也就只是基于此，即使人注意到，一

[162] 切客观者是一种主观者，是闻嗅与品尝中的可闻嗅与可品尝者；可能尚无现实主义者怀疑过的一种真相，为了它的缘故而不必引发唯心主义，因为这种真相居于经验心理学中。"外形是我精神强求而得的行为；若我扬弃我精神中显而易见的丰富性与复合性，则余下的无非是外力、以一种特定方式强迫我内心的一种作用、在我精神的自由能动性中制造障碍的一种作用；因而，我不该认为关于外力的假设是幻象，更不该认为一切外物是我的状态及其强求而得的联系的一种单纯化身；否则，我就不得不违背我更好的信念而否认基于我本质中最深处的那种强制，即不得不**预设**不受一种感受与联系影响者、作为其基础者；因为必然性的感觉确实还只存在于我自己身上，自在之物无非是未知事物、我设定的绝对推动，以解释我的感受，是一种必然的前提，而这种事物的性质无法在经验中发现；我把我感受的未知基础设想成**能动性**、设想成力量，我并非想以此妄称**了解其内在本质**，而动机是，对感受和外在关涉的必然性有何条件这一问题，应有一个答案来适合我的研究性理性。"——（但在研究性理性不了解内在本质之处，它究竟如何能够觉得自己得到满足呢？难道它只研究对外物的认识吗？难道理性认识异于对事物内在本质的认识？异于对自在之物的认识？）

　　第118页，在抵达**知识的至高根据**之处，探究终于停止。"这是两个

[163] 无穷物、自由的自我与外力；这两个无穷物究竟如何关联，一个是另一个的产物吗？这些问题绝对无法回答；——**因为**在任何意识中、进而也在可能的回答者的意识中，两者必定针锋相对地出现。因为它们重合、因为它们从对立点永久斗争，首先就形成现实、经验、知识、认识。两者必定永恒不一致，对立者的每一个都是自为的绝对者，不过，每个也都受制于另一个。"而这**就是知识的至高根据**，如我们所见，它们无非是最为寻常、最正式的二元论，饰以费希特色彩和相当使人振奋的雄辩阐发。

　　就这样引入了**公正自由**的关系，使得人通过肉体、通过外界与他同类自由人处在可能相互作用的关系中，由此，人可能对抗另一种不可抗拒的

强制的作用;既未强行阻止诸强制的作用,诸强制彼此亦不妨碍自由,这种状态是那种公正自由的关系。随之而来的就是关于道德律令的某些事,只能称为高谈阔论;而无论知识的至高根据还是由此对公正的演绎均无处可见,而无非是康德的伦理学和费希特唯心主义的言辞被领会成二元论,用空谈的鼓动力加以阐明,这种鼓动力很可能会使事情通俗易懂。

第 154 页**第三部分**,从第一部分平常知性的判断所生发出来的概念是正确的,这种证据当然很容易找到;因为在第一部分中,已经把第二部分的概念解释到平常知性中去了,而这个整体因此在第一部分标题之下亦可同样好地得到论述。

[克鲁格哲学新工具论提纲]①

《哲学新工具论提纲》,或《试论哲学认识原则》,

维滕贝尔格哲学系助理威廉·特劳戈特·克鲁格著。

哲学家的首要职责是什么?——摆脱自负。(Tì πϱῶτον ἐστὶν

ἔϱγον τοῦ φιλοσοφοῦντος; -ἀποβάλειν οἴησιν.)

阿利安

—迈森,出版商 K. F. W. 埃尔布施泰因,

1801 年 8 月(14 格罗森)

　　评论者正待着手评介这部《工具论》,当时部分是因为尤其在谢林和黑格尔所办《哲学批评杂志》[卷一第一册]中对克鲁格先生哲学努力所作评判可以使他免此劳苦,部分也是因为克鲁格先生的抗议②落入他手中,克鲁格先生抗议道,迄今为止的评判者们误解了这部《工具论》最本真的倾向,就并非不顾及《提纲》的一份补遗来评判《提纲》,此补遗在复活节时将以《论推究哲理的最重要方法》为题出版。评论者接受这种抗议,更多是因为他和这部《工具论》的其他评判者一样不怎么会成功地在其中发现一种哲学倾向;但他衷心确信,对此的责任不在他,而在著作本身,该著作中能够找到的无非是一种无机的混合论,由莱因霍特哲学还有费希特唯心主义等等的言辞调和而成,还有绝对缺乏思辨、缺乏意识对事实的超越,还有形式上理性言说事实及现有哲学体系的原则。因而,评论
[165] 者会忠告克鲁格,免费气力在此《工具论》中证明一种哲学倾向,因为这显然是徒劳,宁可写些东西,其中就可以找到、识别本来就是哲学的倾向。

------

　　① 载于《埃朗根文学报》启事版,1802 年第 22 期(6 月 4 日),第 169 栏;参见黑格尔《哲学批评杂志》中的文章。→第 188 页以下。
　　② 载于《埃朗根文学报》启事版,1802 年第 2 期,第 10 栏及下页。

《哲学批评杂志》文章

弗里德里希·威廉·约瑟夫·谢林

和

格奥尔格·威廉·弗里德里希·黑格尔

主编

首卷第一部分

蒂宾根

约·格·科塔书店

1802 年

[批评杂志预告]^①

《哲学批评杂志》
由弗·威·约·谢林和格·威·弗·黑格尔主编

近来,哲学违心地把大量东西生拉硬扯来既参与又旁观,这大量东西逐渐开始散去,而真正的科学赢得时间回归自身,并且一边形成收缩的一个活跃中心点,一边永远告别非哲学(Unphilosophie)。哲学确实引起普遍兴趣,它与世界公民有重要联系,它影响人普遍又个别的生活的形成、影响建立所有科学古老的重要意义和几乎泯灭的思辨特征,这些远未产生真正的作用。所有特殊兴趣、此外随着时间而逐渐出现的对鲜活整体的各个部分作任何分离会通过哲学被送回总体性、由此作为特殊性而遭消灭,其实,远未到此地步,总体性不得不让自己可用,给各部分新补助虚假的生命,而且不是使它们埋没在其自身的中心点的深度中,而是自己朝它们扩展并变得肤浅。尤其是表现哲学绝对本质不同于非哲学的负面特征;于是尽可能多地顾及哲学与整个文化的所有切合点,把一般教化的每个部分纳入绝对者中,开辟一切科学因哲学而真正重生的前景,所指明的哲学周期性工作将由此确保对哲学感兴趣的世界的重视,并将试图赢得同时代者的倾慕。现在冒充哲学的事物中,有一些通过自身自行与哲学隔绝并完全与它分离,在欲使自己引起注意的其他局限性中,一个接一个地脱离自身,而少数局限性曾试图通过错误渠道使自己获得来自哲学的

---

① 《文学报》,G. E. A. 梅默尔主编,埃朗根 1801 年合订本卷 2,启事版第 48 期(12 月 26 日),第 378 栏及以下。——《文学总汇报》,耶拿和莱比锡,1801 年,启事版,第 246 期(12 月 26 日),第 1994 栏及下页。——由谢林和黑格尔合撰。

微弱注入,只要对这少数局限性切断这最后的援手,还通过这种注入维持其生命的这少数局限性必枯萎无疑并且死去。这样就最终扫清了道路,借助批评将能自行形成真正哲学的基础并且从容不迫地提升。

引言。论一般哲学批评的本质、尤其是哲学批评与哲学现状的关系①

应在艺术或者科学的哪个部分从事批评,需要一种尺度,此种尺度既不依赖评判者亦不依赖受评判者,不应取自个别现象亦不应取自主体的特殊性,而应取自事物本身永恒不变的原型。正如文艺理念并非因艺术批评才得到创造或发明,而是干脆作为前提,同样,在哲学批评中,哲学理念自身就是条件与前提,没有此条件与前提,哲学理念自身就只得永恒设定主体性反对主体性,绝不会设定绝对者反对受制者。

因为哲学批评与艺术批评之别并非通过作品中表现出来的对是否有能力达到客观性作评判,而只是通过对象或者理念自身,这种理念自身作为作品的基础,它只能是哲学的理念自身,所以,(因为说到能力,哲学批评与艺术批评对一般有效性具有相同要求),有谁仍然想否认哲学批评具有判断的客观性,就必定不会声称同一理念可能只是形式不同,而是必定会声称诸哲学可能本质不同而同样是真正的哲学,——这样一种观念尽管可能包含巨大的安慰,其实不必顾惜它。哲学只是**一种**哲学并且只能是**一种**哲学,基于理性只是**一种**理性;不怎么可能有不同的理性,同样不怎么可能在理性及其自我认识之间插入一堵墙,通过此墙,这种自我认识可能变成现象在本质上的一种差异性;因为绝对地观照理性,只要它成为自我认识中其自身的客体、也就是哲学,就只是一件事和同一件事,因

---

① 载于《哲学批评杂志》卷一,第一部分,1802 年[1 月]。——由黑格尔在谢林协助下撰写。

而完全是相同者。

因为哲学自身中差异性的根据不可能在于哲学的本质,它绝对是**一种**本质,也不可能在于客观拟定哲学理念这种能力的不同性,因为从哲学上来观照,理念自身就是一切,但在拥有理念之外阐述它的能力只是给哲学提供了并非它固有的另一方面,所以可能有无限多、无限不同的映现(Reflex),它们中的每一个都依其本质被设定为与他者不同,会有相同的权利去战胜他者而持存,只可能由此得出映现,即哲学被规定为对绝对者的一种认识,此绝对者无论作为上帝还是在任一其他方面作为自然,在与认识的不变与绝对的对立中都会被推想成主观的绝对者。

不过,即使在此观点上,也会不得不扬弃并改善差异性本身。因为认识被想象成形式之物,在其与对象的关系中,它被推想成完全被动,主体应该能够这样接受神性或者接受对自然作纯粹客观的直观,在认识与对象的关系中,会要求主体根本不理睬与任一限制的任何其他关系并放弃一切自己的能动性,由此会使接受的纯粹性变得混浊。通过接受的这种被动性、客体的相同性,被想象成结果之事就会必定是对绝对者的认识,而由此出现的一种哲学又绝对只会是一种哲学、处处是同一种哲学。

[173]

理性的真理以及美只是**一种**,因此,批评作为客观评判是完全可能的,而随之而来的是,它只对那些人有意义,在他们身上存在同一种哲学的理念,同样,它只能涉及此类著作,其中可以看出或多或少明确表达了此理念。对那些人、那些著作而言,批评工作完全徒劳,他们和它们会缺乏那种理念。因如此缺乏理念,批评大多陷入窘境,因为如果一切批评是归纳入理念之中,则在缺乏理念之处,一切批评必然终止,而除了摒弃关系,理念不能提供其他直接关系。但在摒弃中,理念完全断绝了其中缺乏哲学的理念之事与理念所服务之事的关系。因为以此扬弃了相互承认,只显现两种作对的主体性;彼此没有共性之事,以此以相同的权利出现,而批评宣布有待评判者是其他一切,就是不宣布它是哲学,可因为有待评判之事只想成为哲学,批评由此就宣布它根本就什么也不是,批评就由此将自己置于一个主观者的地位,而其格言显现为一种片面的强力判词，——因为批评的行动应该客观，这就是与其本质直接抵触的一种地位；批评的判断是向哲学理念上诉，但因为哲学理念不受对手承认，对后者而言，哲学理念是一家异己的法院。批评把非哲学与哲学分离，针对批 [174]
评的这种关系，解药并非就是站在一方而在另一方拥有非哲学。因为非哲学对哲学持否定态度，也就是根本谈不上哲学，所以，所余无非是讲述这种否定方面如何表现并承认其什么也不是（Nichtssein），只要其什么也不是有一种现象，就称为平淡无奇；起初什么也不是之物，在进展中就愈益显现为无，使得此事可能相当普遍地被认为如此，因为不可能缺乏此现象，所以，通过这种从最初的零开始延续的建构，批评也就又消解了无能，无能只能把最初的格言视为专横、任意。

但在确实存在哲学理念之处，批评的任务是，明确批评的方式和批评以何程度自由而清晰地出现，以及批评在何范围内把自己塑造成哲学的一个科学体系。

至于哲学的一个科学体系，如果哲学的纯粹理念没有带有精神的科学范围而表现为一种朴素，这种朴素未达到一种系统性意识的客观性，那人们就得带着喜悦和享受接受哲学的一个科学体系；它是美丽灵魂的印痕，美丽灵魂有惯性使自己免犯思维的原罪，但也缺乏勇气沉湎于原罪、犯思维之罪直至脱罪，但因此也未在科学的一个客观全体中得到自我直观。但欲舍弃精神而以简短的言辞提供哲学的本质与要务，此类人物的空洞形式既无科学意义亦无趣味。

但如果哲学的理念变得更科学，则或许应区分个性与主体性或局限 [175]
性，尽管哲学的理念与对其纯粹客观的阐述相同，个性将会表现其特征，主体性或局限性介入对哲学理念的阐述；批判应尤其转向由此变得混浊的哲学假象并将其撕下。

若此处表明，确实呈现出哲学的理念，则批评可以遵循要求和表现出来的需求、客观者，需求在客观者中寻求满足，批评还可以由其自身真正倾向于完美的客观性来反驳这种形态的局限性。

但在此可能有双重情况。或者关于主体性的意识未真正得到发展；

哲学的理念未升格成明晰的自由直观,止步于较模糊的背景中,大约也因为许多事物得到表现的形式具有一种巨大的权威,这些形式还妨碍突破至纯粹的无形式,或者妨碍突破至至高形式,这是同一件事。若批评不能承认作为和实干是理念的形态,则批评确实不会错认追求;此时,真正合乎科学的兴趣是,磨破外壳,后者尚妨碍内部的上升见天日;重要的是,了解精神映现的多种多样性,其中每种映现必定在哲学中有其范围,还要了解诸映现的从属者与缺陷。

或者可见,哲学的理念更明晰地得到认识,但只要自救所需,主体性就力求抗拒哲学。

[176]　　此处关键并非抬升哲学的理念,而在于揭露主体性为了摆脱哲学而运用的机巧,还要显明那种缺陷,一种局限性是那种缺陷牢固的依靠,部分是显明那种缺陷自身,部分是在哲学的理念方面,后者借助主体性而得到社会化;因为那种理念的真正能量和主体性互不相容。

但还有一种手法,批评尤其可能依附之,也就是那种手法,它伴言拥有哲学,使用大型哲学体系用以表达的形式与言辞,多有置喙,但其实是没有内涵的云山雾罩的空话。此类废话没有哲学的理念,因其铺陈和妄自尊大而获得一种权威,部分是因为显得几乎不可能的是,会有如此众多无内核的外壳,部分是因为空洞具有一种普遍易懂性。因为除了这种把哲学的严肃变成陈词滥调,没有什么更令人厌恶的事了,所以批评应竭尽全力以防止这种不幸。

在当今德国的推究哲理中,可见这些不同的形式一般或多或少占统治地位,本批评杂志针对此事。但它们有着特性,即——自从由康德、更多的是由费希特提出一门科学的理念、尤其是作为科学的哲学的理念以来,比如在针对研究院的论文中,通过对这种或那个对象作某些哲学思考使自己作为哲学家而引起注意,这种可能性消逝了,单独的推究哲理丧失了全部信誉——每种哲学发端扩展成一门科学与一种体系,或者至少作为整个哲学的绝对原则出现,由此形成如此数量的体系与原则,这种数量
[177]　给公众中推究哲理的那一部分提供了与希腊哲学那种状态的外在相似

性，即当时每个较优秀的哲学人物依其个性来铺陈哲学理念。同时，在我们中间，哲学自由、超越权威与思维的独立性似乎进展到此地步，会把根据既有哲学来自称哲学家视为耻辱，而自我思考以为只应通过发明一个十分独特的新体系的那种独创性来宣示自己。

如果哲学的内在生命生发为外在形态，虽然它必然给外在形态配以内在生命独特的组织形式，天才的独创性还是迥异于**特殊性**，特殊性自以**为是独创性**并自命为独创性；因为如果细看这种特殊性，它事实上留在文化的通衢内，根本不能自夸由此文化通衢达致哲学的纯粹理念；因为如果它掌握了哲学的纯粹理念，它就会在其他哲学体系中识别后者，方法就是，若它虽必须保留其自身生动的形式，还是不能自授一种**独特哲学**之名。它在那条通衢之内给自己创造的独特之事，是一种特殊的反思形式，从任一个别、因而从属的立场着手，一个时代如此多方面地造就了知性，尤其也借助哲学如此多种多样地领会了知性，在这样一个时代，可以平淡无奇地得到这样一种反思形式。汇集此类独创倾向还有对独特形式与体系的多种多样追求，呈献的更多是受谴责者凄苦的场面，它们或者永远与其局限性相连，或者一个接一个地运用，都佩服，而又不得不一个接一个地摒弃，呈献的多于最多种多样生动形象在希腊哲学花园中自由生长的场景。

至于工作，把一种**此类特殊性**扩展**成体系**并将特殊性阐述为全体，则 [178]
这种工作当然更困难，而特殊性必定因此工作而受挫；因为受局限者如何能够扩展成一个全体而不因此使自己四分五裂？寻求一项特殊的原则就旨在拥有独特之事并且只是满足自己之事，此事摆脱了对知识的客观性与对知识的总体性的要求。不过，全体或多或少以客观形式，至少作为物质、作为大量知识而存在；很难歪曲它并顺理成章地通过知识来贯彻其独特的概念；同时绝不允许因为它曾存在，就无关联地随便举出全体。它看起来最有天才的是，不为此操心并将其最独特的原则确立为唯一的原则，其余知识本身该以此原则去操心关联；对基本原则给定其学术客观范围，倒似乎是庸俗的工作。但若有时不乏此范围，有时还不必费力使知识中形形色色之事彼此关联并与原则的局限性相关联,则那种手法汇集了所有这些要求,它权宜性地推究哲理,亦即举出现存者并非出于一个知识体系的需求,而是出于此根据,即因为似乎现存者习惯还是用脑,因为否则为何它会存在?

[179] 在此方面,批判哲学居功甚伟。因为通过批判哲学证明,用它的话来说,知性概念只在经验中得到应用,认识性的理性因其理论性理念只会陷入自相矛盾,必定通过感性对一般知识给定客体,所以,这用于放弃科学中的理性并且屈服于最极端的经验主义。若被搬入经验中的最粗略概念把一种空洞无物反思最显眼的产物所污染的直观说成内外经验并说成意识的事实,在此头衔下把一切据为己有,根据的是不知从何得到的保证,即一切既存于意识中,则此事是依据批判哲学而实施的,后者据说证明经验和感知为认识所必需,不允许理性与知识有建构性关系,而只允许有一种调节关系。非哲学与非科学性平素放肆地鄙视哲学,它采用了一种哲学形式以自证有理,此外,它由此同时还达致更高的益处,也就是使健全的知性、任何有局限的意识及其至高的精华、亦即人类当时至高的道德爱好与哲学和解。

主体性在把自己表现成一个体系时遇到困难,也是因为批判哲学至少就使大规模有穷形式令人生疑或者使之无用,但若主体性不顾及此困难而遭对其局限性的洞见和问心有愧缠身,并且忌惮自称绝对,它如何可能不顾自己知之更多和浮现的哲学理念而得到保持并起作用?只应先着手一种获承认为有穷的形式,它应表现的无非是表面看来任意的起点,该起点虽然不自为独立,但因为其有用性就将显现,人们应暂且承认该起[180] 点,应只是权宜性地、未定并且假说性地根据请求暂时舍弃进一步要求而容忍它;事后,该起点就会自证合法;若我们从它而达致真,对指路的感谢就会把那种任意的起点认定为必要物并觉得它经受了考验。不过,因为真无需牵引带以借之得到牵引,而是须自身就有力量独自出现,而受限者将会承认并非在自身中拥有持存的内涵、而只是假说之事与未定之事,因为受限者在这点上获承认为此事,因为最终还是该获证明是一种真正的真,所以由此可知,主要应关心拯救有穷性;事后不应再是假说性之事,也不可能起初就是,或者起初假说性之事,事后也不再可能变成绝对的,否则它即刻作为绝对的出现;但多么卑劣的是,因为它太羞于如此,为了把它夹带入内,需要绕道。

因为这样一个有穷起点以没有一切要求的假象出现,把它说成暂且假说之事只会再带来一种错觉;即此类起点谦虚地作为假说性起点或即刻作为某个起点出现,这样,两者都导致同一结果,有穷者在分解时依旧原样得到保存,而绝对者依旧是一种理念、一种彼岸、亦即附着一种有穷性。

为了确定,在直接意识中动用某个起点,它似乎用其直接的确定性来代替它因是有穷起点而缺少之事;而因为纯粹的自我意识只要是起点,被设定为与经验性自我意识直接对立的一种纯粹自我意识,它就是这样一个起点;其实哲学不可能关心此类有穷的[诸]确定性。一种哲学为了衔接一种确定性,从最普遍有效、接近任何常人知性的定律或者活动出发,或者以此有用性做些多余之事,因为为了成为哲学,它还得即刻超越这种局限性并扬弃之;凡人知性会以此受诱惑,若人们离开它的范围并欲引导它超越自我,它会轻易觉察;或者若此有穷的确定之事本身不会遭扬弃,而是会作为固着者留存,则想必它会承认其有穷性并**要求无穷性**,但无穷者因此就只作为一种要求、作为一种想到之事而出现,**只作为一种理念**,此理念作为必然而全面、包含一切的理性理念之所以还是一种片面之事,是因为这种理性理念所思考之事(或者此外任一以此开始的确定之事)与理性理念自身被设定为分离。绝对者因这些类型对局限者的拯救升格为至高理念,只是不同时升格为唯一的存在,而因为由此才开始哲学科学,在其整个体系中,对立依旧占统治地位并且绝对——这些类型对局限者的拯救在某种程度是刻画我们新的哲学文化的特征之事,所以,在我们的时代被视为哲学的一切几乎都落入此概念。即使近来的至高哲学现象对内与外、此岸与彼岸这种固着极性的克服未到此地步,即人们凭借另一种哲学在知识中只是接近绝对者,而另一种哲学存在于绝对者自身中

[181]

(假定后一种哲学也只在信仰的称号下得到确定),这两种哲学没有作为对立哲学而留下,而若以此方式给二元论的对立赋予对其至高的抽象,而
[182] 这样就不会使哲学脱离我们的反思文化范围,则给对立作至高抽象的形式就愈发容易具有最重大的意义并且具有过渡至原真哲学这种最剧烈的极端,因为提出的绝对者理念其实自身就摒弃了对立,一种理念的形式、一种应当的形式、一种有穷要求的形式带来这种对立。不可忽视的是,一般对立以一种形式在一种哲学中占统治地位,后继的一种哲学针对此形式并克服之,尽管该后继哲学又无意识地复归一般对立的另一种形式,任何哲学想克服的一般对立由此得到最多种多样的处理,通过最多种多样的处理,对一般哲学的研习获得增益,但同时,一般哲学会使自己辗转于多种多样的形式中。

　　而另一种占统治地位的手法绝对只有不利方面,即那种手法,它力求使出现的哲学理念即刻**通俗**化其实是使之庸俗化。哲学依其本性是深奥之事,本身既不为群氓所作亦不会为群氓而配制;它只是由此成为哲学,即它恰恰与知性、进而更多与健全的人类知性对立,人们把后者理解成人类局部或暂时的局限性;与此知性相比,哲学界本身是一个颠倒的世界。亚历山大听说其师把论述其哲学的著作公之于众时,从亚洲中心致函后者,说后者不该把他们共同探讨之事庸俗化,而亚里士多德以此自辩说,其哲学既出版又尚未出版,所以哲学虽然必须认识到这种可能性,即民众自己会提升至哲学的高度,但哲学不必自贬至民众。但在自由与平等的
[183] 这些时期形成了如此大量的读者,他们不想知道任何事物由自己排除,而是与一切保持良好关系或认为一切本身足够好,在这些时期,美与精华不可能逃脱此命运,即庸俗性无力把自己抬升至飘忽于其上之事,为此就如此长久地处理它,直到它足够庸俗,以便能据为己有;而毁灭跃升为一种公认可嘉的工作。没有一个人类精神更佳追求的方面会不遭此命运;艺术或哲学的一种理念只消露面,就即刻着手配制,直至把事情调和妥当适用于讲台、教材简编和帝国公告报读者自用。莱布尼茨通过其神正论(Theodizee)在部分程度上自己为其哲学费此气力,由此未使其哲学大行

其道,但使他大扬其名,而现在为此目的立刻可找到足够乐于助人者。有了个别概念,事情就自行解决;只是有必要将名字放到人们在其市民生活中早就拥有之事上。启蒙在其起源中就自在自为地表现了知性的庸俗性和知性对理性徒务虚名的超越,因而,为使启蒙受喜爱、可领会,无需改变其意蕴;但可以假定,"理想(Ideal)"一词现在具有的一般意蕴是其中没有任何真理之事的意蕴,或者"人性(Humanität)"一词具有的一般意蕴根本就是平淡之事的意蕴。表面颠倒的情况其实与那种情况完全相同,出现之处是,材料就已经通俗化,而通俗性不逾越普通把握范围一步,通过哲理性、有条理的配制应获得哲学的外貌。正如在第一种情况下设定前提是,有哲理之事同时还可能是通俗的,在第二种情况下,设定前提是,依 〔184〕 本性通俗之事可以以某种方式变得有哲理,亦即在两者中,平庸性与哲学兼容。

　　人们可以使这些各种各样的追求关涉在万物中萌动的不安精神和不稳定者的精神,这种精神标明了我们的时代,对最强的韧性而言,蜕去一种旧形式所花代价是最可怕的痉挛,在经历了漫长的几世纪韧性之后,这种精神终于使德国精神到了这一步,即把哲学体系也纳入永远变易者的概念和新颖之事的概念。不过,不该把对变易者与新者的这种癖好与游戏本身的无差异性(Indifferenz)相混淆,游戏极为无忧无虑,同时是最崇高、唯一真正的严肃态度;因为那种不安的作为以最严重的局限性来行事。但命运还是必然赋予严肃性以模糊的不信任感和隐隐的绝望,这种绝望先由此而显明,即因为严重的局限性没有有效的严肃,整体上不可能在很大程度上把绝望置于其事宜上,因而也不可能产生巨大作用或者至多能产生短暂作用。

　　否则,如果愿意,也可以把那种不安视作一种发酵,精神通过这种发酵由逝去形态的腐朽脱身为新生,走出灰烬,膨胀成返老还童的形态。因为笛卡尔哲学以哲学形式表达出我们西北世界近代史文化中普遍蔓延的二元论,一种**二元论**是旧生命的没落,其中对人的公共生活较隐蔽的改变以及较为喧闹的政治革命和宗教革命都只是色彩不同的外表,针对笛卡

[185] 尔哲学，就像针对它所表达的一般文化一样，生气勃勃的自然的任一方面必定寻求拯救手段，哲学也必定如此；哲学在此方面所作所为在纯粹与公开之处是带着盛怒得到处理的；在较为遮蔽、较为迷惘地发生此事之处，知性更易使之就范，把它改造成先前的二元论本质。所有科学都基于这种死亡，而所有科学之中还依旧科学之事、也就是至少主观上鲜活之事，时间完全扼杀了它，因此，若它并非就是哲学的精神本身，诸科学的无聊也必定会使整个平淡的扩张变得不堪忍受，至少引起财富渴求点点星火、渴求专注于生动直观，在足够长久地认清了死者之后，渴求认识生者，只有通过理性才可能认识生者，哲学的精神隐遁并局限于这片辽阔的海洋中，更加强烈地感到其日益丰满羽翼的力量，诸科学是遭理性抛弃的知性的体系，最恶劣之处是，知性以借来的启蒙理性或道德理性之名最终也毁灭了神学。

必定要相信这样一种现实认识的可能性，而不仅相信那种否定性游历或新形式的持续涌现，若要期待对此种认识作批判的真正作用，亦即不该期待只是否定性地打破这些局限性，而且应期待此批判为真正哲学的进入而开路；否则，这种批判只会具有最初作用，至少总归蹩脚的是，使局限性也失去对其短暂定在的要求、缩减对其短暂定在的享受，而有谁愿

[186] 意，在批判中也无非能瞥见永远滚动的轮子，它随时把波浪在上面呈现的形态拉下来，——但愿他基于健全人类知性的广泛基础，对他自己有把握，只是欣赏出现与消失这种客观场面，只是从他自身为他与哲学保持距离而获得更多安慰并更加坚定，方法是，他先天地通过归纳把哲学也看作一种局限性，受限者败于哲学，——或者但愿他带着衷心而好奇的关注欣赏涌现的新形式的来去，费很多气力来着手考虑此来去，随后以慧眼旁观新形式的消失，头晕目眩地让自己被拖着走。

如果批判自身想针对其他同样片面的观点提出一种片面观点，它就是论战和党偏（Parteisache）；但与非哲学相比，即使真正哲学也更加不怎么能摆脱论战的外观，因为它与非哲学没有什么肯定的共性，对此，在批判中不可能与后者为伍，只余下那种否定性批判和建构非哲学必然个别

的现象,而因为非哲学没有常规,在每个个体中又形态各异,所以还余下建构个体必然个别的现象,非哲学展现于个体中。——但因为若一群与另一群对峙,双方中任何一群都称为一方,但一方不再显现什么时,连另一方也不再是一方。所以,一方面任何一方都必定觉得不堪忍受的是,只显现为一方,不必避免它在争执中给人的那种自行消失的瞬间映象,而是必定参与争斗,后者同时是正在表明另一群的无。另一方面,若一群针对争斗的危险和显示其内在空无的危险,欲以此来自救,即它宣布另一群**只是**一方,则它就会以此承认后者是某事,而否认了自己的那种普遍有效性,凭借此普通有效性,真正一方之事就不必是一方,而其实根本不必是什么,这样就会同时承认自己是一方,亦即是对真正哲学而言的无。 [187]

借助克鲁格先生的著作来阐述
普通人类知性会如何对待哲学①

一、《关于知识学的信函》。包括论述知识学尝试确定宗教信仰的一篇论文。莱比锡,罗赫和康普出版社,1800 年

二、《关于最新唯心主义的信函》。关于知识学的信函的续篇。莱比锡,海因里希·米勒书店,1801 年

三、《哲学新工具论提纲》,或《试论哲学认识原则》。维滕贝尔格哲学系助理威廉·特劳戈特·克鲁格著。哲学家的首要职责是什么?——摆脱自负。(Τὶ πρῶτον ἐστὶν ἔργον τοῦ φιλοσοφοῦντος;—ἀποβάλειν οἴησιν)。阿利安

——迈森、吕本,出版商 K. F. W. 埃尔布施泰因,1801 年

克鲁格先生的哲学努力自行朝两方面分岔,其一转向与先验的唯心主义论战,另一方面却涉及他自己所称的哲学信念。

至于克鲁格先生的论战做法,则他在第 5 页前言中对知识学所表现的立场就该是怀疑的立场,而且其论战做法会与那种怀疑相配,即克鲁格先生不会出于自己的信念(为何不是,若有机会阅读关于先验唯心主义的信函,尤其是有机会阅读此著者于其中阐述其自身信念的《工具论》 时,就会表明),而是会由知识学本身出发来论辩,而克鲁格先生以为,应

---

① 载于《哲学批评杂志》卷一第一部分,1802 年[1 月],参见黑格尔在《埃朗根文报》上的评论,第 164 页及下页。

由他的信函来引出科学探究。考虑到言论的主观性,闻听此著者先生的冷静、公平与正直,真是乐事。他说:"知识学,**虽然迄今相当难以接近,大多以一种些微不温柔的腔调指摘其对手;然而**,**也无可否认**,它**在某些情况下只是**使用了报复权,**而若**它在此事上,**时而逾越了报复权的界限**,此事**或许更多可能**源于它踏入战场充满力量,甚于源自一种有敌意的观念"。① 该著者"迄今未参与此争论,因为**他视为义务**的是,在他以公开检验而崭露头角之前,要首先**更仔细地独自检验一个体系**"。带着履行了此义务这种高贵的行善意识,他对待"知识学就带着**它应得的尊重**,没有对它提出恶意的结论,而是提出根据,**若他未完全误解其对手**,就不担心相反的对待,因为他对他们的评价太有利了,以至于他不会希望在异于'诸如此类'的基础上得到对待。**但若他**,**还是**,发现其希望落空,他就会**放弃其探究**;正直与相称的根据是,因为狂热激昂的文学论战,**难得**得出**明智之事**,而最终只给观者提供**一桩丑闻**,它使科学连同其维护者(克鲁格先生亦把自己算在此列)**公开丢丑**。"

在首封信中,克鲁格先生讲述道,他认为可以赞同先验唯心主义的哪一点;他在第 14 页解释道,他认为自我根本不像某些人似乎觉得的**那么可笑**也不**那么不可想象**;他问道,如果我把我通过对不属于我自身的一切作**抽象**(Abstrakzion 克鲁格先生如此拼写)而思考之事干脆命名为自我,可能使**一名明智者**不禁发笑或者,**哪怕只是**,微笑,究竟有何不合拍? ——他也认为此要求很有根据:"注意你自己,把你的目光从围绕你的一切事上移开、转入你的内心。"②——**此外**,**他也不反对此事**,诸如此类,**最终**,**他也无法把作为哲学理论的唯心主义视如**许多人似乎认为的那般危险。在这些方面,他不会有什么来反对先验唯心主义(Idealisme)(克鲁格先生如此变格:dem Organisme, dem Dogmatisme;在所有格时:des Idealismes, des Organismes, des Realismes 等等);**但他此外**是否**会露怯**,以 [190]

① 讽刺性的标点——此处和来自克鲁格的其他引语中——出自黑格尔。
② 参见费希特:《知识学第一导论》,《费希特全集》卷一,第 422 页。

后会显现。

首封信的内容是克鲁格先生在其中赞许先验唯心主义；但这种自负、自鸣得意于公正性、清醒性的口吻与这种做派的无聊贯穿全篇。

但克鲁格先生针对知识学所表达之事与他在第 79 页称为**详细检验**之事，出自第 24—52 页，因为在第三封信中，他只处理唯心主义、独断论、唯实论这些名称；"虽然主要并不取决于名称，但通过反对独断论，**在某种程度上**，就会预先否定知识学的所有对手和每一个对手，而就因此在**不禁止之处**，还是妨碍人接近不偏不倚检验的精神，对知识学**可是、如此经常并且如此**坚决要求不偏不倚检验的。"为了防止此类危险，克鲁格先生就在实体方面把独断论分成唯心主义，后者否认外界的现实性，他把独断论分成唯实论，如果后者**承认**并**坚持**现实性；但若作此划分，恰恰忽略了先验唯心主义，因为后者不仅承认——因为在哲学诸体系中谈不上承认——，而且坚持外界的现实性与其理想性，而知识学的理论部分着手的根本就是归纳外界的现实性。

[191]

对知识学作详细检验本身（第 24—52 页）针对唯——点；因为克鲁格先生无法忍受自我的局限性：因为自我应自我**限制**，而且绝非**带着自由和任意**（排列得很好），而是**依照其自身本质的内在规律**；而先验唯心主义的合法化根据还是基于对独立性的兴趣；克鲁格先生说，连我，**连同他**这些信函所致友人、**连同知识学**的首创者也对**我的**独立性很感兴趣；如克鲁格先生在此所述，费希特与克鲁格先生及其友人联合成对克鲁格先生独立性共同感兴趣者，以前不为公众所知。但就对这种独立性感兴趣而言，完全无所谓的是，自我是通过其外在本性还是通过一种内在本性而必然如此行动。克鲁格先生比较出于内在本性必然性而行动的自我和由我们之外的一种本性所规定的自我，把后者比做一名艺术家演奏的一支纯粹的笛子，把前者比做**通过自身**发出和谐音的一座乐钟。

由此可见，**可能也**是，充分可见，并非那么认真地意指唯心主义思维方式合乎义务；与任何哲学理论都可能有一种善意和一种道德信念相连。（而对他而言，想象力的拟人说、第 112 页的多神论是愈发讨厌的可恶之

[192]

事;他宣布它与道德性完全不相容。)尽管对独立性的兴趣未充分通过先验唯心主义得到满足,对理性的**思辨性**兴趣而言,还是赢得了许多;此处一切澄明,自我让并且眼见一切在其眼前形成;但主要任务并未完成。因为克鲁格先生看见两个人,一个欧洲人和一个黑人,他觉得自己被迫把一个人想象成有白肤色,另一人有黑肤色;或者他想救人脱离生命危险,但大水翻腾或火焰肆虐,诸如此类,——知识学卡在无法把握界限上,**据猜想**与一切哲学一样。

克鲁格先生在最后一封信中公正地或者机智地评说了康德体系的一致或不一致,说最好暂且放弃对此事下判断,克鲁格先生以此话结束此信:

ignavum fucos pecus a praesepibus arce,①

这大概适合克鲁格先生下笔时未想到的某些人。

内容完全相同的是《关于最新唯心主义的信函》的论点方面,它针对谢林的先验哲学体系,只是著者在前言中说,他于此在**公开**阐述其自己的信念方面又迈进了一步。

也必须算作公开阐述的是,克鲁格先生于此较为洒脱地陈述了其提 [193] 纲,而在谢林体系中——尽管克鲁格先生把他称为**我们的**先验唯心主义者,其实看不出——不可原谅的不一致、确凿的矛盾、**无稽之谈**等等显示出来。

关于原初的**局限性**(Begrenztheit),克鲁格先生因自我由对立活动或由原初差异来构建行为方式若有所悟,而关于把理性设定为主体与客体、进而设定为局限性(Beschränktheit),克鲁格先生对此绝对必然性不再听闻。但他就更加谨守**规定性**,它会获承认为哲学不可解释与不可把握之事。

起初他认为矛盾的是,在哲学中不该预设任何事,而绝对者 A = A 还是会被预设成绝对同一性并被预设成差异,由此来建构一切局限性。

① "把懒汉、懒人从秣槽赶走";参见维吉尔,《家事诗集》IV(Georgica),第168页。

131

此矛盾正是平凡知性总是会在哲学中发现的那种矛盾;平凡知性把绝对者与有穷者正好置于同一等级上,把在有穷者方面所作要求扩展至绝对者。也就是在哲学中要求,不该不加证明地设立什么;平凡知性即刻发现不一致,它发现,人们未证明绝对者;以绝对者理念就会直接设定绝对者的存在,但平凡知性会提出异议,说它可以很好地思考某事、想象某事,而此想到之事不因此必然同时有定在,诸如此类。所以,克鲁格先生

[194]　会指责几何学,说它并非如其所声称的那样是自身完美的科学,因为它可未证明它将其线条划入其中的一个无穷空间的定在。或者克鲁格先生认为上帝或者绝对者是哲学担责的一种假说? 正如一种物理学允许假设一个空间、一种磁物质、电物质等,另一种物理学又会用其他假设取而代之?

　　引起克鲁格先生注意的**第二种**不一致是,许诺演绎我们诸想象的整个体系;而即使他自己在先验唯心主义中发现一处,其中明确解释了此诺言的意义,他还是不禁又完全忘却此处在谈哲学。克鲁格先生不禁像群氓一样理解事情并要求,应该演绎每条狗、每只猫、甚至克鲁格先生的笔尖,而因为此事未发生,他就以为,其友人必定想起阵痛的山和小小的小鼠①;**人们本**不该装样,似乎要演绎诸想象的整个体系。

　　滑稽的是,克鲁格先生究竟如何又如此开恩,对作哲学大师状的哲学家却不想如此严苛地要求其信守诺言;而他只是要求**少许之事**,只是演绎一种特定想象,如带有其全部特征的**月亮**,或者一枝玫瑰、一匹马、一条狗或木、铁、陶、橡树或者哪怕只是关于对其笔尖的演绎。看来克鲁格先生似乎想以此类要求让事情对唯心主义者而言变得轻松,他只从太阳系中提了一个从属点、月亮,或者提到他的笔尖作为容易得多之事。但是,难道克鲁格先生不明白,在先验唯心主义中不可捉摸的规定性属于自然哲

[195]　学? 只要在哲学中能谈到规定性,正如不可能谈到克鲁格先生的笔尖那样,他似乎根本不知自然哲学与先验唯心主义的差别。在哲学中,他能够

---

　　① 古罗马诗人贺拉斯在《诗艺》中批评某些诗人说得多、做得少时说的一句话,"大山阵痛,分娩小鼠"。——译者注

发现对他所提出事物、对铁的演绎(一个词,其意蕴与其拼写一样不怎么适于此处)。难道克鲁格先生对哲学建构如此无甚概念,以致以为可以舍弃整个太阳系而理解月亮,难道他对此太阳系的想象如此模糊,以致看不出,认识此系统是理性最崇高的任务吗? 若克鲁格先生客观知晓此规定任务的规模,或者若他客观知晓尤其目前暂且是哲学感兴趣之事,也就是在人们足够长久地把上帝与其他有穷性**并列**或者放到终点作为以一种绝对有穷性为出发点的一种设定之后,又把上帝绝对置于哲学首位作为一切的唯一根据,作为唯一的**存在原理**(**principium essendi**)和**认识者**(**cognoscendi**),若克鲁格先生对此有客观的概念,他究竟如何会想起要求哲学演绎其笔尖? 一条狗、一棵橡树、一匹马、一根管子当然就如摩西、亚历山大、居鲁士、耶稣等等一样是较出色者,而比起克鲁格先生的笔尖及用它撰写的哲学著作来,两个系列的组织更适合哲学;自然哲学指示他,他该如何领会一棵橡树、玫瑰、狗和猫的组织,而若他有兴趣和热情把他个人收缩成一枝玫瑰或者一条狗的生命阶段,以完全把握并领会此阶段的鲜活存在,他尽可尝试,但他不能苛求他人如此;最好他尝试把他本人扩展成居鲁士、摩西、亚历山大、耶稣等等或者哪怕只是伟大演说家西塞罗这些最伟大的人物,这样必不可少的是,他会领会他们的必然性并认为这些个人①及人们称为历史的一系列世界精神现象更能建构;但为此目的,他必将完全放弃演绎其笔尖的要求并因为在此类事物上的无知而不再担忧唯心主义。 [196]

克鲁格先生以为凭借演绎某个特定物的这种要求有了极好的发现;他认为自己以此完全抵御唯心主义,他以为,通过解决此问题,可以使最新唯心主义体系免受一切其他异议;即刻用他演绎过的笔尖签署整个体系,他至少不会有顾虑;但他也预先确信,世上没有唯心主义者会哪怕尝试此事。

为了让人们很好地理解他的提纲,**例如**从第 34 页起,他就相当从容

---

① 首版:"与这些个人的建构(Konstruktion)"。

地以一系列幼稚的问题来呈上他的知性,先验唯心主义会难以解决这些问题。此类事物就是,我们被迫想象,我们生于一个特定时刻,我们死于特定时刻,我们也日日通过报纸得到世上某处发生之事的消息,我们不在彼处。若组织是智力的产物,人们会看不出,自然研究者如何能进入他会发现植物的地带,他如何有必要环球旅行等等,此外,人们看不出,智力如

[197] 何能够制造先天失明者、疾病、死亡,简言之,不把自己算在**粉饰**(Fucos)之列而纯粹以最平凡的凡人知性这种口吻来言说,很不合宜。克鲁格先生解释道,没有任何虚伪的羞耻心会妨碍他呈现他的提纲,他真诚地寻求真理;因为他简直无法设想一种行动或作为会没有存在,他说,"所以我或许就因此绝对没有能力推究哲理;但事实如此,我就无过错,而我宁愿承认那种无能,也不愿佯装我没有的信念";——但的确没有非此即彼,或者佯装或者把凡人知性发泄到哲学上。在先验唯心主义中要演绎一切却不演绎狗和马,除了克鲁格先生发现的这些大矛盾之外,他还发现了其他矛盾,他排列了该体系中言及迥异立场的各处,然后用犹太人的言辞宣布诸如第 90 页中的矛盾:"那我们还需要什么来证明**我们的**体系是一种独断论的先验唯心主义呢? 我们的确从其自己口头听到了。"在克鲁格先生寻获的一处中,言及原初的局限性或言及自我把自己置于主体与客体的对立中,此处说明的是,扬弃此根据的一个体系会是独断论的先验唯心主义。另一处涉及自我意识的发展时期,在此时期,主观者与客观者由于自我本身而分离;就此分离点而言,界限既不在现在规定为主观性的自我中,也不在事物中,如果表明此事,界限不在任何地方,它绝对,因为它存在;涉及自我与事物时,它显现为绝对偶然的。克鲁格先生如此解释此事:局限性根本没有根据。

[198] 从此类悲叹中看到,克鲁格先生在敢于公开评判他宣布有义务彻底检验的体系之前,甚至都不粗略了解它;否则,若他知晓应建构意识,则他不寻找一个特别之处,就可能预先知晓,必定出现智力的行动,在此行动中,针对自我与事物的界限显现为偶然、显现为无根据。

我们指出了克鲁格先生的检验方式之后,还应提及,在《关于知识学

的信函》末尾,从 61 页起直至末尾,作为附录附上了关于宗教信仰的一篇文章,此文章附上了一篇附录,又附了补遗;整体涉及费希特论宗教的文章。因为克鲁格先生在此明确宣布(他根本未加明确宣布就做此事),先验观点只可能为该哲学家本身所特有并且已经由其详尽**检验过**(我们发现,克鲁格先生根本未言及此人),他想在此探究中把它完全置于一旁,所以,对这些心迹剖白和知性倾诉,我们说话根本不顶用。爆发得尤其强烈的是他针对多神论者及其最极端的迷信的火一般的热情,这种迷信直接违反生活作风良好的宗教;他们反对在哲学杂志的一篇文章中以克鲁格先生所认为的某种与对象的尊严也许不一致的不羁来言说:宗教可能同样好地与多神论和拟人说等等共存;克鲁格先生疾呼,通过悖论来炫示这种癖好会诱使哪怕明智者也无险不冒!

至于克鲁格先生**自己的信念**,他就要求"特别检验自己的信念,因为他正从事一种新的**基础哲学**,此时这样一种检验**或许会帮助**他";在《关于先验唯心主义的信函》和《工具论》中才发生的是,克鲁格先生以此来超越,拉丁文为 urceus exit(但真正的《双耳陶罐》(amphora)应成为关于整个哲学的一部八卷著作,即 7 卷内容和一卷**内容**索引,克鲁格先生把《工具论》提纲作为花环来公布,用于该著作)。为了把握这些信念的中心,我们提及克鲁格先生所称那些信念的关键或他的系统;也就是在我们的意识中(《工具论》第 75 页),在实在者与理想者之间有一种原初的先验综合,而那个系统承认并声称这种先验综合而不想解释这种先验综合(因为,为了解释这种先验综合,必须从一事或另一事开始,因而不得不扬弃综合本身),他称为先验综合论,也就是先验唯实论和先验唯心主义亲密联合。——这是听起来不坏的言辞。只消探究,克鲁格先生本来究竟如何理解对实在者与理想者的那种综合,因为综合一词不解决事情。按照《工具论》第 25 页,原初的综合就是意识;意识却并非自找,而是存在于自我中。

让我们耳闻克鲁格先生继续谈论自我;他在任何场合都是自我的热心庇护者来对抗知识学的反对者,他不反对自我作为哲学的起点;对此的

[199]

所有嘲讽都是小肚鸡肠和乏味的等等。他同样使自我成为认识的实在原则；他讲述道，先验唯心主义基于自我的独立性**或者**基于**理性的**独立性，而他自己对此独立性感兴趣。在克鲁格先生处，自我却与理性脱离，它们[200]只在此讲述中出现，其一作为对另一个的解释；此外，在我们面前的三部著作中，只要它们与哲学有关，克鲁格先生**也**未使用理性**一词**；除了《关于知识学的信函》，人们发现该词有几次用了所有格或者在第45页中意蕴类似——（我们也因此提醒克鲁格先生注意此事，以使他在7卷哲学科学中不会遇到此情况，即理性根本不出现或者只出现在所有格中，也就是在内容目录、第8卷中，不会遇见此事。）克鲁格先生扬弃了对自我或者理性的这种编排，因为不可能使理性成为事物；自我却是一种事物，是这种综合论的基本原则之一，他经常详加证明（第80页论述先验唯心主义）：在我们**感知**行动之处，我们**必定**也假设一个行动者，亦即设定具有某种实在性的一个主体，行动**仿佛**由它发起；或者在《工具论》中：有一个自我，它是活动的**主体，因为**无法设想现实的活动没有活动的主体，克鲁格先生保证说，正如**每个人只要想尝试思考如此之事，其意识就会**向其**表明**这点。认识的存在原理（principium essendi）或者认识的实在原则是一种有认识的主体，克鲁格先生对此给出一种证明。他说，**因为**若无此类主体**存在**，则也不会有认识存在。

在此**事物**中就有意识，而此意识是无穷多事物的集合。克鲁格先生计入其中的有矛盾律、某种实践律，也就是道德律令，此外还有曾为大英雄的亚历山大、曾为大演说家的西塞罗，还有无穷多诸如此类（第14页），——尽是没有包含在自我＝自我或者A＝A定律中的事物，称为意识[201]的多种多样事实。意识的这些无穷丰富事实虽然都在它们以一种不可捉摸的方式进入其中的自我中，但却如同没有统一和秩序的一种混沌：

> 一切杂乱无章
>
> 如同鼠屎和芜菁。①

---

① 歌德：《关于教士布赖的狂欢节戏剧》。

此处就过来一种所有格的理性,在第 76 页及下页带入一种形式上的统一,厘清了纷乱,通过归入作为其汇集点的某项原则而起联系作用;并非似乎可能并且应该从此结合点中依照**内容**而推导出各项认识,而是应该只把各色认识与此相关涉,作为与某种统一相关涉,**正如**在筒拱中,一切关涉作为最高与最终结合点的冠石,尽管此点不可能同时包含筒拱的基础;而克鲁格先生以为,**或许**知识学把自我=自我这一命题置于其探究之巅时,想的正是此事,而这种 A = A 就会是用符号表示那种和谐、哲学的最高形式原则,但此原则已经把其他实质性原则、意识的诸事实领会成概念,并且用命题作了阐述、预设。——那个**或许**为克鲁格先生的小心谨慎争光;他可不愿确保此事。

现在也就看清,克鲁格先生因原初的局限性而瞄准先验唯心主义时,他并不关心摆脱局限性,而是要在其中为经验意识的无穷局限性找到一张特许证书,而且要表明,该体系丝毫不优于他的综合论,后者设定意识有无穷局限性;克鲁格先生在彼处(《关于先验唯心主义的信札》)认为, [202] 一开始就承认,有的事物高于一切人类的智慧,这绝非损害哲学家的名誉;由于其意识而欲超越其意识,使其觉得恰如扬弃其意识而在由此扬弃其意识的同一行为中仍欲保留之。但克鲁格先生对哲学反思的思考会异于在同一行为中扬弃并保留意识吗?

克鲁格先生以为自己有万般理由使经验意识成为其思辨的原则,而且同样有理由以为,他在其经验意识中发现并且必定以此意识思考之事,是全真的;他必定把自我思考成事物,因而它就是一个事物。我们必定联想为必然之事,我们设定它是现实的;有史以来,物理学家与数学家在其科学中就已经如此行事(第 82 页),而迄今尚无人因此做法而利用过这些科学;甚至先验唯心主义也在成百处如此行事!为何不允许对手如此呢? **ego homuncio non fecerim**?① 只是克鲁格先生忘了,如果数学、物理学与唯心主义询问必须考虑什么,它们不求助于猫狗、克鲁格先生的笔与

———————

① "我等小人物不该这么做吗?"——参见泰伦提乌斯《阉奴》,V. 590 f。

伟大的演说家西塞罗等等在其中胡作非为的经验意识。根据上述之事来判断,必定以如下方式来考虑克鲁格先生的综合论:自己设想一个罐子①,其中包含莱因霍特的水、康德的陈年变味啤酒、起澄清作用的糖浆,称为柏林派(Berlinismus),还有其他因某一偶然事件而形成为事实的诸如此类成分;罐是此类成分的综合物=自我;但现在加了一个人,他由此把一种统一带入那种泥淖(Gesoedel),即他分离事物,逐一闻嗅、品尝,或者尤其从他人处耳闻该如何做,放进了什么,于是就讲述此事;此公就是形式统一或者哲学意识。

[203]

这是克鲁格综合论的本质,而虽然它如此明显而不加掩饰地在那里,但还是不那么容易查明,因为该体系正如一种真正的哲学体系所必须做的那样,自身中同样包含了所有其他哲学体系:因为存在与思维在经验意识中以一种不可捉摸的方式汇集,使得一种纯正、清醒而朴素的哲学不会超越之,克鲁格先生就认为其体系与雅科比的体系一致;他先天不缺乏康德的概念,而正如我们已见,他也是唯心主义自我的热心保护人。

此外,涉及历史性地回顾该体系的本真性,就必然会让人想起[C. C. E.]施密德先生那个较老而完全相同的体系(《哲学杂志》1795 年第 10 期)(《工具论》的评论者在《文学总汇报》[1801 年第 3 卷,第 207 号]上也作了说明),对这样一种体系,人们不可能认为,连它的发明者自己也放弃论述之后,它会被从毁于另一人之手中唤醒。费希特当时(《哲学杂志》1795 年第 12 期②)就预言之事,完全应验了,即此发现无疑将得到利用;但愿那些利用者给真正的发明者保留发明它的名誉,还有,像发明者更愿意的那样,给他保留发现它的名誉,对待他的态度胜过对待另一著名哲人作家,后者的著作是利用者的康德主义的真正起源,而对他,却只有少数利用者表示应有的谢意。对莱因霍特,克鲁格先生并未完全犯下此忘恩负义之错,但仍远未公平地对待莱因霍特。在《工具论》第 33 页中,

[204]

---

① 克鲁格与罐子在德文中同形,均为 Krug。——译者注
② 《教授施密德先生创立的体系与知识论比较》,《费希特全集》卷二,第 421 页以下。

克鲁格先生说,**该理论**即使①提出意识是哲学认识的基础,离真理**根本不像**该理论的某些评判者声称过的**那般远**;不过,它犯错之处在于(克鲁格先生正中要害),它预设全部哲学认识必须基于意识的唯一一项事实或者由此导出。只是,克鲁格先生其实对该理论不公,因为在意识的那项原则中也包含想象的质料性,借助想象的质料性,必定涌入意识的大量事实,只要克鲁格先生能要求它们无穷多样。

此外,费希特说综合论的这个体系自身极为符合时代的迫切需求;康德哲学引起轰动,而许多人寻求它背后的特殊之处。通过那个体系,一下子排除了所有困难;理性不作任何协助,世界就完美了。批判唯心主义包含一种**如此容易**领会的意蕴;通过它所声称的不过是**我们了解一个体系的能力**。只是,我们现在得到澄清之后,依旧令人惊异的是,怎么可能形成如此多的无事生非,康德如何能够做如此扎实的准备,来阐明相当简单 [205] 的命题,即我们能够理性言说世上万物。当时就康德而言所发生之事,克鲁格先生已经为费希特体系完成了,他指出,自我=自我意味着自我的原初同一性原则,只有我们自己的意识能够教会我们这点,我们自己的意识**伴随我的所有**活动,由此,我承认它们是**我的**活动;简言之,应把同一性置于其中,意识的所有事实**在我身上**、而非在任何异己者身上。——不过,克鲁格先生满足于用一个**或许**来陈述自我=自我这种解释,因为"或许"自我=自我也应该能表达其他意思。

在第3节中,克鲁格先生给他坚信的这门基础哲学详尽奠定了基石,他在其中**论证**,必定只有**一项**现实原则、自我,但必定有若干项理想原则;他在随后的第19页和第77页引证说,在此**阐明了**多数原则;尽管如此,第15页该小节的结束语开头原文为:"**我因此很怀疑**,人们有朝一日[如谢林所想]通过假设一项至高的绝对原则会摆脱那个魔圈,对哲学认识原则的探究把我们置于其中,至高绝对原则表示哲学的全部内容和全部形式,云云。"(出自谢林《论一般哲学一种形式的可能性》[蒂宾根,1795

---

① 卡·莱·莱因霍特:《试论人类想象力的一种新理论》,布拉格与耶拿1789年版。

年版,第18页〕)。若克鲁格先生欲把一部八卷厚的哲学科学著作建立在此基础上,他的谦逊与清醒如何会引诱他至此地步,在他论证其坚信的原则之后,他**只是怀疑**对立的原则?

[206]　对意识的关键、也就是外界,克鲁格先生的收获也不过是在第40页得出结论,虽然不能直接论证对外界现实性的假设,但还是可以间接地、亦即通过反思、通过相互断言而**多多言说**,以为那种信仰辩解;因为此信仰与预设对每个人均为如此必需与自然,甚至最坚定的唯心主义者也不可能摆脱,**因为只要他不思辨,他就相信之**。而第47页同样由此得出,相信客观世界远比断言其对立面**更有理性**。

　哲学如何是一种综合论,克鲁格先生把所述的关于哲学的简单与通俗的诸观念削足来适应现实原则与形式上的理想原则还有实质性的理想原则之履,孜孜不倦地引用费希特、谢林的著作、《哲学杂志》、他自己的著作,把整体分成章节与特别说明第1、第1、第3等等,——简言之,通过对其凡人知性之事的所有此类安排,又使一部分失去通俗性与可领会性,他的凡人知性之事本来具有通俗性与可领会性,后者构成前者的一项主要功绩,若这种分成章节的凡人知性确为哲学,则人们就该为我们的时代与习俗抱憾,我们的时代与习俗不允许像苏格拉底所为直截了当地求助于任何高贵而庸常者;克鲁格先生想必会成功地在短时间内把全部缺乏教育的公众改扮成富于哲理的公众。即使对怀疑者而言,该哲学也是出色的,正如克鲁格先生本人所洞察的,他说:"只要我正确把握并明了地阐明我的意识的诸事实,则世上没有哲学家会否认我提出的原则;甚至怀疑者也将不得不承认之。"

[207]　若克鲁格先生在《工具论》末尾(我们也于该处获告知,此工具论其实尚非工具论)表明,若其原则会有幸得到内行的赞同,他不会排斥拟就8卷的哲学体系,他已经在一项私人通报中向其友人透露此事,所以,我们一方面请他考虑,7卷固然可以列出意识的大量事实,但不可预见的是,他如何能把哲学意识的**无穷**多样事实置于其中,他算在其中的还有"曾有名叫西塞罗的一位伟大演说家、名叫亚历山大的一位伟大武士"等

等;另一方面,若对这些事实而言,7 卷不够用,何处还会有余地来推究这些用来奠基的事物? 因为据第 112 页的说法,第 8 卷可是准备用于哲学文献并且用于 7 卷哲学事物的索引。

简讯版①。此版的特殊用途

关于哲学的内部状况，在置于整体前面作为引子的文章中勾勒了一幅一般图景；不该面临批评的外部状况之所以还不那么无趣，却是因为可能未注意它。因为要是不言说引人注意的气候差异，在大小各方面、甚至在德国狭小面积上观照哲学的外部状态就已经表明这些差异，则与哲学相关的外在现象依其性质就已经或多或少是内部情况的作用并且回涉后者。时代的情形与命运给我们时代的哲学赋予一种相当延展的关系，就其内在文化而言，与大量对象和人的关系并非完全不重要，若他们能够审思，想必自己也会觉得惊讶，他们何以至此地步。哲学所吸引的普遍关注，使人群愈益扩大，若人群不能钻研哲学，至少表面上蜂拥着哲学，因其喧嚷而使自己徒劳无益。学者之国的大量平和公民在其为稻粱谋的科学内曾是快乐者，由哲学共和国发起而威胁其他所有科学的震撼甚至革命把他们从宁静中惊起。无疑，这是时代的一个引人注意特征，即使**学识浅薄**（curta supellex）也阻挡不了库尔特·施普伦格尔②注意先验哲学家，或者完好的平常知性也必定可以从蒂宾根获悉：自然现象受制于思维规律，人们可以视之为确定无疑，这样的时代尚未到来；或者来自下萨克森没教养的一个年轻人，勒施劳布因其好说谎而惩罚了他，他必定在耶拿文学总汇报启事版上谩骂哲学还有此暴民称为诡辩术之事。时常反复拒绝

[209]

---

① 载于《哲学批评杂志》，卷一第一部分，1802 年[1 月]。——在谢林协助下，由黑格尔执笔。

② 暗指施普伦格尔的《过去十年药物学状况评述》，哈勒 1801 年版(？)。

相信权威,拒绝缺乏独立思考,最终导致能够驱走平庸性者自行成为哲学家,而若人们暗示他该对费希特沉默并处处封口,他就会在文学总汇报启事版上表现不羁,坚持其独立性并且绝不会惊讶于费希特确实只是对其发声,而是惊讶于费希特谈了对他的真实意见。

这一切还有更多事物构成了对哲学本身而言与个人的一种完全外在的关系;与全体公众构成一种远为延展并且或多或少普遍关系的是全部研究院所的忙碌,它们除了总体上引导文学的进程与所有科学的兴盛之外,还尤其欲设法使哲学在公众处兴盛并促进之。耶拿文学总汇报有理由是最为著名、因早前曝光的若干杰作而在哲学批评这一行内最为出众的,尽管它不怎么能逃脱人类万物的普遍命运,近来在哲学方面,那句谚 [210] 语甚至几乎在它身上成真:罐子汲水,终会破碎,在它接受了这一英明、确实可嘉的准则之后,还是没有完全放弃评论较为重要的哲学著作,倒是不乏时不时地给不重要的著作配上合适的汤汁。部分在评论中,部分、尤其在自己的文章中,通常也称为萨尔茨堡文学报的南德文学报添加色拉,因为后者无盐和胡椒,由维尔茨堡学者启事版佐以香菜,却由蒂宾根学者启事版浇上一份无害的陈词滥调熟油,使得公众总体上至少总还能够指望一类哲学菜肴。虽然这些报纸过剩,还是找得到销路,与它们为伍的还有文学年鉴名下的一家附属研究所,意识到其附属性,多么蹩脚、微不足道,大体上只承认并号称是一家商业广告行,但由于某种缜密性,即使在哲学批评中,也总还能经得住与过剩报纸的比较。埃朗根文学报在哲学圈内因若干评论而超越了普遍、高贵的简单性与平庸性,但因此而声名狼藉,不合法地庇护先验唯心主义并且结交堕落的革新者,也正是因此,就在不久前,在耶拿文学总汇报启事版上,对它即使不是敲响警钟,至少还是打了铃。

虽然这些研究院所忙碌而面面俱到,还是甚至有个别人试图通过专 [211] 题研究在这方面更加胜过它们,还有一个因天性和勤奋而出众的桶匠①,

---

① 指卡尔·奥古斯特·伯蒂格(1760—1835),作家。

143

只有他能够用**一条一**整片制成的箍来绑住整个海德尔堡文学大桶,此桶在每次集市时充满如此不同种类的配料。想必这对一大部分公众而言无比惬意,这部分公众不那么要求详尽确切的概念,还是渴求每次收获有空泛妙语,通过关于植形动物、鸭嘴兽并且取自自然与艺术所有三个王国的富有教益的比喻,还外加获得对近来关于所有博物学奇观和其他奇观的确实相当完整的认识,而因为市井生活中风言风语反正没完没了,此处还馈以来自学界的市井闲话。因为在德国模仿一切,所以该担心的是,依上所述,哲学还有文学的各个学科、但尤其是专题研究的各个学科引来成群昆虫,所以不会形成一类特有的肥大丽蝇,它们不仅落在各个产物上,而且落在文学总体上。编者很可能未察觉到,这种蝇类不久前还在斯图加特总汇报的书展报告①上也落在黑格尔的著作《费希特与谢林哲学体系的差异》上,而我们更加提醒注意它们,因为这就是一个例子,公众以此途径可望得到哪一些可信的流言蜚语和基于事情的消息。②*

[212]　　我们在此列举的这一切虽然只是其中的一些特征,我们还是把这一切算作诸科学的外部状况。此状况涉及哲学之事,我们将在本版中触及,希望尤其通过关注德国评论界而向我们的读者推荐本版。因为作为散落的珍珠,在大量其他评论、在卷帙繁多的学术报纸中隐藏着出色的言论和富有哲理的意见,在此发现它们得到着重保存,有谁会不惬意呢?由这些言论推断,若我们能够给好奇的公众提供关于某些评论家及其哲学体系的特有原则的消息与简讯,有谁会不感兴趣呢,若我们不努力,它们很可能永远遭埋没,因为众所周知,吹毛求疵院所的哲学评论家通常就不习惯

---

① 《总汇报》,斯图加特,1801 年 11 月 6 日,第 1238 栏。

② ＊为黑格尔所加。——译者注

＊ 此书展报告的撰写者提供消息,说谢林把一名强健的预备剑手从其祖国**请**来耶拿,**通过**后者向惊异的读者**表明**,连费希特也受其见解支配,对此消息,我虽百般曲笔、淡化,可能够表达的无非是,那则消息的作者是个**说谎者**;我用这些明确的言辞宣布他是说谎者;而更加要这样做,是因为我相信以此理应得到如此多其他人的感谢,他以其狡猾、半真半假的谎言、旁敲侧击等等麻烦了他们。——黑格尔博士

忙于写作、撰写自己的著作甚或创立原则与体系,埃朗根文学报例外,据说连素来著名的哲学作家也通过投稿而正式参与此报,例如费希特、斯蒂芬斯①、埃申迈尔、谢林等等。

---

① 亨里克(海因里希)·斯蒂芬斯(1773—1845),挪威自然哲学家、作家、物理学家。——译者注

　　　怀疑主义与哲学的关系。阐述怀疑主义的
　　不同变体、最新怀疑主义与旧怀疑主义比较①

《理论哲学批判》，作者戈特洛布·恩斯特·舒尔策，

黑尔姆施泰特县的枢密顾问、教授。汉堡，C. E. 博恩出版，1801 年。

卷一 728 页，序言 32 页；卷二 722 页，序言 6 页

　　舒尔策先生惹人注目地以反对康德哲学的姿态露面②，主要反对后者在想象力理论上获得的形式，八年后，他席卷了一般理论哲学，要用他的怀疑主义把后者付之一炬，直到连根烧尽。一大堆机灵的新怀疑主义者不无道理地把舒尔策先生奉为首脑人物，舒尔策先生朝着哲学堡垒拖来有前面四个字母的沙袋，这个沙袋公平合理地保证了他的这头把交椅。

　　阐述并估量这种最新的怀疑主义，有必要钻研③这种怀疑主义以及一般怀疑主义与哲学的关系；依据这种关系，怀疑主义的不同变体将由自己决定，同时得出这种最新怀疑主义本身与旧怀疑主义的关系，这种最新
怀疑主义臆想自己站在旧怀疑主义的肩上、看得更远、怀疑得更加合情合理。探讨怀疑主义与哲学的关系、由此认识怀疑主义自身之所以显得不可嘉，也是因为通常通过它而有的概念至为正式，如果怀疑主义是确实的，它的高贵本质就惯常颠倒成近世非哲学的一个公共避难所和遁词。

　　关于舒尔策的怀疑主义的**主观来源**，《引言》给我们提供了一段历

---

　　①　载于《哲学批评杂志》卷一，第二部分，1802 年[3 月]。

　　②　《埃奈西德穆或论耶拿的莱因霍特教授所提供的基础哲学的基础。兼为怀疑主义辩护、反对理性批判妄自尊大》，1792 年。

　　③　首版："探究"。

史;它包含对意念的详述:若应从理性中汲取的认识不能获得普遍持久的赞同,认识的处理者持续相互矛盾,而要给予此认识以科学强度的任何新尝试均告失败,则可以相当肯定地由此推断,探求这样一种认识是基于一种不可及的终极目的和此类认识的全部处理者的一种集体错觉;对那种成功的观察也强烈影响作者先生关于哲学的思维方式(如不应该责怪普遍不信任对理性的洞见和智慧所作高度赞扬),如此多令人起敬者历来通过其天赋、通过在探寻隐含真理时显现的奋勉来追求一种合乎科学的哲学而成功,对成功的观察也给那种思维方式提供了方向,对理论哲学的这种批判由此方向而产生。他倾向于将他的力量用于处理体系这些之一,他觉得该体系恰恰包含对真理与确定性的最可靠提示,他一准备满足这种准备,这种倾向就一再**尤其受对命运的权衡**所压制,研究我们对万物定在的认识有哪些终极根据的一切思辨活动均遭此命运;**因为对他能力的任何信赖没有至此地步**,即他能希望真正达致如此多具有最高天赋和最多样洞见者徒然追求之事。 [215]

　　这确实意味着顺着民众说话、抢民众的话说。如果国内爆发动乱,雅典的立法者就终结了不问政治(Apragmosyne);哲学上的自顾自(Apragmosyne)本身不偏袒,而是预先就坚决服从命运会以胜利和普遍性而加冕之事,自身就受思辨理性之死牵累。若对命运的权衡会成为尊重、利用一种哲学时的一个契机,则想必不是普遍性,而是相反,非普遍性必定是作推荐的一个契机,因为可以领会的是,最纯正的哲学并非会变得普遍的哲学,而若此外糟糕的哲学得到一种普遍性,连较纯正的哲学也获得普遍性,其变得普遍的方面恰恰是非哲学的,则为了发现哲学,必须在这些哲学上也探寻非普遍者,这些哲学享受所谓较幸福的命运,但实际上,若此处确实能谈得上幸福或不幸的命运,这种所谓较幸福的命运应目为一种不幸。——但若舒尔策先生看出,如此众多因天赋和奋勉令人崇敬者在从事关于我们认识有哪些终极根据时追求所获成功近乎不幸,则这只能视为一种极其主观的方式;例如,莱布尼茨在那一处表达截然不同的一种 [216]
观察方式,雅科比把它作为其格言之一:"J'ai trouvé que la plupart des

sectes ont raison dans une bonne partie de ce qu'elles avancent, mais non pas tant en ce qu'elles nient."①对哲学争论的肤浅观点只是让人看见体系的差异，但旧例"对那些否定基础者，不可能有辩论（contra negantes principia non est disputandum）"就使人认识到，若哲学体系相互争执（若哲学与非哲学争执，当然是另一码事），在诸原则上有一致性，这些原则超乎一切成功与命运，无法由所争论之事中得到认识、摆脱好奇，这种好奇总是只看见其眼前发生之事的反面。借助原则或理性，所有那些因天赋与奋勉而令人起敬者或许都会成功，而差异只应归入或高或低的抽象，通过这种抽象，呈现出原则与体系中的理性。如果不预设思辨性真理失败，则不起作用的是谦逊与无望达到此地步，只有肤浅观点才议论令人崇敬者失败；或者也可以预设那种失败，若谦逊与对能力的怀疑可能充当盘算成功契机之外的另一契机，盘算何种谦逊程度会更大一些，则毫无问题的是别抱希望去达到才华横溢、明达睿智者曾徒然追求之事，或者也可以如舒尔策先生所说，他遇到的事是，猜测必定有某种**先天不足**附着于哲学

[217] 上，从一项教条主义的哲学研究（我们以后会看见，舒尔策先生只了解怀疑性和教条主义的哲学探究）传播到另一项上。舒尔策先生自信发现了这种先天不足，而他就此发现之事、在此著作中阐述之事证明，无论他是否已经言及，他对哲学中谦逊这一契机评价不高，如同对此事以及对成功这一契机可能作出的评价一样。

也就是说，在该著作中预言了**发现**一切迄今为止思辨性哲学的**先天不足**；舒尔策在第一部分第 610 页上说，而通过涉及**迄今为止**哲学的这种发现，连**面向未来**的思辨成功的一切希望都**断绝了**，因为希望改变人的认识能力将会是愚蠢的（是的！）。但比起对一切思辨先天不足的这种发现，还能够把何种更幸运的发现呈献给热衷哲学的民众，这些民众远离思辨，的确无需辩白，他们可是始终以哲学争执来为其远离思辨作辩白，自

---

① "我发现，多数教派在它们声称的许多事上有理，但在它们所否认的事上不甚有理。"在雅科比的著作《致摩西·门德尔松的信札中论斯宾诺莎的学说》中，此格言后来删去。

称倾向于迷恋一个体系,哪怕有朝一日一次哲学会议(Konzilium)或者哲学讨论会就一种普遍有效哲学达成一致,或者这些民众甚至追随所有哲学体系(他们把任何思想火花算在其中),但他们的智力化学结构如此不巧,只是与一枚硬币较贵重金属中掺入的添加物具有亲缘关系,只借助此添加物反映出来,这些民众一再意识到,他们只是受愚弄了,最终在绝望中投身道德,不过还是怀有出自思辨方面的忧虑,除了思辨哲学在其最内在本质上缺乏道德之外,对这两部分民众而言,还能有什么更幸运的发现吗? 对第一部分民众,给出了他们曾是最明智者的证据,因为他们根本不注重思辨哲学;后一部分民众因为总是受愚弄,由此得到安慰,即把过失 [218] 从他们身上卸下、推到哲学身上,使他们摆脱因思辨哲学而起的忧虑。因而不足为奇的是,这种怀疑主义在某处谋得并非普遍、却广泛的赞同,尤其是通过眼前对这种赞同的举足轻重的处理而产生这样一种喜悦,我们的简讯版①包含这种喜悦的一个例子。

　　舒尔策先生把实践与审美的部分从他对哲学的怀疑主义处理中排除出去,把这种处理局限于理论哲学。根据一切迹象来判断,似乎舒尔策先生只把理论哲学看成思辨哲学,但人们不知把思辨哲学的其余部分看成什么;或者毋宁说,无处看得见一种思辨哲学的一丝理念,这种哲学既非特别理论性的哲学,亦非实践哲学,更非审美哲学。此外,舒尔策先生通过经验心理学形成对哲学的那种划分,虽然他把前者本身从哲学中排除出去,但足够奇怪地还是把它用做划分哲学的源泉;因为在意识的事实上会出现重要差异,它们或者是对客体的认识,或者是意志的表示,或者是快感与不快感,连美感与崇高感也属它们之列;只要我们对它们的洞见所及,它们就不可能追溯至一个唯一的种类或者由一个唯一的来源导出(我们在康德《判断力批判》引言第 22 页一字不差读到的原话),而是通过留存的特征在本质上彼此区别并且得出哲学的上述三个部分。此处,

---

①　见《巴伐利亚:民众喜悦的爆发……》,此处参见第 273 页以下。

[219]　舒尔策先生就根本背离了塞克斯都·恩披里柯①,后者在其对哲学与科
学各部分的批判中并未自己作划分,而是原样接收他所发现的划分并且
怀疑地抨击它。

　　首先,我们须看到,舒尔策先生如何领会这种**理论哲学**,他打倒在地
的敌手究竟特性如何。在首节,以连续若干页的一种极有条理方式探寻
理论哲学的本质特征并得出如下定义:理论哲学是关于**一切受制者最至
高与最无条件原因**的科学,我们**通常对受制者的现实**有**把握**。我们以后
将了解这种不用哲学就对受制者有通常把握。但最高与无条件原因本
身,或者确切地说是理性,舒尔策先生同样又领会成超出我们意识的**事
物**、存在物、与意识截然对立者;从理性认识中从未出现有别于重复得令
人厌恶的一种观念,即通过这种观念要获得对事情的一种认识,这些事情
会隐藏在人的自然认识方式放在我们面前的事情剪影**之后**;借助抽象原
则和**概念**,会**找出定在**,会**探询出**,事物就其真正的、隐蔽的**现实**来看待会
是什么;哲学为探询事物而使用的工具是**概念**、抽象原则、出自概念的结
论,而通往那些**隐蔽事物**的桥梁又无非[是]由**概念**建成的。不可能以一
种较粗略的方式来领会理性与思辨;思辨哲学不断被想象成,似乎在它面
前不可逾越地存在着平常体验,不可动摇的形式是将其平常现实铺陈为
[220]　其坚定视野,而它在此视野之后,将其视野的**自在之物**猜测成一种同样平
常现实的群山并想如此探寻,这一种同样平常现实把那种别样现实扛在
其肩上;舒尔策先生根本不可能把理性、自在想象成有别于雪下岩石;对
天主教徒而言,圣体变成一种神性鲜活物;此处发生的不是魔鬼对基督所
渴求的把石头变成面包,而是理性的鲜活面包永远变为石头。

　　这种思辨哲学试图认识会**存在**于我们的意识**之外**的事物,这种怀疑
主义的正面与这种思辨哲学对立;因为这种怀疑主义不仅有反面,后者专
事摧毁独断论者的幻影和他们由**超自然**事物的**实存**来获得认识的尝试。

　　这种怀疑主义的**正面**就在于,它一般被描写成**不超越意识**的一种**哲**

―――――――――

①　参见《皮浪学说纲要》II,I ff;《驳逻辑学家》(Adversus logicos) I,I。

学,而且(在第 51 页)在我们意识范围内给定者的实存具有**不可否认的确定性**;因为给定者临在于意识中,所以,我们同样不怎么能怀疑它的确定性,正如对意识本身一样;但想要怀疑意识,绝对不可能,因为此类怀疑没有意识就不可能发生,它会自毁,进而什么也不是。在意识中、借助意识而给定者,称为**意识的一个事实**,因而,意识的事实是不可否认的现实者,所有哲学思辨必须涉及它们,通过这些思辨无法解释或者使人领会。

　　这种哲学设定意识的事实有不可否认的确定性,正如最为常见的康德主义把一切理性认识(第 21 页)限于可以置于那些事实中的形式统一,对这种哲学不可能提问,它究竟如何领会,人用他在对客体永远呆滞的感知中发现的这种不可否认的确定性满足不了自己,这种哲学究竟想如何也来把握那样处理出自由此感知的知觉? 人如何超越这样一种实存的野蛮,用舒尔策先生的话来说,这种实存就在于感知事物的现实存在,人如何获得舒尔策先生称为形而上学的一种观念,如何获知**探究**那种现实存在的一种观念或者如何获得由一种**根源**来推导这种现实存在和一切相关之事这种一种观念,以使人领会这种现实存在? 这种事实哲学得到的无非是冷漠的反响,即一种认识超越事物的现实的、完全确定的存在,也就是认定事物是不确定的,追求这样一种认识也是意识的一个事实;舒尔策先生如此言说此事(第一部分,第 21 页):凭借我们情感的一种原始**设置**,我们就有了一种要求,对**依我们之见只是**有条件地存在的一切,要探寻终极的与无条件的根据。但若意识的任何事实具有直接确定性,则不可能有一种洞见,即某事只是有条件地存在;因为有条件地存在和自身并非确定之事,意义相同。作者在第 72 页从对世界的那种可怕呆视和它不可否认的确定性过渡至理论哲学问题时,表述同样如此:虽然根据意识的准则,**事物的存在**是**完全确定**的,可这还绝不能满足理性(此处,我们会学到,理性内容是什么),因为遇到我们了解的**存在着的事物**时,**不会顺理成章的是,它们存在,它们是原貌**。但直接认识事物的存在时,事实的那种不可否认的确定性究竟是何种情况? 在第 57 页上,遇到我们赋予得到观照的事物的现实时,绝对不会有那些程度,使得一件事情会比另一

[221]

[222]

151

件事情具有更多的现实性。第62页。观照着的主体绝对直接地认识对象及其存在,把它们认定为以一种同样完美的方式不依赖想象力的作用而单独持存、存在,认定为正如认识着的主体一样单独持存、存在。事物存在、如何存在,遇上这种绝对确定性时,如何同时**不会顺理成章的是**,它们**存在、它们是原貌**? 同时宣称一种认识,据此认识,事物的存在和本性顺理成章,并且同时宣称另一种认识,据此认识,这种存在和本性根本不顺理成章。在上述之事和使人领会寻求一种理性认识的这种方式之间想不出更彻底的矛盾,想不出更歪门邪道、更折磨人的过渡至形而上学。

我们阐明了这种怀疑主义的正面之后,过渡至其**负面**,首卷整个第三部分都用于负面。舒尔策先生自己感觉到,一种怀疑主义把一种不可否认的确定性记在意识的事实名下,它与旧怀疑论者给予我们的怀疑主义概念鲜有一致;我们先得耳闻舒尔策先生自己对这种差异的意见。他在引言和第三部分第一节中对此作了解释。首先,他提出,经常有这种情况,在真理之途上首先发现一种观念者对其内容、根据与后果的**理解远少于其他人**,后者在他之后细心探询此观念的起源与意蕴;迄今为止,怀疑

[223]　主义的真正意图大多遭误判了,云云。舒尔策先生把怀疑主义看成**真正的**与一种较完善的怀疑主义,胜过古人的怀疑主义,因为**怀疑主义**据说涉及哲学**特有的**判断,亦即如舒尔策先生表述这门科学的终极意图,这些判断决定绝对的或者还是超感性的、亦即在意识范围之外存在的根据、我们的意识作证为有条件存在的某事的根据。但只属于哲学的判断并非这种怀疑主义的客体,因为它们或者表示所谓意识事实,或者基于分析性思维;因而,也可以根据怀疑主义来探究并洞见它们的真实性;而怀疑主义声称反对理论哲学,从在我们意识范围之外存在的、或者亦如作者所言,在我们的意识范围中依其**实存**看来事物并非既有的存在根据中,或者从在存在着的事物之外存在的事物中,根本无法**知道**什么。舒尔策先生自己对此怀疑主义的概念提出异议,即根据此概念,**经验所表明之事中无物**可能是**怀疑论**怀疑的一个**客体**,尤其**并非整体外在感受**可能是**怀疑论**怀疑的一个**客体**,就连**所有科学中只有哲学**(因为此外没有一门科学要处

理对意识范围之外事物的认识)可能是**怀疑论**怀疑的一个**客体**,而旧的怀疑主义扩展至两者,最古老的怀疑主义至少扩展至前者。舒尔策先生就此出色地引证道,怀疑主义的肇始和进展始终受独断论者的妄自尊大支配;旧怀疑论者承认,会出现通过知觉来认识、通过认识自为既存事物的定在和某些特性而信服,每个明智者均会**在实际生活中**以此信念为准。就因为这样一种信念只集中于实际生活,所以,它与哲学无关,它和受限 [224]
的、充满事实的意识作为一种不可否认的一般确定性原则并非与理性和哲学对立、甚少对它们叫板,而只是尽可能少承认作客观确定有其必然性;怀疑论者说,如果涉及我们力所能及的事物,我们**不会**选择这个或者避免那个,但我们力不能及、而是依必然性存在的那些事物,我们无法避免,如饥饿、口渴、受冻;因为无法通过理性排除这些。但意识与这些必不可少的需求相关,旧怀疑论者根本无意把它升至成为一种客观命题这种知识级别;塞克斯都说①,我们生活时重视显现者,因为根据平常的生活知性,如果不以此形成某种意见或命题,我们就不可能完全无所事事。但在这种怀疑主义中谈不上对**事物**及其特性的一种信念;塞克斯都表示,怀疑主义的标准是显现者($\varphi\alpha\iota\nu\acute{o}\mu\epsilon\nu o\nu$)。我们事实上理解成其现象($\varphi\alpha\nu\tau\alpha\sigma\acute{\iota}\alpha\nu$ $\alpha\acute{v}\tau o\hat{v}$)、也就是主体;因为现象在信念($\pi\epsilon\acute{\iota}\sigma\epsilon\iota$,但并非对一**事物**的信念)中并且在一种不由自主的受刺激中,所以不发生探究;探究是无人追求之事($\grave{\alpha}\zeta\acute{\eta}\tau\eta\tau o\varsigma$)(德语表达为"怀疑",由怀疑主义所使用,总是走样、不当的)。但怀疑论者不把不可否认的确定性记在一切知觉名下,而是宣称一切知觉是单纯的假象,他们声称,[根据]假象陈述过客体后,必须同样陈述其对立面,必须同样说,蜂蜜既甜又苦,——正如舒 [225]
尔策先生自己所引证的,怀疑论者头十种主要的说法仅涉及感性知觉的这种无把握性,对此,舒尔策先生给出根据,早在思辨哲学最早期,感受就由独断论者说成是一种**现象**,但这种现象根据一种截然不同之事,而现象本身附加了与应在它**背后作为根本事情而存在**之事的一种协调一致,通

---

① 《皮浪学说纲要》I, 22 f.。

过感受来认识甚至多次被他们宣称为**隐藏**在感受**背后**的**客体**的一门科学。出于**此根据**,怀疑论者抨击独断论者关于感性认识确定性的这些学说,否认借助感受中的客体,可以可靠地从客体中认识到,什么在此客体**背后**会作为真正本原自为既存**事情**而存在。在旧哲学家方面,全然相同、最鲜明的观念此处留下印迹,舒尔策先生由理性认识而有此观念;但铺陈毫无根据,似乎怀疑主义抨击的并非感性知觉、而只是由怀疑论者置于它们背后、之中的事情;若怀疑论者说,蜂蜜既苦又甜,既不怎么苦也不怎么甜,则不可能指被置于蜂蜜背后的事物。**一切学说的原理**要求适用于任何人的知性,对希腊的怀疑论者而言,**连一切学说的原理**也是怀疑的对象,证明他们不知其怀疑的真正根据。**此外**,当时尚未像今日这样探究每门科学的认识特殊源泉和每门科学中可能信念的程度;许多学说**现在抗**

[226] **拒一切理性的怀疑主义**,如物理学和天文学,它们当时还只是无法证实的意见、无根据假说的典范。此特性成就了该新怀疑主义的特征、它与旧怀疑主义的差异;除了意识事实之外,就还有近世的物理学和天文学还会是抗拒一切理性的怀疑主义的科学,会是学说,(除去它们当中不属于其特点的纯数学部分)它们在一种绝对主张客观性而仍是纯形式的知识中由讲述感性知觉、把它们与力量、物质等知性概念混合而构成,这种知识的一部分、讲述知觉与科学知识毫无瓜葛,因此当然也不属于怀疑主义,只要在表示知觉时表达的不过是其主观性,这种知识的另一部分却是一种教条化知性的登峰造极。旧怀疑论者会对怀疑主义的这样一个庶子说什么? 后者也还能与这些科学中刺眼的独断论相协调。

舒尔策先生最终用关于旧怀疑主义的消息的无把握性和不完备性来烦人。然而,我们没有关于皮浪、埃奈西德穆和其他著名较老怀疑论者更确定的消息;不过,从这种怀疑主义全部本质中可以部分看出,埃奈西德穆、梅特罗多洛和其他后来者的怀疑主义曾有过对哲学体系的论战立场,皮浪的怀疑主义则没有,最初十项比喻属于它,在部分程度上,塞克斯都·恩披里柯的比喻中,给我们相当忠实地保存了这种怀疑主义的一般本质,使得对怀疑主义的任何其他阐述只能是同一种一般方式在应用中出现的重复。

但总而言之，怀疑主义的诸概念面对一种哲学的立场微不足道，这些 [227]
概念**只是**以怀疑主义作为纯粹、单纯怀疑主义出现的这种特殊形式让人
发现怀疑主义，由此立场出发，**在**舒尔策先生、和他一起的其他人只能视
为独断论哲学体系的**那些哲学体系**自身**中**，也可以**发现**怀疑主义是纯正
的怀疑主义。若不规定怀疑主义与哲学的真正关系，如果不洞见怀疑主
义自身与任何真正的哲学最为密切地合一，也就是只有一种哲学，既非怀
疑主义、亦非独断论，也就是同时是两者，则怀疑主义的所有故事、叙述和
新的义务都不会有什么结果。对怀疑主义认识的根本、怀疑主义与哲学
的这种关系、而非与独断论的关系、承认并非独断论的一种哲学，总而言
之就是一种哲学本身的概念正是舒尔策先生忽略的；而若舒尔策先生不
能从他怀疑地着手的哲学中得出哲学的理念，则旧怀疑主义的历史就必
定把他至少引向关于可能性的意念，即哲学不同于仅有他了解的独断论。
不过，若是甚至第欧根尼·拉尔修[《著名哲学家生平与观点》卷四第 71
页以下]可是以其方式引证，一些人把荷马称为怀疑主义的首创者，因为
他说同样事物在不同情况下各不相同；则连七贤人①的许多箴言也是怀
疑性的，如"无物过滥"和"受约束伴随毁灭"（亦即与受限者的任何联系
包含这种联系的没落）。但第欧根尼更多引证阿尔基洛科斯、欧里庇得
斯、芝诺、色诺芬尼、德谟克利特、柏拉图等人为怀疑论者；简言之，第欧根
尼复述的那些人有过洞见，真正的哲学必然自身同时具有负面，这种负面
对准一切受限者、进而对准大量意识事实及其不可否认的确定性并对准 [228]
褊狭的概念，褊狭概念在那些堂皇的教条中[出现]，舒尔策先生认为对

---

① 希腊历史人物，有言简意赅的人生格言归于他们名下。林佐斯（林都斯）的克娄
布鲁（亦译克利奥布拉斯、克莱俄布卢）（公元前 6 世纪），林佐斯（林都斯）暴君；雅典的梭
伦（约公元前 640 至公元前 560），雅典国务活动家、诗人；斯巴达的开伦（亦译奇伦）（约公
元前 6 世纪），斯巴达国务活动家；普里恩的比亚士（亦译拜阿斯、毕阿斯）（约公元前 6 世
纪），希腊国务活动家；米利都的泰勒斯（公元前 625 至公元前 547），希腊哲学家、数学家；
米蒂利亚的皮塔科斯（约公元前 650 至约公元前 580），米蒂利亚暴君、民选调解官；科林斯
的佩里安德（？ 至公元前 588），科林斯暴君。——译者注

155

理性的怀疑主义而言,那些教条是无法接受的,这种负面对准有穷性的这整片土壤,这种较新的怀疑主义的本质和真相在这片土壤上,这种负面就比这种怀疑主义无穷地更加怀疑。除了在柏拉图哲学中找到《巴门尼德篇》,我们还能找到纯正怀疑主义哪个更完美、代表自身的文献和体系呢?《巴门尼德篇》通过知性概念涵盖并摧毁了那种知识的整个领域。知性认识到事物多种多样、是由部分构成的整体,[是]形成与消逝、一种多、类似性等等,并作此类客观命题,这种柏拉图式的怀疑主义并非着手**怀疑**知性的这些真理,而是着手全盘否定这样一种认识的一切真实性。这种怀疑主义并不构成一种体系中一个特殊事物,而是怀疑主义自身是对绝对者认识的负面,并且直接预设理性是正面。因而,虽然柏拉图的《巴门尼德篇》看来只在负面,如菲齐努斯①因此很清楚地认识到,有谁着手对它作虔诚的研究,在他敢于触及这部神圣著作的秘密之前,就必须事先通过纯洁性情与精神自由来作准备。提德曼②却因菲齐努斯的这一言论而只把他看成黏糊于新柏拉图主义者污泥的一个人,把柏拉图的这部著作只看做一堆、一团相当含糊、就巴门尼德和柏拉图的时代而言相当机

[229] 敏、但让新形而上学者厌恶的诡辩,这样一个错误,源于形而上学表述尚未相当受制于认真的哲学家。有谁在形而上学事物上老练些,就会发现天壤之别的概念遭混淆;也就是那些平素机敏者、柏拉图与巴门尼德尚未参透那种哲学,那种哲学在意识的事实中发现真相并且处处发现真相,只在理性中未发现真相,他们亦未达致概念的明晰性,知性和一种单纯无穷的思维在物理学等较新科学中确定概念并以为从经验中取得概念。

　　这种怀疑主义以其纯粹的**明晰**形态在《巴门尼德篇》中出现,但在任何纯正的哲学体系中都可以**隐含地**找到它,因为它是任何哲学的自由面;若在表达理性认识的任一定律中,它所反思者、包含在它之中的概念受孤

---

　　① 马西利乌斯·菲奇努斯(马尔西利奥·菲奇诺)(1433—1499),佛罗伦萨的柏拉图学园首脑,翻译并评注柏拉图的著作。

　　② 迪特里希·提德曼(1748—1803),哲学家;黑格尔可能依据提德曼的《柏拉图对话讲解》(Dialogorum Platonis argumenta exposita et illustrata),1786 年。

立,而联系它们的方式得到观照,则必定会表明,这些概念同时遭扬弃或者以这样一种方式合一,使得它们自相矛盾,否则就不会有理性的定律、而是知性的定律。斯宾诺莎以这样的解释给其《伦理学》开篇;"对它本身的原因,我理解为[那种事物],其本质在自身中包含定在,或者理解成那个事物,其本性只能被领会成实存的。"但现在,只有放弃实存,才能设定本质或者本性这一**概念**;一个排斥另一个;只有与另一个对抗,才可规定一个;若设定两者为合一,则其结合包含一种矛盾,而两者同时遭否定。或者若斯宾诺莎的另一定律如是:"上帝是世界的内在原因、而非转瞬即逝的原因"[《伦理学》I,Prop. XVIII],他设定原因是内在的,也就是因果合一(因为只要把因与果对立,则原因就只是原因),他就否定了因果概 [230] 念;同样占统治地位的是一与多的二律背反;统一被设定成与多同一,实体被设定成与其属性同一。每一项此类理性定律可以分解成两个简直相互冲突的理性定律——例如上帝是原因与上帝并非原因;他是一且并非一、是多且并非多;他有本质,因为只有与形式相反才可把握本质,而形式必须被设定成与本质同一,本质自身又略去了,诸如此类,——所以,怀疑主义的原则:无论如何,理性同样自相矛盾(παντὶ λόγῳ λόγος ἴσος ἀντίκειται)以完整的强度出现。因而,对理性而言,所谓矛盾律也就很少具有哪怕形式上的真实性,使得反之任何理性定律在概念方面必定包含对矛盾律的违反;一项定律是**单纯**形式上的,对理性意味着:设定它自为单独,而不同样声称与其矛盾对立的定律,就因此是错误的。承认矛盾律是形式上的,也就意味着,同时承认它是错误的。因为任何纯正哲学都具有这种负面或者永远扬弃矛盾律,所以,有兴趣者就可以直接突出此负面并由任一负面来阐述怀疑主义。

十分难以领会的是,此概念如何没有再经由塞克斯都哪怕大体上到达舒尔策先生那里,即除了怀疑主义和独断论之外,还有第三者、即一种哲学;就在头几行,塞克斯都把哲学家分成独断论者、**学园派**和怀疑论者,他通过其全部作为与独断论者打交道时,根本不认为也同时反驳了学园派。怀疑主义与学园派的这种关系本身足以成为话题;它引起在怀疑主 [231]

157

义历史上著名的争论,而纯粹怀疑主义的这种关系及其尴尬是它最有趣的方面。不过,为了不对舒尔策先生不公,应述及,他却是因塞克斯都而注意到学园派与怀疑主义的一种关系。但舒尔策先生如何领会这种关系和塞克斯都对此言说之事? 在舒尔策先生了结此事的说明(第一部分,第 608 页)中,他说,通过阿尔克西劳(中期学园派创立者)的学说,**当然就使对独断论学说真实性的怀疑成为一项被剥夺了一切理性应用**的工作,因为它又扬弃自己,在此情况下,根本就再也获悉不了理性。随后,舒尔策先生讲述道,塞克斯都(《皮浪学说纲要》卷一,第 33 页)**自称知道**阿尔克西劳的学说**出于此原因有别于**怀疑主义,**因为根据阿尔克西劳和卡尔尼亚德的学说,又必定宣布连一切悬置这件事亦为悬置**;舒尔策先生自己补充道,这样一种怀疑的工作被剥夺了一切理性。

首先就历史方面而言,若人们读到把阿尔克西劳的学说排斥在怀疑主义之外的这样一项根据记在塞克斯都名下,就会不相信自己的眼睛。如舒尔策先生在注释开头自己所引证的,的确正是怀疑主义者自己最为确定地对此表示,其习惯的**显示**(φωναί)——一切都是假的,没有什么是真的,一个和另一个同样不甚真,诸如此类——又包含自身,删除文字汇编(συμπεριγάφειν)(《皮浪学说纲要》卷一,第 7 页),而又扬弃自身,他说那些用括号括起来的部分应该删掉(ὑφ᾽ ἑαυτῶν αὐτὰς ἀναιρεῖσθαι ἐμπεριγραφομένας ἐκείνοις περὶ ὧν λέγεται)[一,第 206 页],这样一种学说,除了它在怀疑主义本身中外,连外表针对独断论者也简直是必然的,后者指责怀疑主义者,说他们还是具有一种教条,"没有什么可以规定"或者"没有什么更真了",这种学说也用来区别于其他哲学家,例如(c. 30)德谟克利特派哲学家,怀疑主义的表达"一个与另一个都甚少"(例如蜂蜜既不怎么甜亦不怎么苦)属于他们。怀疑主义者以此相区别,即他们说,在这点上有一种教条:蜂蜜并非两者中的一个;而他们因"一个与另一个都甚少"那种表达表明,他们不知现象是两者还是并非两者中的一个。如塞克斯都(c. 33)也把怀疑主义者区别于卡尔尼亚德的新学园派,后者的原则在于,一切均不可把握;他说,或许新学园派只是在这

[232]

158

点上有别,即它正好道出那种不可把握性。舒尔策先生为了限制那些怀疑主义的表达而言说之事——塞克斯都大概想说明,怀疑主义者既不以正面的亦不以负面的方式而对事物的先验本性有所支配——,其中根本看不到与怀疑主义者的、与阿尔克西劳的那个命题对立,即怀疑主义的表达包含在自身中并扬弃自身。而**事物的先验本性**究竟什么意思? 难道先验之处不是正在于既无事物亦无事物的本性? 因而,出于舒尔策先生说明的理由,塞克斯都本来就无意区分阿尔克西劳的学说与怀疑主义,因为前者正是怀疑主义的学说;塞克斯都自己说,阿尔克西劳的学说让他觉得与皮浪的出于相同根据(λόγοις)如此协调一致,使得它几乎与怀疑主义的学说**引导**(ἀγωγή)*是同一个,如果人们不想说,阿尔克西劳**宣称悬置**(ἐποχήν)为**好而符合天性**、但宣称**赞同为恶劣**,这是一种命题,因为怀疑 [233]
主义者则对此也不作立言。塞克斯都以为尚能作的区分就恰恰具有相反的根据;据舒尔策先生看,塞克斯都宣称该学园**过于**疑虑;但正如我们所见,塞克斯都认为它**甚少**疑虑。除了引证过的区分,塞克斯都还提出一个更糟糕的根据,它不只是訾议,即如果可以相信人们就阿尔克西劳所言之事,他才起初是皮浪主义信徒,其实却是独断论者;因为他只是为了考验其弟子是否具有适用于柏拉图学说的能力,才使用迷阵,而因此,他被视为疑难者(Aporetiker);但他把柏拉图式事物教给被认为有能力者。对塞克斯都而言,怀疑主义难缠的方面在于与学园派的关系,因为怀疑主义难缠的这一面,他很详细地述及柏拉图和学园派。舒尔策先生以为能够通过闲话摆脱对学园的顾忌,于是他就在出自施托伊德林的《怀疑主义史》①的这则注释中引用了这则闲话,原因只在于完全缺乏关于此困境真正根据的概念和关于哲学的概念。舒尔策先生说,但新近已经有多人、尤

---

*　因为比起**旁门左道**(αἵρεσις)来,怀疑主义宁可如此自称。塞克斯都解释道,只有在从逻辑上合乎现象,追随引导(λόγῳ τινὶ κατὰ τὸ φαινόμενον, ἀκολουθούσης ἀγωγῆς)的意义上,怀疑主义才能称为一个学派、派别[I,17]。

①　卡尔·弗里德里希·施托伊德林:《怀疑主义的历史与精神,主要顾及道德与宗教》2 卷,莱比锡,1794 年。

其是施托伊德林指出，使中期学园和新学园复苏的精神完全不同于指引怀疑论者作探究的精神；中期学园和新学园的追随者确实不过是**诡辩的空谈家**，他们只是**旨在错误的结论和障眼法**，把哲学以及怀疑论者与独断论者当时所作全部争论只用作他们主要目的的**手段**，也就是**说服别人、出彩并引起轰动的技艺**，而对**为了真理本身而研究真理毫无兴致**。——即使这样一种指责本身根本就不像它原来那样空洞、令人作呕，则的确还是会余下早期学园派和柏拉图本人；余下一般哲学，它并非独断论，对此哲学，本该顾及；但比起我们从这段注解中引用过的来，我们未能发现更多对哲学的顾及。

[234]

而在古代，关于怀疑论与柏拉图主义这种关系的意识很发达；对此曾有过巨大的争论，一方把柏拉图说成独断论者，另一方把他说成怀疑论者（第欧根尼·拉尔修［《著名哲学家生平与观点》卷三］，第51页，《柏拉图》。）因为对我们而言，争论的文件散佚了，所以我们无法判断，当时在何程度上言及怀疑主义与哲学内在真正的关系，独断论者在怀疑主义本身是否属于哲学这一意义上对此理解到何程度，独断论者要求把柏拉图还给独断论，与怀疑论者所为相同。塞克斯都在其持怀疑态度的评注中引证对此事情的进一步铺陈，这些评注没有落到我们手里；在《皮浪学说纲要》卷一第222页中，他说他想列举依照埃奈西德穆和美诺多托斯之见的关键，他们在这场争论中是怀疑论者方面的首领；柏拉图是独断论者，因为他［说］，理念是天意、是优先选择有德行的生活而非品行不端的生活，他或者独断，承认理念是存在着的理念；或者他赞同更令人信服者（πιϑανοτέϱοις）①，这样他就脱离了怀疑特征，因为就确信与不确信而言，他优先选择随便某事而非另一事。

对柏拉图主义与怀疑主义的这种区分或者是单纯形式上的吹毛求疵，无非指责所声称的优先选择是意识的形式，因为怀疑论者对必然性和

[235]

---

① 希腊文意为"不甚可信，不怎么会出现、发生。"而黑格尔的理解正好相反。——译者注

祖国法律的服从正是这种只是无意识的优先选择,或者如果这种区分针对理念的现实性本身,则它涉及理性经由自身的认识;而在这点必定呈现出纯粹的、与哲学分离的怀疑主义的特性。塞克斯都在针对逻辑学家的第一卷中得出对理性的这种认识(《驳独断论者》卷一第 310 页),他先前否认了一般真理的标准出自哲学家对它的纷争、随后尤其否认感性认识的真理。理性通过自身认识自我(若无理性就不可能认识自我ὅτι οὐδ' ἑαυτῆς ἐπιγνώμων ἐστὶν ἡ διάνοια..., ὁ νοῦς ἑαυτὸν καταλαμβάνεται),他对此的非议真够空洞的,如果新的怀疑论者欲反对理性的自我认识,他们想必提出更好之事,如果他们不更随意,由此完全免去这种辛苦,即他们完完全全**忽视**理性及其自我认识,躲在蛇发女怪戈耳工的鳞甲之后,直接、而非通过例如恶意歪曲与技巧,并非似乎他们先前看法不同,而是在目光本身中把理性者主观地表达成知性,客观上变成石头,把他们预感到超越知性与石头之事称为痴迷与想象力。塞克斯都可还是知道理性与其自我认识的。他就其可能性所作表示,是如下肤浅的推理,对此推理,他恰恰现在自己带来关于全体与部分的反思概念,正如柏拉图在《巴门尼德篇》中一样,他在其针对物理学家的书中毁灭了反思概念。如果理性领会自己,则它必定或者是自我领会的**整体**,只要它自我领会,或者不必使用整体,只为此使用一部分。若是自我领会的整体,则领会与领会者是整体;但若整体是领会者,则对受领会者而言,不再剩余什么;但很不明智的是,领会者存在,但受领会者不存在。但理性也不会为此使用自己的一部分;因为部分该如何领会自己? 若它是整体,则对有待领会者而言,余不下什么;若又有一个部分,这有待领会者又该如何领会自己呢? 如此以至无穷,使得领会无原则地存在,或者找不到领会所会做的头一件事,或者没有什么是应受领会之事。看得出,理性颠倒成绝对——主观者,若把后者设定成整体,就再也不会给有待领会者余下什么。那么(现在出现了更好的根据,正如刚才它们把理性降低成关于整体与部分的概念和关于一种或者绝对主观性或者绝对客观性的概念,现在它们把理性降低成一个特定位置的现象):若理性领会自己,则它也将以此同时领会它所在**位**

[236]

置,因为任何领会者借助一个特定位置来领会;但若理性同时领会它所在位置,则哲学家必定并非因为该位置而不一致,一些人说,那个位置是头,其他人说是胸,细说起来,一些人说是大脑,其他人说是脑膜,其他人说是心脏,其他人说是肝的通道或者身体的其他任一部分;对此,独断论哲学家意见不一。理性就不领会自身。

　　这正是塞克斯都针对理性的自我认识所提出之事;这是怀疑论者针对理性的所有武器的一例;这些武器内容在于把概念应用到理性上,这样就容易把置于有穷性中的、并且如舒尔策先生所做的那样,使之成为事物的理性指明为与一个他者对立者,这个对立者同样必须得到设定,但通过 [237] 那种个别性不会得到设定。万事中最寻常者,也就是引证哲学家之间不一致,塞克斯都同样就在引证之处后就广为铺陈,这是反对思辨的那些有道德的独断论者与怀疑主义者共有的闲话,正如色诺芬也已经借苏格拉底之口所言,它就近出现在附着于话语中的肤浅之见面前。可见,虽然这种怀疑主义已经挣脱了那种哲学,也就是同时包含怀疑主义的哲学并且与之隔绝,这种怀疑主义还是认清了独断论与哲学(学园派哲学名下的后一种哲学)的这种差异以及哲学与怀疑主义的巨大一致,较新的怀疑主义对此则一无所知。

　　但除了与哲学合一的怀疑主义之外,挣脱了哲学的怀疑主义也可能是一种双重的怀疑主义,或者它不针对理性,或者针对理性。塞克斯都以那种形态给我们提供了脱离哲学并转而针对哲学的怀疑主义,由此形态可以令人瞩目地剔出旧的纯正怀疑主义,它虽然不像哲学那样有一种正面,而是在知识方面断言一种纯粹否定性,但同样不怎么**针对**哲学;同样分离的有其后来添加的部分针对哲学、部分针对独断论的敌意倾向。它转向针对哲学,以及连哲学也成为独断论,都表明,它与哲学的退化和一般世界的共同退化如何保持同步,直至它终于在最近与独断论一同降格到此程度,使得现在对二者而言,意识的事实具有不可否认的确定性,对它们两者而言,真理在时间性中,结果是,因为诸极端相近,在这些幸福时 [238] 光中,从它们这一方又达致大目标,独断论与怀疑主义**向下重合**,两者伸出友爱之手。舒尔策的怀疑主义把最粗暴的独断论与自己会合,而克鲁格的独断论中同时有那种怀疑主义。

塞克斯都用十七个比喻给我们阐述怀疑主义的准则,这些比喻的差异性给我们详细描述了他的怀疑主义与旧怀疑主义的差异,旧怀疑主义虽然代表自己,没有哲学知识,但绝对同时属于哲学范围内,尤其与旧哲学完全同一,后者与主观性更少有关。

属于旧怀疑主义的有十七条比喻中头十条,晚得多的怀疑论者才在它们之外增添了五条,塞克斯都说的一般是较新的怀疑论者;第欧根尼提及阿格里帕,后者生活在皮浪身后近50年;外加的另两条是再后来出现的;第欧根尼根本未提及它们,连塞克斯都都把它们分离出来,而它们无足轻重。

旧怀疑主义限于这十条,这十条就如一切一般哲学一样,针对庸常意识自身的独断论;它们给关于有穷性的不确定性奠定了基础,庸常意识无意识地囿于关于有穷性的不确定性,这十条还给精神的呆性奠定了基础,在后者面前,现象或者知性所产生的一切都遭动摇,据怀疑论者看来,正如影子跟随物体,在一切有穷者的动摇中,出现经由理性而获得的气定神闲(ἀταραξία)。正如阿佩莱斯画马时无法描绘涎沫,就一边放弃描绘涎沫,一边把他用来擦净画笔颜料的海绵扔到画上,以此描摹涎沫,在一切显现者和所思者的混合中,怀疑论者发现了真、那种通过理性获得的镇定,生性具有它构成动物与人的差异,皮浪曾坐船,其同伴在剧烈的风暴中胆战心惊,他心情平静地借助在船上吃食的一头猪用言语对他们指出 [239] 这种镇定:智者必须处于这样一种静观中。这种怀疑主义的正面也就仅在此特征和其对自然必然性的完全无所谓中。

那十点建立了怀疑主义的悬置(εποχήν),简述那十点将可以直接得出其具有反对事物的可靠性、反对意识事实的可靠性这种倾向;因为,万物的不可靠性与悬置(εποχής)的必然性由此得到阐明,1. 由动物的差异性,2. 人的差异性,3. 知觉的组织差异性,4. 情况的差异性,5. 位置、距离与地点的差异性,6. 由混合来阐明(通过混合,不会有什么纯粹地呈现给知觉),7. 由事物不同的大小与本性得到阐明,8. 由关系来阐明(因为一切只在与一个他者的关系中存在),9. 由较常见或较罕见的事情来阐明,10.[由]教育、习俗、法律、神话信仰、成见[的差异性]来阐明。

关于其形式,塞克斯都自己指出,所有这些比喻其实都可以使人想到三重性、认识性主体差异性的一项[比喻]、得到认识的客体的一项比喻和由两者组成的一项比喻。在铺陈时也必然有若干项比喻相互渗透。在动物与人差异性的头两项比喻上,塞克斯都也已谈及器官的差异性,它其实该归在第三项比喻中;塞克斯都说明,最为广博的是第八点,它涉及任何有穷者由于一个他者而有受制约性,或者任何有穷者只在与一个他者的关系中存在。看得出来,它们在经历偶然之后振作起来,在一种特有学说与一种不灵活方面预设一种未经训练的反思或者毋宁说反思的无意性,如果怀疑主义就会与对科学的批判有关,就不会有未经训练的反思或者毋宁说反思的无意性。

[240]

但这些比喻的内容更多证明,它们离反对哲学的一种趋势有多远,它们如何单独针对庸常知性的独断论;没有一项比喻涉及理性及其认识,而是所有比喻都只涉及有穷者和对有穷者的认识、知性。它们的内容部分是经验性的,就此而言,内容本身就与思辨无关;它部分涉及一般关系,或者一切现实者受制于一个他者,就此而言,内容表达一项理性原则。因此,怀疑主义根本不反对哲学、以一种恰恰并非哲理性的、而是通俗的方式反对庸常的知性或者庸常的意识,庸常意识记录给定者、事实、有穷者(此有穷者叫做现象或者概念),附着在作为确定者、稳当者、永恒者的有穷者上面;那些怀疑论的比喻以一种方式对庸常知性表明此类不确定性的不稳定,对庸常意识而言,这种方式同样显而易见;因为庸常知性同样求助于现象与有穷性,而从现象与有穷性的差异性以及大家都要起作用的相同权利中、从在有穷者自身中可以认识到的二律背反中,它认识到有穷者的不真。因而,可以把它视为通往哲学的第一阶段,因为哲学的肇始必定是对真理的超越,庸常意识产生这种超越,哲学的肇始必定还是对一种更高真理的预感。因而,首先应让最新的怀疑主义连同其对意识事实

的确定性就教于这种旧怀疑主义并求助于哲学的这个第一阶段,或者就
教于常人知性本身,后者很透彻地认识到,其意识的所有事实和它这种有 [241]
穷的意识本身消逝,其中没有确定性;常人知性与这种怀疑主义在这方面
的差异在于,常人知性表示:"一切都**是**易逝的",而若提出一个事实是确
定的,怀疑主义善于证明,那种确定性什么都不是。此外,在常人知性中,
它的这种对有穷性的怀疑主义和它对有穷性的独断论**并**存,而那种怀疑
主义由此变成单纯形式之事,而通过真正的怀疑主义,扬弃了独断论,也
就是对意识事实不确定性的那种庸常信念不再是形式之事,怀疑主义把
现实和确定性的全部范围升入不确定性之幂并消灭庸常的独断论,独断
论不知不觉属于作为一种威力的特别习俗、法律与其他情况,对后者而
言,个体只是客体,借助作用的线索,个人也领会那种威力的细节,形成关
于此事的知性知识,进而只会越来越深地埋头服务于那种威力。理性的
自由使怀疑主义超越这种自然必然性,怀疑主义认定这种必然性什么都
不是,同时对它至为尊敬,对怀疑主义而言,在这种必然性中,**这种必然性
的**一个细节同样不怎么是确定之事,而只是处于普遍性之中的必然性,正
如**怀疑主义**自己把作为绝对目的的一个细节设想成必然性,怀疑主义想
在细节中铺陈绝对目的,似乎**它**知道何为佳。怀疑主义在个体身上预先
推定的事,借助无意识的家族无意识地铺陈在时间的有穷性中遭分开的
必然性;由这种无意识的家族看作绝对就是同一个并且固定、永恒与处处
本性都同样如此之事,时间从它那里夺走此事,最普遍的是依照必然性流 [242]
布的对陌生民族的熟悉程度,如欧洲人熟悉一个新大洲,对他们迄今知性
的独断论、对他们不可否认确定有大量关于公正和真理的概念有过那种
怀疑作用。

　　因为怀疑主义的正面**仅**在于特性,所以它没有假充异端邪说或者学
派,而是如上所述,假充引导(ἀγωγήν)、培养生活方式的一种教养、一种
教育,其主观性只在其中才可能客观,即怀疑论者使用同样的武器来对待
客观性和对客观性的依赖性;他们在此意义上认定皮浪是怀疑主义的创
始人,即他们与他并非在学说中、而是在针对客观性(ὁμοτρόπως)的这

些措辞上相同(第欧根尼《著名哲学家生平与观点》卷四,第70页)。怀疑论者受教育养成静观,静观内容在于,如塞克斯都所言(《驳伦理学家》(Adversus ethicos),I 54),对怀疑主义者而言,干扰(焦虑 $\tau\alpha\varrho\alpha\chi\acute{\eta}$)不可能可怕;因为即使是最大的干扰,过错也不落在无意且依照必然性而受苦的我们身上,而是落在天性上,天性与人所确定之事无涉,过错还落在因意见和自身意愿而给自己招致祸害的人身上。由此正面同样清晰可见,哲学对这种怀疑主义不陌生。斯多阿学者的淡漠与一般哲学家的冷淡必定在那种静观中相互认清。正如一个学派的任何其他首创者一样,皮浪作为特立独行者而成为哲学家;但他独特的哲学因此并非奇特者、必然并依其原则与他者对立者;他性格的个性既未在一种哲学中留下印迹,它其[243] 实毋宁是他的哲学本身,而他的哲学不过是性格的独立;但一种哲学该如何在这点上与怀疑主义对立? 如果像发生的事情一样,此类伟大个体最亲近的弟子尤其遵循形式之事、突出者,则显现的当然不过是差异性;但若个人权威和他的人格分量渐渐模糊,而哲学兴趣纯粹抬升,则连哲学的同一性也能再度得到认清。正如柏拉图在其哲学中汇合了苏格拉底、毕达哥拉斯、芝诺等人的哲学,同样发生的是,安条克把斯多阿哲学传入学园,西塞罗从属安条克,若非此外从其一生中可知,他因为哲学而堕落,通过其哲学作品不会有好名声落到其导师及其对哲学体系的汇合上;而斯多阿哲学依其本质包含怀疑主义,我们在上面看见了。无需提醒,此处说的是这样一种汇合,它认定不同哲学体系的内核是同一个,此处说的并非折中主义,它在其表面上乱转,用四处搜刮来的小花给自己编织虚荣的花环。

时间的一个偶然事件是,此后不同的哲学体系完全分道扬镳,至今静观时的情感淡漠、斯多阿派的独断论者(塞克斯都,《皮浪学说纲要》卷一,第65页)由怀疑论者视为其最为对立的对手。只有怀疑论者的**后来五项比喻**涉及哲学体系的这种完全分离和它们教条与区分的完全固化,并涉及怀疑主义现在部分针对独断论、部分针对哲学本身的方向,这些比[244] 喻构成他们对抗哲学认识的真正武器库,为了证明我们的阐述是正确的,我们还想简述之。该时期这些**比喻**的**头一项**是关于**差异性**的比喻,即现在不再像头十项比喻中是动物或者人的差异性,而是庸常意见与哲学学说的差异性,既是两者彼此对抗的差异性也是两者在其自身内部的差异性,对这一项比喻,怀疑论者总是详述,处处瞥见差异性并把它带入他们更该看出同一性之处。第二项比喻是**无穷**增长的比喻;塞克斯都使用它的频繁程度正如它最近作为说理趋势出现过的一样;它是已知者,为了一个说理者要求一种新的说理,为了后者又要求[一种说明],如此以至无穷。第三项比喻已经在头十项中,也就是关系的比喻。第四项比喻涉及**预设**(针对独断论者,他们为了不被驱入无穷,就设定某事为绝对最初者与未经证明者),怀疑论者随即由此模仿预设,即他们就是以此理由无证据地设定那个受预设者的对立物。第五项比喻是**相互性**,如果要用来证明一个他者的那个事物本身为了证明而需要那个事物,后者要通过同一件事得到证明。还有另两项比喻,塞克斯都说人们也引用它们,第欧根尼不提及它们,人们自己从它们看出,它们并非新事物,而只是先前的事物,被置于一种更为普通的形式之中,它们包括,受领会之事或者从自身或者从一个他者得到领会,从自身得不到领会,是因为人们对认识的源泉和器官意见不一,无论是知觉还是知性;不由一个他者得到领会,因为否则人们陷入无穷比喻或者陷入相互比喻。

头十项比喻有一些重复,也就是部分重复五项比喻中首个和第三个,从这种重复上并从其全部内容中看得出来,这五项比喻的意图迥异于头十项的倾向,它们仅涉及怀疑主义后来反对哲学。针对有穷性的独断论,没有更适宜的武器了,但它们对哲学完全无用;因为它们纯粹包含反思概念,所以,转向这两个不同方面后,它们具有截然对立的意义:转而针对独断论,它们显出这一方面,即它们隶属于理性,理性把另一部分与独断论所声称的必然二律背反部分并列,而转而针对哲学,它们显出这一方面,即它们隶属于反思;对独断论,它们必定得胜,但在哲学面前,它们必定分裂成自身或者自己变得教条。因为独断论的本质在于,它把一个有穷者、对立缠身者(例如纯粹主体或者纯粹客体或者在二元论中二元性与同一 [245]

167

性对立)设定成绝对者,所以理性表明,此绝对者关涉它所排斥者,只有通过关涉一个他者并且在这种关涉中存在,也就是根据**第三项**关于关系的**比喻**,它并非绝对。如果这个他者根据在于最初者,还有最初者的根据在于他者,这就是一个循环,落入**第五项**比喻、循环论证的比喻;若不兜圈子,而是这个他者作为最初者的根据而基于自身,如果它成为无根据的预设,则因为它是说明者,它就有一个对立者,而它的这个对立者就可以以此理由被预设成未经证明者或者无根据者,因为此处曾根据关于预设的**第四项**比喻承认根据何在;抑或这个他者作为根据又该基于一个他者,则

[246] 这个有根据者被驱向在有穷者上的反思无穷性以至无穷,按照**第二项比喻**,又无根据了。最终,独断论的那个有穷绝对者必定也是一个一般者;不过,必然不会有这个一般者,因为它是受限者,而关于差异性的**首个**比喻归入此处。塞克斯都很成功地把与独断论无法调和的这些比喻用来反对独断论,尤其反对物理学,一门科学,它正如应用数学一样是反思、受限概念与有穷者的真正堆货场,但却由最新的怀疑主义者视为一门科学,它抗拒一切理性怀疑;相反,也可以声称,旧物理学比新物理学更科学,也就是更少在怀疑主义面前授人以柄。

针对独断论,这些比喻之所以是理性的,是因为它们针对独断论的有穷性而让独断论所放弃的对立者出现,也就是建立二律背反;而转向针对理性,这些比喻作为其特有物保留的是它们受其感染的纯粹差异;这些比喻的理性之处就在理性之中。说到关丁差异性的**第一项比喻**,则理性之处永远并且处处与自己相同;仅对知性而言,存在纯粹不同者,而一切不同者由理性设定为一;然而,这种统一想必正如那种不同性一样,不能以柏拉图所言的庸俗且稚气的方式来对待,使得一头牛等等被设定成一,而会对此声称,它同时是许多牛。**根据第三项**比喻,关于理性之处,不能表明,它只在关系中、在必然涉及一个他者中存在;因为它自身无非是关系。因为理性之处是关系自身,所以,在关系中存在者,若不由知性设定,它们可能要相互说明根据,并非理性之处自身落入循环或者**落入第五项**、循环

[247] 论证的[比喻];因为在关系中,没有什么可以经由彼此来说明根据。同

样,理性之处并非根据**第四项**比喻未经证明的预设,面对此预设,可以就以此理由未经证明地预设对立物,因为理性之处没有对立物,它之中包括有穷者、两者,其中一个是另一个的对立物。前述两项比喻包含一项根据和一种后果的概念,据此概念,一个他者会通过一个他者得到说明;因为对理性而言,没有他者针对一个他者,所以不仅理性而且在对立土壤上造就的并且无穷延续的对一项根据的要求、无穷生长的**第二项**比喻都略去了;无论哪种要求还是这种无穷性都与理性无关。

因为这些比喻之中都包含一个有穷者的概念并且基于此,所以通过把这些比喻用于理性之处就会直接发生的是,它们把理性之处颠倒成一个有穷者,为了能够给它搔痒,它们给它提供受限性这种疥癣。它们本来不反对理性思维,但若它们反对后者,正如塞克斯都也使用它们,它们就直接改变了理性之处。由此视角可以领会怀疑主义针对理性之处所提出的一切;我们在上面看见一个例子,怀疑主义否认理性由自身来认识,方法是,怀疑主义或者把理性变成一个绝对——主观者或者变成一个绝对——客观者,或者变成一个整体或者变成一个部分;怀疑主义才添加了两者。若怀疑主义挞伐理性,则人们就该即刻驳回它随带的概念并摒弃它那些不适于攻击的糟糕武器。正如我们在上面所见,最新怀疑主义始终随带的是**一件事情**的概念,这一件事情在现象事情**之后**、**之中**。若旧怀疑主义使用基质($\acute{v}\pi o\chi\varepsilon\acute{\iota}\mu\varepsilon\nu o\nu$)、未经证明的($\breve{v}\pi\alpha\rho\chi o\nu$)、不明、不可见、无法辨认、未说明($\check{\alpha}\delta\eta\lambda o\nu$)等等表达,它就指称客观性,不宣布客观性就 [248] 构成怀疑主义的本质;怀疑主义本身止步于显现的主观性。对它而言,这种现象却并非一种感性**事物**,独断论和哲学会声称在此感性事物后面还有其他事物,也就是超感性事物。因为怀疑主义一般对宣布一种确定性和一种存在有所克制,所以,它本身就没有它会知道的事物、受制者,而它为了推翻哲学,不必既不把这种肯定的事物、也不把会在此事物背后的一个其他事物诿过于哲学。

因为怀疑主义此时把一种思维与一种思维对立并反对哲学思维的"实际存在",通过转而反对一般知识,就驱使它同样扬弃其自身思维的

"实际存在",也就是使自己保持在纯粹的否定性中,这种否定性通过自身而成为一种纯粹的主观性。我们在上面借助新学园派之例已经看见,怀疑论者对此有多厌恶,新学园派声称,一切都不确定,此命题包含自身;不过,对塞克斯都而言,即使这也不够疑虑,他把新学园派与怀疑主义区分开来,因为新学园派同样以此提出一项命题并教条化;那项命题却如此强烈地表达了极度的怀疑主义,使得这种区分完全变成空话。连皮浪也必定会遇到,被某人说成一个独断论者。正是一种命题的这种形式假象,却惯常用来刁难怀疑论者,人们回应他们道,若他们怀疑一切,可这种"我怀疑"、"我觉得"等等是确定的,也就是用现实性和客观性来反驳思维活动,若他们在每次通过思维来设定时遵守设定的形式并以此方式声称任何宣布了的活动为教条化之事。

[249]   这种至高的一致性、也就是否定性或主观性,不再限于特性的主观性,特性的主观性同时是客观性,而是至高的一致性成为知识的主观性,知识的主观性针对知识,在这种至高一贯性的极端中,怀疑主义必定变得不一致,因为极端不可能没有其对立者而保持。纯粹的否定性或者主观性就或者根本什么都不是,它在其极端中自我消灭,或者它必定同时变得极其客观;正是对此的意识显而易见而对手催逼这种意识。如上所述,怀疑论者就因此声称,他们的**理论**($\varphi\omega\nu\alpha\acute{\iota}$)——一切都是假的,没有什么是真的,没有什么比他者多——包含自身而怀疑论者在宣布这些关键词时只说出其所觉得之事,而其喜好既未以此就一种客观存在说出意见亦未说出命题。[参见]塞克斯都《皮浪学说纲要》卷一第 7 页和他处,尤其是 c. 24,塞克斯都在彼处如此表述,人们在怀疑论者言说之事上——正如说出**逍遥学派**($\pi\varepsilon\varrho\iota\pi\alpha\tau\tilde{\omega}$)者其实说的是"**我走**"——必定总是联想:"依我们看"或者"至于我"或者"我觉得"。这种纯粹负面的态度意欲依旧是单纯的主观性和显现,它就此不再因知识而成为某事;有谁固着于那种虚荣,即**他**觉得的就像**他**的意思一样,想知道其格言绝对没有被说成思维的客观物与判断的客观物,人们得在这点上让他保留看法,其主观性与他人无涉,与哲学更少相干或者哲学与它更少相关。

长话短说，从对旧怀疑主义不同方面的这种观照中就可以得出最新怀疑主义的差异和本质。

最新怀疑主义首先缺乏怀疑主义最高尚的方面，这种流派反对庸常　[250]
意识的独断论，可在指出过的最新怀疑主义的所有三种变型中找到，无论最新怀疑主义与哲学同一，而只是哲学的负面，还是最新怀疑主义与哲学分离，但不转而针对哲学，还是转而针对哲学。对最新怀疑主义而言，其实庸常意识连同其全部无穷事实具有一种不可否认的确定性；对意识的这些事实作理智思考，对它们反思并分类，这对最新怀疑主义而言是理性所做的事务，部分产生了作为这种怀疑主义科学的经验心理学，部分通过分析性的、应用于事实的思维而产生超越一切理性怀疑的许多其他科学。

把不可否认的确定性与真实性置于意识的事实中，无论较早的怀疑主义还是一种唯物主义，甚或最庸常的人类知性都未曾犯过此种暴行，即使最庸常的人类知性不是十分野蛮残暴，这种暴行直到最近在哲学中都是闻所未闻的。

此外，根据这种最新的怀疑主义，我们的物理学、天文学和分析思维抗拒一切理性的怀疑主义；而最新的怀疑主义也就缺乏晚期旧怀疑主义的高尚方面，也就是这种高尚方面反对受限的认识、反对有穷的知识。

这种最新怀疑主义既在经验直观最显眼的局限性中也在经验知识最显眼的局限性中设定其真实性和确定性，经验知识把经验直观变成反思并且臆测只是对经验直观作分析、而不把什么添入经验直观中，那对这种最新怀疑主义而言，怀疑主义还余下什么呢？必然不过是否定理性真实性并且为此目的把理性之事变成反思、把对绝对者的认识变成有穷认识。这种转化贯穿一切的基本形式却在于，上面列出的斯宾诺莎的首项定义，　[251]
它把**自因**（causa sui）解释成其本质同时包含实存之事，此定义的对立物成了原则并且被声称为绝对原理、**所思者**，因为它是所思者，不同时包括一种**存在**。在理性之事中，思维与存在合一，这种把理性之事分成对立者、思维与存在，还有绝对坚持这种对立、也就是变得绝对的知性构成这种独断的怀疑主义无穷重复且处处应用的根据。单独看来，这种对立有

171

功,在这种对立中极其抽象且以最真的形式表达了差异;知识的本质在于普遍性与特殊性的同一性或者在思维与存在的形式下受设定者的同一性,而科学依其内容是对那种理性同一性的体现,而从其形式方面来看,是对那种理性同一性的持续重复;非同一性、庸常意识的原则、知识的对立面的原则最为确定地表现在对立的那种形式中;然而,这种形式又由此被夺走了一部分功绩,即它只是被领会成一个思考的主体与一个存在的客体的对立。但从与最新怀疑主义的关系来看,这种对立的功绩完全取消了,因为这种对立的发明本身反正比对立更久;这种最新怀疑主义却也缺乏任何功绩使对立更接近新近的形态,因为众所周知,正是康德哲学在受限的立场上成为唯心主义,——它在对范畴的演绎中虽然扬弃了这种对立,但此外不一致,不足以使之成为思辨的最高原则;对这种对立的坚持最为明显,且以无穷的自鸣得意反对关于上帝定在的所谓本体论证据,并且作为反思性的判断力反对自然,并且这种对立尤其以反驳本体论证据的形式普遍而广泛地交了好运。舒尔策先生较为功利地接受了此形式,不仅使用之,而且还一字不差地重复了见于第 71 页和他处的康德的话;他同样以康德的口吻在第一部分第 618 页宣告:"若曾作过炫目的尝试,要把**客观现实**的王国直接**与概念**的范围相连并且**仅仅**借助一座又由**纯粹概念造成的桥梁**由概念的范围跨入客观现实的王国,则发生于存在神学中;尽管如此,仍是重新发生的。"(哲学在这些新时代之前可是多么受蒙蔽!)"空洞的钻牛角尖和以此所搞的障眼法都完全揭露出来了。"

[252]

舒尔策先生做过的无非是如无数康德信徒也做过的,吸收康德这种重新出现的杰出发现并到处安置这种极其简单的诙谐,安置在发明之父的左右并且对着后者本人,以同一种腐蚀剂侵蚀并且消解后者的各个部分。

连哲学科学也只是始终重复同一种理性的同一性,但对这种重复而言,从形成物中涌现出新的形成物,这种重复由新的形成物发展成一个完全有机的世界,后者无论在整体上还是在其部分上都被断定为同一种同一性;那种对立意在杂乱无章(Desorganismus)和**否定的无(nihil negati-**

vum），但永恒重复那种对立从这种对立的负面而言是永恒的竹篮打水，从这种对立的正面而言，却是持续、机械应用同一条知性的规则，由此规则，绝不会从形式中出现新形式，而是始终做同样的机械工作；此应用如同始终作同一种击打的伐木工的工作，或者如同为军队裁剪制服的裁缝的工作。此处不断上演雅科比所指的知识，其实是纽伦堡忍耐游戏（Grillenspiel），只要其所有姿态和可能的措辞为我们所知、所熟悉，它就令我们恶心。这种怀疑主义只有一种姿态、只有一种措辞来从事其把戏，而即使这种措辞也并非它特有，而是取自康德主义。最新怀疑主义的这种特征在它称为根据之事、在应用这些根据的一例中会得到最为清晰的呈现。 [253]

从这种方式中，最新怀疑主义就已经充分让人认识到，它如何领会其对象、亦即思辨理性的兴趣，亦即领会成任务，要**解释**人类对事物认识的**起源**，要在有条件存在者里侦查出无条件存在者；此处在理性中，首先把事物与认识对立，其次，带入对事物起源的一种解释、进而带入因果关系；现在，认识的根据就是不同于认识的有根有据者的一个他者，认识的根据是概念，认识的有根有据者是事物，一旦预设关于理性思维的这种根本错误的观念之后，要做的就不过是始终重复，说根据与有根有据者、概念与事物是两回事，一切理性认识意在从思维把握存在、从概念把握实存，同样用康德的话来说，意在**撷取**。

根据这种最新怀疑主义，人的认识能力是具有概念的一种事物，而因为它有的无非是概念，它不可能越界至其外的事物；它既不可能**探询**也不可能**打探**它们，因为两者（第一部分第 69 页）**特性**不同；没有任何理性者会在**拥有**关于某事的**想象**时妄想同时**拥有**此事本身。 [254]

无处表现出来，此怀疑主义会如此前后一致来表明，亦不会有理性者妄想**拥有**对某事的**一种想象**；想象的确也是某种东西，理性者只能妄想拥有对想象的想象，不能妄想拥有想象本身，而又不能妄想也拥有对想象的想象，因为这种二次幂的想象也是某种东西，而只能妄想拥有对想象的想象的想象等等以至无穷；或者，因为一旦把事情想象成会有两个不同的口袋，其一包含是想象的某事，另一包含［是］事物的某事，则看不到为何前者该持续是整袋,后者该永远是空袋。

前者**是**完整的,我们却只妄想后者是完整的,根据无非可能是,前者会是主体的衬衫,后者会是主体的外套,想象之袋离主体较近,事情之袋离主体较远;不过,这样就会通过预设该证明什么来提供证据,因为问题的确就涉及主体性与客体性的现实性的优点。

只应反思,想象并非所想象的事物,而不应反思,两者同一,与这种疑虑的本质当然难以协调的是就意识事实不可否认的确定性所言说之事;因为依舒尔策先生所言(第一部分第 68 页),想象是真实、现实的并且构成一种认识,是由于它们与它们所涉及并且通过它们所想象之事**完全一致**或者**放在意识面前**的**不过是处于所想象者中之事**,而在第 70 页,我们[255] 预设**日常生活**中这样一种**一致**持续是确定的,而丝毫不像较新的形而上学会做的那样去操心这种一致的可能性。除了基于思维与存在、概念与事物的绝对同一性,舒尔策先生难道还会把意识事实不可否认的确定性建立在其他基础上吗,他又一口气宣布主体性、想象还有客体性、事物为特性不同。舒尔策先生说,在日常生活中,我们预**设**那种同一性;它在日常生活中是一种**所预设的**同一性,意味着,它不存在于庸常意识中。**较新的形而上学试图探究这种同一性的可能性**;但较新哲学试图探究在普通生活中**预设的**同一性的可能性,在这点上的确不是真话,因为除了宣布并断定那种预设的同一性,较新哲学什么都没做。就因为在日常生活中,那种同一性是预设的同一性,庸常意识就始终把客体设定成不同于主体与客体性之间的一个他者并又把主体性设定成具有绝对不同性的一种无穷多样性;这种对庸常意识而言只是预设的、无意识的同一性使形而上学意识到,它是形而上学的唯一绝对原则。只要同一性不是舒尔策先生所称的一种在日常生活中受预设的有穷性,而是一种现实的、亦即一种完全确定、有穷的同一性,因此连主体与客体也是有穷的主体与客体,同一性就只会有一种解释;但对**这种**有穷性的一种解释只要又设定因果关系,就在哲学之外。舒尔策先生在第 70 页言说这种一致,说其可能性是人性最大的**谜团**之一,而在此谜团中同时有**对事物的一种先天认识的可能性**之秘

密,亦即还在我们直观过这些事物之前。那我们就真正学会,何为先天认 [256]
识:外有事物;内有认识能力;若认识能力不直观事物而认识,它就先天地
认识。第68—70页这三页包含这种最新怀疑主义关于哲学概念的真正
精髓,为了不漏掉这三页中的什么,我们还得说明,关于想象与其现实客
体一致的真正正面性内容是什么,舒尔策先生对此言说道,这依旧既无法
用话语描述亦无法说明;我的**每名读者**其实必定尝试由此来了解之,即若
他意识到此(正面性),他就曾观察过它并且**比如注意**,他觉察过、领会过
什么,若他通过比较他在一事情**缺位**时对其所作想象和他直观过的事情
本身而发现,想象与事情完全一致并且准确表现后者。那这种解释究竟
什么意思? 难道想象与客体整体一致(或者不一致)又导致在场与缺位、
现实直观与回忆的心理差异吗? 难道用舒尔策先生的措辞来说,在事情
缺位时,感知中存在的想象与客体的一致就从读者处逃脱,现在把其他事
置于读者的意识**面前**,而非**处于**所想象事物中之事? 不可否认的确定性
被置于其中的主体与客体的同一性则一露面,它就发现自己不知怎么即
刻却又被置于经验心理学中;它及时复归心理学意蕴,后来在对哲学作批
判本身时并在怀疑主义中完全遭遗忘,让位于主体与客体、概念与事物的
非同一性。

在称为**怀疑主义的三项根据**之事中,这种非同一性显现为原则。正 [257]
如旧怀疑主义者没有教条、原理,而是称其形式为比喻、措辞,无论我们见
过的它们是什么,舒尔策先生也同样避免"**原理**"、"原则"这种措辞,尽管
它们是完全教条的命题,还是只将其称为根据。本可以通过更为完整的
抽象来免除**这些**根据的多数;因为它们表达的不过是一种教条:概念与存
在并不同一。

这些根据内容如下(第一部分第631页以下):"**首项根据:哲学会在
何程度上成为一门科学,它无论如何需要真正的原理。此类原理却行
不通。**"

这不是独断论的吗? 这看起来像一种将信将疑的措辞的表达吗? 真
正的原理无论如何**行不通**,即使这样一种教条也需要**证据**;但因为此独断

175

论想起来,它自称怀疑主义,所以又避免**证据**这种表达,而用**解释**一词取而代之;但这样一种外表如何能改变事情呢?

解释就一如既往归咎于思辨哲学家,说他们以为能够从单纯的**概念**汲取对超感觉事物**实存**的认识;证据本身指的是,在一项定律中,亦即在想象与概念的联系中,无论在联系(copula 联项)中还是在定律的概念中都不会必然存在**定律**与**由此所思者**的**一致**;联项只是谓项与**知性中**主项的关系(也就是纯粹主观性之事)而依其性质与知性的思维以外之事毫无关系,在谓项与主项的概念中没有什么,因为凭借知性中的概念的现实

[258]　性只有**知性中的概念的可能性**,亦即知性中的概念不自相矛盾,但并非也**有这点**,即它**与异于它者有关**。也正是在此处,舒尔策先生想起关于上帝定在的本体论证据的障眼法和钻牛角尖。不过是重复这种解释:

"**第二项根据**(第 **620** 页):对有条件存在者的至高根据,思辨哲学家**佯言认识到之事,只是以概念领会、思考过。潜心于单纯概念的知性却并非那种能力,能够哪怕只是根据现实提出某事。**"

在**解释**中,作者说,在思辨哲学家**或者**对由单纯概念构成事物实存作研究者处,**知性**享有这样一种声望,对此声望有些微怀疑者,就遭受少有或者可能全无知性这种嫌疑或者指责。在这点上,对立面其实却再次是符合事实的,思辨认为知性完全无力胜任哲学。舒尔策先生继续道,我们可还得思索,**理性是否**能承认知性具有那种完美。那理性在此究竟**该**何为? 为何作者先生在第二项根据本身中只言说了在思辨中根本不成问题的知性,而未言说理性,似乎他把知性献给哲学,却把理性献给这种怀疑主义? 我们却有几次发现,理性一词出现,只用做雅词,会引起注目;这种理性所产生之事,向来不过是,概念并非事物,而这样一种理性正是由思辨称为知性之事。

"**第三项根据**(第 **627** 页):思辨哲学家使其关于有条件实存者的绝

[259]　**对原理的所谓科学主要依托于从结果的本性推断出相应的原因的本性。但从结果的本性丝毫无法有些许把握推断出原因的本性。**"

在**解释**中声称,若自称绝非**通过灵感**而得以认识一切受制约者作为

根据之事，则此认识只能是通过因果性原则传递的认识。在思辨哲学中，因果关系尤其占主导地位，对思辨哲学作此预设又是根本错误的，因为因果关系其实完全从它之中遭排除；若因果关系似乎以生产和产物的形式出现，则把生产者与产物等同，原因等于结果，同一件事作为其自身原因和其自身的结果，因果关系就直接遭扬弃，而得到应用的只是关系这一措词、而非关系；在思辨哲学中，由受制约者的本性**推断**至无条件者，这点反正谈不上。

这（第 643 页）就是"一般根据的目录与内容，怀疑主义者为了它们的缘故而否认迄今为止提出的或者将来还可能提出的一切哲学体系的学说具有确定性，而且这些一般根据促使怀疑主义者不赋予这些体系中任何一个以有根据的对真理的要求"。但人们看见，这些根据与哲学毫不相干，哲学不从概念中撷取一个事物，也不打探出位于理性彼岸的一项事情，总之既不潜心于作者先生称为概念之事，也不潜心于事物，亦不从结果推断出原因。

舒尔策先生说，出于这些根据，若怀疑论者考虑哲学的本真目的与后者的条件，同时考虑**人的感受力**获得现实的、可靠认识的**能力**，他发现自己有理由无力洞见，如何会在某时实现对超感觉者的认识，若人的认识能力的**安排没有改变，虽然没有一个理性者会作此估计**，于是怀有希望就**会是愚蠢的**。而怀有这样一种希望会更加愚蠢，因为即使今年安排人的感受力时也可能有一种哲学。 ［260］

正是借助这些武器来与洛克、莱布尼茨、康德的体系作斗争；因为洛克和莱布尼茨的体系是唯实论的体系，前者是一个唯感觉论的体系，后者是一个唯理论的体系，康德的体系却是先验唯心主义的体系；较新的先验唯心主义留到第三卷。

首卷包含对这些体系的**阐述**，从第 113—140 页阐述洛克的体系，从第 141—172 页阐述莱布尼茨的体系。从第 172—582 页，我们却又得到如此频繁受摘录的康德的《纯粹理性批判》一处节选；随后［部分］直到卷尾用于上述怀疑主义。

第二卷包含根据上面阐明的根据对这些体系所作批判，从第7—90页批判洛克的体系，从第91—125页批判莱布尼茨的体系。有600页用于康德的体系。

这些将信将疑的根据如何应用于这些体系，作为例证，我们提供作者先生如何否定莱布尼茨先天概念的方式；第二卷第100页对莱布尼茨的这种反驳过程如下。必然判断的根据只在感受力自身中，也就是知性就[261]已经先天包含认识，自从莱布尼茨在这点上定了调，人们当然就无数次重复，必然判断只能源于认识主体自身；但人们迄今尚未证明这种主体的任何一种特性，借助这种特性，这种主体尤其有资格成为必然判断之源，而有此资格的根据既不在这种主体的简单性中、亦不在实体性中、也不在认识能力中找得到。难道灵魂的简单性和实体性是这种怀疑主义所承认的质吗？若在宣称必然判断时关键只是指明它们处于灵魂的质之中，则能做的确实无非是说，灵魂具有必然判断的质。若作者先生随后声称，我们对我们认识性自我的洞见所及之处，我们即使在我们认识性自我中也找不到什么决定它必定成为必然判断之源，他可就是直接说，我们思维的客体忽而是偶然判断、忽而是必然判断；但人们不能说，必然判断会比偶然判断更多关联知性及其本性，而产生必然判断属于我们知性的本质；但人们的确只能假定，有知性的两种质，偶然判断的一种质、必然判断的另一种质；以此方式，我们感受能力作必然判断的资格就与一种经验心理学中其他质得到同样好的揭示。舒尔策先生可是承认必然判断是意识的一个事实。

但莱布尼茨就纯粹理性的先天概念与洞见的**真实性**所言说之事，更加无根据，而人们**确实不禁惊异，根本不**知要求有效证据者，在此情况下[262]如何能**甚少注意逻辑**的准则。此处，我们首先学会，莱布尼茨缺乏什么，也就是缺乏对逻辑的注意；而舒尔策先生确实惊讶于此；但莱布尼茨不乏、而是拥有太多之事，是天赋，我们还会在下面发现；而人有天赋，人们对此确实也还是会不禁惊讶。

因为：并非不言而喻的是，若我们的感受力中有先天概念与原理，在

178

它们之外也会有与它们相应之事,它们涉及后者,根据后者的客观现实而让人认识后者;因为**我们身上的概念与判断的确并非**由此想到的**客体自身**,而由于谓项必然涉及我们思考概念和判断时的主体,就绝没有**方式完全**不同的意念涉及在它之外存在的现实事物。看得出,作者先生在可能的最明显的意义上对待天赋概念;按他的观念,一个主体生来脑中有一沓汇票,它们向在那个头脑之外存在的世界兑现,但问题就会是,汇票是否得到这家银行接受,它们是否是伪造的,或者心灵中有一堆彩票,人们绝不会获悉,它们是否纯属空签,因为不实施会把博彩变现的抽奖。作者先生继续道,人的心灵中天赋概念与原理的捍卫者也时刻洞悉并承认这点,因而,他们试图提供这些概念与原理真实性的**证据或者也**试图更详细地规定此类概念该如何涉及现实事物的**方式**。在说明中述及,依柏拉图看来,灵魂生来把概念与原理带入当下生活,我们由此只能认识原貌的现实,而不能认识通过知觉对我们显现的现实,灵魂生而带入当下生活的概念与原理是单纯回忆对事物的那些直观,心灵在与上帝打交道时共有过那些直观。笛卡尔只是引证上帝的真实性;对斯宾诺莎而言,我们知性的思维之所以真,是因为它由关于神性的观念和认识构成,只要这些观念和认识构成我们精神的本质,那些关于神性的认识却必定与由此所认识者完全一致,甚至与此所认识者是同一事物。依莱布尼茨看来,在我们的感受力中先天存在的原理和其中包含的观念应得到真实性和现实性,根据是因为它们是对关于神性的知性中的概念和真理的描摹,这些概念和真理是关于世上一切现实事物的可能性、实存和本性的原则。但通过舒尔策先生给予事情的地位,他其实还在着手评论之前,就直接使事情错位;究竟柏拉图、斯宾诺莎、笛卡尔、莱布尼茨其实关心的是论证一种现实与天赋概念或者理性相应,还是关心对方式作规定,若这些哲学家设定现实性的真实性的根据是上帝? 依舒尔策先生之见,顺序是:甲)主观概念,它们本身无现实性,然后是乙)在它们之外存在的一种现实性,现在是丙)这如何凑到一起这个问题,丁)证明它们在不熟悉概念与现实性的一个异己中的真实性;如舒尔策先生所言,那些哲学家其实认识到在日常生

[263]

179

活中预设的概念与现实性的那种同一性并且称其为上帝的知性,在后者中,现实与可能性合一。

[264] 作者对此的判断说,我们在此情况下不想探究,支持天赋概念真实性与可靠性的这种论据最终是否与关于我们灵魂与上帝本性有亲缘关系的**神智学怪念头**相连并由此推导出来,人们另外能从莱布尼茨就有穷单子由最高单子形成而说明之事中推断此事。

那不就糟了!我们心灵与上帝本性的亲缘关系是神智论怪念头,而支持诸观念真实性的论据与此有多大相关,作者先生(可能宽大为怀)不愿探究。但这些哲学家就根据事情确定,灵魂本身什么也不是,而是它所成为之事存在于上帝身上;就此言说的最简略方式是把这些哲学家的哲学说成痴迷与神智论怪念头。不过,舒尔策先生摆出架势要探讨认识根据;他继续道,但我们的每位读者肯定看出,在此情况下必然会被问道:我们究竟**从何知道**,我们的知性拥有突出的优越性,即共有在上帝的知性中存在的对永恒与现实认识的描摹?因为上帝的知觉与他的特性根本不说明什么。所以,莱布尼茨可以只从知性并从其**天赋洞见**推导并汲取对此问题的回答,他也就这么做了。因此,他在证明天赋概念的真实性时来回兜圈子。当然了!而他若不兜圈子,他就有一种因果关系,而根据第三项根据,从结果到原因的桥梁用没有现实性的纯粹概念造成。但不必把所

[265] 谓天赋概念的真实性、可靠性和共有对上帝的描摹及对上帝永恒、现实的认识这种突出优越性[相互]分离并且使其中任何一个成为一种特殊的质,不管人们如何命名之,而是两者是同一件事;谈不上由后者证明前者;也就是说不兜任何圈子,余下的无非是双重表达的命题,即依莱布尼茨之见,理性是神性的一副图景或者理性确实有认识。这当然导致神智论怪念头,但毕竟不可否认,用这种怀疑主义的措辞来说,我们灵魂与上帝本性的那种亲缘关系和对神性的想象是那些哲学家意识的一个事实;但对这种怀疑主义而言,意识是确实性与真实性的最高法院。我们在上面看到,临在于意识之事正如意识本身一样甚少能加以怀疑;因为不可能怀疑意识本身。因为在一些哲学家的意识中出现的是,其理念有现实性,其本

性与上帝本性有亲缘关系,在他人的意识中却没有出现,则该完成的无非称谓那些哲学家为说谎者,这不行,或者要求他们该使人领会其意识,这又无法要求,因为在日常生活中预设的观念与事物的同一性同样不被可能作出那种要求的庸常意识所领会;余下的无非就是假定两种意识,一种意识到那种亲缘关系,而另一种把这样一种意识宣布为神智论怪念头。

随后,舒尔策先生表明那种理念无根据,即理性之所以有现实性,是因为它是神性理性的一幅图景,也是由于莱布尼茨本人,因为他说,有穷的人的概念无穷不同于上帝知性中的概念。舒尔策先生却未能从卷一中 [266] 对莱布尼茨体系的阐述充分看出莱布尼茨关于有穷与无穷对立的概念,或者毋宁说又是舒尔策先生把有穷与无穷的对立作为一种绝对对立来对待;在第 28 节对莱布尼茨体系的阐述中写道,与神性特性**相应**的是在创造出来的单子中构成认识与意志能力(Willensfähigkeit)的根据之事;但在上帝身上,神性特性以**无穷**程度并且**至为完美**地存在,在创造出来的单子中,与神性特性**相应**的特性则是单纯与它们**类似**,根据它们所拥有的完美程度。参见第 34 节和注释。因为无穷单子的完美与有穷单子的完美相符,而后者与前者类似,莱布尼茨在无穷与有穷单子之间造成对立也就并非舒尔策先生所领会的有穷与无穷的绝对对立,后者对此可能会如此表述,即两者**特性不同**;莱布尼茨设定绝对单子无穷,但设定其他单子有穷,却还言说两者类似,舒尔策先生可能将此算作那些情况,莱布尼茨在其中够不注意**逻辑的准则**了。

此外,莱布尼茨论证,人的知性的必然判断也必定存在于上帝的知性中,依舒尔策先生之见,莱布尼茨的论据取之于此,即那些判断,只要它们构成永恒真理,必定因永恒性在思考这些判断、因而同样因永恒性而实存的知性中作为对知性的规定而存在。舒尔策先生要求,事先必须先阐明,在能够断言,永远并且在任何时候都存在有效的真理之前,**实存着**因永恒 [267] 性而**实存的**、不断思考某些真理的一种知性;永恒的真理是此类真理,依**我们的**洞见,意识到判断的任何知性必定会像我们思考此类真理一样思考它们,而这因此不涉及确实在对判断作思考的一种知性因永恒性而实存过。在此,舒尔策先生也把神性知性的实存又领会成经验性实存,把永恒性领会成一种经验性永恒性。

最后,我们也不能放过舒尔策先生就莱布尼茨关于清晰与含混想象的概念所告知之事。因为对外物的直观是意识到与**我们认识性的主体**不同的一个**事物**的直接临在(似乎舒尔策先生还区分**自身**和**其主体**;但人们只可能渴望分析这种差异;根据所作分析的情况,分析甚至可能把人引向神性论怪念头)和与我们认识性主体所作单纯主观性规定不同的一个**事物**的直接临在;因而直观源自一种想象中多种多样特征的纷乱,这根本没有意义;两者彼此**没有亲缘关系**。(问题会是,但自我和我们应有别于自我的主体、然后是这种主体的主观性规定、最后是这种主体的客观性规定相互究竟有何亲缘关系。)受任何人控制的是,在自身中随意产生对事物的直观,并且,如果他清晰地思考过某事,也就即刻把意识的这种状态转成对一个客体的直观。为了把一个千角形或者一块金、一幢房屋、一个人、宇宙、神性等等直观成临在的,所需无非会是在把注意力从千角形、金等等的差异转移之后,把在关于它们的**想象**中存在的特征**相混得厉害**;而
[268] 为了把对一幢房屋、一个人、一棵树的直观转成一个单纯的概念,所需不过会是把在所谓感性想象中出现的诸部分在意识中相区别并且弄明白。但是**但愿**也许**无人会当真**声称,**其认识性主体**(此处:**无人及其主体**)能够通过此类任意把关于事物的概念转成直观并把直观转成概念而用如此**无以复加的把戏**来自欺。

因为舒尔策先生在此胆敢相当从容地把莱布尼茨就想象的本性所言说的思辨之事下拉至经验想象的基础上并对莱布尼茨编派尼古拉①和这帮无赖中的其他人对唯心主义所提出的同类陈词滥调,所以,舒尔策先生欲把第三卷用于此的较新唯心主义可以期待的可能也无非是,就是这些卑劣之事在他那里重复,而他因断言事物产生的任意性和把概念转成事物的任意性而被说成最无以复加的把戏。

---

① 克里斯托夫·弗里德里希·尼古拉(1733—1811),启蒙哲学家。

这种怀疑主义这样对待莱布尼茨的哲学,将足以作为其做法的试验;虽然莱布尼茨哲学本身就能够被当作理性的体系来对待,对**康德哲学**的**探究**还是由此可能变得尤其有意思,即这种知性哲学超越它在反思中拥有的自己的原则,而理性的伟大理念和一个哲学体系的伟大理念会被抽出来并得到阐述,这种理念处处似一处令人崇敬的废墟作为知性哲学的基础,知性落脚于这片废墟中。这种理念的作用凭借其各部分的外在轮廓就可见;但也在其综合的顶点上、尤其在《判断力批判》中更为明显地显现。康德哲学的精神是,拥有对这种至高理念的意识,但又明确根除这种理念。我们就区分在康德哲学中可见的两种精神,该体系始终毁灭的一种哲学精神,着手扼杀理性理念的一种体系精神。后一种空洞的精神却也还有一种形式,而舒尔茨先生回忆道,康德明确保证,人们必定按形式、而非按精神来对待他的体系,他依照康德明确的保证而依据形式,以此方式,他就遇到了哲学的空洞精神的空洞形式。对这种形式上的本质,他就以这种形式上的本质加以批评,把康德哲学注入尽可能极端的形式中——然而,作者因莱因霍特《人类想象力新论》①和其他康德信徒的档案材料而有权如此——而且无非是把康德哲学领会成有最极端的独断论形态,这种独断论具有一种**现象**和**自在事情**,自在事情**在现象之后**,如同不羁的动物在现象的丛林之后;并非似乎只是要用这种极端的图景来烦扰康德信徒,而是因为正如我们在上面足够充分地看到,意识事实不可否认确定性的体系和这种怀疑主义别无他法。康德信徒埋头于形式中,对他们而言,这项工作艰苦,另一种形式主义对康德的形式主义费力不讨好,还有那幅极端图景,如果他们还会害怕这些,这些对他们可能具有的作用是让他们害怕,对他们展现得足够多的倒不只是此处提供给他们的康德哲学的图景,还有这幅图景,它在这四个字母的完整连续性中本身就足够耀眼地展示自己,还有康德形式主义的缺陷,即演绎或促成其形式。但他们会徒劳地在其中寻求理性的概念或者哲学的概念,在事实和在这

［269］

［270］

---

① 参见第 204 页脚注 9。

些事实后面所寻求的事物的拥挤不堪中,理性或者哲学逃脱了,这归咎于理性或者哲学,因而,这种怀疑主义的整个事务丝毫无涉理性或者哲学。

最后,我们不禁从这种怀疑主义的经验心理学中挖掘出一部分,也就是这种怀疑主义如何想象天才、幻想与哲学的关系的那种方式。在第24页的前言中,舒尔策先生因其演讲而表示,雄辩之花在处理思辨哲学的问题时相当不恰当,因为它们误导理性,把幻想混入理性的事务中;因而,即使他还有能力用意味深长而形象化的表达使得对这种批判作所阐述更生动、更有吸引力,他也不会使用之。关于莱布尼茨,作者先生在第91页及下页说,在探究哲理时,若理性的事务在于,通过大胆而**愉悦性地杜撰据说隐藏在感性世界之后**的先验世界而**几乎还要胜过**能够尽情放飞的幻想,借助某些概念给予这些杜撰以统一和关联,则无一哲学家会赶上莱布尼茨,更少会超过他;似乎他身上的天性想表明,在达到认识力的最高目

[271]   标时,**不仅**取决于拥有**巨大的禀赋**,**自然少有眷顾**的一个人只要恰如其分地使用其力量,**在这方面不仅与天才相等,而且还可能经常胜过后者**;舒尔策先生以为,若莱布尼茨将其哲学论断本身造就成一个体系,可能也不会得出很多结果,大约只是新柏拉图主义的痴迷。因而,舒尔策先生以最大的敬重言说**康德**,《纯粹理性批判》是不惧障碍、只因其作者的自由决断而形成的思考能力所作努力的产物,**天才与幸运的偶然事件**(似乎还会有一个幸运的偶然事件有利于天才以外的其他事!)可能**最少要求**实施作为根据的计划。

蔑视天才和巨大的禀赋,这种意见,似乎幻想只给例如哲学演讲提供雄辩之花,似乎理性会杜撰(在例如虚构报刊谎言这种意义上),或者,若理性超越庸常现实而虚构,制造幻象、痴迷、神智论怪念头,在杜撰方面还会超过幻想,哪怕幻想信马由缰地杜撰,人们不知,是理性用来给无天赋喝彩的野蛮、幼稚还是诸概念的粗俗更大些。若我们把对巨大禀赋的蔑视称为野蛮,则我们并非指在文化彼岸的那种自然野蛮,因为它把天才奉为神物,把它尊为切入其麻木意识的一道光,而是指文化的野蛮、人为的粗鲁,它给自己造成绝对界限,在此褊狭中,轻视自然的无限性,而在它有

所认识地[自我]表达时,它是知性。至于概念,它们源自那种经验性心
理学,它使诸质中的精神四分五裂,也就是在这些质中找不到整体、天才 [272]
和天赋,而是把精神描述成充满能力的一个口袋,每种能力均为特殊之
事,一种能力是不含直观的理性,脱离幻想,另一种能力是不含理性的一
种幻想,只有通过繁重的工作才能用事情填补这种幻想的空虚,这些能力
仅在实实在在的充盈中才有其价值。在寓居于主体的灵魂囊袋中的其他
能力中,知性就依旧是最出色的能力,因为它长于把一切转成事情,部分
转成概念,部分转成事物;所以,就连此知性(就如它在头两个叙述性字
母中呈送陌生事情)通过两个批判性字母在其单调的、把一切撕裂成概
念和实存于外的事物这种事务中也不因理性理念而振奋、没有幻想、没有
幸运地以一种继续回响、使知觉模糊、麻醉性、压抑的腔调继续,具有一种
作用,即人们似乎信步穿越一片盛开的天仙子,任何努力都无法抵御后者
醉人的芳香,在那里,人们不会因起兴奋作用的射束而提神,哪怕只是以
预感的形态。

简讯版①。巴伐利亚。
民众对哲学最终没落的喜悦爆发

(《南德文学汇报》1801 年第 132 期，
评舒尔策《理论哲学批判》卷一)

"总算是时候给哲学家揭去两千多年来遮蔽其眼睛的盖子了。**耐心不会无穷，有其确定界限**。若期待落空过久，空话和**许诺**对我们拖得越久，则最终**我们的**不满就爆发得更强烈（民族的呐喊）(le cri de la nation)！哲学家早就使**公众的期待**落空了，他们早就许诺通过一种**普遍有效的**哲学、通过无名哲学在自己之间**永葆和平**；而每个世纪，哲学中的争执都会变大；几乎每十年就会涌现新的哲学体系，它们都彼此矛盾而都要求普遍有效性。"

此处提出哲学家与公众之间的一种关系犹如行政当局与民众之间的关系；哲学家会承担对民众理性的灵魂关怀之职并承担义务，要给他们造就本质的哲学并管理民众的理性，民众对此应信赖他们的哲学家并且应能据此从事其平素的营生；依本评论者之见，公众期待过会给予他们的一种普遍有效的哲学；民众徒劳地等待了两千年（这种民众可是具有何种蠢驴般的耐心），而若他们再等六千年，则他们也不会得到哲学；因为等待对此同样无甚助益，如同等到耕地自行结出谷物并呈上烤得的面包，让人餍足。但正如我们所见，如此长久受骗的民众终于让其对理性治理的

---

① 载于《哲学批评杂志》卷一第二部分，1802 年［3 月］。——在谢林协助下由黑格尔执笔。

不满爆发了;他们找到一个人,他作为他们的救世主居他们之首,因为
"内廷参事舒尔策先生立下了**不朽的功勋**,终结了思辨哲学中的永恒争
执(并非他改善了理性治理,而是像一位马拉,把争夺治权的一切体系都
斩首了)。他指明,哲学具有一种先天不足,诸如此类。他因而提出寻常
指责都不切中的一种怀疑主义,因为作者**承认逻辑真理**;诸如此类。作者
的怀疑主义一目了然,使得我们**坚信由此否定了理论哲学的一切体系;**
在**我们的**新世纪中,把思辨哲学视如一门科学,它作为空洞概念的人造织
物只能让闲人有事干。"

不可忽视的情况是,发出这种欢呼者面前只有舒尔策作品的第一部
分,其中只是叙述性地阐述了哲学体系,发出这种欢呼者面前没有第二部
分,其中才证明哲学体系无根据,也就是因单纯许诺反驳它们,此人就发
出了其欢呼。

欢呼思辨哲学没落正好与对哲学在心理学上与道德上说明根据并引 [275]
用相重合,我们不得不附带提及这种说明根据与引用,某个教士兼教授扎
拉特①在就智力文化与道德文化的关系作启蒙与指点的著作中②、在《南
德[文学]汇报》上对此不断的解释与叙述中,根本不可能停止无稽空洞
的废话。似乎教授扎拉特先生其实自认为是巴伐利亚的哲学信徒,而对
他信徒一职所缺确认不外乎廉价的殉道者之冠,此冠为他准备了其宗教
大牌;他的高尚天职是成为反抗蒙昧的骑士,但他视作其高尚天职原初证
书的是此情况,即以他为创作者的一篇肤浅的非哲理性文章被收入哲学
杂志;他对自己和其道德哲学多有赘述,似乎他在其中无不提及在哲学杂
志上有一篇文章这种荣光,在南德报上,他没有一周不上演如此洋洋自得
地抖搂人性、道德、实践哲学和一切善、真和为了改善、完善而前进。康德

①　雅各布·扎拉特(1766—1851),德国天主教神学家、哲学家,其名扎拉特(Salat)
与色拉同形。——译者注

②　雅各布·扎拉特:《连启蒙也有其危险……》,慕尼黑,1801 年;《刍议启蒙会导致
革命吗?……》,慕尼黑,1802 年;《智力文化、高雅文化与道德文化的关系指津》,慕尼黑,
1802 年。

道德原则恰恰是瘸腿驽马,使自己陷入淡而无味的道德清汤这个水塘;他不怎么相信费希特哲学,因为无法知晓,此哲学是否脑中"来自神秘主义之国"的蚊子;至少这点是肯定的,即此哲学甚至是思辨哲学,他的道德哲学和人道哲学对思辨哲学的一道和另一道色拉同样害怕;而一件或另一件东西却还会是调料,只能补救思辨哲学的无味。对巴伐利亚的纯粹而言,此类道德高谈阔论和虚张声势的色拉想必会多么令人生厌,通过它们,会使最平庸肤浅的柏林滥启蒙作为道德启蒙和人道启蒙向这个巴伐利亚致意并嫁接到后者;扎拉特称此为以经验方式、亦即实践方式把较新哲学的真、尤其是重要之事引入一种较为敏感、独立思考的公众圈子;若独立思考的巴伐利亚公众从扎拉特的引导中对较新哲学有所把握,则他们必定会惊异于,在德国其他地区独立思考的公众中,如何可能认为无稽的思考推理和虚弱无力的人道是哲学,而与无稽的思考推理和虚弱无力的人道相比,他们必定愚钝地更喜欢他们非哲理的粗鲁,扎拉特和同党努力广泛打击这种非哲理的粗鲁。

前述之事已经中止之后,1802 年《南德文学汇报》第 18[期]以后一道新色拉①落入我们手中,其中最为幼稚地表达了上述巴伐利亚平庸粗浅的预言者所从事的推究哲理的那种实践倾向和道德倾向,还有那种倾向表现出的与哲学的关系,对此,我们不禁说上几句,以补足这种道德性哲理探究的特征。因为由此表明,这种哲理探究之所以要求道德作为哲学的唯一深刻根据,为的是免除一切哲理探究,而不是主张哲理探究的道德虚荣与自负,而为了批判哲学体系而使用了简单而糟糕的家庭常用药品,为的是凭自己的道德判断力把哲学体系的首创者和追随者塑造成不道德者。精神、不仅是形式,是扎拉特的喧嚷,精神、精神,并非套语,并非一个特定概念,关键是内在、深刻的真与原真、关键是道德精神;他的鼓励性呼喊和道德鼓舞:为了改善、完善而**始终向前!** 在理论性方面,对他而言,没有什么高于在概念、知识、理论、体系等等方面的**美妙哲理性冷静**;

[276]

[277]

---

① 评佐赫尔的一部新著《从希腊人直至康德的哲学体系史纲》。

连智力形成物与较纯粹的概念也具有重大意义,诸如此类。他把哲理推究置于此类推动、呼吁和指点之中;只要理论、体系来自智力,尤其在学派中或者依其标准而建,他绝不错认理论、体系的价值,其实,他认识到理论、体系直接**对正在学习的小青年**、间接对整体有必然性、有确实的**益处**。对这样一种虚荣泛泛而谈,人们必定认为是扎拉特所称精神;对他而言,精神却是**指点**,因为在指点中,形式最重要。对他而言,智力教养具有重大意义,但因为精神是一切,所以他解释道,关键并非或多或少不纯的科学概念,但单纯的建立系统者却最先重视形式,不重视更高尚的精神;系统来自智力,但关键是,何种精神寓居于系统之中;对扎拉持而言,智力与精神是两码事。他相信此智力有何力量,取决于,对他而言思考的精神 1. 不仅依赖外部,而且还 2. 作为人的精神限于自身;3. 于是,连哲学也不仅受制于每个个人的道德状况(因为人的意志是自由的!),而且还 4. 忽多忽少依赖外部环境,因而甚至依赖机制的力量。简言之,人们也必须在 ［278］ 扎拉特的废话中分离精神和形式;属于此人的形式的是,对他而言,智力具有重要性,在此道德之水上漂浮的精神却是此人最平庸浅薄的轻蔑,这样一种轻蔑,以更佳、更完善的道德外衣掩盖其鄙薄,而在此外表下,毫不客气地把其轻蔑未及克制的虚荣饬令成美德,而且,不仅不试图掩饰无知(在我们由此提取的片言只字的对哲学体系史的这种**批判**中,扎拉特显露出无知),反倒以此自夸;正如这张道德皮毛自以为可以无耻之尤。据说有必要特别指明哲学的本质,只要它显露在例证与学说的美好纽带中,尤其**不久前**在**唯心主义**的最新学派中,产生了出色的智者,他们**实际上**确定了**科学**与**生活**之间的**一道宽阔鸿沟**;除了最新唯心主义的智者是不道德者之外,这种实际确定有何别的意味;扎拉特可以让其精神来言说此事,其精神只察觉精神而避开在扎拉特处近乎意味着科学本身的形式。若道德的陈词滥调不含虚荣,则它可以自满;但若它受虚荣感染而以为必须同时说出其关于哲学的大话和判断,则对它无力上升至一个智力世界的诸领域而言,留下的则只有处处浮现的道德自负。扎拉特对新的美学—哲学学派、或者如他所称新诡辩术加以关注并在他头脑中从各处加

189

[279] 以搅拌之事,是**道德性**与**物质性**在此不再得到本质上的区分,但**美**是至高者(也就是不仅是感官世界中**德性**的映象或反映),而宗教是哲学的诗艺! 扎拉特补充道,这样一种诡辩术既出色地适宜于**满足**又出色地适用于**美化**这个**经验**世界中的**情致**,这不言而喻,而科学判断的内容是:**此外**,这些探究哲理的文人雅士的体系(因为此空谈家特别自以为能够写好他所说的**在天主教徒处还总是罕见之事**,似乎在此体系下领会所有那些人,他的痴呆无法从他们那里取得他们能够吸取之事)是单纯的自然主义,镶以理论的(逻辑和形而上学的)套语并饰以美学的色彩。所以,这个品德端正者以一个"此外"如此顺带地对较新哲学的科学方面作出判断;无知的自负却把重点放在满足并美化此经验世界中的情致上。一言以蔽之,自从无才智和卑鄙下流妄称健全的人类知性和道德以来,它对其自身的卑鄙无耻就不再设限,而人们不得不认为这张道德皮毛是最糟糕之事,还裹上了自鸣得意的无知。

［格丁根］
甲　完全实践的哲学在格丁根得到的接受

[280] 　　在上面关于吕克特和魏斯著作的启事中①,我们自告奋勇查明一些哲学家,其哲学本性恰恰就如会同两位述及的作者的哲学的本性一样。上述启事已经刊登之后,我们在[1802 年 2 月 6 日]格丁根学者启事版上读到对起先不作用于知性的这种哲学的评判,我们就认为自己有责任从格丁根学者启事版上抽取如下几处。

　　"我们在此通告的著作的作者似乎不久前还拥护费希特先生及其战友的**唯心主义独断论**,而**最后他们觉得此哲学不舒服**时,就物色了另一种哲学。"

---

　　① 《吕克特和魏斯,或者无需思维与知识的哲学》(在同一期,Ⅰ,2),在黑格尔协助下,由谢林执笔。

物色不同于早就在格丁根产生的哲学,连后者也以为,在它之后,除了回归**大自然的故乡**,哲学家再无他法。

"R 先生还倾向于带着一种**乡愁**作唯心主义的思辨。魏斯先生则教授坚决的反费希特主义";因而,他也是此评论者的真正宠儿;在他的论文中有相当多出色的意念,**连此评论者也愿意认同**它们。评论者则愈加不怎么能辩论,因为他最终(对,最终;若无始者会有终的话)以截然不同的途径获得了其思辨大致相同的结果,**尤其如 W 先生所表述的那样**,"洞见作为理论物存在于人身上",(评论者在此提出改善:在理性中),"根本不是至高者等等,我们精神的方向是切合实际的,甚至科学也是,若要它保持荣誉,诸如此类,——通过自我——知识学,扭曲了最神圣者与精华,真正的活动是自愿追求"。

此评论者的**自愿追求**是何情况,我们或许将在其他场合了解。但因为此评论者尤其以最无所顾忌、极其厉害的傲慢腔调言说费希特(如"评论者宁可抄下(上面)几处,因为他在其中尤其看出作者的善的精神,但若依吕克特先生之见,善的精神奇特地寓居于**费希特先生**身上,那它就必然意味着**恶的精神**"诸如此类),还是值得,我是说,值得在此方面说明,使用此类语言的此评论者虽然没有知识学,还是或许至此会止步于康德的批判,评论它并以评论者枯萎的审美与风雅之花来装饰批判的秸秆,而正是扭曲了精华的这种唯心主义,还有,虽不能说正是这种独断论扶助了此评论者臆测的怀疑主义,因为它在任何方面都站不住脚,但至少还是给了这种怀疑主义如此多的勇气,连康德的拐杖也扔掉并承认自己瘫痪,如我们所想,这种勇气可就不是帮小忙,因为承认绝对的否定性总好于以糟糕的方式掩饰它。 [281]

乙　彼处对唯心主义的观点

同在格丁根启事版上[1802 年 1 月 16 日],很可能同一评论者也注意到了一些去年在班贝格答辩的哲学博士论文命题,我们听说,它们也刊

191

登在《帝国公报》上。《帝国公报》意欲以此取悦其读者,这是无聊的;但在王家科学会监督下出版的学者告示版如此屈尊,证明此王家社团心情甚好。

[282]　　半吊子作风如此特别受宠并在一切学科中有如此众多的例证,在这样一个时代,教学再严肃也无法阻止它也在哲学中一试身手。

　　但在教师已经是半吊子,或者根本不从事并教授本行,而是自寻烦恼从事并教授哲学之时,人们当然肯定,半吊子作风也根本不向下扩散。此评论者还放言:他在彼处摘引过的句子,**在先验唯心主义的体系中**会是神圣真理,说他所放言之事不容置疑,这是太乏味平庸的谎言,以致我们认为不必有其他事来反对之,只消提醒上述王家社团注意此工作人员,他对哲学的坏情绪也可以使该社团的好情绪变得可疑。

简讯版^①。格丁根

一

教授兼王家科学会辅佐人 J. C. D. 维尔特先生在针对其小书《逻辑和科学普及百科全书概要》的增刊中作了宣布，重复其充分的信念，**他的哲学体系是唯一正确的体系**，并且补充道：**若谢林或者另一相似人物愿意参与一场竞赛，我在此就公开宣布，为了（按照康德的建议）具有信念的一个尺度，把那么多我的财产作为竞赛奖赏存放在法院，跟人们以相同意图想用来反驳的一样多。**

若人们希望由教授维尔特先生来暂且回答如下两个问题，则拒绝一种如此慷慨的邀请并非为了寻找遁词。

首先，维尔特先生把认识领会成**知识**，把体系领会成知识的**集合**。依他之见，**汇编各哲学定律经受了巨大的困难**，因为它们有的乍一看如此**不同类**，有的甚至**按照伟大哲学家的阐述**彼此矛盾。还可能只把各定律阐述成**假设**，此时，人们不禁**期待**，人人以其**自身经验**去探访它们，而哲学还是一种**美学**。此外，还须把**认识**置于**章节**和**标题**之下；为了正确分门别类，唯一需要的是普遍的规则。不过，在此条件下，每次争执瞬间又遭扬弃，**因为只能把要点置于恰当的章节之下**。看得出，依维尔特先生之见，**人类知识的唯一正确的体系**内容会是格丁根大学图书馆的良好主题分类

---

① 载于《哲学批评杂志》卷一，第三部分，1802 年［11/12 月］。——在谢林协助下由黑格尔执笔。

编目。

在此情况下的主要问题就是：比赛奖赏究竟在这些不同要点的哪一点上下注，是押宝于哲学是一种美学，还是押宝于哲学须把知识置于章节与标题之下，或者也押宝于**各定律**（在此情况下还会出现特殊问题，此处如何可能抉择，因为这些定律只是假设，人们因为它们不禁**期待**，人人以**其**经验去寻访它们），此外，是否押宝于逐个编排并纳入范畴中，根据这种编排与纳入，例如针对认识的每个组成部分，必定假设人类知识的**自身力量**而且还有**六个集合**，而地理学、史学、古物、统计与**形而上学**也归入形而上学科学范畴；在这件事情上，于是可以假定确定无疑的是，人们会因为分类而必须遵循他 1800 年 7 月 29 日的范畴表的终极复本，按他的保证，让他高兴的是，从此不再有什么可改动的了。

其次，鉴于应成为他**财产**一部分的竞赛奖赏，应确定，指的是精神财产还是经济财产，在第一种情况下，指的是他知识的哪一组成**部分**或者哪种自身**力量**，是在他那里（第 19 页）幂为零的力量还是幂为 3 的力量，以便若对手不能以其自身经验寻获此组成部分或者这种力量，维尔特先生不会失去应得的奖赏。

[285]

二

在今年汉堡报第 92 期上，可以找到对布特威克先生诗作的如下预告：

"布特威克先生按其目前的信念从未是诗人，也绝不该写诗，可能最不公的指责者也不会比布特威克先生本人更轻视他的诗作。因为他早就生活在另一个理念世界中，他那些并不认识他本人的友人们必定为此愈加感谢他，即他没有从他们那里收回他青春的小纪念碑。"

不能指望同一位友人在数载消逝后会愿意负责预告布特威克先生的哲学著作，略有修改的预告可能完全是同一则，就像比如会完全略去**诗人**加哲学家、**写诗**带探究哲理，还有不提及据称布特威克先生曾生活于其中

的一个理念世界或者与一个纯粹实践的世界相替换,并用"阳刚岁月"或
"第二春"来代替青春。

三

正因如此,我们碰到了[奥古斯特·温克尔曼的]《动力生理学入门》
(格丁根,海因里希·迪特里希出版1803年版),我们会希望如下适当的
两行诗段来代替普卢塔克的箴言给它当标题:

他们今天学会之事,他们明日就想教授,

唉,先生们倒真是直肠子啊!①

事实上,对那些有想法者而言,并非小不幸的是,想法并非罕见地以 [286]
相同方式**还给**他们(见献辞②),如同桑丘·潘沙把著名的香脂 Fieberfras
还给他的主人(《堂吉诃德》第一部,第238页,蒂克译),使得它们由此得
到的赞扬并不比上面指出之处中所描述的打磨好很多。我们会非常乐
意,不带对此类归还者人性的成见,而只是按照对作比较的外貌的说明把
他们分成活泼的蛙和严肃的猴这些不同的范畴;前者带着猎物欢快地四
处蹦跶,后者笨拙地戴上假发。若我们观照作风非同寻常的可敬性,它甚
至把洗礼名约翰改造成更高贵的约翰内斯,若我们观照克制的口吻,观照
敬重大名的适当性还有夸张而片面地称赞思辨时睿智的节制,则该把此
年轻的智者归入何方就不会存疑了。他成功地在别的"喧闹的社交圈
子"中完全"平静地表达"。别反感于他承认他人附加之事时所持的谦
逊,这只是他所付的过路税的一部分,为的是以草草一瞥为代价让剩余之
事自由通过。然而,他果敢地把**一个**想法称为他的想法,对两项原则、肯
定与否定的发现。我们却担心,对他而言,此二元论又会合一并且导致一
个纯粹的否定者。

---

① 参见歌德与席勒《赠辞》第330首:《快枪手》。

② "还给他的友人约翰内斯·里特尔和阿希姆·冯·阿尼姆"。

信仰与知识或者以康德哲学、雅科比哲学与费希特哲学形式出现的形式完整的主体性的反思哲学①

文化近来如此超乎理性与信仰、哲学与肯定宗教的旧对立,使得信仰与知识的这种对立获得了一种截然不同的意义并且只在哲学自身内部迁移。说理性是哲学的婢女,正如人们旧时如此表述而哲学在它面前不可战胜地保住了自己绝对的自律,这些观念或者说法消失了,而只要理性是给自己起此名的理性,理性在肯定宗教中如此起作用,甚至哲学针对肯定者、奇迹与此类事物的争执也被视为了结之事与不合逻辑之事,而康德尝试用一种出自其哲学的意蕴来活跃宗教的肯定形式,之所以不走运,并非因为那些形式的特有意义会由此得以改变,而是因为那些形式似乎也不再配得上此荣誉。但问题是,理性这个胜利者是否恰好遭受那种命运,即野蛮民族胜出的强势对有教养民族处于下风的弱势经常遭受的命运,看

表面统治是保持优势,但看精神实质却是屈服于战败者。启蒙性的理性辉煌地战胜了根据其宗教领会的低尺度而视为信仰、与自己对立者,细看起来,这种辉煌的胜利无非是,既非是它与之斗争的肯定者、宗教,亦非取胜的它依旧是理性,而产物得意扬扬地作为结合两者的共同的和平之子在此尸首上飘浮,同样不怎么能得到理性作为纯正的信仰。理性由此本身已经没落了,即它只把宗教领会成肯定者,而非按唯心主义来领会,这种理性能做的不过是在斗争之后就注意自己、获得自我认识并由此承认

---

① 《哲学批评杂志》卷二,第一部分,1802 年[7 月]。

它什么都不是,即它因为只是知性,它把优于它本身之事设定成在自身**之
外与超越**自身的一种信仰中的一个**彼岸**,正如在**康德、雅科比和费希特的
哲学**中发生的那样,而且它使自己再度成为一种信仰的婢女。依**康德**之
见,超感觉者无力为理性所认识;至高的理念并不同时具有现实性。依**雅
科比**之见,理性羞于乞讨,而它无理由去挖掘①;赋予人的只有他不知何
为真那种感觉与意识,只有预感真在理性中,这种预感只是一般主观之事
和本能。依**费希特**之见,上帝是不可把握之事与不可想象之事;知识所知
的无非是它一无所知,而不得不遁入信仰。依他们之见,根据旧的区分,
绝对者既不可能反对理性,亦不怎么可能赞成理性,而是超越理性。启蒙
的否定做法其正面在于无实质的虚荣性装腔作势,这种否定做法由此获
得一种实质,即领会其否定性本身,有时通过否定者纯粹性和无穷性而摆
脱乏味,有时却就因此为了肯定性知识又同样只能有有穷者和经验之事,
但只能在彼岸拥有永恒者,这样,就认识而言,此永恒者是空泛的,而知识
的这个无穷空泛的空间只能用渴望与预感的主观性来填补;要理性放弃
其在绝对者中的存在,把自己完全排除在外并且对此只持否定态度,这在
以前算作哲学终结,现在成了哲学的制高点,而启蒙的什么都不是由于意
识到什么都不是而成为系统。

[289]

　　不完美的哲学一般因它们不完美而直接属于一种经验必然性,而因
此,出于并且凭借此必然性,这些哲学的不完美方面可以得到把握;经验
之事在世界中作为庸常现实而存在,在经验之事的哲学中以概念的形式
作为与意识合一并且因此理由充足地存在。上述哲学共同的主观原则有
时绝非一个小时间周期或者一个数量微少人群的精神的受限形式,有时
具有强力精神形式,这种强力精神形式是上述哲学的原则,无疑在上述哲
学中,这种强力精神形式使共同主观原则的意识的完美性、共同主观原则
的哲学形成物的完美性和认识的完美性完满得到表达。

　　世界精神的伟大形式在那些哲学中认识了自我,却是北方的原则,而

---

　　① 《雅科比全集》卷四,第一部分,第214页。

从宗教上来看,是新教的原则,——是主观性,在主观性中,美和真呈现在感情与观念中、爱与知性中。宗教在个体的心中建起它的庙宇和祭坛,而叹息和祈祷寻求上帝,对上帝的直观放弃如此,因为存在知性的危险,知[290]性会把受直观者认定为事物、把短灌木认定为木料。虽然内心也必定变得外在,意图必定在行动中获得现实,直接的宗教感受必定表现在外部动作中,而逃避认识的客观性的信仰必定在意念、概念与言辞中变得客观;但知性严格区分客观者和主观者,而主观者变成无价值与一无是处之事,正如主观美的斗争必定恰恰旨在理所当然地反对那种必然性,依据此必然性,主观者变得客观。而何种美会在主观者中变得真实,会落在主观性头上,意识会在何处专注于表现和客观性本身、构成现象或者在其中训练有素地活动,这必得完全略去,因为这会是危险的多余,而因为知性可能使之成为某事,这可能是一种弊端,还会是化为无痛苦的直观,这种美妙的感觉会是一种迷信。

通过主观美而赋予知性以这种威力,起初似乎与其渴望相矛盾,其渴望超越有穷者,对其渴望而言,有穷者什么也不是,这种威力是一个同样必然的方面,如同这种威力针对知性的努力一样,而这种威力在阐述哲学时将继续沉湎于这种主观性。恰恰由于此威力逃避有穷者、由于主观性的固定之在,由此对这种威力而言,美成为一般事物,短灌木成为木料,图景成为事物,这些事物有眼不睹,有耳不闻,而若理想不能在完全知性的现实性中被当作木段和石头,图景就变成虚构,而任何与它们的联系显现为无本质的游戏或者显现为对客体的依赖性并显现为迷信。

但这种知性处处把存在之真实性只看成有穷性,除了这种知性之外,[291]作为感受、永远充满渴望的爱,宗教具有其崇高方面,即它既不耽于易逝的直观亦不耽于享受,而是渴望永恒的美与极乐。作为渴望,宗教是主观之事;但它所寻求之事和未在观照中给予它[之事],是绝对与永恒者;但若渴望找到其对象,则主体作为一个个体的时间美会成为作为个人的主体的至福、一个属于世界的人的完美。但只要宗教确实疏离宗教,它就不会成为什么美事;但作为内在美的纯粹肉身,经验的定在本身不再是尘世之事和独有之事。意图依旧不受作为行为的客观性玷污,而业绩以及享受不会通过知性而升为某事来反对内心与外表的真正同一性;至高的认识会是这样的认识,即此肉身是内心与外表中的何者,个体在其中不会是一个个别的个体而渴望获得完美的直观、获得极乐享受。

时间到了之后,无穷的渴望摆脱肉身和世界而与定在和解,但借以实现和解的现实性、由主观性承认的客观者确实只是经验性的定在、庸常的世界与现实,也就是这种和解本身并未丧失在美丽的渴望中存在的绝对对立的特征,而是这种和解就投身对立的另一部分、投身经验世界;而若这种和解因其绝对盲目的自然必然性就在内心根据上确信而且坚定,它还是需要有利于这种根据的一种客观形式,而正是根据自然的必然性,无意识的确信理头于经验定在的现实性,必定试图助己同时辩白并问心无愧。这种有利于意识的和解在极乐学说中起效,使得由此出发的固定 [292]点成为经验性主体,而使此经验性主体与之和解之事同样是庸常的现实,经验性主体可以对庸常现实心怀信赖并且不犯罪错地屈服于它。根深蒂固的粗野和彻头彻尾的庸俗作为这种极乐说的内在根据仅在这点上有超越,即这种内在根据追求辩白与问心无愧的意识,这种意识(因为经验是绝对的,对理性而言不可能通过理念而有由此意识)只能达致知性的客观性、概念,此概念在其至高抽象中呈现为所谓纯粹理性。

滥启蒙的独断论与幸福论的独断论内容并非在于它使至福与享受成为至高者;因为若把至福领会成理念,它就不再是经验之事、偶然之事及感性之事。知性之举与至高享受在至高的定在中合一,而若至高定在的理想性遭孤立,才能称为知性之举,或者若至高定在的现实性受孤立,才能称为享受与感觉,若极乐是至高理念,完全无所谓是否要从至高定在的理想性或现实性去领悟至高定在,因为知性之举与至高享受、理想性与现实性两者同样在极乐之中并且同一。任何哲学阐述的无非是,它把极乐建构成理念;由于至高享受经由理性而得到认识,两者的可区分性就直接略去,方法是,概念与行动中的无穷性,还有在享受中占统治地位的现实性与有穷性相互吸收。若把至福认定为极乐地享受永恒的直观,针对这

[293]　种至福的论战将称为空谈。但人称幸福论所理解的当然是经验性至福、对感受的享受,而非永恒的直观与极乐。

概念或者无穷性如此直接地与经验本质和有穷本质的这种绝对性对立,使得一个受制于另一个,而因为一个在其自为存在中是绝对的,与他者同一,也[是]他者,而第三者是真正的第一个、远离这种对立的永恒者。无穷者、概念,因为本身是空洞的,是无,通过在对立中所关涉之事而得到其内容,亦即个体的经验性幸福,概念的内容是绝对的个别性,把一切置于概念的这种统一之下,为了这种统一而考虑美的一切形态、任何形态,考虑对一种理念、智慧与德行、艺术与科学的表达,亦即使之成为并非自在之事,这叫做智慧与科学,因为唯一的自在是关于并非理念、而是绝对个别性的抽象概念。

根据这种构成体系的固定原则,即有穷者自在、自为、绝对并且是唯一的现实性,那就一方面是有穷者和个别者自身有多样性的形式,而一切宗教、道义与美就被扔进这种多样性中,因为有穷者与个别者能够由知性领会成一种个别,在另一方面,就是这种绝对有穷性有无穷者的形式,作为关于至福的概念。无穷与有穷,不该在理念中把它们设定为同一,因为每个都是绝对自为,它们以此方式处于相互支配的关系中,因为在它们的绝对对立中,概念是决定者。但永恒者居于这种绝对对立、支配与经验性可领会性的相对同一性之上;因为那种对立是绝对的,所以这种范围是不
[294]　可捉摸者、不可把握者、空洞者、理性界桩彼岸一个不可辨认的神,这样一个范围,对直观而言,什么都不是,因为直观在此只是一种感性的、受限的直观,对享受而言,此范围同样什么也不是,因为只有经验性的至福,对认识而言,此范围什么也不是,因为称为理性者,无非是为个别性、为设定一切理念在有穷性之下而算计一切与每个。

幸福论与启蒙的这种基本特征把新教美妙的主观性改造成一种经验性的主观性,新教的痛楚以经验性的定在鄙弃一切和解,幸福论与启蒙的这种基本特征把新教痛楚的韵文改造成满足的散文,带有这种有穷性和对此问心无愧,这种基本特征在康德、雅科比和费希特的哲学中保持何种

关系呢？这些哲学甚少脱离这同一种特征，所以它们其实只是把它完善至极致。它们自觉的方向直接针对幸福论的原则；但由于它们无非是这种方向，所以它们积极的特征就是那种原则自身，使得这些哲学带给幸福论的修正只对幸福论的形态加以完善，这种完善本身对理性与哲学、对原则而言无关紧要。在这些哲学中，留存着有穷者的绝对之在和经验性现实性的绝对之在和无穷者与有穷者的绝对对立之在，而只把理想性领会成概念。尤其若设定此概念是正面的，仅留存它们之间可能的相对同一性，通过概念来主宰显现为真实与有穷之事，一切美与德性均属此事；但若设定概念为负面的，则个体的主观性以经验的形式存在，而主宰并非通过知性发生，而是作为主观性相互的自然强弱。在这种绝对有穷性和绝 [295] 对无穷性之上，留存绝对者作为理性的虚空、固着的不可捉摸性的虚空和信仰的虚空，信仰本身无理性，之所以称为理性的，是因为限于其绝对对立的那种理性认识到在自己之上的一个更高者，它把自己从后者中排除。

以幸福论的形式，一种绝对有穷性的原则尚未达到完美的抽象，因为在无穷性方面，概念并非纯粹设定地存在，而是充盈着一项内容作为至福而存在。由于概念并不纯粹，它实际等同于其对立者，因为构成其内容者就是现实性，此处以概念的形式得到设定，现实性在另一方面是多样性，所以不存在对对立的反思，或者对立并不客观，经验之事未被设定为适用于概念的否定性，概念也未被设定成适用于经验之事的否定性，概念亦未被设定成自在否定之事。但在完美的抽象中，对这种对立的反思或者理念的对立是客观的，而每件事均被设定成并非他者的某事；统一与多样者在此作为抽象而相互对立，由此，对立者就彼此拥有肯定性和否定性两方面，使得经验之事同时是对概念而言一个绝对的某事并且同时是绝对的无。由于肯定性这个方面，它们是先前的经验论，由于否定性这个方面，它们同时是唯心主义和怀疑主义；它们称经验之事为实践哲学，称绝对的某事为理论哲学；在实践哲学中，对概念而言，或者本身甚至经验之事也具有现实性，在理论哲学中，对经验之事一无所知。

在这种共同的基本原则内部——有穷性的绝对性和由此产生的有穷

[296]　性与无穷性、现实性与理想性、感性之事与超感觉之事的绝对对立和超越确实真实者和绝对者——**这些哲学**又构成自己之间的对立,而且是**对原则而言可能形式的总体性**。康德哲学组成这整个范围的客观方面:绝对的概念,干脆自身作为实践理性存在着,是有穷者中至高的客观性,绝对地被设定成自在自为的理想性。雅科比的哲学是主观方面:它把对立和绝对地设定的同一之在移入作为一种无穷渴望和一种无可救药的痛楚的感情的主观性中。费希特哲学是两者的综合;它如康德一样要求客观性的形式和诸对立的形式,但把这种纯粹客观性对主观性的冲突同时设定成一种渴望和一种主观的同一性。在康德处,无穷的概念自在自为地得到设定并且是仅获哲学承认者;在雅科比处,无穷者似乎受主观性感染,显现为本能、内驱力、个别性;在费希特处,受主观性感染的无穷者自身又作为应该与追求而变得客观。

　　可见,虽然这些哲学与幸福论自身截然对立,它们也不怎么脱离幸福论。它们简直无比明显的倾向和由它们说明的原则是,超越主观和经验,要求把理性的绝对之在和理性于庸常现实中的独立性还给理性。但因为这种道地理性只具有反对经验的这种方向,无穷者本身只在关涉有穷者时存在,所以,这些哲学与经验作斗争,它们就直接留存于经验的范围内;康德与费希特哲学可能升格为概念,但并未升格为理念,而纯粹概念是绝

[297]　对的理想性和空,纯粹概念只在关涉经验时、进而通过经验而具有自己的内容、具有自己完美的维度,恰恰给绝对的道义经验论和科学经验论说明了根据,这些哲学指责幸福论有这种经验论。雅科比哲学不走这条弯路,即把概念与经验性现实性分离,随后就由这种经验性现实性再给概念以内容,对概念而言,除了经验性现实性,有的无非是概念的毁灭;而因为雅科比哲学的原则即主观性是直接的,雅科比哲学就是直接的幸福论,只是带有否定性这种添加剂,因为它感兴趣的是,那种思维本身什么都不是,幸福论尚未认定那种思维为理念之事、对现实性而言否定之事。

　　若有穷性的这种唯实论先前合乎科学的现象(因为就非科学现象而言,则近来文化的一切所作所为还归入其中)、洛克主义和至福论把哲学

变成经验心理学,把一个主体的立场和绝对存在的有穷性升格成首要、至
高的立场,问答那件事,就一种有感觉、有意识的主观性而言或者就只顾
埋头于有穷性而放弃对永恒者的直观与认识的一种理性而言,根据知性
考虑,何为宇宙,则上述三种哲学就是对这种经验心理学的充实与理想
化,其内容在于,认识到无穷的概念与经验绝对对立,而此对立的范围、一
个有穷者与一个无穷者是绝对的(但若无穷性与有穷性如此对立,则一
个与另一个同样有穷),而在此范围之上、超乎概念与经验的是永恒者,
但认识能力与理性绝对只是那种范围。在这样一种只思考有穷者的理性
中可见的当然是,它只思考有穷者;在作为内驱力与本能的理性中可见的 ［298］
是,它不可能思考永恒者。这些哲学无力做到的唯心主义(在主观维度
上,也就是在雅科比哲学中,唯心主义只可能拥有一种怀疑主义的形式,
而且也并非真正怀疑主义的形式,因为此处把纯粹的思维只设定成主观
思维,而唯心主义的内容在于,纯粹的思维是客观思维),是有穷者的一
种唯心主义,并非在有穷者在这些哲学中会什么都不是这层意义上,而是
把有穷者纳入理念的形式中,而有穷的理想性、亦即纯粹的概念,与有穷
性绝对对立的一种无穷性,连同现实的有穷者,两者同样被设定为绝对。

据此,就有一种自在、唯一的肯定之事,即一个思考着的主体是受有
穷性感染的一种理性,而整个哲学内容在于把宇宙规定成这种有穷的理
性。在康德处所谓对认识力的批判,在费希特处,意识不飞越、不变得超
验,还有在雅科比处,不做就理性而言不可能之事,这些无非意味着把理
性绝对地限于有穷性的形式上,在一切理性认识中不忘却主体的绝对性,
使局限性成为既是自在的永恒律令和存在亦是适用于哲学的永恒律令与
存在。也就是在这些哲学中,可见的无非是把反思文化升格成一个体
系——常人知性的一种文化,常人知性跃升为一般性的思维,但因为常人
知性依旧是庸常知性,常人知性把无穷概念当成一种绝对思维,把常人知
性对永恒者的其他直观与绝对的无穷概念分开,——或者常人知性完全
放弃那种直观,在概念与经验中自持,或者常人知性兼具两者,但不能使
之集于一体,既不能把自己的直观纳入概念,亦不能同样消灭概念与经

[299] 验。由于渴望与追求,由于意识到有它不能超越的局限性,较好的本性苦于这种局限性或者绝对对立,表现为相信超越这种局限性,但表现为永远的无能同时就是表现为不可能超越限制而升入理性那自我明晰而无渴望的领域。

因为万能时代及其文化为哲学所确定的坚定立场是受感性感染的一种理性,所以,此类哲学可能着眼之事并非认识上帝,而是如人所说,认识人。这种人和人类是此类哲学绝对的立场,亦即作为理性一种固着的、不可克服的有穷性,而非作为永恒美的反光,作为宇宙的精神焦点,而是作为一种绝对的感性,但这种感性具有信仰的能力,即还凭借它不熟悉的超感觉在一处与别处粉饰自己。似乎艺术限于描摹肖像,其理想在于,艺术还把渴望置于一副庸人面孔的眼中,还把一丝惨笑置于其口中,但艺术干脆被禁止表现超越渴望与忧伤的诸神,似乎只有以人性为代价才可能表现永恒的图景,所以,哲学不应表现人的理念,而应表现对与局限性混杂的经验性人性的抽象、带着楔入自身中的绝对对立这根固定桩,而由于哲学明了自己限于感性,它就可以分析它的这种抽象或者以超凡脱俗、动人的方式完全放弃之,由于它在信仰时让人注意一个更高者,它同时就会给
[300] 自己饰以一种超感觉的表面色彩。但真理不可能因把持存的有穷性如此神圣化而受骗,因为真正的神圣化必定消灭此类神圣化自身。艺术家让超凡出世的光线落到现实身上并把现实完全纳入其中,若艺术家以此方式不能给予现实以真正的真实性,而只能表现自在自为的现实,正如它通常叫做现实性与真实性一样,而非既不是这一个也不是他者,艺术家遁入对抗现实的动人手段、渴望与感伤的手段,处处为卑劣之事而泪流满面,把"哎,上帝!"挂在嘴上,由此,他的人物形象当然朝向天空,超越现实,但如蝙蝠既不属于禽类亦不属于兽类,既不属于地亦不属于天,而此类美不可能没有丑,此类德性不可能没有弱点与下流,此时出现的此类知性不可能没有平淡无奇,此时起作用的幸与不幸,前者不可能没有卑鄙,后者不可能没有害怕与胆怯,两者不可能没有可鄙之处,若哲学按其方式以概念形式把有穷者与主观性采纳为绝对真理,哲学同样不怎么可能由此来

纯洁有穷者与主观性,即哲学使主观性关涉无穷者;因为这种有穷者本身
并非真,因为它不能根除有穷性。但若在有穷性中,现实与一时性本身消
失,则一时性被视为残酷的剖析,不让人完好无损,一时性还被视为残暴
的抽象,没有真实性、尤其没有实际真实性,而这样一种抽象被领会成从
全体的完整性中令人痛苦地切除一个根本部分;但一时性、经验性和匮乏
被断定为一个根本部分、一种绝对的自在;似乎若在眼前揭开整件艺术 ［301］
品,只看见艺术品之脚者抱怨道,他被剥夺了匮乏,不完整性变得不完整
了。认识有穷者是如此认识一个部分、一种个别;若绝对者由有穷者和无
穷者**组成**,则对有穷者的抽象却会是一种损失,但在理念中,有穷者与无
穷者合一,因此,只要自在自为的有穷性具有真实性和现实性,有穷性本
身就消失了;但只是借助有穷性而成为否定之事遭否定,也就是设定了真
正的肯定。对那种绝对化否定的至高抽象是自我性,正如一般而言,事物
是对肯定所作的至高抽象;一事与他者一样,自身只是对他者的一种否
定。纯粹的存在以及纯粹的思维,一个绝对事物与绝对的自我性同样是
变成一个绝对者的有穷性,而且处于这同一阶段,不说其他现象了,幸福
论和滥启蒙以及康德哲学、雅科比哲学和费希特,我们现在转向详细对比
它们。

甲、康德哲学

康德哲学的本质在于成为批判唯心主义,康德哲学由此简直招认其
主观性原则和形式思维原则,而由于自信它使反思的统一成为至高者的
这种立场,它在最无忧无虑的讲述中表白它是什么、想要什么;它赋予概
念的理性之名至多能妨碍或掩盖对此的澄清。在它其实以一种理念为根
据的较低立场上,它表达理念时的含混有时妨碍人认识康德哲学,有时, ［302］
康德哲学自己又够快地把理性之事变成知性之事与有条件之事;但除了
想到思维的单纯可能性和缺乏一切现实性的过分概念外,康德哲学还经
常在其途中顺带想到诸理念,它够快地把它们作为单纯的空想又放弃了,

还有至高理念,它在其批判事务中遇上此理念,将[其]当作空洞的苦思冥想、不自然的单纯学校笑话,即要从概念中捡出一种现实①,康德哲学提出此理念本身,但在其哲学末尾,作为一种设定,这种设定本该有一种必然的主观性,但不会有那种绝对的客观性,康德哲学提出此理念并非为了以它在信仰中终结,而是为了仅由此理念开始哲学并承认它为哲学的唯一内容。若康德哲学干脆盘桓于对立中并使对立的同一性成为哲学的绝对终点,亦即成为纯粹的界限,此界限只是对哲学的一种否定,则不必看成真正哲学的任务的是,把忽而被领会成精神与世界、灵魂与躯体、自我与自然等等见得到的对立消解在其终点中,而是此哲学的唯一理念是绝对扬弃对立,对此哲学而言,此理念具有现实性和真正的客观性,而这种绝对的同一性既非一种一般的、主观的、不可实现的设定(而是它是唯一真正的现实性),对这种绝对同一性的认识亦非一种信仰,亦即对知识而言是一种超越,而是这种绝对同一性唯一的知识。因为处于绝对同一性中的哲学既不承认对立者之一也不承认放弃他者时的他者是自为存在

[303] 的,而是至高理念对两者不感兴趣,而单独观照每个对立者,它又什么都不是,所以,此哲学是唯心主义,而康德哲学就有功成为唯心主义,只要它证明,无论单是概念自身还是单是直观自身均不是什么,直观自身是盲目的,概念自身是空洞的②,而两者在意识中有穷的同一性叫作经验,同样不怎么是一种理性的认识。但康德哲学把那种有穷的认识宣布为唯一可能的认识,就使那种负面的、纯粹唯心主义的方面成为自在存在者、成为正面者,或者就使那个空洞的概念又成为绝对的、既是理论的又是实践的理性,这样,康德哲学复归绝对的有穷性和主观性,而此哲学的整个任务和内容并非认识绝对者,而是认识此主观性或者对认识能力作批判。

"我认为,若我们仔细观照我们的知性、研究我们的力量并留神它们被放到哪些事物上,第一步仿佛是,满足人的感受力所愿意做的不同探

---

① 《纯粹理性批判》,B 第 631 页。
② 同上书,B 第 75 页。

究。若人继续其探究,超过其能力所允许的程度,而让其意念在找不到踪
迹的这样一处深海中游移,则不足为奇的是,他们激起的全是怀疑,争执
越来越多,因为这些争执从未可解、可了结,它们只用来维持、增加他们
的怀疑,最终在地地道道的胡乱怀疑中增强怀疑。而若仔细考虑我们知
性的能力,就会发现我们的认识延展至多远,还会发现视野,它形成了分
界线,在阐明的部分和幽暗的部分之间,在可领会的部分与不可领会的部 [304]
分之间,这样,或许人麻烦较少地止步于认识到对一个部分无知,而带着
若干益处与享受将其意念与言说转向另一部分。"

　　洛克在其《试论人的知性》的引论中以此类言辞表述其行动的目的,
在康德哲学的引论中同样可以读到这些言辞,它们同样限于洛克的目的
之内,亦即限于观照有穷知性之内。

　　但在此限定范围内,尽管至佳结果截然不同,仍可见真正的理性理念
以如下措词表达出来:**如何可能有综合的先天判断**? 但康德遇到他指责
休谟之事,亦即他对哲学的此项任务思考得远不够明确、普遍,而只是止
步于此疑问在**主观**与表面上的意义,自以为明白了不可能有一种理性的
认识;而依他的结论,一切称为哲学之事皆会导致单纯妄想有臆想中的理
性洞见。

　　如何可能有综合的先天判断? 此问题表达的无非是此理念,即综合
判断中,主项与谓项同时是先天的,前者是特殊性,后者为普遍性,前者以
存在的形式,后者以思维的形式,这种不同类性同时是先天的,亦即绝对
同一。这种设定的可能性只是理性,理性无非是此类不同类性的这种同
一性。人们透过演绎诸范畴时的肤浅平庸而瞥见此理念,在关涉时空时
发现它不在该在之处,不在对这些形式的先验探讨中,但以后还是存在,
彼时,对统觉所作原初综合性的统一在演绎诸范畴时才露面,也被断定为 [305]
形象综合的原则或者直观形式的原则,而时空本身被领会成综合性统一,
而创造性的想象力、率性与绝对综合性活动被领会成感性的原则,感性先
前只是被刻画成接受性。

　　这种原初综合性的统一,亦即不必领会成对立者产物的一种统一,而

207

须领会成对立者真正必然的、绝对的、原初的同一性,这种原初综合性的统一既是创造性想象力的原则,盲目的、亦即沉潜于差异的、不与差异分离的这种统一的原则,亦是对差异作同一设定的、但与有差别者有异的这种统一之原则,这种原初综合性统一又是知性;由此可见,康德式直观形式与思维的形式根本不像人们通常所想象的那样作为特别孤立的能力而互不相干。同一种综合性统一——它此处叫什么,方才得到确定——是直观的原则与知性的原则;知性自身是较高的幂,在此幂中,在直观时根本不沉潜于多样性的同一性因与多样性对立,同时在自身中把自己建构成普遍性,由此,同一性成为较高的乘幂。因此,康德把没有形式的直观称为盲目,很有道理,因为在直观中,除了观照或意识在于相对同一性和对立外,没有相对的对立,也没有统一与差异之间的相对同一性,而是同一性如同在磁体中一样与差异完全同一。但只要直观是一种感性直观,亦即对立并未如在理智直观中那样遭扬弃,而是必定在经验直观本身中

[306] 显现,则对立也在于沉潜的这种形式,并且,对立作为直观的两种形式因此分道扬镳,一种形式作为思维的同一性,另一种形式作为存在的同一性、作为对时空的直观。同样,概念舍弃直观是空洞的,因为综合性统一只有如此才是概念,即它与差异如此相结合,使它在差异之外同时在相对对立中面对差异。孤立的纯粹概念是空洞的同一性;只有同时与它所面对之事相对同一,它才是概念,只有通过直观的多样性才完成:感性直观 $A = B$,概念 $A^2 - (A = B)$。

创造性想象力既以感性直观的形式也以领会直观或经验的形式成为一种真正思辨的理念,就此主要事态而言,则同一性可能因一种综合性统一这种措词而使人获得此印象,好像它预设反题,需要反题作为一个独立于同一性者、自为存在者具有多样性,也就是依其性质以后会是对立。只是,那种统一在康德处不容辩驳地成为自我意识绝对、原初的同一性,这种同一性先天绝对地自行设定判断,或者毋宁说在作为判断的意识中显现为主体性与客体性的同一性;统觉的这种原初统一就因为其两面性而称为综合的,因为在它之中,对立者绝对合一。绝对综合之所以是绝对

的，是因为它并非捡拾来的多样性的集体，在这些多样性之后、之外才添加的，若把绝对综合加以分离并谋求其对立者，则绝对综合的一个对立者是空洞的自我、概念，另一个是多样性、躯体、质料或者随便叫什么。康德在《纯粹理性批判》[B]第135页说得很好：由于空洞的自我作为简单的想象，没有给定什么多样性之事。真正的综合性统一或理性的同一性只是那种同一性，它是多样性涉及空洞同一性的联系，是自我，作为思考主体的自我和作为躯体与世界的多样性才离开作为原初综合的空洞同一性，由此，康德就区分对自我的抽象或者对知性的同一性自身的抽象，区分以绝对、原初综合的同一性为原则的真正的自我。 [307]

这样，康德其实就解决了他的疑问：如何可能有先天综合判断？因不同类者的原初绝对同一性而可能有先天综合判断，它们本身、作为分别显现为一种判断的形式的主项和谓项、特殊性和普遍性才从作为无条件者的这种不同类者原初绝对的同一性中分离。这种判断的理性之处，或者如康德所表达的那样，这种判断的先天性、作为中项的绝对同一性并非在判断中、而是在推论中呈现出来；在判断中，绝对同一性只是联项"是"、一个无意识者，而判断本身只是差异的占优势现象。此处，就认识而言，理性之处沉潜于反题，就如同就一般意识而言，直观中的同一性沉潜于反题。联项并非一种想到之事、得到认识之事，而是恰恰表示理性之处未得到认识；显露并在意识中之事，只是作为反题诸环节的产物：主项与谓项。而只有它们以判断的形式、而非它们的同一之在被设定成思维的对象。在感性直观中，概念与真实者并非彼此对立。在判断中，同一性作为普遍性同时从其对差异的沉潜中抽身并与这种沉潜之在对立，而差异以此方式显现为特殊性；但对作为普遍性与特殊性的同一性而言，理性的同一性是判断中的无意识者，而判断本身只是无意识者的现象。

自我是想象者与主体，康德所称只是伴随一切想象者，如果不能区分 [308] 这种自我和康德称为统觉原初综合统一能力之事，如果不能断定这种想象力是中项，而断定为最初者与原初者，只能断定为自在，则无论对直观形式的完整先验演绎，还是对一般范畴的完整先验演绎，都无法理解，中项才被插入一个实存的绝对主体与一个绝对的实存的世界之间,无论主观的自我还是客观的世界都从最初者与原初者才分成必然两分现象与产物。这种想象力作为原初两面的同一性,一方面成为一般主体,另一方面却是客体并且原初就是两者,它无非是理性本身,其理念适才得到规定,只不过是在经验性意识范围中显现的理性。经验性意识的自在是理性本身,而创造性想象力,无论是直观性的,还是体验性的,并非与理性相隔离的特殊能力,而这种创造性想象力只称为知性,只要把范畴设定为在无穷者的形式下体验性的想象力的确定形式,固定为概念,这些范畴在其范围内同样构成一个完备的体系,尤其是那些人必定如此领会,他们若听说想象力,既不会想到知性,但更不怎么会想到理性,而只会想到无规律性、任意性与虚构,不能摆脱精神的能力具有一种质的多种多样性这种想象。在康德哲学中,因此更多放过创造性想象力,因为其纯粹理念却如其他的

[309] 幂一样相当混杂地、而且几乎以心理能力的寻常形式、却是先天能力的寻常形式得到表现,而无论是感性的唯一先天性还是知性的唯一先天性,不管它是什么,康德都不把唯一先天性认定成理性,而只是在普遍性与必然性的形式概念下来认识,我们即将会见到,他把真正先天性本身又变成一种纯粹的、亦即非原初综合的统一。

但在想象力的乘幂中,创立了自在,但想象力的双重性被领会成得到反映的双重性,亦即判断,同样,想象力的同一性被领会成知性与范畴,亦即被领会成同样得到反映的与相对的同一性,这样,固定为普遍性或者固定为范畴的同一性是相对的,普遍性与特殊性的双重性是相对的,这种相对同一性与相对双重性的绝对同一性也必定得到反映并被断定为理性;不过,成为理性的想象力沉潜于差异,作为这种幂,只升格成无穷性的形式,固定成知性,而这种单纯相对的同一性必然与特殊性相对,简直受作为对它而言异己者与凭经验者的特殊性所感染,而两者的自在、这种知性与凭经验者的同一性或者判断的先天性不显露,而哲学没有从判断前行至先天性推论,没有从承认判断是自在的现象前行至认识自在。而因此,唯心主义的绝对判断可以、并且在此幂中必定在康德的阐述中得到如此

领会,即感性的多种多样性、作为直观与感受的经验性意识自身是无联系
者,世界是自身分拆者,这个自身分拆者只有通过知性者自我意识的善行
而得到客观的关联与支撑、实体性、多、甚至现实与可能性,人看过去就扔
出去的一种客观规定性。整个演绎就获得了一种极易领会的意义,[即] [310]
自在物与感受——并且在感受及其经验性现实性方面,别无他法,只有考
虑,感受来自自在物,因为尤其是经验性意识的不可捉摸的规定性来自自
在物,而自在物既不能得到直观亦不能得到认识;在经验中成为直观形式
者,属形象综合,成为概念者,属理智综合;对自在物而言,留存的感官无
非是感受,因为感受自己非先天建基,亦即并非建基于人的认识能力,对
人的认识能力而言,只存在现象——,自在物与感受没有客观规定性。它
们的客观规定性是其统一;这种统一却仅是具有经验的一个主体的自我
意识,也就同样不怎么是作为任一其他主体性的真正先天者、自在存在
者。因此,批判唯心主义无非以形式知识为内容,即主体与事物或者非我
均自为存在,是"我思"的自我与自在物,并非似乎它们中每一个都是实
体,一个会被设定成灵魂事物,另一个会被设定成客观事物,而是"我思"
的自我,作为主体是绝对的,正如位于其彼岸的自在物,两者均无依照范
畴的进一步规定性。客观规定性及其形式在两者相互关涉时才出现,而
它们的这种同一性是形式上的同一性,显现为因果关联,使得自在物变成
客体,只要它从能动的主体得到一些规定性,这种规定性在两者中仅由此
而成为这同一种规定性;但此外,它们是完全不同者,情形如同若太阳温
暖石头,太阳和石头在热的方面即如此。同一转成这样一种形式同一性
的是主体与客体的绝对同一性,而先验唯心主义转为这种形式上的唯心 [311]
主义或者不如说其实转为心理唯心主义。若使主体与客体分离,判断又
在主观性与客观性中双重显现,作为从一种客观性到另一种客观性的过
渡,它们自身又在主观性与客观性的关系中得到设定,还在两者的同一性
中关系中得到设定,同样从一种主观现象过渡到另一种。所以,难点是客
观性,作为主观性或者特殊性是躯体,作为一种客观性或者普遍性的却是
运动,或者主观性、想象力,作为主观性或者特殊性是自我,作为客观性或

者普遍性的却是经验。

康德在判断力原则体系中,在客观方面提出现象的这些关系作为判断;而只要在判断的这样一种关系中显现为不同类者的同一性是必然的,例如成为原因者是必然的,亦即与所导致之事绝对相连,也就是成为先验的同一性,其中就可见真正的唯心主义。但诸原则的这整个体系自身又作为一种有意识的人类知性站到作为一种主观性的一方,现在的问题是:这种判断、亦即知性的这种主观性与客观性有何关系? 两者是同一的,但是形式上的同一,因为此处略去了现象的不同类性;形式 A 作为现象的不同类性存在于主体与客体中。它并非同时以一种不同类的方式得到设定,亦即这一次被设定为一种主观性,另一次被设定成一种客观性,这一次被设定成统一,另一次被设定为多样性,如只需认识对立与现象,并非这一次作为点,另一次作为线,并非 1 = 2;而是若主观性是点,则客观性

[312]

也是点;若主观性是线,则客观性也是线。就是同一个事物这一次被视为想象,另一次被视为实存的事物:树被设定为我的想象并被设定成一个事物,热、光、红、甜等等被设定为我的感受并被设定成一个事物的一种特性,正如范畴这一次被设定成我的思维的关系,另一次被设定成诸事物的关系。此处得到想象的这样一种差异性就只是我的主观观照的不同方面,这些方面并非自身又客观地在对立中被设定成对现象的认识,而是那种形式上的同一性显现为关键之事,这构成形式唯心主义或者心理唯心主义的本质,这种唯心主义同样不怎么把绝对者的**现象**按**其**真实性认定为绝对同一性,一个简直与另一个不可分离,康德哲学、但尤其是费希特哲学一再滑入这种唯心主义。这样一种形式上的同一性直接拥有一种无穷的非同一性来对抗自己或与自己并列,它不得不以一种不可捉摸的方式与后者共生;这样,自我连同其创造性想象力或者不如说连同其综合性统一就想到了一个方面,这种统一孤立地得到设定,使其成为多样性在形式上的统一,与这种统一并列的却有感受的无穷性,而若人们愿意,还有自在物的无穷性,这样一个王国,只要它遭范畴抛弃,就无非可能是不成形的一块,尽管即使根据《判断力批判》,它作为美丽自然的王国在自身

中也包含规定性,对这些规定性而言,判断力不可能是包摄性的,而只可能是反映性的。但因为客观性与支撑还是根本只会来自范畴,此王国却无范畴,而还是自为存在并为反映而存在,所以,人们只能将此王国想象成如同童话中早先的国王,一种人类的自我意识连同客观性的血管充满全身,使他成为立得住的形象,形式先验唯心主义舔掉了其一些血管,使得此形象崩塌,而成为形式与团块之间的一个中间事物,看着让人反感,而就认识自然并舍弃由自我意识给此认识注射的血管而言,余下的无非是感受。 [313]

以此方式,经验中范畴的客观性与这些关系的必然性本身又是偶然之事与主观之事。此知性是人类知性,认识力的一部分,自我性的一个固定点的知性。经由知性而得到认识的事物,只是现象,本身什么也不是,这是一种真正的结果;直接的推论却是,一种知性只认识现象和一种自身空无,连这种知性自身也是现象、本身什么也不是;但如此认识、推理的知性则被视为自在而绝对,而按独断论,把对现象的认识视为认识的唯一方式,而理性认识遭否定。若客体通过它们而存在的那些形式自身什么也不是,则就一种认识性的理性而言,这些形式必定也什么都不是;但知性是人类精神的绝对者,对此,康德心里似乎从未升起些微怀疑,而是知性是人类理性绝对固着不可克服的有穷性。**解释**灵魂与躯体的共同体,康德在遇此任务时,不无道理地在预设灵魂与外在知觉对象不同类时发现(并非解释的、而是认识的)困难;但若考虑,两类对象在此方面并非内在彼此有别,而是只有一个与另一个**外显**,它们才彼此有别。因此,物质的现象作为自在物本身而所根据之事,**或许**不可能如此不同类,则困难就会消失,而余下的无非会是此困难,即如何可能有实体的共同体(在此摆出 [314] 困难是多余的),解决此困难**无疑**也在**人类**认识的领域之外。① 看得出,受喜爱的人类及其认识能力完蛋了,那些实体或许**本身**并非如此同类,而是只在现象上[如此],康德不怎么重视他的这个意念,认为此意念是关

---

① 《纯粹理性批判》,B 第 427 页及下页。

于或许的单纯突发奇想,认为它并非一种理性的念头。

这样一种形式唯心主义以此方式一方面设定自我性及其知性的一个绝对点,把绝对多样性或者感受设定至另一方面,这样一种形式唯心主义是二元论,而唯心主义的方面向主体要求归还称为范畴的某些情况,唯心主义的这种方面不过是洛克主义的扩展,洛克主义使概念与形式通过客体得到给定,只把**一般**知觉、一种普遍的知性置于主体中,而这种唯心主义把知觉又进一步规定成内在的形式本身,由此却已经无穷地获得知觉,即感知的空洞或者自发性的空洞先天绝对地通过一项内容得到充盈,方法是形式的规定性无非是对立者的同一性,由此,先天知性就同时至少一般变得后天(因为后天性无非是对立),这样,就给定了理性的正式概念,在一种绝对的统一中先天又后天、同一又不同一,但此理念依旧是知性,而只有此理念的产物被认定为先天的综合性**判断**。只要在知性自身中,普遍性与特殊性合一,知性在内部就是一种思辨理念并且应该是一种思辨理念;因为判断的对立应该是先天的、必然、普遍的,亦即绝对同一的。

[315]

但在应该方面没有变化,因为此思维又是一种知性、与经验性感性对立者;整个演绎是分析经验、设定一种绝对的反题和一种绝对的二元论。知性是主观之事,对知性而言,事物并非自在,而只是现象,这句话就有了双重含义:相当确切的含义是,知性表达对立原则、对有穷性的抽象,但那句话具有另一重含义,据此含义,这种有穷性和人身上的现象是一个绝对者,并非事物的自在,却是认识性的理性的自在;作为精神的主观质,知性应该是绝对的。但尤其就因为知性被设定成主观之事,它获承认为非绝对之事;想必即使对形式唯心主义而言也无所谓的是,设定必然的并且在其形式的维度上得到认识的知性是主观还是客观的。若要把知性自身视为对形式三重性的抽象,则相同的是,把知性视为意识的知性抑或①也是自然的知性,视为自觉的还是不自觉的智力的形式,使得正如知性在自我中被推想成得以理智化,[它]同样在自然中被推想成得以现实化。若一

---

① 首版:"还是"。

般知性就是自在的,则它在自然中,作为在知性认识之外本身就知性的世界,作为在自然之外以智力形式在思考的知性而如此具有现实性,经验在主观上作为世界的多样性与联系的自觉体系,同样,经验在客观上[作为]世界的多样性与联系的不自觉体系。但世界之所以自身什么都不是,并非因为一种自觉的知性才给予世界以形式,而是因为世界是自然,亦即超越了有穷性与知性;而同样,自觉的知性本身什么也不是,并非因 [316]为它是人类知性,而是因为它是一般知性,亦即在它之中有对立的一种绝对之在。

我们就不必把康德的功德置于其中,即他把用范畴表示出来的形式置于人类认识能力中作为一种绝对有穷性之桩,而是他更多以先验想象力的形式播下真正先天性的理念,但甚至也在知性中由此奠定了理性理念的开端,即他并非主观地、而是就事论事地对待思维或形式,不作为无定形之物、空洞的统觉,而是他把思维领会成知性、领会成真正的形式、亦即领会成三重性。只有思辨的萌芽被置于这种三重性之中,因为在此三重性中,同时有原初判断或者二元性,也就是后天性自身的可能性,而后天性以此方式终止,与先天绝对对立,而正因此,先天也不再是形式上的同一性。但一种知性同时也是后天的,其较为纯粹的理念、一种直观性的知性的绝对中庸的理念,我们以后将触及。

在我们指出,一个同时是后天的知性或者是直观性的知性的这种理念如何极好地浮现在康德眼前,他如何表达这种理念,但他如何有意识地又根除它之前,我们必须观照,拒绝转为这种理念的理性可能是什么。为了这种拒绝,留给这种理性的只有同一性的纯粹空洞,理性只在判断中把这种同一性的纯粹空洞看成自为存在的纯粹的普遍性,亦即主观性,正如这种纯粹普遍性、主观性在其完全清除了多样性的状态中①作为纯粹抽象的统一而得以完成。人类知性是通过自我意识的统一来连接多样性; [317]在分析中产生主体性作为连接性活动,这种连接性活动自身作为自发性

---

① 首版:正如其在脱离了多样性的净化殆尽的状态中。

具有作为范畴而产生的维度;就此而言,它是知性。但无论对这种连接通过其关涉经验性而具有的内容作抽象,还是对在连接的维度中所表达的连接的内在特殊性作抽象,这种空洞的统一是理性。知性是一种可能经验的统一,理性统一却涉及知性及其判断。在这种普遍规定中,理性却从知性的相对同一性范围中升格,而这种负面特征会允许把理性领会成绝对的同一性;但理性升格,也只是为了在想象力处显现得最为活跃、在知性处已经去除潜势的思辨理念在理性处尤其完全降格为形式上的同一性。康德如何不无道理地使这种空洞统一成为一项单纯相对的原则,而不成为一项构成性原则——因为全然无内容者究竟该如何有所建构——,他如何将这种空洞统一设定成无条件者,观照此事本身只在部分程度上有兴味,要看为了建构这种空洞,康德对理性论战到何程度,而理性者在知性及其演绎中获承认为先验综合,理性者只在此程度上不该认定为产物,在其现象上不认定为判断,而是现在应认定为理性,又自我根除,观照此事本身在部分程度上有兴味,尤其是这种空洞统一作为实践理性如何还是又会变得具有构成性、自我创造、给予自己以一项内容,此外,理性理念最终如何又纯粹地提出、但又遭灭除,设定成信仰的无理性中一[318] 种绝对的彼岸、设定成对认识而言是一个空洞者,因而,主观性依旧绝对并且依旧是原则,主观性以一种貌似较为无辜的方式已经出现在对知性的阐述中。

理性被确定为无维度的活动,被确定为与有穷对立的无穷性的纯粹概念,在与有穷对立中,作为绝对,也就是作为无直观的纯粹统一,自身中是虚空的,康德处处透彻地认识到这一点;但其中直接的矛盾是,这种无穷性不折不扣受制于对一个对立者的抽象,除了这种对立之外,简直什么都不是,不过同时被声称为绝对的自发性与自律,作为自由,它应该是绝对的,因为这种自由的本质[还是]在于,只通过一个对立者而存在。对这种体系而言不可克服而摧毁体系的这种矛盾成为现实的不一致,因为这种绝对的空洞作为实践理性会给予自己以一项内容并以义务的形式自我扩展。理论理性使自己获受知性的多样性,并且只需调节这种多样性,这种理论理性既不要求自主的尊严,也不要求自行产子,不得不继续听任其自己的空洞与有失身份,即在一种纯粹理性统一与一种知性多样性的这种二元论中能够忍受而无需中庸、无需内在认识。理性理念在对范畴的演绎中作为一与多样性的原初同一性而出现,此处不完全使其脱离作为知性的现象,而是使这种现象在其环节之一、统一之后、因而也在另一环节之后变得恒久,而有穷性变得绝对。可能又会察觉到理性者,可能会从柏拉图再抽出理念这个名字,把美德与美认定为理念,但这种理性自身到不了能够创造一种理念这一步。

这种理性的**好辩方面**在**其归谬论证**中没有其他兴趣,只关注扬弃由 [319]
自我作为命题谓项的知性概念,将自我从事物的范围和客观有穷的规定性的范围抬升至理智性中,在理智性中,不由精神把知性的一种特定维度与个别形式作为命题谓项,但把有穷性本身的抽象形式、还有"我思"改造成一个绝对的智力点,不改造成实体形式的一个现实实存的单子,而改造成①一个智力单子作为一个固定的智力上的一,这种固定的智力上的一受制于无穷的对立并在这种有穷性中绝对,这样,自我从灵魂事物变成一种质的理智性、一种智力上抽象的并且本身绝对的一,先前的独断论的、客观的有穷性变成一种独断论的主观绝对的有穷性。

数学上的二律背反观察把作为单纯否定性的理性应用于反思的一个遭固定者,由此直接产生经验上的有穷性。A 得到设定而应该同时未设定;它依旧是它所成为之事,就得到设定;转向一个他者,它就遭扬弃。这样空洞地要求一个他者,为了某事而要求一个他者,这样空洞地要求一个他者与此事的绝对之在产生了这种经验上的无穷性。形成二律背反,是因为既设定了异在也设定了存在、处于绝对不可克服性之中的矛盾。二律背反的一方面必定就是,此处设定一个特定点,还有反驳,即设定了对立面、异在,二律背反的另一方面则反之。若康德认识到这种冲突,即它只因有穷性并且在有穷性中必然形成,因此是一种必然的假象,则他在部 [320]

---

① 首版"为"。

分程度上并未解决此冲突,因为他并未扬弃有穷性本身,他反而就又让此冲突持存,因为他使冲突成为主观之事;康德在部分程度上只能把先验唯心主义用作解决二律背反的负面钥匙,因为他否认二律背反的两方面是自在存在之事;但这些二律背反的正面性、其中庸并未由此得到认识。理性纯粹只是因其负面而扬弃性地显现为反思,但它自身并未以其特有的形态显露。不过但愿这种负面就会足以也为实践理性至少阻挡**无穷的过程**,因为无穷的过程与无穷的复归就是同一种二律背反,自身只为了有穷性并在有穷性中存在;实践理性乞灵于无穷过程并且会在自由中把自己建构成绝对的,实践理性同样通过过程的这种无穷性承认其有穷性与不善于以绝对而引人注意。

动态二律背反的解决之道却不仅依旧是负面的,而且承认此哲学的绝对二元论;此哲学通过使冲突绝对化来加强冲突。自由与必然性、思维世界与感性世界、绝对必然性与经验必然性相互关涉,产生一种二律背反。解决之道就是,不让这些对立关涉这种有欠缺的方式,而是考虑它们绝对不同类、在一切共同体之外存在;而在有欠缺且无根据地使自由关涉必然性、使思维世界关涉感性世界之前,完全、纯粹地分离它们却是一项功绩,即设定其绝对同一性是完全纯粹的。但康德并未为此目的而如此纯粹地分离它们,而是分离是绝对者;考虑它们在一切共同体之外,它们就不冲突了。

[321]　　在对二律背反的这种所谓解决中,只给定为一种意念的是,自由与必然性可能完全分离,这种给定成意念之事以一种其他的映现形式得到绝对设定,即以对思辨神学的著名批判,其中实证地声称概念形式的自由与存在形式的必然性绝对对立,而通过可怕地蒙蔽先前的哲学,非哲学取得全胜。褊狭的知性在此享受其对理性的胜利,理性是至高理念与绝对现实性的绝对同一性,带有完全无疑的自满。康德由此使其胜利更加辉煌、惬意,即他以最糟糕的形式采纳了以前称为上帝定在的本体论证据之事,他能做到此形式,门德尔松和其他人给他提供了这种形式,他们使实存成为一种特性,由此,理念与现实性的同一性就显现为由一个概念加至另一

概念；正如康德确实表现出对哲学体系的无知并且缺乏对哲学体系的认识，尤其在反驳这些哲学体系时，这种认识会超出纯粹历史记录的范围。

在对理性的这种完全践踏、知性与有穷性顺理成章地为宣布自己为绝对者而欢呼之后，提出有穷性作为对主观性或者对有意识的有穷性的至高抽象，后来也采用其实证形式，而在此实证形式中，它叫做实践理性。这项原则的纯粹形式主义、空洞如何借助大量经验性对立来自我呈现并发展成体系，我们将在较为连贯、一致的沿革这点上详尽指明，这种空洞 [322] 的统一及其对立面的整合在费希特处的沿革杂乱无章。

此处还须指出康德体系最有意思的一点，即在这点上，康德体系认识到一个领域，它是经验上的多样性与绝对抽象统一之间的中庸，但又并非适合认识的一个领域，而只有其现象的那个方面，但并非其根据、理性得以引出，获承认为意念，但该领域被剥夺了一切适合认识的现实性。

因为在**反思性判断力**中，康德发现了自然概念与自由概念之间的中项，亦即在由概念规定的客观多样性、一般知性与对知性的纯粹抽象之间，那个事物同一性的领域，该事物在绝对判断中是主项与谓项，理论哲学与实践哲学都没怎么超越绝对判断的范围；只有这种同一性是真正、唯一的理性，依康德之见，这种同一性却不适用于理性，而只适用于反思性判断力。由于康德在此反思处于现实性中的理性是自觉直观，反思美，并且反思美是不自觉的直观，反思组织，处处可见理性的理念以一种或多或少形式上的方式得到表达。就美的理念形式而言，康德①提出自动合乎规律的想象力的理念、无规律的规律性的理念、想象力与知性自由一致的理念。对此的解释，例如关于一种美学理念，说它是对想象力的那种想象，使人多思，可没有任一特定概念与之适应，因而，不能经由语言来完全 [323] 达致并使之变得易懂②，这些解释听起来极其经验主义；因为没有显出丝毫预感，即人们此时处于理性的领域。康德为解决鉴赏的二律背反而想

---

① 《判断力批判》，B 第 70 页。
② 同上书，B 第 192 页及下页。

到理性是解谜的钥匙之处,彼处,理性无非是我们身上关于超感觉的非特定理念,超感觉又无法捉摸,似乎他本人并未给出自然概念与自由概念同一性中的超感觉概念。依康德之见,美学理念不可能变成认识,因为它是想象力的直观,从未能找到一个概念与之相适应;理性理念从不可能变成认识,因为它包含关于超感觉的概念,从未能发现一种直观与此概念相称;美学理念[是]不可解析的对想象力的想象,理性理念是不可论证的关于理性的概念①,似乎并非美学理念在理性理念中会有对其的阐释,似乎并非理性理念在美中会有康德称为论证之事,即以直观阐述概念。康德却恰恰要求奠定数学二律背反之事,即适合理性理念的这样一种直观,在此直观中,理念平行地作为纯粹有穷者与感性者,同时也作为超感觉者,作为经验的彼岸得到体验,并非在绝对同一性中,感性者与超感觉得到直观,康德还要求对美的一种阐释与认识,在此之中,美会通过知性得到详尽无遗的论述。因为在美作为得到体验的、确切地说得到直观的理念中,取消了直观与概念的对立的形式,所以,康德把这种取消对立认定
[324] 为在一般超感觉的概念中的反面,但既非超感觉被实证地直观为美,或者如康德所言,为经验而存在,亦非美的原则被阐释成自然概念与自由概念的同一性,超感觉至少以一种肤浅的方式认识我们之外与我们身上的自然思维基质、自在物——如康德对超感觉所作界定,更非原因在于永恒的、永远作为基础的超感觉与感性对立,使得超感觉既不被设定成可认识、亦不被设定为可直观。理性者在这种坚定不移的对立中,被确定为超感觉,还被确定为既是直观的绝对负面、也是理性认识的绝对负面,由此,审美得到与判断力的一种关系、与一种主观性的一种关系,对此主观性而言,超感觉是自然与我们的认识能力相宜的原则,但对超感觉的直观不对理念和认识自我呈现,超感觉的理念也不对直观自我呈现。只要超感觉是美学原则,对超感觉就又是一无所知;而美变成某事,只关涉人类认识能力、此事的多种多样力量的一种一致性博弈,也就是不折不扣的有穷之事与主观之事。

① 《判断力批判》,B 第 240 页。

在目的论判断力的批判中,反思客观方面,即反思不自觉地直观理性
的现实性或者反思有机自然,这种反思所表达的理性理念比在先前认识
力和谐博弈的概念中要更加确定,即胜过在一种直观性知性的理念中,对
此直观性知性而言,可能性与现实合一,对此直观性知性而言,(只面向
一个对象的可能性的)概念与(给我们某事,而不由此还是让人认定此事
为对象的)感性直观两者均取消了,也就是胜过在一种直觉知性的理念
中,直觉知性不会从普遍性走向特殊性并因此(通过概念)走向个别性, [325]
对直觉性知性而言,不会遇见自然以其依照**特殊**规律的产物与知性协调
的**偶然性**,在作为典范知性的直觉知性中,各部分的可能性等等依其本性
与联系而依赖整体。① 关于该理念,康德同时认识到,我们必然被推向
它,而这种典范的**直觉知性**的**理念**其实完全无异于我们在上面观照过的
先验想象力的同一种理念;因为它是直观性的活动,而同时其内在统一根
本无非是知性本身的统一,它使范畴潜心于扩展,只有它与扩展隔绝,它
才成为知性与范畴;先验想象力自己就是直观性知性。虽然此处作为意
念出现的这种理念有必然性,还是不该由它把实在作为命题谓项,而是我
们该永远遵循的是,普遍性与特殊性不可避免地必然成为得到区分的事
物,知性代表概念而客观直观代表客体,——两个全然异质的部分。理念
是绝对必然之事,还是疑难之事;就我们的认识能力而言,能够认可的无
非是在(如康德所称)运用认识能力时其现象的形式,其中区分可能性与
现实。认识能力的这种现象是一种绝对本质,是认识的自在,似乎这种自
在也会是运用认识能力,若它作为一种必然的理念而思考并且认识一种
知性,对此知性而言,可能性与现实不分离,在此知性中,普遍性与特殊性
合一,此知性的自发性同时是直观性的。康德的根据干脆就是经验与经 [326]
验心理学,即人类认识能力依其本质在于所显示之事,即在于那种从普遍
性前行至特殊性或者反向从特殊性继续至普遍性;但由于他自己考虑一
种直觉知性,被引向作为绝对必然理性的直觉知性,他自己提出关于非推

① 《判断力批判》,B 第 344—354 页。

理知性的思维这种对立的经验并证明,他的认识能力不仅认识到在同一种经验中可能者与现实者的现象与分离,而且认识到理性与自在。此处,康德面临两者,一种理性的理念,其中可能性与现实绝对同一,还面临理性的理念作为认识能力的现象,在此现象中,可能性与现实分离;他在其思维经验中发现两种意念;在两者之间选择时,他的天性却蔑视必然性、理性之事,即思考一种直观性自发性,他干脆决定选择现象。他认识到,**本来**可能的是,自然的机制、因果关系还有自然的目的论技术主义是合一的,亦即并非自然由一种与其对立的理念所规定,而是按照机制作为绝对分离者显现于必然性的一种经验关联中,显现在作为最初者的原初同一性中并且绝对地相关联,一个作为原因,另一个作为结果。虽然康德不认为这是不可能的,也就是认为是一种观照,他还是止步于那种观照方式,按此观照方式,自然是绝对分离的,认识自然者是同样简直偶然的、绝对有穷与主观的认识能力,他称此认识能力为人类的认识能力,他宣布理性认识是先验的,对理性认识而言,机体作为真实的理性是自然的高级原则并且是普遍性与特殊性的同一性。他也在此意义上认识到斯宾诺莎主义是终极原因的一种唯心主义,即似乎斯宾诺莎欲使终极原因的理念失去一切实在,而他称为对自然万物——他不否认的——目的联系的解释根据的只是自然万物均寓于其中的主体的统一,似乎斯宾诺莎只使一种本体论的(应叫作知性的)抽象统一(如康德称为理性的那种统一)成为原则,因为对统一的基质只作想象甚至都不能导致关于一种哪怕只是无意的合目的性的理念。① 若康德在遇到斯宾诺莎的统一时记不得他自己的知性统一,对他而言叫做理论理性与实践理性,而是记得他自己一种直觉知性的统一的理念,因为在直觉知性中,概念与直观、可能性与现实合一,则他想必不会把斯宾诺莎的统一当作一种抽象的统一,缺乏合目的性,亦即缺乏万物一种绝对联系,而想必把它当作绝对是意念上的并且本身是有机的统一,他会直接以此方式理性地认识这种有机统一、自然目的,他

[327]

———————

① 《判断力批判》,B 第 324—327 页。

把自然目的领会成整体对各部分的规定,领会成因果同一性。但应该永
远不考虑这样一种真正的统一、直觉知性的有机统一;并非理性应在此有
所认识,而是该通过判断力来反思并应成为判断力原则的是,要思考似乎
具有意识的一种知性决定自然。康德很清楚地认识到,这并非客观论题,
而只是主观之事,但准则的这种主观性与有穷性应仍是绝对认识。**本来**
并非不可能的是,自然的机制与合目的性重合,而是**对我们人而言**,不可
能的是,要认识到这种重合,会需要对自然的思想基质作一种非感性的直 [328]
观与一种特定的认识,由此甚至可以对根据特殊规律的现象的机制说明
根据,这一切都会完全超出我们的能力。①

　　虽然康德自己把美断定为不同于感性直观的另一种直观,他把自然
基质称为一种意念基质,断定它是理性的并且与一切理性同一,他还断定
概念与直观在其中分离的认识是一种主观有穷的认识、根据现象来认识,
在这种有穷认识上还应该依旧是绝对的;虽然认识能力能胜任理念与理
性之事,[它]还是根本不[该]根据理念来认识,而只该自以为是绝对的,
若它根据现象对有机性和自己作有穷的认识。尽管康德哲学真正的思辨
方面只能在于,如此确定地思考并表达理念,尽管有意思的只是探究其哲
学的这一方面,艰难得多的是,看见理性者绝非又被弄糊涂,而是完全清
醒地看见至高理念堕落而反思与有穷认识超越它。

　　简言之,由此阐述得到这种哲学中的先验知识,对范畴的演绎从创造
性想象力的有机理念误入自我意识的一种统一的机械关系之后,这种先
验知识变成一种形式上的知识本身,自我意识的一种统一与经验上的多
样性对立并且决定后者或者反思后者。自我意识的统一同时是客观统 [329]
一,是范畴,是形式上的同一性,须以一种不可捉摸的方式给这种统一添
加经验性的**外加物**、不由这种同一性决定者来作为异己,而这种把一个 B
添加至纯粹自我性称为经验,或者把 A 添加至 B,若设定 B 为最初者:理
性地行事,一种 A:A+B。A+B 中的 A 是自我意识的客观统一,B 是经验

———————
　　① 《判断力批判》,B 第 367 页。

性,是经验的内容,经验性作为多样性通过 A 这种统一而相连;但对 A 而言,B 是一个异己,一个在 A 中未包含者,而**外加物**自身也就是那个联系者与这种多样性的联系,是不可捉摸者。这种**外加物**被理性地断定为创造性想象力;但由于这种创造性想象力只是主体、人及其知性的特性,它自身就抛离了其中庸并且成为一个主观者,由于中庸,它只是所成为之事。无关紧要的是,把那种形式知识想象成在同一性的线索上还是在因果关联的线索上延续;因为 A 作为普遍性,只要设定它与作为特殊性的(A+B)事物对立,它就是原因;或者若谋求在两者中包含同一个 A,它作为概念与特殊性结合,则这种因果关系作为同一性关系朝着那方面显现,原因从那方面与结果相关联,亦即原因从那方面成为原因,但还给那方面添加一个他者。要说因果联系完全属于分析判断,或者说:分析判断在因果联系中转向绝对对立者,这就是同一件事。

[330] 　　这种形式知识一般也就具有此形态,即一种多样性绝对地与此形式知识的形式同一性相对;形式同一性是自在存在的,亦即作为自由、实践理性、自律、律令、实践理念等等,与它绝对对立的是必然性、倾向、冲动、他律、自然等等。两者可能的关系是一种绝对对立的界限内不完整的关系,是多种多样的方面由统一来决定,还是同一性的空洞由多样性来充满,无论是积极的还是受苦的,它们中一个作为异者以一种形式上的方式添加至另一个。由于这种形式知识让处于全部绝对性中的对立在这种形式知识所实现的贫乏的同一性上持存,而它缺乏中项、理性,因为每一项环节正如它在对立中的情况一样,应作为一个绝对者而存在,所以这种中庸与消灭两者和有穷性是一种绝对的彼岸。得到认识的是,这种对立必然预设一种中庸,同样在其内容本身是空虚的一种信仰中设定,中庸中的对立及其内容必定遭毁灭,但并非现实与真正的毁灭,只是设定承认,有穷者**应予扬弃**,在一种信仰中并非设定真正的中庸,而同样只是设定承认,**应有**一种理性存在,一种信仰内容本身是空虚的,因为在信仰之外,应留存的是对立,这种对立作为绝对的同一性可能构成信仰的内容,若信仰的内容的特征实证地得到表达,信仰的内容是无理性,因为信仰的内容是

一种绝对未及考虑、未及认识、不可捉摸的彼岸。

若我们把康德哲学的实践信仰（亦即信仰上帝，因为康德关于对不朽性的实践信仰的阐述缺乏一切特有的方面，康德的阐述本该因这些方面而在哲学上得到注意）剥去覆盖着的非哲学与不通俗的外衣，则其中所表达的无非是此理念，即理性同时具有绝对实在，在此理念中，摒弃了自由与必然性的一切对立，无穷的思维同时是绝对的实在或者是思维与 ［331］ 存在的绝对同一性。此理念就完全不过是那种理念，本体论证据与一切真正的哲学把那种理念认定为最初、唯一的以及唯一真正的与哲学性的理念。此理念的思辨性却由康德转注成人道的形式，即道德与至福和谐一致，而若又使此和谐成为一种意念，而此意念叫作世上至高的财富，使得此意念会得以实现，如此糟糕之事，正如这样一种道德和至福一样糟糕；因为在有穷者中活动的理性，还有在有穷者中感受到的自然本性，能承受的更高者不过是这样一种实践信仰；此信仰恰恰只有绝对沉潜于经验所需要的那么多，因为它既允许经验保留其思维与行动的有穷性，也允许经验保留其享受的有穷性。若经验获得观照与知识，即理性与自然本性绝对和谐并且在自己中间极乐，则经验必定认定其不与至福相和谐的糟糕道德本身什么也不是，不与道德相和谐的糟糕至福本身什么也不是；但关键是，说两者是些名堂、是高级之事、是绝对的。但这种道德侮辱自然本性及其精神，似乎未使自然的安排变得理性，而自然的安排在其可怜状态中本身会变得永恒，对处于可怜状态的自然而言，宇宙的精神却未组织起来，而这种道德以为由此甚至可以申辩、自豪，即它在信仰中虽然想象理性的实在，但并不想象成具有绝对存在之事；因为若理性的绝对实在具有真正的确定性，则有穷者、受限的存在与那种道德就既不可能有确定性亦不可能有真实性。

但同时不可忽视，康德止步于其处于真正、恰当界限内的设定，费希 ［332］ 特不尊重这些设定。因为，依康德本人之见，设定和对其的信仰是主观之事；问题只是，如何对待这种主观性。难道无穷思维与存在的同一性、理性及其实在的同一性是主观之事？抑或只是对它们的设定与信仰？诸设定的内容或形式？内容不可能是主观之事，因为诸设定的负面内容的确就是扬弃一切主观性;那形式就是主观之事,亦即理念只是主观之事,这是主观之事与偶然之事;主观之事本身不该是设定、应该、信仰,而对至高理念的绝对实在的设定是非理性之事。费希特不承认设定、信仰与应该的这种主观性,而是对他而言,设定、信仰与应该是自在。与此相反,虽然康德承认设定、应该与信仰只是主观之事与有穷之事,毕竟还是应该坚持此事并坚持那种道德,而应该坚持此事,或者事情本身糟糕之处、亦即设定的形式,正因此恰恰成为得到普遍赞同之事。

康德哲学有特征,即知识是一种形式知识,而理性作为一种纯粹否定性是一种绝对的彼岸,这种绝对的彼岸作为彼岸与否定性受制于一种此岸与肯定性,——无穷性与有穷性两者连同其对立同样绝对,康德哲学的这种特征是我们所说的反思哲学的普遍特征。康德哲学有用来说明自己的形式,康德哲学具有富有教益、有素养的维度,它不仅给自己、而且给一般理性所设界限之内的真实性,它有令人感兴趣的方面,康德哲学由此方面想到真正思辨的理念,但总是想到奇思妙想与单纯的非真实的意念,若[333]不考虑这些,康德哲学独特的是,它以客观的形式、亦即作为概念与规律来提出其绝对主观性——而主观性只因其纯粹性而能够转成其对立者、客观性——,也就是在反思的两个部分、有穷者与无穷者中,使无穷者超越有穷者,在这点上至少提出理性的正式性。康德哲学的至高理念是主观性的完全空洞或者无穷概念的纯粹性,无穷概念同时在知性领域被设定成客观者,不过,此处带有范畴的维度,在实践方面却被设定成**客观规律**;但在两方面的中间,受有穷性感染的无穷性与一种纯粹的无穷性之间,有穷者与无穷者的同一性自身又只以无穷者的形式被设定成概念,而真正的理念依旧是一种绝对主观的准则,部分适用于反思,部分适用于信仰,只是,它不适用于认识与理性的中庸。

乙、雅科比哲学

雅科比哲学与康德哲学具有绝对有穷性之共性,具有以观念形式的

有穷性作为形式知识的共性,具有以真实形式的有穷性作为一种绝对经
验主义的共性,还有通过对一种绝对彼岸作设定的信仰来整合两者这种
共性。雅科比哲学却在这种共同领域内构成康德哲学的一个对立极,在
康德哲学中,有穷性与主观性具有概念的客观形式;雅科比哲学则使主观
性完全主观地成为个别性。主观者的这种主观性本身又获得一种内在生
命,似乎以此能胜任感受之美。

我们先观照知识的主观性,雅科比直接有意识地以抽象来认识并纯 [334]
粹地阐述知识的形式方面;正如他实证地声称只有此形式的知识并否认
知识中的理性的客观性,在他论战之处,他同样提出此知识并且否认理性
科学经由此知识。

雅科比处处只知形式知识,只知一种知性同一性,其内容由经验加以
充盈,雅科比只知一种思维,一般实在以一种不可捉摸的方式加入其中,
这是少数几个点之一或者其实是唯一一点,雅科比哲学以此而客观并属
于科学;而此点以清晰的概念得到介绍。雅科比说(《大卫·休谟论信仰
或唯心主义与唯实论》[1787 年],前言,第 5 页),就本身来观照,我的哲
学把理性限于明察状况的单纯能力,亦即表述**矛盾律**并据此判断的能力;
但我就不得不承认,对单纯同一律的肯定本身毋庸置疑并且会带来一种
绝对的确定性。同样(《斯宾诺莎论简》,第 215 页及以下,第二版,1789
年①):有根据的信念是二手的确定性(第一手是信仰,对此以后再论);
根据只是与一事物**相似性**的标志,我们确定此事物(即通过信仰);这些
根据所产生的信念源自**比较**,从不可能相当有把握、完美。他全部命题的
五个正题之一(出处同上第 225 页)是:我们只能论证**相似性**(因为论证
是同一律中的进展),而任何证据都预设已经得到证明之事,对此,原则
只是揭示。② (参见第 421 页)③④:"理性的一般事务是渐进的联系而理

---

① 《雅科比全集》卷四,第一部分,第 210 页。
② 同上书,第 223 页。
③ 同上书,卷四,第二部分,第 150 页及下页。
④ 括号为译者所加。——译注

[335] 性的**思辨**事务是按得到认识的必然性规律来联系······**人类语言**和标记的**本质不确定性和感性形态的可变性**却几乎无例外地使这些定律赢得**一种外在的声望**,似乎它们说明的不止是单纯的 quicquid est,illud est①,不止是单纯事实,此事实曾得到察觉、观察、比较、重新认出并与其他概念相连。"(亦参见第 238 页,亦见《大卫·休谟论信仰或唯心主义与唯实论》,第 94 页②)。

同一律必然的对立面是根据律,对此的理解就是一般根据律或者因果律或者按雅科比的区分,两者的联合律(《斯宾诺莎论简》,第 415 页③);而在物质方面,根据律会得到观察,只要从概念进展至概念或者从概念进展至其实在或者从客观实在进展其他实在。

较老的哲学形态将其理性追求的证明留存在根据律这一表达中,而根据律在理性与反思之间摇摆以及它过渡至反思确切表现在那种区分中,雅科比把根据律区分成逻辑性根据律与因果关系,借助这种区分,他既铺就了对哲学理解之路,也铺就了与哲学斗争之路,我们以后要探究这些路。雅科比在根据律中将其意蕴认定为理性认识的原则,**整体必然先于部分**(**totum parte prius esse necesse est**)(《大卫·休谟论信仰或唯心主义与唯实论》,第 94 页)④;或者个别性只在整体中得到规定;个别性只在绝对同一性中具有实在,只要在绝对同一性中设定可区分性,绝对同一[336] 性就是绝对总体性。雅科比说,在一种关系中,**整体必然先于部分**(**totum parte prius esse necesse est**)无非是**同一件事就是同一件事**(**idem est idem**),但在另一种关系中却不是,并且由于应该对这两种关系在本质上区分、绝对地分清。这种根据独断论即刻就开始了。因为雅科比把根据律领会成纯粹的矛盾律并在此意义上称其合乎逻辑,领会成抽象的统一,不过,必然会达到抽象统一的是,差异性作为经验性而加入,

---

① 那是始终同一之事。——译者注
② 《雅科比全集》卷四,第二部分,第 231 页;卷二,第 193 页。
③ 同上书,卷四,第二部分,144—147 页。
④ 同上书,卷二,第 193 页。

雅科比区分出一种因果关系,在此关系中,谋求异质性,异质性给概念的
同一性作补充,是一种经验性的既有者,雅科比声称依照这种特性的因果
关系是一种经验概念。他阐明此事的方式(《大卫·休谟论信仰或唯心
主义与唯实论》,第 99 页及下页①和他在《斯宾诺莎论简》第 415 页所引
证之处)是洛克式与休谟式经验主义的一个奇怪的部分,揉入这种这些
经验主义的有同样刺睛的一部分德国分析性独断论,比依照门德尔松方
式的更糟糕,摆脱了雅科比的方式,世界对诸神感激不尽,除康德之外。
因为在根据律中与在总体性中,雅科比发觉缺少各部分,而他还须在整体
之外从某处弄来这些部分;或者,如他对此事所领会的那样,所有部分确
实已经联合成一个整体并且存在于其中;但这样一种从整体来直觉地认
识部分只是**主观之事**、不完备之事,**因为**尚缺客观生成与演替,而为了演
替,必须在全体性外再添加因果关系。那就要按如下顺序的定律听听雅
科比所称对因果概念和演替概念(《大卫·休谟论信仰或唯心主义与唯
实论》,第 111 页以下几页②)绝对必然性的演绎:

"**在我们人类意识之外**(而我只能立即补充,在任一有穷生物的意识 ［337］
之外),除了感受性事物外,还必然有感受到的一个现实事物。"

"相外的两个受造生物在这样一种关系中对立,使得一个影响另一
个,此处就有一种扩展的本质。"

"我们觉得我们本质的多样性相连于一种纯粹的统一中,我们称此
统一为我们的自我。一种本质中不可分离性规定其个体性或者使本质成
为真正的整体……我们尤其在有形扩展中察觉与个体性有些类似之事,
因为扩展的本质自身从不可分,而是处处想着同一种统一,这种统一把一
种多不可分离地联系在自己之中。"

"若个体也有能力在自身之外起作用……则若要起作用,它们必须
间接或直接触及其他生物。"

---

① 《雅科比全集》卷二,第 199 页以下。
② 同上书,第 208 页以下。

　　"我们把接触时捉摸不透的直接后果称为抵抗。也就是说,有接触之处,就有来自双方的不可捉摸性,因而也有抵抗、作用与反作用。"**两者是演替之源**、**时间之源**、是对演替作想象之源。

　　存在个别的、自身明显的生物,在共同体中共处,由此前提,就得出对扩展、对因果、对演替这些概念的这种演绎或者对有穷性绝对之在的演绎,而同时以此弄清,这些概念必定为一切有穷的、自身明显的生物所共有,即使**在自在物中**也有其与概念无关的对象,因而具有一种真正客观的意蕴。

[338] 　　"因为此类概念必定在任何经验中完整地作为最初者而存在,致使若无其客观性,就不可能有一个概念的任何对象,而若无此类概念的一般概念,就不可能有认识,此类概念干脆叫作普遍概念或必然概念,而源于它们的判断与推论叫作**先天认识**。"

　　我们看见,这种演绎应会涉及全面的因果关系,此处应提供比康德的演绎更简明之事。这种雅科比式的演绎却不怎么配得上演绎之名,它根本称不上对受预设者的庸常分析、亦即对个别事物共同体这一概念的庸常分析。从最庸常的经验主义就简直已经预设了一切思辨所害怕之事,亦即一种人类意识的绝对之在、一种感受性事物的绝对之在、一个感受到的事物的绝对之在和它们共同体的绝对之在;通过多余的中项,它们最终就作用和反作用得到分析,而**这**是(连分析也以此为起点)演替之**源**。根本看不出,为何此类高度的技巧会有用;因为就凭未及分析地绝对设想一个感受性事物和一个感受到的事物,就让一切哲学出局了。奇怪的是前提、结果与康德对范畴所作演绎结果的差别:依康德之见,关于因果、演替等等的所有这些概念干脆限于现象;这些形式在那些事物中是客观的,无论是这些事物还是对这些客体的认识**本身**简直什么都不是;自在与理性干脆超越了有穷性的这些形式,后者使它们保持纯粹,——一种结果,康德以此肇始了一种一般哲学,这依旧是不朽的功绩。但在有穷性的这种[339] 无中,雅科比恰恰看出一种绝对的自在并用这种武器之梦与斯宾诺莎的警醒作斗争。

　　若我们在上面把康德宣布知性无效的这种不完美性设定在其中,即
他虽然使知性连同其形式成为主观之事,但以此形态还是使之成为实证
之事与绝对之事,而雅科比则觉得,他如此幸运地从有穷事物的共同体中
弄清作用与反作用、演替、时间等等之后,使得人们"为了使这些基本概
念和判断不依赖于经验,无需使它们成为知性的先入之见,必须使我们消
除这些先入之见,方法是,我们学会认识到,它们本身什么都不关涉,因而
并无真正客观的意蕴;因为若使基本概念与判断脱离所有经验所必定共
同之事、脱离它们所根据之事,基本概念与判断既不削弱其普遍性亦不削
弱其必然性。它们其实赢得程度高得多的无条件的"(无条件者有程度
吗?)"普遍性,若它们不仅被视为人及其特有的感性,而且尤其能够从个
别事物的本质与共同体中引导出来。但若我们的知觉根本不把事物的本
性教给我们,不把它们的相互关系教给我们,甚至根本不教给我们,它们
在先验知性中确实存在,而若我们的知性只关涉这样一种**根本不**表现**事
物自身**、客观上干脆空洞的感性,以按照完全主观的规则给完全主观的直
观谋得完全主观的形式,则我就是一切,我之外,在本真的知性中什么都
没有。而自我、我的一切、最终也还只是某事的一种空洞障眼法,是一种
形式的形式,是一种幽灵。这样一种体系根除了对认识真理的一切要求, [340]
只给最重要的对象留下这样一种盲目、认识寥寥的信仰,正如人们迄今不
苛求人有信仰。"①

　　此处或许该区分,康德错认理性本身,他的认识寥寥的信仰原因只在
于此,而非在于其重大的理论,即**知性本身认识不了什么**。而雅科比用来
丰富人类认识之事,是此类事物,如有穷事物及其共同体的绝对之在、是
时间、演替与因果关联的绝对之在,此类事物即使(《大卫·休谟论信仰
或唯心主义与唯实论》,第119页)在**自在物中**也有其不依赖概念的对
象。但此类客观有穷性的绝对者(Absoluta),[会]遭否定、被认为本身什

① 《大卫·休谟论信仰或唯心主义与唯实论》,第119页以下;《雅科比全集》卷二,
第214页以下。

么都不是,顺理成章地,它同样会是主观有穷性,会是感性的与反思的自我,会是**我的**一切,也只会是某事本身的一种空洞障眼法,**我的**有穷的一切与客观有穷者的一切一样因理性而毁灭,这对雅科比而言是可怕之事、令人战栗之事;对毁灭有穷者的嫌恶与协调一致者、有穷者的绝对确定性一样得到固着,这一定会完全证明为雅科比哲学的基本特征。人们可能首先看成对康德演绎的一种改善的是,雅科比把演替与因果关联领会成一般关系,亦即领会成一种只是相对的、限于有穷事物的关涉,而只要上述之事会是一种演绎,在对此关涉的演绎中,就不仅如康德那样从一种有意识的知性出发,而且同时从一种无意识的知性出发;不过,关系主观地得到观照,或者有意识的知性与这种关系客观地得到观照,或者作为知

[341] 性、万物的关系而完全独立、二重性地并存,而康德拥有的关系至少干脆是没有主观知性与特殊客观知性差别的一种关系——若我们也不得不把康德处的知性也领会成一个主观者——不过,并非万物的外在陌生关系,也就是康德只拥有**一种**知性,其中至少表达了哲学的形式性,——若不提及这些,则康德最重要的结果始终是,有穷者的这些关系(无论只是主观性的关系还是同时是万物的关系)本身什么也不是,根据它们去认识只是对现象的认识(虽然不会超越这种认识,因而它会变得绝对)。雅科比的关系的先验性则在于,它们归**自在物**所有,亦即有穷事物,感受性事物、此事物之外还有感受到的现实事物、**自在物**、此类事物的关系,演替、因果关联、抵抗等等是真正的理性关系或者理念,这就使得表面的改善其实建构了一种绝对的独断论、把有穷者升格成一种自在,在这种改善之后,这些关系不会是有意识知性的一种单纯主观性,而还是一种客观性、无意识性。

通过对根据律与因果性作重要区分而对有穷性绝对之在说明根据,雅科比从对有穷性绝对之在说明根据应用到斯宾诺莎的体系上,这种应用就有两种形式:一方面,在该体系中缺乏演替的概念,另一方面,演替概念其实还是存在的,但在一种永恒时间的荒诞无稽中。

至于时间缺位,雅科比如是领会斯宾诺莎的哲学,斯宾诺莎意欲完成

对有穷事物和演替事物定在的一种**自然解释。**但由于他根据理性概念认 ［342］
定万物同时存在——因为在理性概念中，没有事先与事后，而是一切均为
必然与同时的——并以永恒方式认识宇宙，这样他就犯错，把根据律当作
唯一合乎逻辑的，由此并未建立客观与现实的、而只是一种主观的、理想
的演替，这种演替也根本不可能理想地存在，若它不以主体中的一种**现实**
演替为根据，主体在意念中产生演替；在合乎逻辑的根据律中，演替自身
是不可捉摸者。①

　　一种主观的与理想的演替预设主体中的一种现实演替，对这样一种
心理回忆无甚可言。这样在部分程度上什么都没说，在部分程度上说的
是错误之事，因为理想的演替关涉斯宾诺莎的数学比喻，以后将谈到，而
理想的演替依其真实性只因此才可能是真实之事，即它是总体性的绝对
同时而绝非演替。但总体性的这种绝对同时和对万物的认识，它们以一
种非时间的、而是永恒的方式存在，雅科比将此归因于根据律，归因于对
因果律的忽视，而且对这种绝对同时如此理解，即在它之中设定了时间。
而这种因果性与时间不容忽视，其绝对的根据就在于，依雅科比之见，时
间自在地存在并且绝对地存在；而根据律或者总体性在雅科比处之所以
称为合乎逻辑，是因为在根据律中同时设定因果、而非时间。但**勿**忘因果
律及其与根据的差异性，人们就该如此静止地固着于时间中②；而这在雅
科比处是绝对要求。若雅科比如此迫切地告诫勿忘他所言差别，因为在 ［343］
理性概念中无事先与事后，而是一切均为必然与同时，通过理性概念而产
生不幸，即在至高理念中、在永恒者的理念中，有穷性、时间与演替失落
了，则这样一种警告的确等同于众所周知的诚实的帝国直辖市警卫的示
意，他们冲着正在推进、开火的敌人呼喊不要射击，因为可能会有不
幸，——似乎这样一种不幸不怎么会是人们意图所在。

　　在理性概念中，一切都是同时的，雅科比由此得到简单、正确的推论，

---

① 《雅科比全集》卷四，第二部分，第135—145页；卷二第199页。
② 同上书，卷四，第二部分，第146页及下页。

即我们据此被迫假定,在自然中,一切都是同时的,而我们称为演替之事,是一种单纯现象。雅科比如何能以找到这种他所称的悖论式定律而自豪,而不是以其发现自豪,而非自豪于不属于斯宾诺莎的一项定律,其实不可捉摸,悖论式定律让他惊讶的是,据说门德尔松第一个认为承认此定律不必担心,(门德尔松①说得很好,服从与持续是**受限**思维的**必然**规定),因为雅科比则必须对付其他哲学家(!),为此定律作辩护,他向他们提交了此定律,而他并未认真阐明此定律,而只把它当作根据律的一个必然后果来阐明②。难道斯宾诺莎的评论者雅科比会认为,斯宾诺莎把时间设定在上帝身上,而依斯宾诺莎之见,时间也只属于**受造的自然**(**natura naturata**)? 我们确实马上会看到,斯宾诺莎本来必定把时间宣布为单纯现象,雅科比推论出这点之后,他还是找到了时间,而且是在一种永恒时间的荒诞无稽中,在斯宾诺莎身上。如果说[斯宾诺莎]在少数

[344] 几处,如在《伦理学》第二篇中并在书信中,附带言及演替的这种次要形式,在抽象的这种形式下分离出有穷事物的无穷级数,不使用**思考**,而使用对有穷事物的无穷级数的**想象**(imaginari),足够确定地称其为一种**对想象的帮助**(**auxilium imaginationis**),而雅科比还是清楚地了解斯宾诺莎关于**智力**(**intellectus**)和**想象**(**imaginatio**)的差别。绝对同时,还有上帝并非万物的转瞬即逝的原因、而是永恒的原因,而永恒的原因在上帝之外,也就是在时间中,而时间自身什么也不是,——即时间与演替是单纯现象,斯宾诺莎体系中的每一行都使此定律成为这样一种陈词滥调,其中看不见新颖性与悖论的丝毫踪迹。雅科比引证道(《斯宾诺莎论简》,第409页)③,斯宾诺莎的信念是,一切必须只是**以从永恒事物中产生的方式**(**secundum modum,quo a rebus aeternis fluit**)得到观照,而时间、尺度与数量作为由这个**以此方式**(modo)分离的想象种类,因而作为想象的本质。那项定律究竟如何会仍不属于斯宾诺莎呢? 对雅科比而言,那

---

① 《雅科比全集》卷四,第一部分,第 109 页。
② 同上书,卷二,第 196 及下页。
③ 同上书,卷四,第二部分,第 141 页。

项定律如此佯谬,使得他不仅未认真断言过,而且把有穷性的这种最有穷形式干脆变成绝对者,把对斯宾诺莎的全部反驳基于此,即斯宾诺莎并未如此表达根据律,说时间在其中,而雅科比由此解释斯宾诺莎关于哲学的错觉,正如雅科比自己为了这种有穷性而断定理性的行动是不可能而偶然的。

雅科比却真的找到斯宾诺莎处的不一致,即后者把时间设定成自在之事;个别事物一个接(!)一个获得现实,归根结底(此根据何在?),雅科比在个别事物的无穷级数中找到一种**永恒**时间、一种无穷的有穷性,而这种荒诞不经的论题无法用数学图形来排除,而此处,斯宾诺莎因其想象而自欺。① [345]

我们想先探讨斯宾诺莎有穷事物的无穷级数,然后是雅科比用它造就的永恒时间,还有不允许用数学比喻。

正是**无限物**(**infinitum actu**),雅科比把它与想象的无穷性混杂,斯宾诺莎在雅科比也顾及的第 29 封信件中②对无限物作了解释并就无限物言说道,把想象力、数量、尺度、时间这些事物与事物本身混杂起来的那些人否认无限物③,因为他们不了解事物真正天性。斯宾诺莎把无穷者界定(《伦理学》P. I,Pr. VIII,Sch. I)成绝对肯定任一天性实存,相反,把有穷者界定成部分否定。④ 这种简单的规定就使无穷者成为绝对的、与自己相同的、不可分的真正概念,按其本质,此概念同时在自身中包含特殊性或者有穷性,并且是唯一的、不可分的,而这种无穷性中不否定或规定什么,斯宾诺莎把这种无穷性称为知性的无穷性;这是实体的无穷性,而对其认识[是]理智直观,在作为直觉认识的理智直观中,不像在空洞概念中、——在抽象的无穷性中,特殊性与有穷性遭排除并且对立,而这种无穷者是理念自身。与此相反,想象力的无穷者以一种截然不同的方

---

① 《雅科比全集》卷四,第二部分,第 135 页及下页。
② 据格布哈特的计数:书信 XII(全集(Opera)第 4 卷,第 55 页及下页)。
③ 《斯宾诺莎全集》(编者保卢斯),T. I,第 530 页。
④ 同上书,T. II,第 39 页。

[346] 式产生,亦即如斯宾诺莎所表达的那样,如果我们不重视自然的秩序本身,而重视其特殊的本质,只要自然的概念并非实体本身的概念,我们可以看见、随心所欲规定并划分**以这些方式(modorum)**的实存与持续,如果我们领会不顾及实体的数量,领会持续却不考虑它据此从永恒事物流出的方式,对我们而言,就产生了时间与尺度。① 或者通过斯宾诺莎称为想象力之事,或者尤其通过反思,先是有穷者得到设定,部分遭否定,而这个部分遭否定者本身得到设定并且与本身未遭否定、干脆肯定者对立,使得这个无穷者自身成为一个部分遭否定者或者成为一种抽象,成为康德的纯粹理性与无穷性,方法是它被置于对立之中,——而作为两者的绝对同一性,应设定永恒者,在永恒者中,这个无穷者与那个有穷者在它们对立之后又遭消灭。但若得到概括者、有穷者或者无穷者依旧是它所成为之事,而每个均会被纳入对立者形式,则正是一个他者;此处,一个事物被规定为并非成为他者,而任一事物被设定为得到设定而又未设定,被规定为是这个特定者并且被规定为是一个他者,而一个如此受设定者通向经验性无穷性。因只由想象设定,持续是一个时间契机、一个有穷者,而且,因固着成时间契机,它是一个部分遭否定者,本身同时被规定成是一个其他的时间契机;这另一个时间契机同样通过想象而得到其现实,同样是一个其他的时间契机。这种否定依旧是它所成为之事,通过想象而变得实证,产生了经验性无穷者,亦即产生了一种绝对的、未解的矛盾。

[347] 只有个别事物得到设定,这种经验性无穷性才得到设定(《伦理学》P. I,Pr. XXVIII)——雅科比则在上面他的演绎中把个别事物绝对地设定成一个感受性的事物与一个感受到的事物,个别事物本身却干脆什么都不是,——雅科比毫无顾忌地把这种经验性无穷性归咎于斯宾诺莎,因为没有一个哲学家比他更无意假定如此之事;因为随着有穷事物的非自为存在,此类经验性无穷性与时间就直接略去了。雅科比说,斯宾诺莎保证,若我们把一个无穷级数的**彼此相继、客观并确实相互起源的个别**事物

_____

① 《斯宾诺莎全集》(Opera)(编者保卢斯),T. I,第 528 页及下页。

想象成一种永恒的时间,原因只在于我们的想象。① 但斯宾诺莎究竟该如何让人承认一个无穷级数**前后相继、客观并确实相互发源的个别事物是自为存在之事**,并且依真实性而得到观照呢? 错误就在于这个级数个别而前后相继的事物,雅科比把它视为一个绝对者,而正是雅科比把个别性与时间带入斯宾诺莎的无穷性中。一种理念只要从其反对想象、反对反思的负面得到观照,它之所以是理念,是因为想象或者反思可能把它变成一种荒诞不经;这种转变过程是最简单的转变过程。想象或者反思单独面向个别事物或者面向抽象与有穷性,而这些由想象或者反思视为绝对;但在理念中,这种个别性与有穷性由此遭消灭,即反思的对立者或者想象的对立者、在理念上或者经验上对立者,被考虑成合一。反思可以领会的是,此处,它设定为特殊事物的事物被设定成同一的,但不能领会的是,它们以此同时遭消灭;因为正由于只要反思是积极的,其产物就是绝对的。也就是说,由于它设定了两者,遭分离而对它来说只是存在者的同一性,还有此存在者在这种同一性中的绝对持存,它就幸运地发现了一种荒诞不经。所以,雅科比把对时间的抽象、对一个个别事物的抽象、想象与反思的产物设定成自在存在,他认为,若设定永恒实体的绝对同时,同 [348] 样一同设定了个别事物与时间,只有从永恒实体夺走它们,它们才存在,但他不感兴趣的是,通过把从永恒实体处夺走的它们再给予永恒实体,它们就不再只是从永恒实体处扯走之事;他就在无穷性与永恒性自身中保留时间、个别性与现实。

时间本身什么也不是,它在永恒中失落,若受喜爱的解释倾向对此不满,而雅科比苛求斯宾诺莎,说后者意欲以其哲学完成**对有穷事物与演替事物定在的一种自然解释**,则从上文得出其实是对时间的一种解释,亦即在一种永恒理念中所作的一种抽象。雅科比就可以直接借助总体性或者根据律来对时间作抽象,以此方式从根据律来领会对时间的抽象;但发现抽象本身和总体性中这种形式的抽象,这直接就自我扬弃了。若我们把

---

① 《雅科比全集》卷四,第二部分,第 135 页及下页。

思维与属性隔离,不把思维领会成绝对实体的属性,作为属性,思维表达了这种绝对实体自身,而是我们放弃绝对实体,把思维固定成空洞的思维、主观的无穷性,使对时间的抽象相对关涉存在的个别性,我们就保有对时间的抽象。通过这种抽象,就会真正从永恒性来认识时间,如果愿意,通过这种抽象就会真正从永恒性来解释时间;但从个别事物的共同体来演绎这种抽象,会提供一种较为自然的解释,方法是,受预设者、个别事物的确已经是自然之事。哲学想通过自然性实现其解释方式,一直清晰可见的是,对自然性,雅科比所作理解无非是依据想象的形式知识、反思过的思维与认识;归入此处的是上述论述雅科比关于知识概念之处。以这样一种自然方式却不可能作哲理性领会,而在斯宾诺莎身上,可能找不到几行有这种自然性;而是因为雅科比把自然的解释理解成依照想象来认识,所以可能斯宾诺莎身上的一切都是超自然的,所以,无法自然地解释世界①,雅科比的这一命题可能在斯宾诺莎身上最多地得到证实,斯宾诺莎不仅提出、而且详释此命题。但一切所谓一般自然性进而甚至连那种超自然性也由此略去了,因为只有一个自然物与它相对,它才存在,而关键既非如雅科比(《斯宾诺莎论简》第419页)所言,理性试图把自然之外者或超自然者变成一个自然者,关键亦非理性试图把自然者变成一个超自然者②;而是那种自然性,亦即机制与因果关联与时间及知识对理性而言根本不存在,知识借助纯粹同一性而继续并且分析事实。

  最后,说到对一个**现实**无穷物(eines *actu* Unendlichen)的数学比喻,斯宾诺莎把它们与想象的欺骗相对立,依雅科比之见,斯宾诺莎该是因这些数学比喻而受其想象迷惑,所以,斯宾诺莎对其事情很肯定,他说:把**现实**无穷物(das *actu* Unendliche)视为一种荒诞不经者多么可怜地作过推论,但愿数学家可能对此作出判断,在清清楚楚得到认识的事物中,此类垃圾论据阻挡不了他们。③ 斯宾诺莎的例子是包含在两个圆之间的空

[349]

[350]

---

① 《雅科比全集》卷四,第二部分,第147页。
② 同上书,第148页及下页。
③ 《斯宾诺莎全集》(Opera)(编者保卢斯),T. I,第530页。

间,根据几何图形,这两个圆没有共同的圆心,他也把此图形当成他自己
原真的符号让人置于他关于笛卡尔哲学的原则之前,方法是,他通过此例
从想象的无穷外浮中取回经验性无穷性并吸引到自己面前。数学家推
论,在此空间中可能的不等式无穷无尽,并非出于各部分数量无穷——因
为空间的大小是规定的、有限制,而我可以设定更大、更小的空间,也就是
更大、更小的无穷性——,而是因为事情的本性超过数量的任何规定
性①;正是在此有限的空间中,有一个**现实**的无穷者、一个**现实**无穷物
(ein *actu* Unendliches)。因为我们在此例中看见无穷者,它在上面被规定
成绝对肯定或者绝对的概念,同时规定用于直观、也就是在特殊性上得到
表现。而绝对的概念**确实**(actu)是对立者的同一性;若分清这些部分并
设定它们本身是同一的,若这种特殊性本身被设定成现实的,它以数字得
到表达,而若处于不可通约性中的这种特殊性按照概念被设定成同一,则
经验性无穷性源于数学家的无穷级数。但不可通约性在于,特殊性免于
被包摄至概念之下,分解成各部分,而这些部分是绝对确定的、绝对彼此
不同的部分,而若它们刚才在直觉概念中遭等同,现在得到相互比较,不
再处于同一性中,而只有关系。一言以蔽之,这无非是把几何转成分析,
或者把特定的几何——毕达哥拉斯定理的几何转成曲线函数的级数,毕
达哥拉斯定理就是一切真正的几何。

由此得出思维的真正特征,后者是无穷性;因为无穷性这个绝对概念 [351]
本身是绝对的肯定,但转向对立者与有穷者而作为它们的同一性,所以对
立者与有穷者是绝对的否定,而这种否定被设定为存在的、真实的,是对
诸对立者的设定:+ A − A = 0。无作为+ A−A 而实存,依其本质是无穷
性、思维、绝对的概念、绝对的纯粹的肯定。这种抽象出来的绝对实体的
无穷性是那种事物,费希特把它作为自我或者纯粹的自我意识、纯粹的思
维,亦即作为差异的恒动或者永远制造差异而更接近我们新的较主观的
文化,反思过的思维始终只了解差异是产物。在现象中相外者、不可通约

①　《斯宾诺莎全集》(Opera)(编者保卢斯),T. I,第 531 页。

者、作为产物的差异在终极关系中、在无穷性中相同,这就是说,在无穷性中,同时略去对立者,而与被设定成(以数字)自为存在着的不可通约者相关的同一性是一种无穷同一性、一种无;但不可通约者未被设定成这些抽象、(以数字)自为存在着,亦未被设定成无整体而持存的部分,而是根据它们本身所成为之事,亦即它们只在整体中得到设定,所以,真正的概念、整体与部分的真正相等,还有肯定性的无穷性、**现实**无穷物(das *actu* Unendliche),为直觉认识或几何认识而存在。关于无穷者的这种理念是斯宾诺莎体系中最最重要的理念之一,而在对斯宾诺莎体系的阐述中,此理念必定扮演更大的角色,不只像在雅科比的定律中一样总是充当思维、扩展等等的一个多余的谓项。此理念中恰恰有最重要者,亦即对属性结合点的认识;但若无此理念,斯宾诺莎的至高理念就以一种正式的、历史性的方式得到阐述,如[在雅科比的斯宾诺莎身上]在第14条命题中,以关于**特性**的庸常的反思形式在绝对实体外添加属性与样态。①

[352]

我们把无穷性的形式简短汇编起来。真正的无穷者是绝对的理念、普遍性与特殊性的同一性或者无穷者与有穷者的同一性本身,亦即无穷者的同一性,只要无穷者与一个有穷者对立。而这个无穷者是纯粹的思维;被设定成这种抽象,它是纯粹的绝对——形式上的同一性,是纯粹的概念,是康德的理性,是费希特的自我。但反对这种有穷者,正因此,它是有穷者绝对的无:+A－A＝0;它是绝对理念的负面。这种无被设定成实在,无穷性自身不作为主体或者制造,作为后者,无穷性既是纯粹的同一性亦是无,而是无穷性作为客体或者产物,它是+A-A、是设定诸对立者。但无穷性的这些形式中,没有一种还是想象的无穷性或者经验性无穷性。最初的无穷性是绝对理性的无穷性;纯粹同一性的无穷性或者否定性的无穷性是形式理性无穷性或者负面理性的无穷性。但无穷者在其实在中作为+A-A,其中一个自身被规定成无穷者,另一个被规定成有穷者,在其现实性中作为+A-A 的无穷者或者一般有穷性是反思的无穷者与想象

---

① 《雅科比全集》卷四,第二部分,第183页及下页。

的无穷者,上面指明之事归于此处,若要把一个有穷者设定成绝对,亦即
要同时设定成一个他者。在雅科比处,可见无穷性或者作为多余之事或
者作为想象的经验性无穷性,而这诱使他以为,斯宾诺莎在其数学例证中
(雅科比言及若干个例证,但在第 29 封书信中只有一个例证,而在《伦理
学》P. I,Prop. XV,Schol. 中,并非斯宾诺莎使用彼处例证,而是他引用对
手的例证)意欲把一种经验性无穷性阐述成**实**(actu)存着的,而雅科比由
此数学例证而得到满足,因为他虽然未在其中发现客观与现实的、但还是 [353]
在其中发现了一种主观的与理想的[无穷性]。

我们觉察根据与后果的一种联系之处(《大卫·休谟论信仰或唯心
主义与唯实论》第 94 页),我们会意识到一种想象中的多样性,而这发生
于时间之中,而这种理想的演替自身是制造它的主体身上的一种**现实**的
演替。① ——斯宾诺莎以此方式所完成的多于他意向中之事,因为他在
其例证上根本未想到演替,而其中也见不到演替。雅科比却还至少在其
中发现了一种主观演替;在他那里,例证就不具有哲学意蕴而具有心理意
蕴与经验意蕴,不过,他尚未发现**足够**经验性之事,亦即在心理演替之外
也未在其中再发现一种客观现实的演替,虽然连理想的演替自身也是主
体身上的一种现实的演替。

这种论战做法的本性就在于,雅科比或者发觉不见演替与有穷性并
在道地的思辨中要求之,或者用它作穿凿附会的解释,于是发现荒诞不
经。我们在上面见过在依照理念形式的有穷者中这种固着之在的正面,
亦即关涉知识,这种固着之在被领会成借助相似性与同一性的线索而继
续并且需要一个事实,此事实必定作为一个异己、+B 提供给这种固着之
在,在异己、+B 之外附加想象概念的同一性。敏感的个别性决定这种经
验的范围与美,通过理性,人的经验与动物的经验拥有一种不同的特征,
对这种经验、对敏感的个别性,还有对经验地阐述主观个别性或者阐述敏
感,雅科比偶尔都有巧妙的、意味深长的表达。关于经验关涉知识的此类 [354]

---

① 《雅科比全集》卷二,第 193 页以下。

241

事情,或许可以归于加工者克彭,而非雅科比,如(《莱因霍特文集》第三册,第 92 页):空间与时间是事实,因为运动是事实。"**从未运动过的一个人不可能想象空间;有谁从未改变过,不了解时间的概念**……我们先天地不怎么**想**获得经验与知识的关涉,如同我们不怎么获得纯粹的多样性、获得结合性的关系、获得知性生产性的自发性"①。

巧妙的是经验之谈和关于经验的表达,因为它们影射思辨理念,而雅科比著作的兴趣基于思辨理念的弦外之音与反响这种音乐,但由于理念折射于反思的绝对之在这种媒介中,这种音乐依旧只是一种出声,不会发展成在涉及科学这一事物之处得到预期之事,不会发展成得到表达的科学言语(逻各斯)。若可以把理念的这种出声作为不该成为此事的客观之事而纳入概念,可以领会、固定成思维的共有精神财富,则若仅观照此类表达的意义,就不可能错认其中对理性的表现。例如就在雅科比(《斯宾诺莎论简》,在上面所引那封信中)对理性只赋予分析事实并按纯粹同一性来联系的能力之后,他在第 423 页讲述其基本意念:**他**对待人并不将其分裂,**他**认为,人的意识由两种原初的想象、对有条件者与无条件的想**象组成**,这些想象不可分离地联系着。② 但难道这不是分裂? 这种分裂

[355] 让意识由两种依雅科比之见绝对对立的想象组成。根据随后一页看来,只要我们领会,我们就停留于有条件的条件之链中并且停留于可领会的天性中;但领会与天性的这种关联终止了,而且绝对在彼岸,也就是没有关联地有一个超自然者、不可捉摸者与无条件者。③ 那雅科比怎能说,他**不分裂**人,因为他让人的意识由绝对对立者组成呢? 或者不如说,由于他根据意识的现象来观照人,他就已经分裂地对待人了。但若我们确实把人及其意识和意识的组成当作未分之事,如雅科比意欲提供之事,则我们必须把雅科比所称理性与认识的原则领会成有条件者与无条件者未分的同一性,而且,因为依雅科比之见,自然者是有条件者,超自然者是无条件

---

① 《雅科比全集》卷三,第 172 页。
② 同上书,卷四,第二部分,第 152 页。
③ 同上书,第 154 页。

者,我们必须把雅科比所称认识与理性原则领会成自然者与超自然者的
同一性,而在这种有条件的无条件性或者无条件的有条件性中,我们会有
雅科比在斯宾诺莎身上发现的有穷的无穷性这同一种荒诞不经,而且我
们至少会消灭自然者与超自然者、有穷者与无穷者的对立,也就是至少会
摆脱反思,反思使对立绝对并且使对立者成为自在之事。

　　何处有敏感,彼处就有起讫,彼处就有分离与联系,彼处就有一个与
他者,而敏感是第三者①,人们尽可把此注释(《多余的手册》,1802 年,第
30 页)领会成一种思辨理念;还有(《莱因霍特文集》第三册,第 70 页):
"一种一般敏感的标志是主体与客体之间的两端者与位于中间"②,在同
一处第 95 页更多:"感性并不决定,连知性也不决定;个性化的原则位于 ［356］
它们之外。在此原则中,存在着多样性与一不可分离联系的秘密,**存在**、
实在、**实体**。我们对此的概念纯属交互概念:统一预设全体,全体预设多,
多预设统一;统一因而是这种永恒循环论证的起讫并且叫做**个别性**、**机
体**、**客体——主观性**。"③但这个圆圈的中间同时是中点与圆周并且保留
更替,它不让一个消失,他者一出现,这个圆圈的中间就会成为理性的理
念,会成为一与多绝对的而还是两端性同一性的理念;这样一种理念却是
一种迥异的知识与认识,作为迥异的知识与认识,只分析存在的事实并借
助相似性而继续。

　　雅科比以此形态只以一种巧妙的方式使反思超越自我,若使有穷性
与主观性成为绝对之事,此形态是为了宣布理性而产生的必然出路;作为
巧妙的表现,理性谨防把概念的无穷性纳入［自身］中并成为共同财富与
科学性,而是受主观性感染,依旧是一个特有者与特殊者。取决于理性所
呈献的环、理性的象征的,是递上此环的人手的一部分,若理性有科学关
涉并且与概念有关,人们就会惦念这部分人手,这样一种巧妙性,按照一
种有穷的无穷性、同时是起讫的某事、有条件者与无条件者的一种组成等

---

① 《雅科比全集》卷二,第 225 页。
② 同上书,第 143 页及下页。
③ 同上书,第 176 页。

等这些荒诞不经的方式,它又更接近很容易得到的理性的形式主义。这
[357] 种探究哲学的形式如此主观,这种探究哲理的对象必定也同样主观、有
穷;因为有穷性是自在之事。阐述与探究哲理起先面向人、通过人:**我们**
发现自己被置于地球上,而正如彼处生成了**我们的**行动,也生成了**我们的**
认识;正如我们的道德本性如何,我们对与此关涉的万物的洞见也如何,
诸如此类。与这种持续怀念人相抵触、与表扬并讲述人理性的本能和他
的敏感相抵触,伊壁鸠鲁忘了人,他在雅科比(《多余的手册》第 22 页)引
述之处说道:但因为我是一个理性者,所以我的事务是(并非称赞人)[而
是]称赞上帝;这是我的天职,我愿意履职。

不能以适合于理性认识的形式来忍受绝对者,而只在玩弄反思概念
时或者在零星号召中忍受绝对者,正如康德以实践信仰中的理念结束零
星号召一样,零星宣布也直接终结了探究哲理,因为零星号召似乎开始探
究哲理,或者只能把理性者作为美妙感受、本能、个体性来忍受,对此特
性,**赫尔德的探究哲理**只是略作修改;不过,赫尔德的形式甚至有长处,即
还是较客观之事。雅科比①把赫尔德的探究哲理称为斯宾诺莎主义的泡
沫与变乱理性与语言的布道,斯宾诺莎主义的泡沫与变乱理性与语言的
布道恰恰源于此,即雅科比用感受、本能的主观性等等表达来代替理性思
维,赫尔德用来代替理性所思者的是其中同样掩盖理性者之事、亦即一个
反思概念。赫尔德说(《论上帝》,第二版[歌达,1800 年],第 126 页)威
[358] 力概念和物质概念与思维概念得到阐明(亦即被包裹起来),依据斯宾诺
莎体系本身,三者全部相互重合,亦即重合成一种**原始力量**的概念;永恒
的原始力量,一切力量的力量只是**一种**力量,诸如此类,第 169 页:一切**力
量**不仅基于真实的概念,而且它们也都穷尽不了它,真实的概念、这个无
穷卓越者是:**现实、实在**、活动着的定在;在斯宾诺莎处,这是主要概念;而
自然(第 245 页以下)是**鲜活**力量的一个王国和无数**组织**的一个王国,其
中,每种力量、各类组织不仅智、善、美,而且是一个完美者、**确有此事**,是

① 《雅科比全集》卷四,第二部分,第 79 页。

智、善、美自身的印痕，诸如此类。枯萎的头发、摒弃的指甲又进入世界关联中的另一区域，在世界关联中，指甲再次无非按其现在的自然地位起作用或者受苦，诸如此类。①

这难道不是如雅科比②所言，意味着立下研究者的丰功伟绩、揭示并公开**定在**？只是跟雅科比一样少，不适用于哲学认识，而是相反，在对理性认识而言存在科学形式之处，借助对两者而言相同的努力要清除哲学认识。赫尔德对他阐述斯宾诺莎体系中心点的方式有充分的意识："我不会知道"（《论上帝》第二版第 77 页），"现实与有效的活动、鬼神世界的**意念**、身体世界的**运动**，两者可以如此无拘无束地属于哪个名词，就像属于**力量**、**威力**、**器官**这一概念。一言以蔽之：**有机力量**同时指内外、精神之事与有形之事。然而，它也只是**表达**；因为我们**不理解**，何为力量，我们也**不要**用它解释身体一词。"③恰恰这是雅科比的事务，要用既不会知道亦 [359] 不会理解的**表达**与**词语**去代替哲学理念；它们可能也具有哲学意义，但雅科比的论战恰恰针对那些哲学，其中认真践行了那些哲学并且宣布其哲学意思。在针对雅科比论批判主义（《莱因霍特文集》第三册）的总结性陈词中，克彭说得最好，关键是什么：自由、不朽者、人、兄弟，充满高度虔诚、献身、爱，——**你那探究哲理的理性**这种字眼如何能够把你在**你灵魂最神圣处更鲜活地信仰**、**希望与知晓**之事更厉害地教给你：掌控在你之上的无穷者、出自自由的美德与永生！④ 诸如此类。如此冷若冰霜、索然无味吐露心曲出自作为本能的理性，雅科比总是指点人求助于后者，如此冷若冰霜、索然无味吐露心曲可能以为自己不仅是它想要放弃的探究哲理的理性的一项定律。

与针对斯宾诺莎的那部分基于相同根据的一部分**论战**；"通过批判主义的行动，要使理性获得知性，要给一般哲学以一种新的意图"（《莱因

---

① 《赫尔德全集》第十六卷，第 479 页及下页、第 502 页、第 545 页及下页。
② 《雅科比全集》卷四，第一部分，第 72 页。
③ 《赫尔德全集》第十六卷，第 452 页。
④ 《雅科比全集》卷三，第 194 页及下页。

霍特文集》第三册),针对**康德哲学**,我们在此要简短触及。雅科比反对理性认识的那种本能恰恰紧盯着康德哲学在彼处思辨的那一点,使用本身不明晰、而是因由反思性思维吸收的、由此对哲学理性变得不可用的一种往昔教育的术语而受妨碍的、由思辨方面沉迷于产物中的康德的阐述,以更少费力地对这种阐述胡说一气,通过并为了非思辨的反思而使这种阐述成为胡说。反思哲学的特征在这种论战中以相当确定的特点表达其原则。

[360]   此文真正的批评想必也是空喊并且构成此文尖刻、敌视、因扭曲而至于幸灾乐祸的本质;我们算作后者的是在预备性报告①一中出现的例子,在彼处,借助康德对直观形式的阐述,会提供一个体系与自身不一致、经验主义和唯心主义混合的实例,为此目的先**根据文件**证明,空间与时间能够是单纯形式,它们从不**可能成为**对象,此外引用了《纯粹理性批判》[B]第347页,彼处写道:"直观的单纯形式而不含实体,**本身**并非对象……纯粹的空间与纯粹的时间,它们虽然**是**可视为形式之事,但自身并不**是**受直观的对象",彼处没有言及,它们不**可能成为**对象(我们马上会见到在何意义上)。"它们既不能受直观也不能得到感知",雅科比继续道,为此引用《纯粹理性批判》[B]第207页,彼处根本未言及不可直观,而对感知的言说是,它们**本身**根本未得到感知,因为它们是纯粹的形式直观,并非现象(亦即直观与感受的同一性),并非知觉的对象。而雅科比这里说,**尽管如此**,直观的这些同样的形式、非客观的形式按其他意见亦是对象,为此引用《纯粹理性批判》[B]第160页,彼处写道(在注释中,正文中未言及对象):空间被视为**对象**(在康德本人处有着重标记),正如人们在几何学中确实需要它一样,它所包含的**不止是**直观的单纯形式;——彼处,

[361] 康德把形式直观区分成直观的想象与直观形式的统一,作为统一,在关涉知性概念时,显现为一种单纯的多样性,但自身中具有一种统一,而正如第24节明确说明的,知性作为想象力的先验综合本身是空间与时间的统

---

① 《雅科比全集》卷三,第77页以下。

一,才促成这种统一本身,[B 152—156 页]——是康德言说感性与先验性出色的要点之一。直观的形式,作为与知性概念对立的纯粹抽象的形式不**是**对象,但如何能够在几何中成为对象,因为对象的统一内在、先验,但不**突显**于作为直观的单纯形式的对象中,其中何其矛盾。终究会与前面有矛盾,即空间与时间并非直观的单纯形式,而是直观本身,而直观本身甚至是零星的想象[B 第 136 页]。零星、个别(与概念对立的)想象对康德而言与直观同义,而人们只能称康德的这一概念出色并且称为他最纯粹、最深刻的概念之一。即使完全不论此概念的真假,除了雅科比因错误引述而置于其中的那种矛盾,在上述之事与雅科比列举为相矛盾之事之间,何处找得到另一矛盾?

在下一页上①,雅科比说道:"**似乎费希特觉得不可捉摸的是,自我如何向物质借来自我的实在与实体性**",诸如此类。借助康德体系,**自我向物质借来自我自己的实在与实体性**,为了这种出色的、近乎顺带——正如费希特也以一种同样顺带的方式作了了结——所作对康德体系的阐述,引述了《纯粹理性批判》[B]第 277 页以下。第 276 页上的套叠句转到第 277 页,它写道:"仅在此处"(由康德违反唯心主义)"证明,外在的经验其实是直接的,只有借助它,**虽然不可能意识到我们自己的实存**,但还可能**在时间中规定我们自己的实存**,亦即内在经验还是可能的。不过,**我在**这种想象,表达可能伴随一切思想的那种意识,**我在**这种想象是一个主体的**实存直接**在自身中包含之事,但**并非对主体的认识**,因而也非**经验性认识**、亦即经验;因为除了关于实存之事的意念,属于此处的还有直观、而此处是内在直观……,内在直观本身只是间接地才有可能并且只有通过外在直观才有可能。(注 2)这样,连我们的认识能力对经验的一切使用也在对时间的规定上完全一致。不仅是我们只能通过外部状况的更替在关涉空间中坚持不懈者时(如太阳运动)感知一切时间规定,同样,除了**物质**,我们也根本没有坚持不懈之事,我们本可给实体的概念配上坚持不懈 [362]

① 《雅科比全集》卷三,第 79 页。

之事作为直观,而甚至这种坚持不懈性也并非汲取自**外在**经验,而是先天地被**预设**为作任何时间规定时的**必要**条件,因而也被**预设**成在我们自己的定在方面通过外物的实存规定内在的意义。我本人在**自我**这种想象中的意识根本不是直观,而是一个思考性主体的主动性作单纯智力想象。因而,这个自我也没有直观的最低限度谓项,这种谓项因为坚持不懈,对内在意义上的时间规定而言,可用作关联词:大约如不可捉摸性借助作为经验性直观的物质所成为的那样。"我们完全照抄此处,以便通过直观来澄清,**自我向物质借来自我自己的实在与实体性**,这种如此赤裸裸的阐述多么幸灾乐祸。为了经验,康德需要某事,借助此事,时间的更替规定自

[363]

己是坚持某事者,而这种坚持不懈者是物质,而且作为一个先验者,而实体性是时间中这种在经验方面确定的坚持不懈性,——从涉及经验的那些范畴中,康德明确排除了"我在",而且甚至明确排除了主体的实存,使得康德所言之事**迥异于**(toto coelo)那件事,那件事近乎不对实在、实体性与物质作任何解释就在雅科比处并且为实在、实体性和物质以及为自我提供一种迥异的意思,仿佛近乎笼统地说:自我向物质**借来**自我自己的实体性。如此引述并对待康德,难道不意味着对付他比对付一条死狗更恶劣吗?

康德不无道理地在经验中既把感受的契机也把直观与范畴的契机想象成只制造现象、并不提供对自在、永恒的认识,雅科比将此领会"成从根本上剔除对认识**真理**的一切要求,并且领会成余下这样一种盲目的、完全无认识的信仰,正如迄今尚未苛求人有信仰一样",这种无处不在的敌视性对待可以从雅科比那项已经指明的原则来领会,即有穷者与现象对他而言是绝对的。所以,雅科比哲学也把真理与信仰这些表达贬低成最庸常、经验性现实的意思,在这些言辞中,真理值得在哲学交流中[得到使用],而信仰平素也确实普遍得到使用,由于永恒者与非经验性现实者具有确定性。雅科比贬损对此类经验性真理的消灭,贬损对信仰感性认识的消灭,当作贬损对圣者的加害,当作贬损盗窃圣物。

除了错误引述与贬损,论战性阐述有第三个成分、即**胡说**。胡说之术 [364]
很简单,因为它是用反思来领会理性者并把理性者变成知性者,由此,事
情本身变成一种荒诞不经,如我们所见,在斯宾诺莎的永恒性与无穷性
中,把时间穿凿附会进去了。且不说此类倒错——似乎康德把综合称做
一种行为,随后又在关涉想象力时说综合是想象力的一个**结果**,雅科比由
此提问:这种**能力**是一个结果?① 继续者在第 85 页不倦地重复并承认康
德有理,说康德把综合称为盲目想象力的单纯结果②——,我们更不必一
一举例,因为全文以一种胡说的腔调、喜欢引发荒唐的一种腔调继续,所
以,我们提出关键、雅科比所领会的所谓能力的关系。在阐述康德哲学时
指出了,康德在此范围内以出色的方式把感性的先验性置于统一与多样
性的原初同一性中,而且在统一沉潜于作为先验想象力的多样性的幂中,
但把知性置于其中,即对感性的先验综合的统一[被]升格成普遍性,也
就是这种同一性在与感性的相对对立中出现,理性又作为先前相对对立
的较高幂,但使得这种普遍性与无穷性只是形式上的、纯粹的无穷性并且
固着成此类形式上的、纯粹的无穷性。通过这种原真理性的建构,只留下
能力这个恶名,其实却设定了大家的**一种**同一性,雅科比就把这种原真理 [365]
性的建构变成能力互为**依据**。"理性……在你们那里也**基于**知性;知性
基于想象力;想象力**基于**感性;感性又再**基于**作为先天直观能力的想象
力;这种想象力最终基于什么呢? 显然无所根据! 它是真正的掩蔽物、绝
对的根据、一切本质中的存在者。由自身纯粹地制造自己,而且作为一切
可能者的可能性本身,不仅制造可能之事,而且也制造——或许! ——不
可能之事。"③雅科比把能力置于如此美妙的联系中,而某事、不过并非想
象力因与总体性分隔,而基于自身,这对雅科比而言不仅如同对愚蠢的印
度人的印象一样缺乏哲理性,而且也是造孽的,印度人让世界由基于自身
的一种本质来支撑;而因为人人都从其青年时代和心理中知晓,想象力是

① 《雅科比全集》卷三,第 128 页及下页。
② 同上书,第 162 页。
③ 同上书,第 115 页及下页。

一种用来虚构的能力，所以，依雅科比之见，哲学意欲通过此类想象力来说服人，说整个人确实是无起讫的一个组织，由纯粹的幻觉与错觉组成，由妄想组成，由梦组成，说人给自己发明并虚构了一种宗教与语言，诸如此类；对此在《多余的手册》中无穷无尽地争吵、引述。简言之，雅科比把这样一种想象力以及一种自己产生的理性理解成任意之事与主观之事，把感性经验理解成永恒真理。

因为对康德建构认识性精神作那种胡说性阐述，雅科比在第 52 页表示，你们看见，他如何还足够好地领会了你们的事情，还要大度到不指责你们有意欺骗。[①] ——编者莱因霍特以此来说明那种**真正的**阐述，即"只要康德哲学**哪怕只**想保持前后一致的**假象**，康德哲学就必得承认此处所描述的功能是由它**悄悄**预设的其认识能力理论的原则；费希特哲学**则明确**提出**所说的**功能，**而且带有**对所有功能的直观、思考与打算。

雅科比所提主要问题是：康德哲学如何先天地获得判断，它如何使绝对者诞生有穷性，使纯粹时间诞生诸时间，使纯粹空间诞生诸空间？反思的永恒二难推理是这个二难推理：若哲学认识到从永恒者过渡至时间性，则容易表明，哲学把时间性置于永恒者自身中，也就是使永恒者变得有时间性；若哲学认识不到此过渡，它就把总体性的绝对同时设定为直觉认识，使得有差异者不以各部分的形式和一时性的本质的形式而存在，这样，哲学就有缺陷了，因为它也该具有并且解释时间性、规定性与个别性。——后者是庸常的反思意念，雅科比以为借此拥有一个螺旋，连康德哲学也会抵挡不住这个螺旋。理智直观的总体性或者先验综合的总体性自身中包含不折不扣的差异，他不乏幸运地把这种总体性视为一种抽象的统一，也就是并非在整体中拥有各部分，而是**除了**抽象统一，还拥有各部分，他使整体成为抽象统一，而他必然觉得，若要**解释**（！）先天综合，就得同时**解释**一种纯粹的反题；但对这种需求毫无所知；若放弃一切经验，

---

① 《雅科比全集》卷三，第 121 页。

似乎原初的综合并非差异性的一种同一性,适合于综合的多样性会由康
德经验性地加以预设并且还是会留存。但在其中,差异性并非作为如雅 [367]
科比所乐见的一个纯粹有穷者、反题者。依雅科比之见,原初的综合会是
一种原初的规定,一种原初的规定却会是一种无中生有。上面已经提醒
过,对反思而言,无始于没有绝对的、孤立的、放弃绝对实体的有穷性之
处,而与反思的无对立的反思的实在、道地反思之事只是这种绝对的对立
与绝对的有穷性。综合是一种纯粹的统一,也就是其中没有差异,这是唯
一、单一的意念,扩展成无穷的、专注于荒唐举止的大发雷霆、全然不羁的
敲打与争吵。雅科比从各处汲取综合的理念以及整个康德哲学的理念,
而一旦康德还把综合称为那种行为,即把**不同的**想象相互添加,以一种认
识来领会其多样性,除了他已经预设其同一性的反题外,还有什么更清
晰? 雅科比恰如其分地把康德建构中的一切有机物混合起来,使时间、空
间、先验想象力对自己而言想有多明晰、纯粹就有多明晰、纯粹,使它们都
成为纯粹、纯正的统一,互无瓜葛;他使自己成为无穷空间的绝对纯正性,
于是问道:你们怎么能侵入我的纯正而只让**一个**有区别的点在我身上形
成呢? 时间、空间、意识的统一如何能够互相侵入呢? ——而不考虑,时
间、空间与先验想象力的纯粹性同样是虚构,如同**这个点**是对空间无穷纯
正性作这种无争吵、不云山雾罩的直观。雅科比对时间比较满意;因为他
觉得时间是现实与理想、智力与物质之间的一座桥梁,可以把时间当成一 [368]
种敏感:它有两端,在中间某处,也就是一种敏感,这种敏感的确就是客体
与主体之间的这种两端者与位于中间。但若想象力就产生自身拥有开
端、中间与终点的时间,则想象力不会预示,这些产下的蛋大小几何;想象
力必须借助那个空间来规定此事,雅科比化为那个空间,设定自己是那个
空间无穷、纯洁、清澈的同一性与连续性,在这种统一中坚称,一种纯粹、
空洞的想象力若仅凭借空间而存在,它不可能产生任何点以至永恒。若
在纯粹的空间中领会到一种有穷化,则雅科比讲得很好,这个设定有穷化
(确切地说实在)者必是以相同方式超越两者、超越纯粹直观与纯粹概
念、超越纯粹概念与纯粹直观者,它既不属于一种(感性)直观亦不属于

一个概念。对雅科比而言,这撞上了半真半错的规定:它本身不直观,本身不领会任何概念;它是两者一种相同的最纯粹的行动,本身叫做**先验统觉的综合性统一**。①

雅科比真正的拟稿以此话作结,也就是在那个点上,彼处或许本会最早言及事情本身;在那个点上,迄今思想贫乏的大发雷霆和争吵在彼处似乎能获得关注,因为迄今所言无非空洞的统一并且只言及胡说的知性、想象力与理性,在那个点上,雅科比中断的事是,他在预备性报告中通过其健康报告书使人领会之事,同时,他完全打消了一种可能的希望,即他本人还会跟得上更好之事,因为他(预备性报告第5页)再也看不出眼前真正危险之处,只看到一小段有些不灵活、不过**已经不止是半铺就的路段**。②若上文并未足够易懂,第61页就会让这点变得更易懂,彼处说,你们徒劳地试图在你们纯粹的质的统一与连续性中引入一种差别,办法是,你们给一种统一与连续性附加一种**综合性**统一与连续性之**名**(事情的原因就在于此名)。"我说,一个跟另一个同样不怎么会做除法和加法,实在不是**通过**它来综合,因为那样它也就必须具有**反题**的根据:这是劳苦,这是**困难**(**hoc opus,hic labor**);但空无的空间与空无的时间与意识自身不可能具有反题的起源。"③简言之,事情的经过是:绝对综合的统一、总体性包含所有部分与差异;但我、雅科比说:这只是一个名字,绝对的综合统一是一种抽象统一、一种空洞的统一,那它怎么可能是可分性与反题的根据本身呢?

[369]

同一性的概念与先验统一的概念因继续者真挚的友情而变得完全易懂。在继续者处,先验统一那一处看起来不怎么危险并且不止是半铺就;继续者以为,贯穿81页(减去预备性报告)的单调意念,即纯粹统一,如雅科比对空间等等所作理解,并非多样性,或许**尚**需一些解释。在从喧嚷和争吵陷入疲乏的激流中,通过雅科比在彼处中断的先验综合,可见下

---

① 《雅科比全集》卷三,第112—158页各处。
② 同上书,第65页及下页。
③ 同上书,第132页以下。

文:"设若有一种纯粹的多样性,那何以可能有联系呢? 显然由于它在一 [370]
个**第三者**中**发生**!"克彭以如下方式阐明这个清晰的意念:"设若**我们**在
空间中**有**一个异者,**它的联系**就在于,它**处于**空间中。"更明了:"设若**我
们**在意识中**有**一个异者,则联系在于,它**存在**于意识中。"更为明晰:"那
什么联系着空间中的那两个对象呢? **空间**。什么联系着意识的多样性
呢? **意识**。整个综合向我们透露的**不过是一种同一性**。"通过如下解释,
使人更可以领会迄今所言这件事:"**只要**两个对象**处于**空间中,因为是**空
间性**的,它们就完全相同;**只要**它们**处于**意识中,**因为存在于意识中**,它们
就完全是同样的对象。此处**为何仍需**联系这样**一种特殊行为**呢? 难道通
过作为**被动接受力**的空间与意识,**整个综合**不就已经**完整**了吗? ……知
性做的无非就是等同,而为了使此事有可能,预设了**发觉**相同与**发觉**不
同……每个判断都表达一种此类**所发觉的**同一性……无论在不可区分者
之外还会在一项判断中遇见什么,都属于判断的**材料,因而**,其起源不在
知性中。而知性的这种事务、对一种**存在的**同一性的这种注意、领会该叫
做**综合**? 为了这种同一性,想象力必须摧毁一切特殊性、扬弃一切差异
性。其实由此可是扬弃了一切综合!"①

这是克彭论述先验统觉的先验统一或者创造性想象力的先验统一。
雅科比关于知识的概念相当易懂地得到了表达,即我们人把经由敏感的
事物与目睹、感知与感受这种超自然启示作为事实来接受,如此取自经验 [371]
者(组织得较好并且见解较好的人比起较为糟糕的组织与较糟糕的敏感
取得更好的经验)**已经得到综合**,**更无需**由我们来综合,也不可能得到综
合;因为我们对这个综合地给定者所从事的活动是一种综合的对立面,这
是对综合的分析,而我们在客体中**发现**的这种分析性统一不怎么是一种
综合、对多样性的一种联系,相反使得多样性、质料性通过分析性统一而
陷入碎片之中。空间、意识,诸如此类,客观世界、自然,我们只能依照分
析性统一来领会,只能分析它们;(《斯宾诺莎论简》第 424 页)这样给我

① 《雅科比全集》卷三,第 161 页及下页。

们的探询开辟了一片**无法预见**(亦即无穷与无总体性的)领域,为使我们**在躯体上**得到保持,我们**已经被迫**探讨该领域;如果手段自身**在我们手中**,我们也可以产生我们发现了其机制的那些事物。我们以此方式**至少在想象中**能够建构之事,我们领会之;而我们不能建构之事,我们也不领会。① 知性的认识是一种不停的等同,我们称其为联系而它只是对多样性的一种持续减少与简化,若可能,直至完全清除并消灭之。(《多余的手册》第 32 页②)——我们则说,先验性想象力与理性认识是与雅科比所领会之事迥异者,先验性想象力与理性认识既不分析自然,亦不把给定之[372]事拆散成分析性统一与多样性,而是,先验性想象力与理性自身有机、鲜活并且创造总体性、总体性的理念,并将其建构成普遍性与特殊性的绝对原初同一性,康德把这种同一性称为综合性同一性,并非似乎它面前会有一种多样性,而是因为它在自身中差异化,变成两端,使得它之中的统一与多样性互不补充,而是在它之中分离并且如柏拉图所说,强行由中庸把它们聚在一起。③ 就敏感而言,雅科比可能承认一种两端性,因为在敏感那里,其实似乎根本谈不上的是,敏感与一个**给定的**客体无关,虽然它有自己的两端性,它仍然不仅是被动性与感受性,——似乎在其两端性与中庸中,并非本身就会有各端。

即使对缺乏哲理的读者与哲学半吊子的口味而言,雅科比在 1802 年的《多余的手册》中也酝就了《莱因霍特文集》中此文的喧嚷与争吵,为此目的,还给这种苦味混合了善感的让·保尔的同位语,但不相宜地将其善感、尖刻的谕旨与利希滕贝格意味深长、幽默的奇想相衔接;因为利希滕贝格深沉与和善风趣的情绪因对比而直接增强了肤浅、怨愤乖张情绪的印象。只有批判主义能够做到,借助对诸如康德哲学这样一种幽灵可怕的震惊与厌恶、通过告诫说教来满足非哲理性的民众,就只有此类批判主义能达到的效果而言,批判主义这些无法用作传道授业的毁谤会做到何

---

① 《雅科比全集》卷四,第二部分,第 153 页。
② 同上书,卷三,第 227 页。
③ 《蒂迈欧篇》(Timaios) 35 a。

地步,此类格言与善感言辞会得到多大程度的践行如:每个鲜活生物的**本能**是此生物的**光**、其权利与其力量。只有**在这种光里**,本能才能徜徉,**只在这种力量里才能**起作用。没有一个有穷生物在其自身中有生命,也不由其自身而有其生命,其光焰、其心的威力⋯⋯生命的禀赋是多种多样的,对生命的醒悟是多种多样的,对生命的引导、使用是多种多样的。与动物一样,人也先作为感性受造物借助单纯感性的自然而醒悟。瞧那边那个微笑者、那个喃喃者①,诸如此类。这一切在多大程度上是非凡的风趣与令人满意,归入另一门类的批判。 [373]

正如《莱因霍特文集》中的哲学文章一样,连通俗文章也包含几处,按无偏见的外表可能具有哲学意蕴,如第 40 页注释(所突出标记之处在《多余的手册》中可见如此突出标记):感受、记忆与想象预设意识与活动的一个最初者与原初者、生命与认识的一项**原则**、一个**在自身中存在者**,此类事物既不可能是**特性**,亦不可能是**结果**,不可能以任何方式成为**一个在时间中形成者**,而必是**自一本质**、**自一因**(据《斯宾诺莎论简》第 416页②,自因(causa sui)却起源于忘却根据律与因果律之间的本质差别)、一个**在时间之外者**,而在这种特性中,必定也拥有一种**在时间之外的**、只是**内在的**意识。这种在时间之外、只是内在的、最明显有别于**外在的**、一时的意识的意识是**人格**的意识,人格虽然**步入**时间,但绝非在时间中**形成**为一种只是**一时性的本质**。**知性**属于**一时性本质**,**理性**属于**时间之外本质**。可以考虑,就理性而言,雅科比现在认为根据律与较老的形而上学的 [374]**组合原则**(principii compositionis)的规律更令人满意,因为他在此自己从作为在时间之外者的理性中把他觉得在此规律中缺少之事、演替排除了,还可以考虑,康德**盲目的**想象力依其原则同时包含在这种理性中,这种理性是一种内寓的、**在时间之外的**意识,这种意识明显有别于**一时性的**、外在的意识;因为称为目睹之事只在外在的与一时性的意识中。或者

① 《雅科比全集》卷三,第 203 页及下页。
② 同上书,卷四,第二部分,第 146 页。

若雅科比继续道:知性,**若受孤立**,就是唯物论的、非理性的;它否认精神与上帝。理性,**若受孤立**,就是唯心论的与非知性的;它否认自然并使自己成为上帝。完整的、未遭分割的、现实的与真正的人**同时**(这可能不意味着一起,否则就会是两块、两部分)是理性与知性,一致地、以同样的信心相信**上帝**、相信**自然**并相信**自己的精神**,所以,我们必得[一方面]把一致的信仰领会成理性与知性的一种同一性,亦即领会成对上帝的否认与自成上帝同时、一时性与在时间之外者的同一性同时、亦即一种永恒的时间同时,诸如此类,而人们丝毫不像雅科比哲学在遇到斯宾诺莎与康德时那样胡说雅科比哲学,只要让孤立者保持孤立,雅科比哲学就把孤立者的特征带入一致性中,

> 雅科比如此结束此注:"这种三位一体的、处处非哲理性的信仰也必须在严格意义上能够变成**哲理性的**、在反思中得到证实的信仰"(但只要此处有意义,通过在反思中的证实,信仰的形式就略去了);"而我足够不揣冒昧地说:我知道,信仰能够变成这种信仰,我看见归途上有一种迷惘的**后思**"(莱因霍特以此谓项自称,而雅科比就认为莱因霍特现在的套叠句是误入歧途,雅科比相信再次变身,信仰破壳而出,变成一种不朽哲学的气仙,此哲学的原则把否认上帝与自成上帝相连,把知性与理性相连,而让人完全保持原貌)"又会到达此处,然后才会创造一种真正的哲学、使**完整的**人醒悟的一种科学与智慧。"哲理性的读者可以忽视给哲学半吊子的这一提要,直到出现那种变身。

[375] 还有,我们必得在另一方面把这种**一致的**信仰领会成一种一致的、一种纯粹、纯粹、再纯粹的、无波浪的一,无始、无中、无终的单一性,没有这个性那个性,诸如此类(见《莱因霍特文集》第3册文章中的各处)。

凭借一丝荒唐与胡说就可以胡扯,有谁对此有兴趣,会在雅科比的这些文章中找到最佳机会,凭借在时间之外者与一时性、自本质性与经验等等的一致性。因为不能如此理解这些构成,即一时性在时间之外者中毁灭,经验意识在理性直观中毁灭,一切有穷性沉潜于无穷者,只有**一种**全

体性会被断定成自在,这种自在既非孤立的知性亦非孤立的理性,因为这
样就会发生可怕之事,即事物有穷的存在自我消灭,而有穷的事物会变成
现象与幽灵;若理性断定有穷者不绝对,断定它不永恒,则人(《多余的手
册》第36页)①"只能通过幻想拥有定在,只能通过理性得到毁灭;不过,
对人而言,剥夺理性是最恶劣之事,而开启的人的命运就是最严重的绝望
的命运";不,根据所有融合中最显眼的这种融合,理性作为对在时间之
外者与自本质的认识也应该承认知性作为一时性与非本质者有理,若理
性给神性建一座庙,理性该如此人道,也允许魔鬼的教堂在边上。

综上所述,既从雅科比哲学的知识的实证性也从其论战性中得出这
种知识的特征,即理性能够分析事实、使普遍性与特殊性分离并借助空洞 [376]
的同一性而继续,而在一种哲学提出普遍性与特殊性的一种绝对同一性
之处,彼处,这种同一性简直又成为从特殊性中脱离出来的一种普遍性,
将向这种普遍性证明那种必然性,即先得给其普遍性添加特殊性或者普
遍性只管添加至**给定的**特殊性。雅科比本人承认两端性、一种主体——
客观性之处,它必以一种敏感、一个事物、一个受体验者的形式存在,后者
不得失去一个给定者的特征、与思考性主体坚定不移对立的特征,也不得
被宣布成自由的理性理念、科学性的共有财富,而只能被宣布成有主观见
解之事,而思维与存在,依旧是形式同一性的普遍性,还有依旧是一个给
定者的特殊性,知识有见解的主观性与客观性,它们不在认识中相聚;存
在的事实与思考它们的主观性,一个就如同另一个一样是一个绝对者。

我们现在得观照那个点,不在认识中的绝对同一性(它简直还得同
时为对自己作绝对设定的主观性而存在),如何为这样一种主观性而存
在;一种绝对有穷性与真正绝对者的这种关系就是**信仰**,在信仰中,主观
性虽然在永恒者面前承认自己是有穷性与无,但自己如此安排这种承认,
即主观性作为一个在绝对者之外自在存在者自救、自保。与从特殊性中
分离的普遍性对立的却不仅是两者的绝对同一性、而且还有特殊性,而雅

---

① 《雅科比全集》卷三,第230页及下页。

[377] 科比把信仰也延展至关于概念之外特殊性的知识,延展至对庸常客观性的经验性直接想象,方法是,他吸纳了原始经验主义者与基本经验主义者休谟与洛克的这一意思,他们出色之处是使探究哲理沉潜于这种有穷性与主观性,使这种对认识提出根据、批判人类感受力代替了认识,设定特殊性本身为绝对者,通过分析感性经验赶走了形而上学,而他们的反思本质,在德意志基础上更宽泛、更系统地得到生发,称为德国哲学、亦即康德哲学、雅科比哲学与费希特哲学。除了信仰与哲学的关系,门德尔松和其他人做梦都不会想到,因为还有关于哲学认识**对象**的传统,雅科比把信仰之名延展至庸常客观者的确定性,由此就给予庸常客观性的确定性以重要性,休谟、康德与费希特以另一方式给予它以重要性,这时就有一种重要性,因为雅科比通过声称有此重要性,而休谟、康德与费希特通过否认它,双方同样使同一种受限性与有穷性变得绝对,对双方而言,这种重要性完全变成同一种重要性,因为完全无所谓的是,若有穷性是绝对的,它是(寻常意义上的)客观者还是主观者。在遇到雅科比的信仰时,门德尔松未想到一时性事物的确定性,而是想到未由理性认识到的关于**永恒者**与**在时间之外者**的庸常意识的确定性;他(《斯宾诺莎论简》第 92 页)表述:"除了通过理性根据而排除此类怀疑,我的宗教不知有何义务,**不命令任何人信仰永恒真理**。"①由于他言说永恒真理是哲学的对象,所以,他

[378] 有此理念,即哲学不研究经验现实的确定性,连雅科比在其自己的信仰上也不考虑休谟对感性知觉的信仰。

雅科比意中却没有永恒真理,而是庸常现实的真实性;雅科比首次针对门德尔松的宣示就对这种庸常现实的真实性着手(《斯宾诺落莎论简》第 215 页):"亲爱的门德尔松,我们大家都生于信仰并且不得不留在信仰中。通过信仰,我们知道,我们有**身体**,在我们之外,存在其他身体和其他思考者。一项真正的、美妙的启示!因为我们可是只**感受到我们的身体**,本性如此或不同,而由于我们觉得身体本性如此或不同,我们就**不仅**

---

① 《雅科比全集》卷四,第二部分,第 116 页。

觉察身体的变化,**而且还**觉察既非感受亦非意念的迥异之**事**、**其他现实事
物**(雅科比本人作此突出标记),而且就带有我们以此觉察我们自己的那
种确定性;因为没有**你**就不可能有**我**。可见,我们只**通过我们假定的本性**
来得到一切想象,没有其他真实认识的途径;因为理性,若它产生对象,那
就是些**幻象**。我们就有自然的启示,它不仅命令、而且强迫所有人、每个
人**去信仰**并且通过信仰来假定永恒真理。"①此处,知晓庸常现实、感性知
觉不仅包含在信仰中,而且信仰与永恒真理限于感性知觉一身。雅科比
继续道:"基督徒的宗教教授一种其他的信仰,基督徒的宗教不命令它,
这种信仰不以永恒真理、而以人的无穷偶然天性为对象。"那么关于有一
个身体、关于其他身体、关于在我们之外其他身体和现实事物定在的那些 [379]
永恒真理不会涉及人偶然的、有穷天性? 尤其是那种天性该是多么糟糕
的一种天性,与那种最初的天性本身相比,它还是有穷与偶然的,而基督
教该是怎样一种宗教,它会以这种更低级、更有穷、更偶然的天性为对象。

　　此宣示由于其诱因的特殊情况和它由此所导致的蓄意性的特殊情况
而获得更多分量,因为雅科比在此宣示中明确把信仰与永恒真理限于一
时性和实体性,所以,顺理成章的是,嫌恶康德哲学与费希特哲学,康德哲
学与费希特哲学着手的是,在有穷者与一时性中没有真理,而康德哲学与
费希特哲学尤其在负面性上很厉害,在负面性中,它们证明,何事有穷,何
为现象与无。由于康德哲学与费希特哲学坚持认识与信仰之间有一种不
变的对立,就直接把对立、进而把有穷性本身设定成绝对的,但带有差别,
即这种有穷性是一种空洞的有穷性,无非[是]纯粹、无穷的关于有穷性
的概念,这种有穷性由此变得与无穷性相同,但这种有穷性所提供并且不
得不提供的内容与充盈都**会**是一种无;雅科比却要求这种无要详尽透彻,
使一种不羁的呼救超越了对这种无的消灭。此外,不可能有丝毫误解的
是,康德哲学与费希特哲学把超感觉者的直接确定性确定成信仰,同样不
怎么可能误解的是,若康德从理论理性方面剥夺理念的一切实在,对他而

---

① 《雅科比全集》卷四,第 210 页及下页。

[380] 言,理论认识是经由范畴的一种规定,这些范畴仅在感官世界与经验中有其实在,或者根本只是使一种知性的、而非理性的认识成为可能。如果说康德在此意义上剥夺理性概念的一切实在,即不可能在一种感性知觉中、在由知性概念传递的一种经验中提供理性概念,理性概念在经验领域只是适合知性使用方面的调节性原则,雅科比则在其中看出,它们否定的是知性概念有一时性、实体性的定在,看出这些理念本身的毁灭,他问(《莱因霍特文集》第三册第 36 页)**每个正直者的良知**,对实体性、一时性知识、体验与感性觉察而言,理念只会成问题,正直者一旦明察之后,是否会回归那些一劳永逸确实**客观上**(该强调在何意义上)"各自出于某一原因无根据的想象而不是回归**客观上真实的**、现实的想象,把一种真诚、衷心的依赖置于其中? **我说**,这是不可能的!"①其实该说,只有在消灭那类实在之后才可能依赖理念;而绝对有穷性与主观性的独断论把永恒真理置于实体和其他现实事物中,绝对有穷性与主观性的独断论持存,就不可能依赖理念。针对消灭一时性的这种盲目仇恨和为现实事物美好事业的神圣热情闹到何等幸灾乐祸的扭曲地步,当作例子不能错过的是在此场合出现的一次摘引(并不是说似乎这次摘引连同上述摘引是仅有的此类摘引,而是我们在康德处查找过的仅有的那些摘引):在《莱因霍特文集》第三册第 99 页及下页上,雅科比或者克彭说:"远为顺理成章的就会是,若我们在对上帝与不朽性作**任何想象**时根本不会想到客观性,用理性批判

[381] 的作者的话来说:'**涉及宗教与自由的一切**是单纯的理性理念、单纯的启发式虚构,撇开作为知性主导原则的可用性,还是关于不可证明的可能性的单纯意念事物。'"②为此引述了《纯粹理性批判》[B]第 799 页;彼处写道:**理性概念**是单纯的理念,不过没有处于任一经验中的对象;它们只是难以解决地得到思考,诸如此类。此处仅在理论**方面**言及理性概念,雅科比或者克彭完全无条件地、无限制地把理性概念变成:**涉及宗教与自由的**

---

① 《雅科比全集》卷三,第 102 页及下页。
② 同上书,第 181 页。

一切,而这纯属虚构,康德就理性概念的理论现实性所言之事,由其一般
现实性表达出来。

雅科比使信仰堕入现实与感性经验,他言说信仰只是与门德尔松作
对,除了此事,他却也还信仰永恒者、而非信仰有穷性,而我们必须看到,
此信仰设定永恒者是绝对客体,设定认识与绝对客体分离、不一致,并由
此排除理性认识,即认识只获承认为主观之事与形式知识,由于被置于与
反思的关系中,此信仰是否**即使作为信仰**也未受污染。未升格成抽象反
思者的信仰无偏见,即它不与反思对立;它既无这样的反思,即信仰作为
一种直接的确定性,不通过思维而变得客观并被纳入概念的形式,与信仰
形式的永恒者的关系与理性认识对立,而并不必然与理性认识冲突,未升
格成反思者的信仰亦不关涉一般对立——一种纯粹毫无顾忌的肯定,并
非否定,既不否定对其他事的一种其他信仰亦不否定适合此信仰内容的
一种其他形式。信仰的无偏见在多大程度上可能受那种顾忌侵袭,与此
无涉;若信仰本身与关于自身的意识相连,若信仰否定形式的、有穷的知
识,顾忌只与此相关,——因为不会形成理性知识,信仰在多大程度上借
助对有穷知识的顾忌能够事实上超越主观性与有穷性,在康德、雅科比与
费希特处,信仰就以这种否定性、自觉的形态出现。有穷性的整个范围、
自身存在的整个范围、感性的整个范围沉潜于真正的信仰,先于对永恒者
的思考与观照,这在此合一;主观性的所有蚊子在这把吞噬之火中烧死,
甚至这种献身与消灭的**意识**也遭消灭。在宗教行为中,信仰是感情与观
照,即使在宗教行为中,也或多或少有纯粹的与客观的行为,正如在圣咏
中,意识与主观性更多化成普遍的、客观的和谐,多于它在默祷中所自我
扬弃的。但信仰被引入哲学,完全丧失了那种纯粹的无偏见;因为现在是
理性从反思遁向信仰,以消灭有穷性并扬弃主观性;但正因此,信仰本身
也受这种现存的对反思与主观性的反对所侵袭。在信仰中留存——因为
它在此同时具有这种否定的意思——谋求消灭反思,留存消灭主观性这
种意识的主观性,而主观性如此在消灭自己中自救。因为不谋求其信仰
的意识中,有穷的思维与信仰分列,因为这种分列,这样一种意识是非哲

[382]

261

[383] 学的意识。有穷的所作所为与感性知觉——另一方面还有礼拜交替,而若一切有穷的客观者同时以永恒性的形态呈献给信教者,而他的举止同样表明这样一种形态,则永恒性的这种形态此时就是主观之事;呈现出来的是合乎道德的个别的美。真正的客观性与普遍性在艺术与哲学中得到这种美,在艺术与哲学中,信仰与反思关涉绝对者的对立消失了,无论它在庸常意识中无意识地存在,还是在反思哲学中有意识地存在。由于这种对立在庸常意识中无意识地存在,信仰和来自信仰之事就能够纯粹,因为主观性与有穷性完全位于彼岸,不触及此事,不关涉此事;但引入哲学中的信仰不会依旧如此,因为,它在此具有否定的顾忌与意思,而在这种否定中,它触及主观性并由此得到主观性。它受对立本身侵袭,正如构成其内容之事,作为超感觉者具有针对自己的一种不变的感性,无穷者具有针对自己的一种不变有穷性;而因为在信仰中,两者、遭消灭的与得救的主观性都有,所以,这种主观性是有理由的,因为它依据其遭毁灭之在,因为它在庸常的毫无顾忌的信仰中则真正消失而在它前面有非神圣之事。

不久前,信仰的这种不洁与主观性的这种神圣化还必定把我们引向雅科比的**实践**哲学。康德的实践理性,或者空洞的概念处于与自然的不变的对立中,所能产生的无非是德性与美独断专行的体系、一个撕裂德性与美的体系,或者如康德的道德,遵循无所规定、形式上的所谓义务,学术

[384] 上前后不连贯地枚举并阐述这些义务让步于自然的一贯性;而这一方面由于在决疑论的可能性中,同时承认学术上的虚妄,只有这方面彰显了对合乎道德理念的追求。但在法学中,必须作出规定;让规定性又进入不确定性,这在此处行不通,而这门科学于是必然以最刺眼的无耻行径玷污合乎道德的本性。雅科比哲学处处憎恨概念,必然鄙弃概念在美德上的客观形式、律令,并且完全鄙弃作为形式上品德原则的纯粹律令,而在关于此事的其他出色段落中,第32页上致费希特的信件中的段落美妙而很纯粹:"是,我是无神论者、不信神者,与无欲无求的意志相反而欲说谎,如苔丝狄蒙娜垂死时说谎;像为了俄瑞斯忒斯而装扮的皮拉戴斯那样欲说

谎与欺骗,欲如提莫莱昂那样谋杀;如伊巴密浓达、如约翰·德维特那样
违背律令与誓言;如奥托那样决定自尽;如大卫那样劫掠神庙,——对,在
安息日拔除谷穗,也只是因为我饿,而律令是为人而制定的,并非为了律
令而造人……因为凭借我身上具有的最神圣的确定性,我就知道,**赦免的
特权**(privilegium aggratiandi) 因为此类犯罪而违反绝对普遍的理性律
令的单纯字句,是人本真的**王权**、其尊严、其似神天性的印记。"①

　　我们把雅科比的这一处称为很纯粹,——因为以第一人称言说,**我是
与我欲**,不可能有损于其客观性——因为为人而制定律令、并非为律令而
造人,这种表达若不顾及它在出处所具有的意思,在此语境中虽也获得较 [385]
为普遍的意思,但也还保留其真正的意思。合乎道德的美不能缺乏双方
中的一方,既不能缺乏其作为个别性的鲜活性,即它不听从无生气的概
念,合乎道德的美亦不能缺乏概念的形式与律令的形式、普遍性与客观
性,是康德**只**通过绝对抽象设定的方面,而他使鲜活性完全屈服于这个方
面并且扼杀了鲜活性。所引的段落事关德性的鲜活性与自由的这个方
面,该段落不排除德性的客观性,但也未表达之,而关于德性的必然性与
客观性,我们必须寻找其他资料。雅科比欲借助合乎道德的特征之例来
阐明其德性的理念,借助合乎道德特征之例所凸显之事就表明忽略合法
的与客观的方面。在斯巴达人斯帕蒂亚斯(Spertias)和布利斯处(《斯宾
诺莎论简》第 240 页),是其**经验**决定其德性;雅科比说明道,他们不对欲
说服他们成为国王之友的海达尔尼斯(Hydarnes)说:你是傻瓜;他们反倒
承认,他在**他的尺度**上是睿智、明察秋毫、善的。他们也未尝试把**他们的**
真理教给他。他们未依据他们的知性、依据他们敏锐的判断,而是只依据
事物、依据他们对这些事物的倾向。他们亦不夸耀美德,也没有哲学;他
们只承认心的感觉、**他们的感情**,而在薛西斯处,他们并不比在海达尔尼
斯处更**直言**,他们对后者提及**他们的经验**。因为他们对薛西斯说:"我们
怎能在此生活,抛弃**我们的国家**、**我们的律令**和那些人? 我们为他们而

---

① 《雅科比全集》卷三,第 37 页及下页。

死,自愿如此远行。"①但德性可能更明晰吗？此处只可见经验的主观性、

[386]　感觉的主观性、倾向的主观性吗？他们恰恰对总督表现出他们的蔑视,他
们对他言说**他的**和**他们的经验**与**倾向**,以他们具有主观性形式的本质来
针对他的主观性;对君主陛下,他们却表示出敬畏,他们在他面前**完全直
言不讳**,提及最客观之事,还有对他与他们同样神圣之事,即国家、人民与
律令。但雅科比把鲜活之事、祖国、人民与律令称为他们自称已经习惯的
事物,正如人们习惯于事物一样;他不把它们领会成神圣事物,而是领会
成平凡事物,因为没有一种习惯之在与依赖性的关系来反对神圣事物。
他把最理性之事领会成一种偶然性与依赖性,其中,德性自由的至高必然
性与至高活力是,按民众的律令外加斯巴达民众的律令去生活,——把最
理性之事领会成平常经验之事。但反正不能向它们苛求主观性的可怜
性,即依据敏锐的判断与知性或者夸耀美德,而这样一种可怜性不存在则
是过于糟糕之事,以致不能借助作为美德的它们而得到突出。更不怎么
能想到［雅科比的］《沃尔德马尔》中克莱奥梅尼身上突出客观性,因为
此处让这个斯巴达人出场并非在与其祖国的关系中、在其真正美德的力
量中,而是在其没落的个别性中;而为了让谁提高呢？矫揉造作或者无足
轻重的娘们儿与善感的市民。

　　但因为对雅科比而言,德性的美不利于概念、客观性,人们还可以仅
就此求助于他欲用来阐明其德性美理念的那些人物。但这些人物的基调

[387]　是这种有意识缺乏客观性,这种羁绊于本身的主观性,持久地,并非意识
到、而是谋求他的人格,永远溯源于主体的这种观照,它以极其严密、以急
切的利己主义与德性的久病不愈来代替德性的自由,——对他本人的一
种观照,它以美妙的个体性就作了转变,这种转变借助信仰来采取行动,
亦即通过个体美的这种意识给自己以遭扬弃的主观性的意识与遭消灭的
利己主义的意识,但通过这种意识恰恰设定至高的主观性与内在的偶像

---

　　① 《雅科比全集》卷四,第一部分,第232页以下。——参见希罗多德 VII, c. 135f.,
还有本版《黑格尔全集》卷七第296页。

崇拜并同时表明它们有理。正如我们在认识到什么永恒、什么有穷与注
定的诗人处,在古人处,在但丁处,在歌德笔下在其生命中有一段献身于
地狱的俄瑞斯忒斯身上发现宣布了地狱的诅咒,亦即永远与主观行为相
连,与其自己的、属于自己之事独处,还有对这种所有物的不朽观照,——
我们就在主人公阿尔维尔与沃尔德马尔身上①同样看见永恒观照他们自
身这种折磨根本不在行动中,而在空虚存在更大的无聊与无力中,而对自
己的这种有失体统被表现为他们不浪漫事件这种灾难的根据,但同时在
解法中未扬弃此原则,连人物周围全部的人的非灾难性美德也在很大程
度上或多或少染上了那种地狱的色彩。

可见,若在雅科比处,新教主观性似乎从康德的概念形式回归其真正
的形态、美妙的渴望的感受与抒情诗这样一种主观的美,则信仰与个别的
美还是通过对这种主观美的反思和意识这种本质成分摆脱了无偏见和无 [388]
所顾忌,它由此才能变得美、虔诚、笃信。

从上文中就得出,康德哲学与雅科比哲学对立,只要在它们共同的领
域内,康德哲学设定处于纯粹抽象中的绝对主观性与有穷性并由此获得
概念的主观性与无穷性,雅科比哲学却不把有穷性自身纳入概念,而是使
之作为有穷的有穷性、作为经验性的偶然性与对这种主观性的意识而成
为原则。两种哲学的共同领域是关于有穷性、自然者、知识的对立的绝对
之在,但就因此是关于形式知识的对立的绝对之在,并且是关于超自然
者、超感觉者与无穷性的对立的绝对之在;对两者而言,真正的绝对者就
是信仰中或者感情中一种绝对的彼岸,对认识性理性而言,什么也不是。
在两者中,出现思辨理念;在康德哲学中,它纯粹地进入对范畴的演绎,即
刻却变成一种纯粹的同一性、一种知性统一,而在其他情况下,作为一个
只是可能的意念,后者在思维中不可能获得实在,因为不折不扣的反思就
该是统治者;在雅科比处,思辨理念同样以主观的[形式]被视为同样不
怎么被纳入普遍性的特有之事、有见解之事,被视为出自本能、主观个别

---

① 见雅科比的小说《阿尔维尔书信集》与《沃尔德马尔》。

性的理性,亦即可能变成适合于思维之事。

因为一旦哲学选择朝向反思形式的方向,占优势的主观者与有穷者的这一方面就是必然的,其他哲学追求虽然同样表达这一方面,但有时表达得较弱,有时不以这种要求来表达,所以,尤其可以借助雅科比的形式来表现这一方面,作为借助这类形式的代表,雅科比形式最为明晰地表达理论主观性、实践主观性以及信仰的彼岸。同时却应说明,可以以**更高**、**更高贵的形态**来领会这一方面本身。已经提醒过,由于雅科比式探究哲理的原则使个别性与特殊性超越概念并提出主观的鲜活性,它一方面接近新教的主观美,新教并非把一种崇拜的饱和性客观性、把对**这个**自然和**这个**宇宙作明晰与临在的直观和享受认定为与上帝打交道、意识到神性,而是规定那种打交道、意识是内在意识,保持一个内心的固定形式,并且把那种打交道、意识规定成对彼岸、未来的渴望,这样一种渴望,纵然它不能与其永恒的客体结合,但在这点上还是具有其美、其无穷的享受,即意欲真正保留其客体、毫无保留地保留自有之事,是永恒者;另一方面,通过雅科比原则,个别性的美、其感受、爱与信仰的形式由此黯然失色,即信仰只要面向永恒者,就会有论战的顾忌、因而有无法抑制的对主观性的反思,也会作为绝对的肯定性延展至一时性与现实性,这样,感觉的证明被视为真理的启示,而感情与本能包含德性的规则,通过谋求个性、谋求使一般的人与特别的个人成为此类美妙感受与爱的主体,渴望就变成使主体的主观性、主体美妙的意念与感受温暖起来。但自然中的真理不能以现实与一时性的形式抵消宗教渴望的痛楚,而[个人关于]其绝对个性的意识不能抵消宗教渴望的痛楚,更不能把它从其彼岸召回;因为自然作为一时者而个体作为在其个别性上的绝对者并非作为宇宙的自然,在作为一种此岸性观照的对宇宙的观照中,渴望可能平和,在个人的个别性与对永恒者的永久对立中的主体绝对性亦并非会是一种观照性理性,并非会是纯粹的一种爱,并非会是鲜活的一种信仰,而是对渴望而言,若一时性、主观性与经验得到真实性与确定性,渴望的主观天性的美、渴望的信仰、渴望的爱和渴望的感觉根本就只会因这样一种抵消而受污染。

[389]

[390]

266

　　可见,若在雅科比的原则中,新教的痛楚与渴望继续至一种抵消,但按幸福论的样式一般通过有穷者,首先通过反思和关于感受与渴望的意识,这种渴望与意识使此感受的主体本身有所成就,而若这种渴望由于玷污了自己而认为庸常的现实与一时性是启示,这种渴望在自身中发现此岸,这样,这种渴望能够在自身中反思性地发现比雅科比所阐述的更高的一种幂,对主体的崇拜而言,可能借助主体创造一个更高的对象,而对主体自身、对世界的感受以及直观可能得到更理想的领会,这在另一方面一样多,与使至高的直观自身成为主观之事、依旧特有之事一样多。若具有真实性的此岸不是成为现实,而是成为宇宙,而与自然的和解成为与宇宙的同一性,作为感受是无穷的爱,作为直观却是宗教,但这种同一性自身,无论不止是领会的被动性、内在模仿的被动性还是不止是高超技巧,它都依旧会是不折不扣的主观者与特殊者,不会加强其表现,也不会将其鲜活 ［391］
性托付给客观性,就此,同样会保留先前渴望对主体的谋求,这样,雅科比原则就达致它所能够做到的至高上升,而在此岸寻求和解的新教,把自己逼到极致,而不失其主观性特征。在《宗教谈》中发生了这种上升。因为在雅科比哲学中,理性只被领会成本能与感情,而德性只在经验偶然性中得到领会并被领会成对事物的依赖性,这种依赖性提供了经验、倾向、心的感觉,知识却被领会［成］关于无论内在还是外在的特殊性与特性的意识,所以,在这些言说中,自然则作为无穷现实的汇集而遭根除,而获承认为宇宙,由此把渴望由其逃避现实朝着一种永恒彼岸而取回,消除主体或者认识不可企及的绝对客体之间的隔阂,在享受中抵消痛楚,但在观照中满足无穷的追求。但虽然由于个体主动抛弃其主观性,而渴望的独断论在唯心主义中消解其对立,对宇宙所作直观的这种主体——客观性可又会仍是一个特殊者与主观者;宗教艺术家的高超技巧应该可以将其主观性混入宗教悲剧性的严肃中,不是或者在对大人物及其互动、宇宙的运动作客观表现这一外表下却掩饰这些大人物身上的这种个别性——如在自然得胜的教堂中,以史诗与悲剧造就了天才——也不是由此来剥夺抒情表达的主观性,即抒情表达同时［是］存在于记忆中并且作为一般言说出

[392] 现,这种主观性在表现自己对宇宙的直观以及在其他直观中产生自己的直观时,会构成本质上的鲜活性与真实性,无艺术品的艺术会持久,而至高直观的自由会在于个别性,在于拥有自为特殊性。若教士只能是工具与献身者,这种工具牺牲教民、为教民作出牺牲、自我牺牲,以给予宗教直观以限制与客观性,而在成熟的教民面前,一切威力与力量均可能归于只是作为一个代表的此工具,教民就会假装不成熟,具有这样的目的与意图,即由此工具作为感化与鼓励的高手而在自己身上导致直观的核心;不该根除、至少不承认直观的主观特性(只要身上有特性就叫做白痴),而应在此程度上对它让步,即它构成一个特别团体的原则,小团体与特殊性以此方式无穷生效、复制,浮萍各西东,漂向偶然性,在一起时,相互寻找,时刻如经受风的戏耍的沙海图形一般变换阵形,多么公平,对它们每一个而言,其观点的特殊性、其特性是如此无益之事,甚至不受重视之事,它们对承认其特殊性与其特性无所谓,放弃客观性,在普遍的个人主义中,大家都能够平静地保持并列,不过,教会与国家开明地分离对此很适合,在此理念中,对宇宙的直观不可能是对作为精神的宇宙的直观,因为成为精神者在原子状态中并非作为一个宇宙而存在,而且宗教的广泛性只在于

[393] 否定性,在于个别之在的普遍性。可见,若渴望的主观性就上升至观照的客观性,而不实现与现实和解,而是与鲜活者和解,不实现与个别性和解,而与宇宙和解,则其至对宇宙的这种观照也再度成为主观性,因为这种观照部分程度上成为高超技巧,或者根本不成为一种渴望,而只是寻求一种渴望,部分程度上,这种观照并非有机地建构自己,而在一个民族、一个普及的教会的律令与实体中,真正的高超技巧也不[应]维持其客观性与实在,而是表现应是一种地道的内心,零星、特殊的热忱的直接爆发或相继,而真正的表现、一件艺术品不应存在。

丙、费希特哲学

在康德哲学中,思维,无穷者,客观者的形式是首要者。其针对特殊

者、有穷者、存在的绝对对立在认识主体身上,但对主体而言是无意识的
或者并非同时是客观的;或者也可以说,在其中扬弃了对立的绝对同一性
是纯粹客观的,是一个单纯的意念;两者意义相同,因为两者、绝对客观性
的这种形式、适合认识的同一性的彼岸,还有绝对对立被移入其中的主观
者、认识不碰头。在雅科比哲学中,关于绝对对立的意识是首要者,而在
认识中的对立同样为了想象它消解而避入其对立面、认识的一种彼岸。
但在这样过渡至绝对对立者之间存在一种中庸;但这种中庸自身是一个
主观者、一种渴望与一种痛楚。这种渴望在费希特哲学中以康德的客观
性来综合,但并非两种对立的形式消弭于一种真正的同一性与无差异性 [394]
中而出现绝对中庸,而是在个体的鲜活性中,雅科比的那种主观联合自身
只有被纳入客观形式。在康德哲学中,因为空洞的普遍性与鲜活的特殊
性的矛盾,未显出丝毫苦恼;在理论上,绝对地声称这种矛盾,而在实践
中,其概念导致扬弃矛盾,出现没有鲜活性且没有真实性的关于法学与道
德的一种形式主义。雅科比哲学却在主观的个别性中拥有普遍性与特殊
性的同一之在;这样一种联合因此只能是苦楚与渴望,而特殊性必是永久
者、圣化者与绝对者。在费希特处,渴望的这种主观性自身成为无穷者、
一种想到之事、绝对的要求,而要求是体系的顶点:自我**应该**等于非我;但
其中看不出随遇平衡点。

上面提醒过,体系如何升格成绝对者、无穷性的负面,升格成作为绝
对思维的自我,就此而言,体系是纯粹的唯心主义,但因为那种负面自身
被设定成绝对正面,纯粹的唯心主义就变成形式上的并且有唯实论与自
己对立。由于纯粹的唯心主义只在无穷者中[能够]把诸对立等同起来,
亦即使抽象性思维、纯粹活动与存在对立而成为绝对者,它并未真正消灭
对立,而是这些理智直观是形式之事,正如唯心主义一样,而与思维相对
出现了实在,与理智直观的那种同一性[相对]而出现对立,而一切同一
性是在一物由另一物规定时因果关联的相对同一性。

依照由洛克与休谟文化所规定的哲学的任务,应从主体的立场来估 [395]
计世界并且从现在起解释世界;带入这个有待解释的世界的正是在世界

与主体之间发生的这种对立：它分成理念的与真实的方面，使得理念在与真实的相对对立中，有时变成纯粹的、脱离实在的同一性或者变成纯粹的概念，有时却是关涉实在的同一性，是空间、时间、范畴，是真实者的同一性。真实者的客观性或者普遍性就仅在于在世界的离析中成为理念方面之事，使意在解释客观世界的唯心主义也直接从理念、自我、普遍性这一原则推导出客观性，就此扬弃了客观性的自在自为之在，因为唯心主义认定客观性为理念，在与一般世界的对立中，理念、自我、普遍性这一原则是主体。如不言自明一般，费希特以较为清晰的轮廓所突出的这种批判唯心主义是形式之事：与主体对立的世界的普遍性被设定成普遍性、理念，被设定成思维，因而被设定成自我；但必然留下特殊性，而若要根据哲学的理念受人喜爱的地位来言及解释，则客观世界中，有趣的方面、其实在的方面依旧未及解释。真实者因适合于感受而成为经验之事，在此名头下简直遭丢弃，被宣布为与观照不相配，正如康德所做的那样，这不怎么令人满意，如同费希特指出，感受不折不扣是主观之事，红等等由主观之手才扩散到面上并由此得到客观性。因为恰恰并非根据理想性、而是根

[396] 据实在有疑问，而且无所谓的是，实在是否无穷数量的感受或者无穷数量的事物本性。在《知识学》的实践部分，虽然作势，似乎对理念方面而言绝对的实在、自在的事物本该由我们该对其造就之事来建构；不过，推导出来的不过是以智力来分析追求、冲动这一概念还有适合于感觉的一些反思概念，即感情必定**不同**；但［建构］**本该**如此事物的体系，这一任务中，无非分析了**本该**这一形式概念，但除了这种形式上的本质，作为实在体系的感觉本身或者本该的总体性亦未得到丝毫建构，因为本来本该就根本不允许总体性，而是实在的多样性显现为一种不可捉摸的、原初的规定性、经验性的必然性；特殊性与差异本身是一个绝对者。赞成这种实在的立场是每个个人的经验性立场，而对每个个人而言，其实在是庸常现实不可捉摸的领域，他就被括入这种庸常现实中。无须提醒，对经验的绝对性而言，那种形式唯心主义多么无关紧要，后者证明，这整个经验性实在只是一个主观者、一种感觉，因为这种形式在经验性定在庸常与不可捉摸

的必然性上未作丝毫改变;根本不用想到现实与真实方面的真正同一性,
它们现在显现为事物的本性或者显现为感受。

　　此处称为唯心主义知识的形式主义在对此具有最确定、最明确的意
识的雅科比哲学处得到阐明,其实无须在费希特哲学处进一步解释,后者
与其他哲学因主观性原则而具有共同的形式主义,还有绝对同一性不适　　[397]
用于认识与知识,而只适用于信仰。形式主义的本质是,纯粹的概念、空
洞的思维添至概念的一项内容、一种确定性,或者反之,确定性以一种不
可捉摸的方式添至不确定性。无论依雅科比的独断论,把客观者、给定者
称为最初者,后来外加了概念,还是费希特使空洞的知识、自我成为最初
者,其本质与分析性知识的空洞知性是同一件事,亦即一种同一性,对此
同一性而言,在费希特处,最初者所不熟悉的、无法由它来把握的确定性
显现为后来者,在此事中无丝毫差别。

　　若按费希特的唯心主义,自我感受并直观的并非事物,而只是直观自
己的感受与直观,只知自己知晓,则纯粹、空泛的活动、纯粹自由的行动
(das reinfreie Handeln)是最初者与唯一确定者,而它干脆就是纯粹知晓、
纯粹直观与感受,自我=自我。我们以后会看见,通过绝对的意志行为,
整个遭消灭的感官世界究竟如何获得实在;但知晓这种实在的知识、知晓
的绝对空泛、不确定性与确定性、那种实在的关系是不可捉摸之事,一个
对另一个而言、特殊性对普遍性而言同样陌生,如同雅科比经验性地给定
的确定性对不确定性而言或者对分析性知性的概念而言一样。只知知
晓,亦即只知空泛的同一性,费希特的这种方式却通过其特有的形式主义
给自己准备了一条通往特殊性的道路;获得承认的是,唯一的真理与确定
性、纯粹的自我意识与纯粹知晓是不完整之事、受制于他者之事,亦即体
系的绝对性并非绝对,而正因此必定继续至他者。绝对原则这种得到认　　[398]
识的不完整性与由此认识到的继续至一个他者这种必然性是演绎感官世
界的原则。以此开始的完全空洞之事因其绝对缺乏而有益,即自身必须
内在地带有直接的必然性,必须自我充盈,必须继续至一个他者并从这个
他者继续至其余他者,进入一个无穷、客观的世界。那有一项原则更高的

先天性,高于由原则而直接发生的整体的必然性吗？这样一种必然性,它依据的是,原则绝对是部分并且因其无穷的贫乏而是丰富的无穷可能性。原则以此方式扮演双重角色,有时可能绝对,有时可能完全有穷,在终极的质中,可能成为整个经验性无穷性的一个起点。

就本身来观照,此原则的形式主义也有巨大的益处,即易于使人领会。对理智直观的繁重要求,普遍有所抱怨,当时据说,产生意志行为与理智直观,人因这种开始而陷入精神错乱;两者无疑因事情之名而导致,费希特把此事描述成足够简单、庸常,认为很难确信此事确实只是这种庸常、简单之事。直观任一事物、对纯粹意识而言、对依费希特的表达在庸常意识中同样给定的自我而言异样之事,是经验性直观;但放弃意识中一切异样之事并且自己思考,是理智直观。在任一知识中放弃一切确定的内容并且只知纯粹知识、知识的纯粹形式之事,是纯粹、绝对的知识;这种

[399]　抽象还是容易做到的,而人人也知道他能借以抽象之事。但因为放弃之事,也不必紧张,因为它并未失落,而其实以其全部经验性维度与广度又支持知识并且反正支持行动;只是,哲学使庸常意识的这种偶然性有条理,却丝毫不使庸常意识摆脱其偶然性与庸常。

这种知识的条理性或者关于庸常意识的哲学在于,首先从道地真与确定之事出发,从自我、一切知识中的知识自身、纯粹的意识出发。但因为它只由此直接证明自己是演绎的原则,即它绝对不完整并且纯粹无穷,所以,其真实性与确定性具有遭哲学摒弃的这样一种方式;因为对这种方式而言,真实性与确定性仅在于不完整之事、尚是一种抽象之事、尚受制约之事。

但知识的空泛变成进展的原则,这同样可见于,进展的原则是一项绝对有缺陷之事,也就直接需要一个他者,变成他者的接触点,他者是进展原则的条件。在此形式下,客观世界作为一个异者添至通过客观世界而变得完整之事,亦即添至纯粹知识,此形式是从接触点中一种状况的缺陷推断出其必然性,从本身是一部分的绝对者的不完整性推断出使那个部分完备的另一部分。但在被设定成绝对者中有一缺陷,它只是部分,这种

统一只有通过总体性这一理念或者根本只有通过那种意识才有可能,即
为了所谓理智直观、自我思考与纯粹知识而放弃了后来又得到采纳的另　　[400]
一异样者。相较于那种总体性理念自身,纯粹知识显现为一个不完备者,
为何并非那种总体性理念自身作为绝对者出现,而是出现获承认为部分
与有缺陷者,本身无理由不予考虑,因为该部分具有经验确定性与真实
性,因为的确尽人皆知,他知道;对此类经验真实性,给予的优先权先于对
总体性的绝对真实性所给予的。从该部分继续推断至另一部分却无非是
重拾放弃之事;或者因为因抽象而形成之事与放弃之事直接有负面关系,
后者在前者中却以负面形式存在,所以演绎无非是转变符号、把**负**改成
正。在纯粹知识中,把感官世界设定成**负**,放弃了感官世界,它遭否定;推
断至感官世界的内容就在于,感官世界从现在起被设定成**正**,而这个**正**被
设定成自我意识的条件。在理性者的自由中,理性者的自由所专注的客
观者被设定成**负**:对自由范围的演绎就在于,以一个**正**被设定成存在,正
如一个空钱袋是一个袋子,与此袋相关涉,却已经设定了钱,但以**负**这个
符号来设定,而钱可以从该符号直接演绎出来,因为直接设定缺钱。

　　通过此类演绎来认识本身并非真正的认识;因为这种认识以绝对者
开始,绝对者既非一个部分,亦非完备,亦不仅对经验而言是确定性与真
实性,亦不通过抽象,而是通过真正的理智直观而存在。那种从缺乏来认
识其实基于适用于分析性思维的客体的那种给定之在,如雅科比、克彭与
他人在得到公开、得到相信的意识事实中发现的多样性及其联系,不过,　　[401]
在雅科比与克彭处发现之事具有正面的符号,在费希特处则具有负面的
符号;费希特**觉得**有缺陷之事,雅科比与克彭**觉得**它存在。这种唯心主义
因而是形式知识真正的颠倒,但并非如雅科比①所说是斯宾诺莎主义的
立方体的颠倒;因为斯宾诺莎的立方体不可翻转,因为它在自由的以太中
漂浮,在它身上,既无上亦无下,更不怎么会有它作为基础的任一球体或
者掩蔽物,而是自身具有其安宁与根据,是它自己的球体与掩蔽物。而形

_____

　　① 《雅科比全集》卷三,第11页。

式知识无规则的多面体位于它不熟悉的土壤上，它的根在其中，它借助这片土地有其载体；对这个多面体而言，就有上下。通常形式上的知识有多种多样的经验作为根据，但由此根据抽出多种多样概念之巅进入理念的氛围。费希特的形式知识是那种形式知识的颠倒；它始于那种氛围，其中发现同一件事只会是负面的、理念的，费希特的形式知识意识到这同一件事的理念性，以正符号把发现为负的内容降为实在。

[402]

这样一种认识始于确定的部分，逐渐在诸部分的进展中欲宣布缺乏是为知识而设定的总体性，至于这样一种认识的**产物**，则似乎产物不仅可能、而且还必定会是总体性。因为总体性的理念似乎是受预设者，因为通过总体性的理念才能认识到，那个绝对确定的最初者只是一个部分。因为总体性就真是最初者，所以阐述的进展似乎就必须描绘总体性；但说此进展的整体不可能是总体性，正是由于一个被认定为部分者、有缺陷者会有绝对的真实性与确定性。纯粹的经验不知一个部分，不通过反思把这个部分固着成一个干脆拥有本质者，大概能从一个部分开始，通过诸部分的进展能描述、描绘整个循环；因为它是经验，不会卡在反思的陷阱里，反思使部分成为一种自在，这样就不可能达致整体。但若把由经验产生的或者不如说发现的总体性若也给予想象本身，这种总体性就不适用于认识；因为对它而言，诸部分必定完全经由整体而确定，整体必是认识的最初者。那种形式上的、把发现为负者转成正者的认识其少从整体开始，而是从部分进展至诸部分，既不能为一般想象也不能为认识而摆脱其部分本质。因为在那种认识认定空泛的知识是不完备之事这点上，若它觉得呈现出绝对的理念，则这种理念只是自身直接意味着一个他者的否定性，这个他者是必要的，它自身又只是一个有穷者、一个部分、一个他者，这样以至无穷；那种认识证明自己是不折不扣的形式之事，因为有穷的接触点，也就是部分是一种自在、一个绝对者，由此，完全摧毁一切真正的总体性理念。演绎通过其把负转成正这种技巧所产生之事，因而必然就是那堆庸常经验实在、处处有穷的本性、一个感官世界；通过放弃自我中的异样之事，并未思辨地放弃它，亦即它未遭消灭，而是这同一种表达就在同

一关联中、同一种庸常的现实中，只是以负的符号以有所缺乏这种形式得
到了设定。正如镜子在庸俗的经验主义中接受了这种表达并在理念上在 ［403］
自身中设定了这种表达，镜子后来又归还这种表达，而列举这种归还或缺
乏所缺乏之事，叫做内在的、先验的演绎。

　　因为起点是绝对的，起点的有穷性使之不可能的是，认识的诞生是真
正的整体，因为仅由此才可能有这种整体，即没有一个部分是自在的，所
以，根本不可能有一个真正的理想，在此理想中，经验实在的有穷性会消
失，情感会成为天性。除了有穷的想象，没有其他大量想象；天性不折不
扣是感官世界。庸俗经验主义所发生的变化是，它得到了演绎，亦即对庸
常意识而言必然的想象的体系或者确切地说大量——因为不可能想到一
个体系——对庸常意识而言必然的想象似乎被设定成纯粹的缺乏并且似
乎衔接成为此缺乏的主体之事，亦即自我，而任意的是，有时谋求纯粹缺
乏，有时谋求大量缺乏之事，有时考虑纯粹知识并且始终考虑纯粹知识、
空洞、无，有时却考虑这种无的整个内容是大量主观的、却只是主观的情
感。两者、纯粹的**减**与自我所缺乏以使它成为一项缺乏之事，不可分离；
因为由此才直接有抽象，即抽象与所放弃之事有关，或者以负的符号来设
定此事。理论科学就在于认识缺乏与缺乏所缺乏的多样性；但本真的实
在、真正的**加**通过纯粹的意志行为才得到多样性。但一个从不舍弃另一
个而存在，空泛从不舍弃它因此而空泛之事而存在，除非此事在理念上或
者真实地、主观地或者客观地得到设定。

　　我们在此尤其想遵循《人的使命》①的阐述，在《人的使命》第二部 ［404］
分，自我通过一种精神使自己置于自由中，若他相信自己最终确实被置于
自由中，根本想不到他与经验必然性的这种完全联合，想不到在感情中他
的庸常实在不可捉摸的范围；针对精神的疑问："你总不会根本不感觉
吧？"他在第 88 页顺带作答："自我：绝不。任何感受都是一种特定的感
受。不会只是看见或者感觉到或者听到，而总是特定之事、红色、绿色、蓝

――――――――――

　　① 费希特：《人的使命》，柏林，1800 年（载于《费希特全集》卷三）。

色、冷、热、平滑、粗糙、小提琴的音响、人声,**诸如此类**"(这个诸如此类可能包括自然的其余事物,自然的精选之事却要在指名列举者、绿、红、小提琴音响中提及;在规定性中,特定形式之例却会比无定形之事的那些例子更有意思、更合乎目的)"为他人所见、所感、所闻。让**我们约定此事**。"自我不假思索地以为由此摆脱了所有这种确定者及自我一般经验性实存的确定性,即他确信,那些确定性在他身上并且只是他的情感,知晓此事是直接知晓他的状况,庸常必然性的全部环节只是片面的,他就由此自由,即主体自身通过情感、而非通过事物成为一个绝对经验性的生物,——应算作最激烈的一种矛盾。对在**我们**之外的**一个**事物的意识绝对不过是我们自己想象力的产物,为了这个信念,精神宣称自我自由并且永远摆脱贬抑、折磨

[405] 他的恐惧,脱离只在他思维中存在的一种必然性,还脱离在他之外实存的事物的现实,——似乎他不会处于他状况的同一种拘囿中、处于同一种必然性中,虽然这种必然性不再以自我的思维的形式作为外在客体而存在,还是带有同一种现实、任意性与偶然性作为一系列情感与状况而实存。

因为自我还天赋具有同样丰富的实在作为感受,所以,不可捉摸的是,他如何能够因他情感体系所失落的物性的样式而陷入愁苦,即从现在起,存在的无非是、绝对无非是对作为单纯意识的一种意识的想象、规定。他不该哀叹自我所失落之事,因为甘苦的客观性与实体性的那种单纯样式不值得力力,而该哀叹他依旧富有他那不曾受损的必然性有其完整详尽的甘苦、红等等感受和赤裸裸的直观事实(第169页),只有通过思维,才会把仅对他而言失落之事物添加至完整详尽的感受与事实,——并非通过精神所拿走之事,而是通过精神留给自我的整个有穷性,自我才能把精神称为无良精神。

这种形式唯心主义给我们造成的直接产物就以如下形态产生:经验不统一与纯粹偶然的多样性的一个王国与一种空泛的思维对峙。若把空泛的思维设定成起作用、真实的力量,必须把这种空泛思维如其余的客观性一样认定成一种理念上的思维;或者为了让对经验必然性与多样性的对立保持纯粹,不得把这种空泛思维设定成真实起作用的力量,亦即关涉实在,而必须纯粹自在地设定成空泛的统一,设定成从特殊性中离析的普

遍性。康德的纯粹理性正是这种空泛的思维,而实在同样[是]与那种空泛的同一性对立,而正是两者不协调之处使彼岸信仰成为必然。但实在 [406] 必然缺乏与实践理性的同一性,这种实在在康德哲学中不仅在单纯经验性方面得到观照,这个方面作为经验性主体的感受而存在并且只能在费希特唯心主义中出现,而且康德把这种实在同时认定成一种较高的实在,亦即认定成有机体系与美的自然。由于康德唯心主义为[此]而失去抽象的纯粹性——后者使同一性完全摆脱差异并且与差异对立,把同一性设定成对立中的一环并把另一环设定成纯粹经验性的必然性与缺乏任何同一性的一种多样性——,康德唯心主义由此取得了对这种形式主义的胜利,即代替体系而更多显露的是思辨理念。

以此方式,在费希特唯心主义中,知识体系是关于一种完全空泛知识的知识,与这种知识绝对对立的是一种经验实在,关于统一的一种经验性实在,多样性与统一绝对对立,这种知识也是关于两者一种相对同一性的知识。这样一种形式知识能达到的不过是相对的同一性,而其绝对对立面在康德处具有关于幸福与道德的通俗而不怎么抽象的形式,真正的同一性作为一种绝对的彼岸必定与这样一种知识及其绝对对立面对立。因为不折不扣的思维与知识只是形式上的、只在对立中、只是相对的,所以理性认识与思辨理念直接遭扬弃并且不可能。形式思维至高的努力是承认其无与应该;但因为它并不真正自我放弃,这种应该就是持久的;它是一种永久的意欲,它只能突破至无穷性并且直至无,但并非经过无而突破至实证的理性认识。

这种三合一的形式:设定、思维、无穷性,——于是存在、对立、有穷性 [407] 与——由于前两者迥异——就知识而言两者彼此关涉的一种关系,它自身是一种双重关系,甲)就知识而言一种不完备、正面的关系,乙)两者绝对的同一性(而这种同一性在这样一种知识与认识之外),整个体系在其所有阐述中如最初在《知识学》中一样说出了三合一的这种形式。

前两个部分或者这种对立包含在其前两项原则中,其中首项原则,自我=自我无非是形式同一性、无穷性,这种无穷性有一种有穷性与自己作对,就因为这项原则还有第二项、对它而言绝对的原则,无法从自我=自我中识别,在自身之外并且在自身之后必然拥有;这第二个行为按质料应是有条件的,这是关涉另一行动的一种行动;但在《知识学》第 18 页及下页①:在某种条件之下会设定自我的对立物,从自我=自我根本无法得出此条件,因为对立的形式不怎么会包含在设定的形式中,使得前者其实自己就与后者对立。无论设定还是对立,两者都是自我本身的一种行为,这种同一性与那种同一性是同一种同一性,即可见于先前的主体、灵魂的简单实体,作为适用于许多对立活动的**共同容器**,借助这种同一性甚少对此有所裨益,使得它其实是最拘于形式之事并且是这种哲学必定最为鄙弃之事。而以对立开端在部分程度上是一种暂时的、成问题的探究哲理,这[408] 种探究哲理以什么都不是的事物、以空洞的抽象来折腾自己,在随后的综合中才给这些事物谋得实在,正如费希特所承认的,这种纯粹的自我与非我在创造性想象力之外、面前只是通过想象力的错觉而具有适合于思维的一种持存,在部分程度上,这种成问题的探究哲理并未消解于真正的同一性中,这种探究哲理使无穷者、思维与对立、材料干脆对立,给最初者补充设定多种多样的材料或者补充设定对立,经验性地接纳多种多样的材料或者经验性地接纳对立,因为在每个人的意识中可见这样一种对立。

第三项原则是在所说的双重方面的关涉,一方面通过因果关联的形式知识与有穷关涉,这种形式知识与有穷关涉完全在差异中、分离中,另一方面适用于信仰,通过信仰,绝对的同一性在认识之外;但关涉的双方、作为知识的形式与作为信仰的质料反正不能合一。突出对立中的一个环节,亦即有穷性,片面谋求首项原则,构成了唯心主义,但不过是如同最庸常的抽象是一种唯心主义一样,不过是否定特殊性,是正面的形式同一性。

在三重性的这种形式中,差异中的知识并非差异者,而是或者只是无穷性、形式同一性,或者在认识的彼岸,为了三重性的这种形式,费希特体系并未脱离一般人类知性的原则,而说该体系并非常人知性的体系,而是一个思辨体系,在这种错误的成见扩散之后,顺理成章般地出现了一切努

————————

① 《整个知识学的基础》,莱比锡 1794 年版,全集卷一,第 103 页。

力,要在新的阐述中根除这种成见。再清楚不过的是,雅科比误解了这该
体系,在致费希特的信中,他相信以费希特方式产生了**一体**的哲学、一个
真正的理性体系,相信甚至只有以费希特方式才使之有可能。雅科比反
驳费希特哲学道,**他**对真作所理解是,在知识**之前**并且在知识**之外**之
事。① 但在这点上,费希特哲学与雅科比哲学完全一致;对这种哲学而言,
绝对者仅在信仰中,不在认识中。如雅科比(信件开篇辞,第 8 页)所说,费
希特没怎么对该处的威严造孽,彼处,真在认识之外②,他不怎么愿意把该
处包含在科学的领域内,使得其实绝对同一性对他而言简直在知识之外,
知识如雅科比所要求的那样只是形式上的并且在差异中,使得自我无法就
是自我,使得绝对者不能得到思考,而只有主体**与**客体能够得到思考,一个
接一个,一个**规定**另一个,两者只能在因果关联中得到思考。人们不能思
考思维与存在的绝对同一性,斯宾诺莎在《笛卡尔哲学原理》第一部分概论
四附注(Principiorum Philosophiae Cartesii Pars *I*,Prop. VI,schol.)对此言说
道:"**有人否认他们具有上帝的理念(Quidam sunt,qui negant,se ullam**
Dei)(按斯宾诺莎对上帝所作界定,这就是关于神灵的理念,在其理念中,
实存是必然的,或者其理念与存在合一)ideam habere,quem tamen,ut ipsi
aiunt,colunt et amant. Et quamvis ipsis Dei definitionem Deique attributa ob
oculos ponas,nihil tamen proficies:non hercle magis quam si virum a nativi-
tate coecum colorum differentias,prout ipsos videmus,docere moliaris.
Verum,nisi eos,tanquam pro novo animalium genere,medio scilicet inter
homines et bruta,habere velimus,eorum verba parum curare debemus。③④

---

① 《雅科比全集》卷三,第 19、17 页。
② 同上书,第 5 页及下页。
③ 后半个引号为译者所加。——译者注
④ "某些人否认,他们具有关于上帝的理念,尽管他们如自己所说崇拜、爱上帝。若
也使这些人明了上帝的定义和属性,以此还是同样不怎么会达致些什么,就像欲对一个天
生盲人说明我们所见色彩的差异。然而,人们不怎么能在意这些人的话,而是要把他们当
作一类新动物,他们介于人和非理性动物之间。"《以几何方式说明笛卡尔的哲学原理》第
一部分,原理四,解释(译者阿图尔·布赫瑙)。

[410]　　　为何雅科比哲学如此嫌恶它在费希特哲学中发现的虚无主义,刚才指明了;但在这方面说到费希特体系本身,则虚无主义的任务却在于纯粹的思维;该体系却不能达致纯粹的思维,因为这种纯粹的思维干脆只止步于一方面,也就是这种无穷的可能性具有一种无穷的现实与自己相对并且同时与自己同在。而如此,自我就干脆出外进入无穷性,受非我感染,就像必然的那样,因为须设定无穷性、只是对立中的一个环节的思维是**自在**存在着的;但因此,其**相关项**(correlatum)反正无法消灭,而是带着不可克服的弹性凸显出来,因为两者通过至高的命运以钻石链相结合。哲学的首要却是认识**绝对的无**,虽然费希特哲学对此鲜有成就,雅科比哲学仍然因此那么嫌恶它。而两者在与哲学对立的无中,有穷者、现象具有对两者而言绝对的实在,绝对与永恒者对两者而言是适合于认识的无。雅科比指责康德体系是由唯心主义与经验主义构成的混合物;两种成分中,他的指责言中的并非经验主义,而是唯心主义或者无穷性的方面。虽然无穷性不可能获得真正的空无的完备性,对他而言,这样无穷性也已经是如此不堪忍受之事,因为无穷性威胁经验的绝对性,而其中就有关于消灭对立的要求。

　　　雅科比说:"上帝存在,在我**之外**存在,是一个鲜活的、自为持存的神
[411]　灵,**或者**自我是上帝。**没有第三者。**"①而哲学说,**有第三者**,而有一个第三者,就有了哲学,因为哲学不仅把一种存在、而且还把思维,亦即自我作为上帝的命题谓项,认定上帝是两者的绝对同一性,并非对上帝而言的**之外**,因而同样不怎么承认他是这样一种**自为**持存的神灵,它由一种在他之外来规定,亦即在它之外,还会有别的持存,而是在上帝之外根本不承认持存并且什么都不承认,也就是在绝对的中庸中干脆剔除**非此即彼**,非此即彼是一切形式逻辑的一项原则、是舍弃理性的知性的一项原则。那个雅科比式的基本意念中充分表现出他的哲学,关于该意念,同样可以指出,雅科比不仅在他表达此意念的前一页上反驳之,他说道,他声称的是:

---

① 《雅科比全集》卷三,第49页。

人发现上帝，因为人只能在上帝**身上**发现自己，而且，雅科比也在其他上
百处反驳此意念，他在彼处称理性是神性的，诸如此类——若在其他地方
不够充分地指明这一点，即哲学意念的此类**肇始**反正只会是风趣之事、而
非哲理之事，还有[他]在发现他的奇想由他人哲理性地采纳并且当真把
它们表现成适用于知识的一种真理之处，不仅预感到、而且教条地断言无
神论等等，还有在他自己超越奇想涌现而获得思维、处于一种绝对的二元
论中之处，——这项雅科比的原理同样是费希特的原则。处于信仰中的
有道德的世界秩序反正也在自我**之外**；自我进入有道德的世界秩序，或者
后者只进入前者，只在无穷的过程中得到适合自我的实在。对自我而言，
事物反正不可能变为它们本该成为之事，因为非我就会以此停止存在，而
自我生成，自我＝自我作为真正绝对的同一性会没有第二项原则，自我会 ［412］
扬弃它自己设定之事，并且自身不再是自我。也就是在这种知识的体系
中，不怎么能想到脱离二元论，只是在雅科比能够要求的程度上。非二元
论的实在在信仰中，而在费希特体系中，同样不怎么有那个第三者，它真
是最初者、唯一者，正如也不怎么有非二元论的否定性，它可能纯粹地成
为无穷性、无；非二元论的否定性应该是纯粹的，但它没有变成纯粹的，而
是它自身又固着并由此变成绝对的主观性。雅科比由于谋求对立的一方
面、无穷性、形式同一性，他以为先验哲学的这种虚无主义要把他的心扯
出胸怀，他只消谋求同样绝对地存在的对立中的另一方面，在那一方面，
他能够一如既往地发现一切情感与心境、一切得到揭示、相信的经验。

这种唯心主义的**理论科学**无非就意味着产生无穷性与有穷性的那种
对立，一方面产生对作为知识与思维的纯粹知识与思维的抽象，而另一方
面产生对无知与无思或者对非我的抽象。两者只在知识中并且为知识而
设定，一个与另一个一样是抽象与空泛。经验性方面在一般理论性中是
对多样性的抽象、一种非我。由于真实者如此自身完全在形式上或者理
念上得到设定，这种理论唯心主义的整个架构无非是建构逻辑形式，这些
逻辑形式放弃了一切内容。上面说明了这种形式唯心主义或者逻辑唯心
主义在其过渡至实在时[选取]的科学途径，它称这种过渡为对实在的一

[413] 种演绎;这种唯心主义自己的内容是空泛的思维与对多样性的抽象之间的相对同一性,那三个环节自身就完全在空泛知识内部。我们从现在起就得依据内容来观照对这种空泛的整合。在理论唯心主义中,经验性是一种抽象,在实践唯心主义中,它却作为真正的经验性可见、可感实在出现。自然在彼处只是一个非我、一个单纯负面者,被规定成一般对立者,自然在此脱离对知识的抽象,步入自然丰富的实在并步入其生命壮观的丰富多彩,亦即成为一种酸甜苦辣、一种蓝与红。

在雅科比哲学中,这种整合因其原初的经验主义与未及抽象出来的主体的特殊性就已经直接存在了。在康德哲学中,理性的普遍性需要特殊性,理性只要有此需求,就称为实践理性,在康德哲学中,同样以经验方式与无忧无虑的方式假定了特殊性;存在特殊性、倾向与情致,尤其是存在须由理性与之斗争的病态,自然须由理性处理并且须听命于理性目的,因为理性目的在自然中现在尚未实现,这种存在与自然被预设成给定,而理性目的的内容自身、至高的财富、幸福依据功绩——而人人都会有功绩,也就是普遍的一般幸福——依据这种幸福的内容同样经验性地得到预设。费希特式整合通过实在**先天地**发生,亦即通过信仰,信仰是从缺乏过渡至一般丰富的原则,或者是**减**变成**加**的纯粹形式还有两者在相互作用时的联系的纯粹形式,但也只是形式,因为在**减除**理念性时放弃的质料自身如同必然一般,同样是经验性的并且没有总体性,如在上述诸体系中一样。

[414] 理念通过真实而整合,空泛思维或理性遇见与理性对立的感官世界、如此处显现的本性,这种统治一切的基本原则就在于,反正一个不是另一个,而在它们的一切联系中,没有显现出真正的同一性。真正的同一性与永恒性如同适合知识一样在信仰的彼岸,所以在实践与真实中同样在彼岸,亦即在无穷的过程中。正如在彼处,空泛的思维作为纯粹的知识或者理论理性,它在此处作为纯粹的意志或作为实践理性是绝对的,而且这样连它的对立者也是一个绝对的经验性感官世界。康德较少阐释的实用相对同一性将在其不同的分支中产生。

整合时的首要者却尤其必定是此事,即再度引入彼此对立的两个环节的实在或者扬弃理论抽象并按产物来建构信仰。理论性在于理念性或者在于谋求无穷性,无穷性既是无穷性自身、空泛的知识、纯粹的思维,亦是绝对的对立 $0=+1-1$,而每个都规定,一个不是另一个所成为之事。只有另一个出现,一个才存在,而另一个出现时,一个就不存在;无穷性的实在或者空泛思维的实在在于 $+1-1$,而这种对立的持存给出唯心主义的内容或者逻辑形式;同时,它们却在理念上 $=0$,而它们的真正真实性在无穷性中或者在于它们什么都不是。

这种理念性就该在实践中扬弃;$+1$ 加 -1 不该等于零,而它们所获得的实在是,空泛思维是中庸 $+1$、0、-1,$+1$、0、-1 在其中没落,无穷性、空泛思维从中庸而走向一方,而与它面对的是感官世界、有穷实存的王国。这样把两者建构成实在叫做**纯粹意志行为**,后者宣布 $+1$ 加 -1 这种空无是绝对之事。一切通俗性属于其中:你为了行动而存在,你的行动规定你的价值,实践理性的绝对性、绝对自由,诸如此类。 [415]

但绝对对立的这些空无干脆被宣布为实在之后,所有后续之事就在形式上有赖于信仰,信仰表示所要求的两者的同一性。但就认识并建构实践性而言,信仰完全是形式上的,因为它表达的无非是这种要求、一根绳索的纯粹线条,这条绳索反正不可能有充盈、深度,也不可能有长度与宽度,只允许相对的同一性,这些同一性总还经历过要求。主体性、自我、纯粹意志,与客观性对立,处在绝对对立中,反正无法完成同一性与整合的任务。

纯粹意志应通过行动而变得真实;通过行动而源于它的实在应该出自它、是它特有之事:实在也就必定先在它之中,理念上作为主体的意图与目的而存在。自我该干脆自由地用其自己的绝对无限权力作为智力来拟定概念,而意志不该受其他实在感染,它自己使这种实在在因在某处给定而成为目的,而是意志该作为纯粹意志只具有由它自由拟定的目的。由于人促使自己行动,对他就形成了一个未来者的概念,这个未来者会从其行动中产生,而这是目的概念的形式。但意志是纯粹的同一性,舍弃一切内容,只有它是完全形式之事、无内容之事,才是纯粹的。意志出自自身的目的概念会具有一项内容,这本来就不可能,而留存的无非是信仰的这种形式上的唯心主义,它同样空泛客观地设定目的的空泛主观,而丝毫不

[416] 能或不得给予目的以一种内在的实在或者内容;因为否则纯粹意志就不再是规定者。而且留存的无非是空谈,说必须为了律令而履行律令,为了义务而履行义务,还有自我如何超越感性与超感觉、超逸于各界的废墟之上,诸如此类。

这种超脱的空洞与唯一一贯的空泛就必定让步到顾及实在的程度,而若要为了学术目的而提出内容作为义务与律令的一个体系,则或者经验性地捡起理念上的实在或者是律令、义务与德行的内容,如康德出色地所为,或者从一个有穷的出发点出发,按顺序始于有穷性,如费希特任意地始于**一个**理性者,并且始于没有实体的这样一种理性者等并作演绎。但以何方式提出体系,因为实在只可能是一种多样性,因为它依旧与理念性对立,形成大量而且是无穷的义务、律令或者德行,后者就因此自身既不获得一个体系的总体性亦不获得外在完备性,也在其规定性中必然自相矛盾,无力彼此制约或者相互占优、从属,因为每个都被置于理念形式中,也就是带着绝对性的要求出现。费希特与康德的道德科学是对此的经验性证明。

所以,一方面,纯粹理性得到整合。若它自称纯粹意志,则它以其声言成为一种空谈。若它给自己提供内容,则它必定经验性地采纳之,而若它给予内容以实践性理念性的形式或者使此形式成为内容的律令与义务,则设定了这种内容有一种绝对的、扬弃一切科学、无总体性的矛盾。

[417] 另一方面,却有通过纯粹意志行为而变得绝对并且成为经验实在的自然。因为唯心主义方面宣布自己是绝对的,唯心主义方面所消灭之事必定同样再度凸显。若经验实在或者感官世界并非处于其对抗的全部强度中,则自我就不再是自我;自我不能行动,其高贵使命就会完了。超感觉世界只是逃避感性;若再无会躲避之的事物,就不再设定逃遁、自由、超感觉世界,而这种经验性实在与自我一样**自在**。同时,经验实在在意志行

动中获得的关系决定经验实在所必须成为的种类。因为自我的本质在于
行动:绝对、空泛的思维应自我设定;它**得到**设定,没有存在归于它;但
客观世界是这种思维的存在,而只有这种思维消灭这种存在,它才能获得
其真正的本质,而自然因此被确定成单纯的感官世界、被规定成一个有待
消灭者,并且必须被认定成这样一个有待消灭者。而若自我像客观性一
样认定自己存在着,则自我认定自己完全依赖世界并且囿于一种绝对的
必然性;自我必定只认定自己是对感官世界的否定,也就必定把感官世界
认定成有待否定者或者认定成绝对糟糕者。

把世界作为一个实在者的那种最初认识先于纯粹的意志行动,在纯
粹的意志行动中,世界还又获得绝对的实在,但是必须消灭的这样一种实
在,亦即最糟糕的实在,在《人的使命》第一部分①介绍了那种最初认识,
在该部分中,自我认定自己是"由宇宙规定的表现一种由自身规定的自
然力",而自然只在自我中行动,自我处于自然的永恒法则和一种不可违
背的必然性的永恒法则之下,让自我的愿望服从自然会变成最使人平静 ［418］
之事,因为的确自我的存在完全服从自然。但对这些理性意念,"自我的
愿望抗拒不从。为何自我该对自己隐瞒忧伤、嫌恶、震惊? 这些通过这样
一种推论攫住了他的内心。"

会震惊于这种意念,会嫌恶这种意念,会忧伤于自我与宇宙合一,会
忧伤于永恒自然在自我中行动,——会嫌恶自我的决心,即服从自然及其
神圣、不可违背的必然性的永恒法则,会对此感到震惊并对此忧伤,会陷
入绝望,若自我不自由、不摆脱自然及其不可违背的必然性的永恒法则,
会以为因那种服从而使自己悲惨到难以名状,——这种非同寻常的高傲、
这种自我的自负的这种荒唐,根本就已经预设了被剥夺了一切理性的对
自然和个别性与它的关系的最为庸常的观点,这样一种观点,对它而言,
主体与客体的绝对同一性是完全陌生的,而其原则是绝对的非同一性,它
就能够对自然也干脆只在绝对对立的形式下来领会、也就是把自然领会

---

① 第 48 页以下;《费希特全集》卷二,第 189 页及下页。

成纯粹的客体,纯粹客体只可能依赖或者使自己依赖自己,这种观点根本就处于因果关联中,这样一种观点视自然为事物,其中(《人的使命》第106页)可见"绿、甜、红、平滑、苦、芳香、粗糙、小提琴音响、异味、喇叭声的差别"。除了这些质——而费希特还了解自然的哪些其他目的论的质,我们将在下面见到——还有什么可能是自然的法则?关于它们,经常重复说,没有任何受造的精神突入其核心。似乎它们迥异于理性法则,自我羞于服从这些法则,听从它们会使自我悲惨到无以名状,屈从于它们会使自我绝望?

[419]

自我在其使命的第二部分以为因我们上面所见的知识而失去他如此恐惧的这种自然。对失去这种自然又跟对这种自然的存在一样,无所慰藉、陷入绝望之后,自我就通过其使命、行动与纯粹的意志行为给自己制造了这种自然,作为必须消灭的一种自然。对自然的这种直观视自然为并非自在之事、而是纯粹现象,也就是自身既无真实性,亦无美,这种自然观就建立了自然的一种目的论与一种自然神论(Physikotheologie),按内容简直与较老的目的论对立,但按形式基于相同的原则。因为那种较老的目的论使自然——关涉在此个别者之外[存在]的目的,使得每个都只为了一个他者而会得到设定,在整体上,那种目的论却构成一个体系,该体系虽然也会在自身之外拥有其生命的源泉,但会是永恒美的一种余晖、理性,自身中拥有至高、极乐的真实性、至高智慧的完备法则。费希特的目的论把显现为自然之事同样表现成为了一个他者而存在者,亦即为了给自由者构成一个领域和余地,为了能够变成废墟,自由者会超越废墟并如此完成其使命。自然本身什么也不是,而只在关涉一个他者时才是一个绝对的非圣者、无生气者,费希特哲学与一切目的论,尤其与幸福论的目的论共有这种庸常的目的论原理;但自然通过并且因为他者而成为**什么**,在这点上,费希特目的论与其他目的论对立。

[420]

正如自然在自然神论中是永恒真理的表示,它在康德和费希特的道德神学中是一个有待消灭者,借助它,理性目的才永恒地可实现,被剥夺了真实性,自身带有可憎的律令与违反理性的律令;此处闯入的是最常见

286

的抱怨世上的弊端,康德用它们的悲观主义代替了乐观主义,因为,伏尔
泰就使自己站到经验的立场上,也就完全顺理成章地**以人为本地**(ad ho-
minem)对由假虔诚下拉入庸常生活经验中的乐观主义提出反驳之事,康
德、在他之后是费希特使得伏尔泰对乐观主义所作反驳获得哲学形式并
且系统地证明,究竟通过什么,那种顺理成章完全失落了,而经验对经验
的相对真理会成为一种绝对真理。伏尔泰的做法是纯正的健全人类知性
的一个例证,此人如此高度具有健全人类知性而其他人对健全人类知性
胡扯一气,以兜售他们对人类知性的不良之处。因为一个哲学理念被下
拉入现象中,与经验的原则相连,直接变成一种片面性,所以,真正健全的
人类知性就以同样可见于现象中的另一种片面性来反对它,以此表明前
一种片面性的不真与可笑,因为,对前一种片面性而言,会引证现象与经
验,但真正健全的人类知性就在这种经验与现象中指明对立面。但对第
二种片面性的使用和第二种片面性的真实性本身继续不下去,而纯正的
健全人类知性也不再苛求它。而学究气反对健全人类知性,只是以同一
种方式令自己可笑,对健全人类知性只是**以人为本**(ad hominem)这样相
对地使用过之事,学究气绝对地采纳并把它郑重地注入哲学形式中。康
德哲学和费希特哲学为伏尔泰式的论证立下功绩,德国人普遍自夸的一
种功绩,即形成了一种法国式奇想并改善了它,使它获得恰如其分的印   [421]
象,加以详释,使其合乎科学后归还,亦即恰恰还由此剥夺此奇想具有的
相对真实性,即会给予它以它所不能的普遍有效的真实性。

通过理性的绝对主观性、通过其与实在的对立,世界现在就与理性绝
对对立,由此是绝对的无理性的有穷性与无机的感官世界,绝对的无理性
的有穷性与无机的感官世界在无穷的过程中就会变成自我,亦即变成绝
对的并且仍然是绝对的。也就是说,实体的自然就已经表明自己是违反
理性之事(《人的使命》第 221 页以下[《费希特全集》卷二,第 267 页以
下])∶"它抗拒供养我们人类,也就是**不朽的精灵被迫将其全部心力切合
收获它们食粮的土壤。现在还**经常发生的是,一种可憎的气候情况摧毁
需经年工作之事,使勤奋细致者无辜地"(不过可能也还是经常有过失

地)"经受饥饿与困苦;洪水、风暴、火山、地震;**就**在本年度夺走年富力强者性命的疾病,还有孩子们,他们的定在夭折了;还有病疫,诸如此类。**但不能永远如此。**"不过,这种无意识的自然所拥有的知性总还是远多于人类实存的方式,人类中"**还有(annoch)**成部落的野人徘徊于神秘的荒野,若他们相遇,**会壮观地互食殆尽;**连军队相互瞥见,也会互相杀戮。**如此配备人类知性想出的至高之事**,舰队穿越风暴,波浪穿越大海,为的是相

[422] 互杀戮。这些变态者,其中一部分蓄养另一部分为奴,虽然自己之间处于永恒的争斗,本身就总是较弱者的善一露头,这些变态者还是即刻相互联系来反对善",他们本来根本不必如此,因为除了善本身已经是较弱者之外,连**善类**在其部分上也同样贬低其事情。因为理性保证准确无误地达致理性目的,在促进理性目的时,善类有所表现,在他们的举止中,考虑的是人类的目标,在有道德的世界秩序中,指望他们的举止,——这些善类表现如同幼稚的市侩:善类经常具有一种隐秘的自恋,相互责备、指控;每个此类善人都认为他所欲行的改善恰恰是最重要、最佳的改善,指控觉得他的改善不那么重要的其他善类背叛善事;诸如此类,这在《人的使命》中①就可以更详细地读到。简言之,一种道德过敏若只是走向可憎与无益的方面,正如通常假虔诚走向善与有益的方面,这种道德过敏就会变成理性的世界观,而哲学把自身置于庸常的关于主观性的观点中,这种观点自身是一种偶然性与任意,亦即一种弊端,它也客观地瞥见弊端,亦即偶然性与任意,完全放弃[了]它自己的提升以及放弃将其世界观从一种经验必然性的观点升入永恒必然性的观点,经验必然性与偶然性合一,永恒必然性与自由、作为世事而实存着的智慧的必然性合一——还有,放弃认识柏拉图就世界所言说之事,即上帝的理性诞生了作为一个极乐上帝的世界②。

[423] 对绝对主观性的这种哲学,宗教甚少同意其观点,由于此哲学只把弊

---

① 第 226—230 页;《费希特全集》卷二,第 269 页及下页。
② 《蒂迈欧篇》(Timaios)第 34 页 b。

端领会成已经自在有穷自然的偶然性与任意,此哲学其实把恶表现成有
穷自然的必然性,表现成与这种必然性概念合一,但因这种必然性而同时
表现一种永恒的,亦即未移入一个无穷过程、从未可实现、而是真正现实
的存在的救赎,而只要自然被视为有穷与个别的自然,这种哲学就会呈献
给自然一种可能的和解,这种和解原初的可能性、在上帝原初的翻版中的
主观性,——但其客观性、在上帝永恒的道成肉身中的现实,——那种可
能性与这种现实的同一性却通过精神重建成主观性与成肉身的上帝合
一,也就是世界**自身**得到重建、得到救赎并且以一种迥异的方式得到圣
化,有别于在有道德的世界秩序的理想中,火山等并非永远保持它们尚如
此的状态,那些火山渐渐烧尽,飓风变得温顺,疾病变得不那么痛苦,森林
与沼泽的影响范围得到改善,诸如此类;而因为在宗教中,世界依其本质
而得到圣化,所以,只是就认识的局限性、经验性直观与自身的目标设定
而言,世界被设定成未圣化,完备的直观与永恒的极乐却明确设定为**远离**
局限性,那种局限性在有道德的世界秩序中[会]是内在的,为了这种局
限性,甚至火山[会]烧尽,地震[会]变得温顺,诸如此类,不再[会]以战
争笼罩各民族,也不[会]把各民族劫掠一空,诸如此类,而局限性反正会
留存。而在这种哲学中,世界既不原初就是自然,亦非通灵,亦不朝着其
德性方面和解,而是本身就是糟糕之事;但就有穷性而言,恶还只是一件
偶然之事与任意之事。但若实体的与德性的世界自身不止是糟糕的感官
世界,而糟糕不绝对,则不复存在的还有另一个绝对者、自由、这种纯粹意 [424]
志,这种纯粹意志需要一个世界,理性在其中才得以实现,所以,人的整个
价值也不复存在,因为只有这种自由去否定,它才存在,并且只有它否定
之事存在,它才能否定。

原初者不怎么获认定为自然,绝对的理性不怎么获认定为自在存在,
并非在无穷的过程中才生成性地真正得到认识,差异关系也同样不怎么
依其真实性得到认识。因为这种差异关系被领会成自在,因此无法扬弃。
对这种差异关系而言,弊端会是一个偶然者,因为它自己可就是弊端。但
因差异关系并脱离永恒那种弊端,还会觉得自己特别,无非能规定成是与

那种绝对分离对立者。与分离对立者却无非是与永恒者合一,而合一必定是弊端,正如我们上面所见,与宇宙合一,宇宙在我身上栖息、起作用,听从自然的永恒法则和听从神圣必然性的永恒法则对自我而言是最为可怕、忧伤之事。差异与弊端不怎么得到正确领会,重建也同样不怎么可能是原真类型的,因为设定无穷者与有穷者原初不一致、不相容,理念性、纯粹理性与真实性、实存原初不一致、不相容。

[425] 这种重建必定揭示精神的本质并且展示精神,天性在精神中如何反映自己是自由的,天性退回自身,将其原初的、未及借出的、真实的美升入理念或者可能性,以此把自己升格成精神,只要把同一性作为原初性与总体性相比,何种契机仅由此显现为同一性的活动与毁灭,显现为重建,天性的本质如何以可能性的形式或者作为精神,享受自己作为可直观与活动的实在中的鲜活理想,作为德性天性而有其现实,在该现实中,德性无穷者或概念与德性有穷者或个体性干脆合一。

但因为在此形式主义中,精神固着成无差异性而绝对地反对差异者,所以,不可能发生德性者的真正实在,不可能发生德性者概念与其现实的合一。几乎理想之事、通过纯粹意志设定的目的概念是那种纯粹的无差异性与空泛,内容却是个体性的特殊性或者安好状态的经验性,而两者无力在一种德性的总体性中合一。这种经验的绝对多样性,形式上被纳入无差异性或者被纳入概念,产生了权利的多样性,正如权利在形式上的总体性及其成真产生了宪法与国家。采用这种坚定不移对立形式的概念是绝对的,根据此体系的这项原则,合法之事和把合法之事建构成一个国家是自为存在者并且是与鲜活性和个体性绝对对立者。并非鲜活者自身在律令中同时普遍地自我设定并且在民众中变得真正客观,而是普遍性自为固着,作为一项律令反正与鲜活者对立,而个体性处于绝对专制之下。权利应该实现,但并非作为个体的内在自由,而是作为个体的外在自由,后者是把个体归于一个对他们而言陌生的概念之下。此概念在此成为道地客观者并且成为一个绝对事物的形态,依赖此事物是消灭一切自由。

[426] 但至于另一方面,亦即由纯粹意志制造的目的概念,若它能够制造的

确实不止是形式之事,是主观的,表明自己是个人的德性或者表明自己是
道德,则概念的内容、以理念形式被设定成目的与意图的实在、某一凭经
验给定之事并且只有空洞形式在此是先天之事。但并非目的的实质部
分、而是其形式方面、纯粹意志才是我的;自我自身是纯粹意志。但此处
同样不怎么能想到一种真正的德性,亦即想到普遍性与特殊性、实质与形
式的一种真正同一性。因为纯粹意志与特殊性的空泛性是真正的先天之
事,所以,特殊性是道地的经验之事。究竟什么本来是权利与义务,对此
给出一种规定,就将是矛盾的;因为内容即刻扬弃纯粹意志、为了义务的
义务并使义务成为实质之事。纯粹义务感的空泛与内容持续相互作梗。
而为了让道德纯粹,只得以意识的空洞形式来设定道德,即我知道,我按
义务行事,所以,平素自为纯粹的一种德性必定从其较高的、真正德性的
本性中汲取举止的内容,反正道德性的内容就应该在于补充这种意识,而
除了调和这种德性并使之不洁外,补充这种意识于事无补。若在真正的
德性中,扬弃了主观性,则通过那种道德意识就会知晓对主观性的消灭,
以此使主观性在对它的根除中自身得到保留与拯救,而德行由于变成道
德,就[成]为必然知晓其德行,亦即成为伪善。

　　但若不预设真正的德性,由于道德以形式为内容,则任凭把一切道德
偶然性提升入概念的形式并给不道德谋得辩解与心安理得。因为如上所 [427]
示,义务与律令在体系中是无穷地相互分解的多样性,每个都具有相同的
绝对性,义务与律令就使选择成为必然,无论作何选择,反正是主观之事,
因为客观之事、普遍性的形式,是大家的共性。现在就想不出一项行动的
现实事例不会有若干方面,在这些方面中,由于违反了其他义务,就听从
其他义务,由于听从了其他义务,就违反了其他义务,在此事例中,没有必
定被视为义务的方面;因为对一个现实事例的任何直观都无穷地可以通
过概念来规定。若特有、偶然、糟糕的感觉规定这种选择,则这种感觉是
一种不道德,这种不道德却通过意识到它由此成为义务的那种行为方面
而自证清白并且使自己心安理得。但若人平素就正派到足以意欲客观地
行事,则他面对义务的偶然性,因为它们是大量义务,但在大量中,个别性

变成一种偶然性,而人必定陷入那种可悲的犹豫不决并陷入那种虚弱,那种虚弱就在于,对个体而言,只存在偶然性,而个体不可能、也不得依靠自己创造任何必然性。但若他选定许多义务中任一项,则在关于无穷数量义务的无意识中,一种选择就有其可能性,正如任何现实者一样,行动的现实事例也能够消解于作为无穷质的无穷数量的义务中并且必定摆脱义务。因为义务概念宣布的这些质在经验上是无穷的,不可能知晓它们而还是干脆被作为义务来要求。由于以此方式,在遇有行动与缺乏所需洞

[428] 见时,关于全部顾忌的无意识就变得简直必然,所以,必定存在对行动的这种偶然性的意识,这等同于关于不道德的意识。纯真的德性就因添加此类关于行动符合义务的意识而变得不洁并且因这种道德而可能变得不道德,根据事情的概念,不道德不能缺乏对某一项义务的意识,通过对某一项义务的意识给予不道德自身的是对不道德之事的辩解,但给予有追求、正直者的却是对必然不道德的意识,亦即在认识的偶然性形态下的一般德性,德性反正不该有这种形态。而因此,由于真正的德性者通过这样把德性想象成道德而变成卑鄙,力量变成虚弱,卑鄙却被辩解成道德,这样把德性想象成道德就能够如此轻松地由作为科学的哲学转成普通大众并且能够使自己如此受人喜爱。

我们迄今观照过的理想者的实在是纯粹意志的空泛理念所获得的内容。除了目的概念的这种依旧的内核,还剩余目的概念的外在方面,我们见过这种外在方面是何状态,这种外在方面从现在起有了一项内容:亦即形式唯心主义的方面,根据这一方面,迄今实际的超感觉性同时表现成现象。这种现象是行为的整体,部分程度上以经验性的形式得到直观,拆分成时间中的变化与结果,部分程度上,超感觉的目的概念的实在却也该成为在超感觉世界自身中后果丰富的行为延续,也该成为一系列精神作用的原则,此原则表达的无非是融入精神自身中的经验与一时性,精神由此变成一个幽灵王国。因为在真正精神中、在理念中,既无顺序亦无后果;只有当理念先由此变得有穷,即它与一个感性领域相左并且被设定成精

[429] 神领域,然后,这个精神领域自身又在数量上碎裂成无穷数量的精神原

子、主观性作为一个事物的公民,这个事物叫做幽灵王国,这才谈得上精
神后果。其中的思辨性在于,理念自身还只是经验性地作为一种行为的
目的并且作为一个受主观性感染者而出现,永恒者是在感官世界中显现
为一系列变化者的永恒者,雪上加霜的是,理念还因一个绝对的精神领域
的形式而完全消失,在这个精神领域中有后果,并且理念丧失它与一个还
在它之外存在的感性世界的对立,若那个超感觉者并非自己就会足够感
性。理性目的应在有道德的世界秩序中得以实现,建构德性理念、在此是
建构理性目的,并非坚持哲学立场,而是[转]为经验性历史性顾忌而德
性理念的永恒性[转]为一个经验性——无穷的过程。除了信仰的理念,
看不见思辨性,通过信仰,设定了主观者与客观者、理想之事与现实之事
的同一性,这样一种理念,却依旧是不折不扣形式之事;这种理念只用来
从空泛、纯粹的意志跳到经验之事。依旧作为根据的是一个主体的绝对
有穷性与一种行为的绝对有穷性,还有与主体、行为相对的一个有待消
灭、无理性的感官世界,然后是分解成理智细节的无穷性并且与感性世界
绝对对立的超感觉世界,因为所有这些有穷性都是绝对的,它们真正的、
内容丰富的同一性是一种彼岸,不曾出现在我们对德性迄今所作一切观
照中。而因为根据此体系,自我作为绝对者承认在理论上受非我感染,但
在实践中佯言消解这种一时性,以此方式,主观者与客观者的同一性这种
理性——理念是对科学而言纯粹形式之事并且是只是佯言之事,只能这 [430]
样得到证明,即借助那种实践表明,这种理念如何在实践中未得到构建,
而是一贯缺位,其实占统治地位的并非一种健全的知性,而是一种脱离一
切健康、在反思——迷信中僵硬并且隐含在形式科学中的知性,这种知性
称形式科学为演绎,对这种知性,我们在康德哲学处阐明过从属的领域,
亦即先验想象力的理念,在该从属领域可见思辨,我们于是必须跟踪这种
知性,在对它而言是理想、有道德的世界秩序、理性目的中,在它的实践实
在中,为的是借助这些实在本身表明理念的缺位。

因为以此方式,通过观照过的哲学的总体性,存在的独断论重铸为思

维的独断论,客观性的形而上学重铸为主观性的形而上学,也就是旧的独断论与反思形而上学通过哲学的这种全盘革命首先只是吸收[了]内部的色彩或者新的时髦文化的色彩,心灵作为事物变成自我,作为实践理性变成主体个性的绝对性与主体个别性的绝对性,世界却作为事物变成现象体系或者主体情感与所相信的现实的体系,绝对者却作为理性的一个对象与绝对客体变成理性认识的一个绝对彼岸,主体性的这种形而上学的其他形态即使在此领域也不算数,在康德、雅科比与费希特哲学中,主[431]体性的这种形而上学经历了其形式的完整循环,也就是完整表现了应算作构成方面之事,亦即绝对设定总体性的各维度并且把每个维度完善成体系,以此结束构成;所以,在这点上直接设定了外在的可能性,即真正的哲学由此构成而产生并且消灭此构成的有穷性的绝对性,以其屈服于总体性的全部丰富同时表明自己是完美的现象。因为正如美妙艺术的完美经由机械熟巧的完美,连哲学的丰富现象也受制于构成的完美,而这种完美已经为人所经历。

但这些哲学构成物与哲学的直接关联——雅科比哲学最为缺乏的一种关联——还有这些构成物在哲学中正面、真正、却是从属的地位由此可知,即遇有机会时,这些哲学通过无穷性而产生之事,这种无穷性是它们的原则,这种原则成为绝对者并且由此附着着对有穷性的对立;因为在这些哲学中,把思维认定为绝对者的无穷性与负面,后者是纯粹消灭对立或者纯粹消灭有穷性,但同时也是纯粹消灭永恒运动之源或者有穷性之源,是无穷的,亦即它永远自我消灭,真实性从无穷性的这种空无和纯粹之夜里自我抬升,作为从神秘深渊中抬升,此神秘深渊是其诞生地。

因为对认识而言,绝对者的这种负面意思或者无穷性受制于正面理念,即存在反正不在无穷者、自我、思维之外,而是两者合一,所以,部分程[432]度上,对这些反思哲学能阻挡的无非是,无穷性、自我不是直接突变成绝对理念的正面,而是不复如在这些反思哲学中发生过的那样固着于此点并成为主观性,由此,无穷性又跌入旧的对立并且跌入它自己先前消灭的反思的整个有穷性;但部分程度上,无穷性与思维在另一方面,思维自我

固着成自我与主体,与客体或者有穷者如此相互维持,也就是从这一方面
与后者处于相同等级,因为思维内在的特征是否定、无差异性,比有穷者
更接近绝对者,所以,连无穷性的哲学也比有穷者的哲学更接近绝对者的
哲学。

　　无穷的痛楚先前只在构成中历史性地存在并且作为感觉存在,新时
代的宗教基于这种感觉——这样的感觉:上帝自己死了(仿佛只是以帕
斯卡的表达凭经验宣布之事:"la nature est telle qu'elle **marque** partout un
Dieu perdu et dans l'homme et hors de l'homme"①——,但纯粹概念或者
无穷性作为一切存在陷入其中的空无的深渊,必定把无穷的痛楚纯粹称
为契机,但也不称其不止是至高理念的契机,如此,必定把一种哲学实存
给予比如或者是关于牺牲经验者的道德规定或者是形式抽象的概念,也
就是必定给予哲学以关于绝对自由的理念,以此必定恢复绝对受难或者
思辨的耶稣受难节,耶稣受难节以前是有历史根据的,以此必定把耶稣受
难节本身恢复至其无神性的全部真实性与严厉程度,仅由这种严厉程
度——因为独断论哲学以及自然宗教的明朗、不缜密与个别性必定消
失——就能够并且必定复兴的是极其重大的至高总体性,且出自其最深 ［433］
刻的根据,同时包罗万象并且复苏成其形态最生气勃勃的自由。

---

　　① 《思想录》第 441 页(编者不伦瑞克):"自然生就如此,即它处处指向一个**失落的
上帝**,无论在人内部还是外部。"

论对自然法的学术处理方式、自然法在
实践哲学中的地位、自然法与实证法学的关系^①

　　自然法的科学与其他科学如力学、物理学相似,虽然早就获承认为一门本质上哲学的科学,而且因为哲学必定拥有各部分,它获承认为哲学的一个根本部分;但它与其他科学共有过的命运是,哲学的哲学性只是被移入形而上学中,甚少允许这些科学参与,而是本着它们的特殊原则,使它们一直完全不依赖理念。用来举例的科学终究被迫或多或少招认其与哲学有距离,使得它们把惯常所称经验承认为它们的科学原则,以此放弃对要成为真正科学的要求,满足于以积累经验性知识为内容,求得使用知性概念,而不愿以此断言客观之事。对自称哲学科学的此类事物,若违背其意愿,先是将其从哲学、从一般科学的范畴排除出去,随后,这种地位最终

又自己放弃,则这种排除的根据并不在这点上,即那些所谓科学并未由哲学科学自身出发,未与哲学科学保持有意识的关联;因为正是哲学的每个部分以个别性能够成为一门独立的科学并且赢得完美、内在的必然性,因为哲学由此成为真正科学之事是绝对性,绝对性只以哲学的形态而成为特有的原则,绝对者高于哲学认识和哲学自由的领域,在绝对性方面,哲学属于一种外在必然性。但理念自身依旧脱离这种规定性,能够如此纯粹地反映在这门特定的科学中,表现为任何鲜活者中的绝对生机,而这样一门科学的科学性或者其内在理性不会出头升级成理念的纯粹形式,理

---

　　① 《哲学批评杂志》,1802 年[11 月/12 月]卷二第二部分,还有 1803 年[5 月/6 月]第三部分。

念是每门科学的本质,而在作为绝对科学的哲学中,理念作为这种纯粹理念而存在;对一门科学那种特有而还是自由的科学的形成,几何学提供了让其他科学羡慕的一个出色例子。同样,并非之所以必须否认上述特性的科学具有任何现实性,是因为它们其实是经验性的;因为正如哲学的每个部分或者每个方面能够成为一门独立的科学,每个方面以此也直接成为一幅独立、完美的图景,能够以一幅图景的形态由一种直观吸收并表现,这种直观纯粹而幸运地戒除遭固定概念污染。

科学的完满却要求,使直观、图景同样好地与逻辑性联合起来并且纳入纯粹理念之中,如同同样好地对离析出来、虽然真正的科学剥夺其个别性,根据这种科学的原则的较高关联与必然性来认识这种原则,就由此完满地解放原则自身,仅由此也才有可能认识科学的界限,若无这项原则,科学必定不知这些界限,因为科学否则必定高于自身,必定以绝对形式根据原则的规定性去认识原则的本性;因为对科学而言,由这种认识会直接认识并确定关于其不同规定性的相同性的维度。但如此,科学只能按经验对待界限,必定忽而要试错越界,忽而以为界限比其原貌狭隘,因此,科学必定经历完全意外的扩展,正如几何学——例如,几何学虽然善于证明正方形直径与边的不可通约性,但不善于证明一个圆的直径与圆周的不可通约性 *①——,更多的是算术,而最多的是汇集两者,提供科学在黑暗中摸索界限的最重大例子。 [436]

    *费希特(在《自然法》引言中)②为简便洞悉后一种不可通约性的根据而自豪:因为弯的真的不直。这种根据的肤浅不言自明,正如由于化抛物线为方而反驳自己一样,也由于前一项正方形直径与边的不可通约性而直接反驳自己,直径与边都是直的。在同一处在健全的人类知性中寻找补救来对抗数学的无穷性,即不能测量具有无穷多边的多角形,就因为它是具有无穷多边的多角形,至于补救,

---

    ① *为黑格尔所加。——译者注
    ② 《依据知识学原则的自然法的基础》,莱比锡与耶拿,1796—1797 年;《费希特全集》卷三。

则必定在部分程度上就提供这种补救来对抗无穷的过程,在此过程中,会实现绝对理念,部分程度上,以此未对主因、正的无穷性作出决定,是否能设定此主因,正的无穷性并非无穷数量、而是同一性;这同样意味着,对可通约性或不可通约性未决定什么。

[437]　证明理论科学中的科学性并非客观之事,而属于空无与实在之间的中间物、在与非在的混合,导致理论科学招认,它们只存在于按经验以为中,若批判哲学对理论科学有过这种重要的副作用,则其在这方面的正面之事愈发贫乏,无力再现哲学的那些科学。而批判哲学把绝对性置于实践哲学中,而在实践哲学中,批判哲学是实证知识或者独断论知识。批判哲学也自称先验唯心主义,我们必须既一般也特殊地在自然法上把批判哲学视为那种对立的顶点,如同水面上的圆从受推动的点开始同心地扩散,最终在微小运动中失去与中点的联系并且变得无穷,在先前的科学努力中,那种对立从较弱的肇始起,从不开化的闭锁状态愈益扩大,直至在批判哲学中通过无穷性的绝对概念而了解自己并且作为无穷性也自我扬弃。因此,为了科学的本质,必须否认先前对自然法的处理方式和必定被视为自然法的不同原则之事具有一切意蕴,因为先前对自然法的处理方式和必定被视为自然法的不同原则之事虽然处于对立并处于否定性中,但并非处于绝对否定性中或者处于只适用于科学的无穷性中,而是既不怎么纯粹拥有正也不怎么纯粹拥有负,是两者的混合物。只有对科学的历史性好奇的兴趣才可能盘桓于先前对自然法的处理方式和必定被视为自然法的不同原则之事,既为了把它们与绝对理念相比,把绝对理念自身的扭曲看成必然性,借助必然性,因成为原则的一种规定性而变形,绝对

[438]　形式的契机显摆自己,甚至在一项受限的原则统治下,还是掌控这些尝试,——这种兴趣可能先前对自然法的处理方式和必定被视为自然法的不同原则之事,也是为了见到世界的经验状态反映在科学的理念之镜中。

　因为**说到后面一种情况**,在万物的关联中,一切科学的经验性的定在与状态虽然同样会表示世界的状态,但自然法的状态作为最贴切的表达,因为自然法直接关涉德性、一切人类事物的推动者,而只要自然法的科学

具有一种定在，自然法就属于必然性，必定与同样处于必然性中的德性的经验性形态合一，而作为科学，必定以普遍性的形式表现必然性。

至于前一种情况，则能够获承认为科学原则真正差异的仅是，科学在绝对性中还是在绝对统一之外、在对立中。科学在后一种情况中却可能根本不是科学，若其原则并非某一不完备的、相对的统一或者是关于一种关系的概念，且哪怕其原则也只是对关系自身的空泛抽象，在吸引力的名下或者在合一力量的名下。一些科学的原则并非关系概念或只是合一的空洞力量，留给这些科学的理念之事无非是最初的理念关系，根据最初理念关系，儿童对待世界是有差异的，留给这些科学的理念之事无非是想象的形式，这些科学能够把经验性的质置于想象的形式中并且能够对其多样性娓娓道来；这些科学尤其会叫做经验科学。但因为实践科学依其本性面向真实普遍之事或者面向一种统一，这种统一是有差异者的统一，所以，在实践性经验中，连感受在自身中所包含的也必定并非纯粹的质、而是关系，无论是负面关系如自保内驱力还是正面关系如爱恨、好交游等等；而较为科学的经验一般不由此有别于那种纯粹的经验，即其对象会是 [439] 关系甚于质，而是由此有别，即它以概念形式固着这些关系并且遵循这种负面的绝对性，然而不把统一的这种形式与统一的内容相分离。我们会将这些较为科学的经验称为**经验科学**；而把科学的那种形式称为一种纯**形式**科学，在那种形式中，对立是绝对的，而纯粹统一或者无穷性、负面的绝对者纯粹与内容离析并且自为地得到设定。

虽然就此确定了对自然法两类非纯正的科学处理之间的一种专属差别，据此差别，一类处理的原则是经验性直观与普遍性的关系和混合，另一类处理的原则却是绝对的对立与绝对的普遍性，所以，不言自明的还是，两者的成分、经验性直观与概念是同一的，而正如形式主义从其纯粹的否定转为一项内容，同样只能获得关系或相对同一性，因为设定[了]纯理念者或者对立是绝对的，也就是绝对理念与统一不可能存在，而在直观方面——因为借助绝对对立原则或者纯理念者绝对之在的原则，设定了经验的绝对原则——只要综合不仅会有扬弃一部分对立的负面意蕴，而且还会有直观的一种正面意蕴,综合就只表现经验性直观。

　　这两类对自然法的科学处理首先应细加刻画:第一类关涉方式,绝对理念如何根据绝对形式的契机以此形式来显现;另一类是无穷者或负面的绝对者如何徒劳地试图使自然法得到正面的组织。对后一种尝试的分析将直接导致**观照道德科学作为哲学科学的本性、关系**,导致观照**道德科学**与所称**实证法学**的**关系**,还有与那种事物的关系,它虽然待在哲学之外,由于它自行放弃哲学,以为能够逃避哲学的评判,同时却也还是声称拥有一种绝对的持存与一种真正的实在,对这种要求不可迁就。

[440]

[一]

　　至于我们曾称为**经验性的**对自然法的**处理方式**,首先就根本不能依据质料而研究规定性与关系概念自身,这种处理方式提及它们并在原则名下提出它们,而恰恰是对规定性的这种离析与固着必须加以否定。这种离析的本性所导致的是,科学性必须只面向统一的形式,科学性可以分布到许多质中,若要不仅讲述这些质(为的是通过这种数量而达致统一),必须借助许多质的一种有机关系而突出任一规定性并必须把这种规定性视为关系的本质。但正因此未达致有机之事的总体性,而有机之事的其余部分、获选的规定性所排除之事落入抬升成本质与目的的这种规定性的统治之下。所以,比如为了认识婚姻关系,忽而设定生子、忽而设定共同财产关系等等,这样一种规定性作为本质之事成为法律,而从这样一种规定性出发,规定并污染了整个有机关系;或者惩罚忽而提及罪犯道德改过的规定性,忽而提及所造成损害的规定性,忽而提及在其他人身上对惩罚的想象的规定性,忽而提及在犯罪之前其他人对罪犯本人的想象的规定性,忽而提及那种必然性的规定性,即这种想象会变得真实,威胁会得以实施等等,而惩罚使这样一种个别性成为整体的目的与本质;此时自然发生的是,因为这样一种规定性与可以继续找到、区分的其余规定性并非处于必然的关联中,为了发现一种规定性对其他规定性的必然关

[441]

系与统治,在这方面形成无休无止的一种折磨,还自然发生的是,因为缺乏不在个别性中的内在必然性,每种规定性都尽可要求把不依赖其他规定性的独立性还给自己。——有机性通过经验性直观或者得到不完备反映的直观碎裂至众多关系中,此类质被从众多关系中重拾起来并被置于概念统一的形式中,此类质是那种知识所称本质与目的,而规定性构成了概念的内容,由于此类质的概念的形式表达成规定性的绝对存在,此类质被定为原则、律令、义务等等,——遇到批判哲学的原则时,更多言及纯粹形式绝对性的转变,纯粹形式的绝对性却是负面的绝对性或是纯粹同一性、纯粹概念、无穷性,纯粹形式的绝对性变成内容的绝对性与规定性的绝对性,后者被纳入形式,批判哲学带着对此的谋求并作为绝对的理性与义务来实施那种转变,遇上此处所言的经验知识,那种转变是无意识地发生的。

规定性通过思维被置于这种形式上的统一之中,正是这种形式上的统一同时产生了必然性的假象,科学在寻找这种必然性;因为对立者的统一,若把这些对立观照为真实的对立,这种对立者的统一就是对立者的必然性。但因为所说的形式统一的质料,并非对立者的整体,而只是对立者**之一**、一种规定性,所以,连必然性也只是形式分析必然性并且只关涉一项同一律或者分析律的形式,可以借此定律来表现规定性,通过此定律的这种绝对性,却也骗取了内容的绝对性并且如此建构律令与原则。 [442]

但由于这种经验科学处于此类原则、律令、目的、义务、权利的多样性中,此类事物中无一是绝对的,在这种经验科学前面,必定同时呈现出所有这些无关联的规定性和一种原初简单必然性绝对统一的图景与需要,而我们观照,这种经验科学将如何满足源于理性的这种要求,或者绝对理性理念在其契机中如何在对这种经验知识而言不可逾越的多与一的对立治下得到表现。部分程度上,本身就有意思的是,在这种科学努力中、在这种努力混浊的中介中甚至还看出绝对者的反映与统治,但同时看出绝对者的倒错;部分程度上,形式中包含了绝对者的契机,这些形式成了一类成见和无疑、普遍有效的意念,批判必定揭示其空无性,以为科学不顾及此事作辩解,——通过揭示无现实性的根据与基础最为明显地证明这些成见与意念的空无性,它们由这种根据与基础而形成,而后者的趣味与本性是这些成见和意念与生俱来的。

[443]　　首先,在经验科学面前,科学的总体性呈现为多样性的一种总体性或者呈现为完备性,在本真的形式主义面前,却呈现为一贯性。经验科学可以将其经验任意提升入普遍性,凭借其设想的规定性而继续一贯性,直至其他的经验性材料不再允许先前规定性的一贯性,而是强迫它离开,其他经验性材料与多样性相矛盾,但同样有权得到考虑并且被宣布为原则。形式主义可以在其原则的空泛性允许的范围内扩展其一贯性,或者作为它所骗取的一项内容;为此,它却也有权趾高气扬地从它在经验这种诨号名下的先天性与科学中把完备性所缺乏之事排除出去,因为它声称其形式原则是先天者与绝对者,也就是它不可能通过形式原则而掌控之事,它声称其形式原则是非绝对者与偶然者,只要它不那么不知所措,即它发现在一般经验之外,从一种规定性又到另一种规定性,有从受制约者进展至条件这种形式上的过渡,而因为条件又是一个受制约者,如此以至无穷,——由此,它却不仅放弃在它称为经验之事前的一切优先权,而且因为在受制约者与条件的关联中,设定这些对立者是绝对持存的,形式主义甚至完全沉迷于经验必然性,通过它用来集聚对立者的形式同一性或者负面——绝对者而给予经验必然性以真正绝对性的假象。

　　图景一贯性与完备性的这种联系——无论是对后一种较为完备的形式上的、空泛的一贯性还是对那前一种一贯性而言,那前一种一贯性与作为原则的规定概念只在不一致性上是一致的,前一种一贯性从一个概念
[444] 转到另一个概念——却直接移动了多样性的地位,正如就纯粹经验而言的情况一样,就纯粹经验而言,每件事都与他者具有同样的权利,纯粹经验不优待任何规定性优于其他规定性,其中一种规定性与其他规定性一样真实,我们下面在比较纯粹经验与此处所言这种科学经验时还会回到这点上。

　　在这种形式总体性之后,我们必须观照,绝对统一如何既显现为我们

可以称为原初统一的简单统一,又在经验性知识的反映中显现为总体性;两种统一在绝对者中合一而其同一性是绝对者,两种统一必定在那种知识中分别出现并且作为一个差异者出现。

首先就那种统一而言,经验不可能关心作为必然性本质的那种统一,必然性的本质对现象而言是必然性的一条外部纽带;因为在本质性的统一中,多样性直接遭消灭并且什么也不是;因为多样性的存在是经验的原则,所以,不允许经验渗透至其质的绝对空无,其质对它而言是绝对的,即使通过它们据此不折不扣成为多的那个概念,它们也是无穷多。那种原初的统一因而只能意味着尽可能简单而微小数量的质,它以为借此足以了解其他的质。那种理想中模糊了隐约被视为任意与偶然之事,给多样性设定了最低所需数量,那种理想对实体中以及德性中的经验而言是**混沌**,混沌在德性中忽而更多在存在的图景下经由幻想被想象成**自然状态**,忽而更多以可能性与抽象的形式被想象成通过经验心理枚举在人身上发现的能力,想象[成]**人的本性与使命**,而以此方式,一方面被声称为完全必需、自在、绝对之事,同时另一方面获承认为非真实之事,只是想象之事并且获承认为意念物,有些地方获承认为一种虚构,有些地方获承认为一种单纯的可能性,这是最剧烈的矛盾。 [445]

庸常知性在模糊地混合自在之事与易逝之事中自保,对庸常知性而言,最不可领会的莫过于它可能以此方式发现自在之事,即若它从法律状况混杂的图景中离析出一切任意性与偶然性,通过这种抽象,绝对必然者必定直接留存给它。模糊预感能将其算作特殊性与易逝性之事算属于特殊习俗、属于历史、属于教化并且属于国家,若设想没有这一切,则留存下来的是处于赤裸裸的自然状态图景下的人,或者对人连同其本质可能性的抽象,而为了发现必然之事,只能看下去。在关涉国家方面被断定存在之事,因此也必须一同得到离析,因为关于必然性的混沌图景不可能包含绝对统一,而只能包含简单多样性、所带特性可能最少的原子,也就是可能在原子结合与排列作为最弱统一这种概念之列的事物,作为只是后来者与那种多的添加物由此排除,多的原则能够做到这种最弱统一。在那种离析时，经验主义首先就完全缺乏对此的一切标准，即偶然性与必然性之间的界限何在，也就是什么必须在自然状态的混沌中或者在对人的抽象中留存，而什么必须删去。在这点上的主导性规定只能是，其中之事与为了阐明在现实中发现之事而所需之事一样多；适用于那种先天之事的
[446]　调整性原则是后天之事。在对法律状态的想象中应该提出之事，为了将其与原初性、必然性的关联，也就是它自身阐明为是必然的，只消为此目的把一种特有的质或者能力移入混沌中，按照由经验出发的一般科学的方式为了所谓解释现实而作假说，在这些假说中，这种现实在同一种规定性中，只以完全形式——理念的形态被设定成力量、质料、能力，也就是也很容易由他者来领会并解释一个事物。

　　一方面，对原初统一与绝对统一的这种模糊预感表现在自然状态的混沌与对能力和倾向的抽象中，对原初统一与绝对统一的这种模糊预感未达致绝对负面的统一，而是它只着手消解大量特殊性与对立；但自然状态中留存不可确定数量质的规定性，它们同样不怎么会自身具有不同于经验必然性的必然性并且相互没有内在必然性；它们只有那种关系，即被规定为多，而且因为这种多是相互的，但没有统一，它们被规定为自身对立并且处于绝对冲突中，而离析出来的德性的能量必定在自然状态中或者在对人的抽象中被考虑成处于相互毁灭的战争中。但因此就容易表明，由于这些质相互全然对立，也就是纯粹是理念的，它们在这种理念性中与离析中不可能像还是应该的那样持存，而是自我扬弃并且缩减至什么都不是；但经验不可能达到这种绝对反映、达到洞悉在绝对简单中规定性的空无，而是对经验而言，这许多的空无依旧是大量实在。对这种多却必须添加正面的、表现为绝对总体性的统一，适合作为一个他者与异己者
[447]　的经验主义，而就在绝对同一性两方面结合的形式中包含的是，总体性将表现得与原初统一的总体性一样模糊、不洁。同样容易对经验说明这些在此离析出的统一中的一种为另一种统一而存在的根据或者从第一种统一过渡至第二种的根据，对它根本如同说明根据一样容易。在虚构了自然状态之后，因为它所带来的弊端而抛弃了它，这无非意味着：无论人们

要到达何处,都会预设作为混沌而冲突者的一致是善或者是人们必须去
往之处;或者直接把这样一种过渡的根据作为交游的内驱力放入把原初
的质想象成可能性,或者放弃一种能力的概念形式,即刻进展至那第二种
统一现象的全然特殊性,进展至历史性作为较弱者受较有威力者奴役等
等。但根据在质上绝对的多的原则,如同在经验物理学中一样,统一自身
能用来[代替]许多极微小的质的无非是作为原初得到设定的简单的、离
析出的多又有多样性的纠葛,无非是这些质在表面的接触,这些质就自身
而言以其特殊性而不可摧毁并且只能作容易的、部分的化合与混合,统一
自身也就能表现分离者之多或者关系之多,而只要统一被设定成整体,统
一自身就能把一种无定形、外在和谐的空名置于社会与国家名下。无论
本身还是在一个更多凭经验的方面,虽然这种统一在形成之后被想象成
绝对的、由上帝维持这种统一直接的起源,并且尽管在其持存中,连中心
点与内在本质也被想象成神性的,这种想象可就又是形式之事、只超乎多 ［448］
之事、未穿透多之事。似乎上帝不仅获认定为联合的发起人、而且还获认
定为联合的维护者,并且在涉及后者时,最高威力的威严获认定为上帝的
余晖并且在自身中是神性的,这样,联合的神性对联合的多而言就是一个
外在者,只消设定联合的多与联合的神性处于统治关系中,因为这种经验
的原则排除一与多的绝对统一,在这种关系的这点上,这种经验与跟它对
立的原则直接重合,对该原则而言,抽象的统一是首要者,不过,经验的不
一致源自混合了作过如此特异设定的事物,如抽象的统一与绝对的多,经
验对其不一致并不尴尬,正因此,也有益处,根据其中只可能有统治与听
从的对立原则尽量不对那些观点闭锁通道,那些观点在其单纯质料方面
之外是具有较为纯粹、较为神性的内核的现象。

　　自然状态、整体法律状态那种对个人而言陌生并且因此自身个别、特
殊的威严与神性以及主体在那种至高威力之下绝对屈服的关系是形式,
以这些形式,有机德性碎裂的契机——绝对统一与有机德性的契机,只要
绝对统一与有机德性自身包括统一与多的对立并且是绝对的总体性,还
有对立物的实在的无穷性或者空无这种契机——固着成特殊的本质并且

[449] 正由此而倒错,如同理念一样。德性的绝对理念则包含自然状态与威严作为全然同一,因为威严自身无非是绝对的德性本性,不可能想到由于威严的真实之在而丧失绝对自由或者因威严的真实之在而放弃德性本性,人们对自然自由的理解必定是绝对自由;自然性在德性关系中必定被考虑为一个有待放弃者,自然性自身却不会是德性之事,也就是最不怎么会构成处于原初性中的德性。个人、主体的无穷性或者空无同样不怎么在绝对理念中得到固着,在与威严的相对同一性中不怎么作为一种屈从的关系,在这种关系中,连个别性也会是全然设定之事,而是在理念中,无穷性是真的,个别性本身什么也不是,并且干脆与绝对的德性威严合一,只有这种真正鲜活的、不屈从的合一才是个体真正的德性。

只要科学经验是科学的,我们就指责它有实证的虚无性,其原则、律令不真等等,因为它把规定性置于形式统一中,它通过形式统一给予规定性以概念的负面绝对性,宣布规定性为实证绝对并且自在存在,宣布它们为目的与规定、原则、律令、义务与权利,这些形式意味着绝对之事。但一种有机关系给这种质的规定呈献了大量此类概念,为了维持有机关系的统一,必须对表现为目的、规定或者律令的**一种**规定性给定一种对多样性的其他规定性的统治,并且设定这种统治在规定性面前是非真实的、虚空的。正是在这种应用与一贯中,消灭了作为内在总体性的直观;因而,正是通过那种不一致,那种把规定性纳入概念才能够自我纠正,才可能扬弃对直观的施暴,因为不一致直接消灭先前给予一种规定性的绝对性。必

[450] 须从这方面来为旧的、完全不一致的经验辩解,不是与绝对科学自身有关,但与迄今所言经验性的科学性的一贯性有关。大而纯粹的直观能够以此方式在其表现的纯粹结构中表达真正的德性,借助直观表现的纯粹结构,必然性的关联与形式的统治并未凸显,——等同于一座建筑,它以离析的团块默默地表现其创作者的精神,而其图景自身不会集聚合一、在其中排列成形。在这样一种借助概念而成的表现中,只有理性的一种不灵活,即理性不把它所包含并且钻研透彻之事升入理念形式并且意识到此事是理念。若直观只对自己保持忠诚而不会受知性迷惑,则只要直观

能不乏概念用于其表达，它面对这些概念就会表现得不灵活，在通过意识时会形成倒错的形态，对概念而言，会既不连贯又矛盾；但对各部分和相互修正的规定性的安排使人猜出虽然不可见、但内在的理性精神，而只要精神的这种现象被视为产物与结果，后者就会与作为产物的理念完全一致。

对知性而言，在此情况下，容易的莫过于攻击这种经验、用其他根据来反对那些不相宜的根据、揭示概念的混淆与矛盾、从零星的定律中得出说明最严酷、最不理性之事的教训，还以多种多样的方式说明经验的不科学性，在这点上，经验适得其所，尤其若经验或者自称是科学的，或者对科学本身挑衅。而若规定性固着，而其律令一以贯之地由经验所搜罗的各 [451]方执行，直观服从规定性，而且惯常所称理论形成了，则经验有权指责规定性有片面性，而通过经验所提出的规定性的完备性，受经验控制的是，逼迫那种理论连同权威具有变得空泛的普遍性。概念的那种局限性、对规定性的固着、把现象的一个得到提及的方面升入普遍性，还有授予这方面对其他方面的统治，正是这些在近世不再自称理论，而是自称哲学，并且，在哲学跃升为空泛的抽象并且夺取了较为纯粹的否定如自由、纯粹意志、人性等等之后，自称为形而上学，无论在自然法中还是尤其在国家法和刑法中都以为创造了哲学革命，若哲学借助此类无本质的抽象与诸种正面表达的否定如自由、平等、纯粹国家等等，或者借助由庸常经验提及的规定性来回撕扯这些科学，使类似的空无的概念同样作为绝对的理性目的、理性原则与律令以或多或少的一贯性勉强通过一门科学，由庸常经验提及的规定性与那些无本质的抽象和正面表达的诸种否定一样无本质，如强迫，尤其是心理强迫连同其实践理性与感性动力对立的完整随附，还有其他扎根这种心理学之事。经验不无道理地要求，这样一种探究哲学必须以经验为本。针对关于原则的这样一种架构与矫揉造作，经验不无道理地坚持坚韧不拔，喜欢其经验性不一致甚于此类探究哲理的一 [452]贯性，其经验性不一致基于对整体的一种哪怕模糊直观，经验宁可自己混淆比如德性、道德、合法性，或者在较个别情况下，在惩罚时，宁可混淆报复、国家安全、矫正、实施威胁、威慑、预防等等,无论在科学方面还是在实际生活中,喜爱自己混淆都甚于绝对分清同一种直观的这些不同方面,甚于通过这些质中的一种个别质来规定这种直观的整体,——经验不无道理地声称,理论与自称哲学、形而上学之事得不到应用,与必然的实践相矛盾,——最好如此表述这种不可应用性,即在那种理论、哲学中没有什么绝对者、没有实在与真实性。经验最终不无道理地还指责此类探究哲理对它忘恩负义,因为见到的必定正是经验给探究哲理提供其概念的内容、通过探究哲理败坏、颠倒其概念的内容;因为经验以与其他规定性的纠葛与结合来表现内容的规定性,内容的规定性在其本质上是一个整体、有机而鲜活,这由那种肢解并由那种把无本质的抽象与个别性抬升为绝对性而遭消灭。

若经验自身会是纯粹的并且保持纯粹,经验会极有理由顶住此类理论、哲学而自保,把大量原则、目的、律令、义务、权利视为并非绝对之事,而是视为区分,区分对形成物是重要的,通过形成物,经验自己的直观变得更清晰。但若经验似乎与理论交战,则通常表现出来的是,一个与另一个一样是通过反思先前已经遭污染、扬弃的直观与颠倒的理性,而冒充经 [453] 验之事,只是抽象中的较弱者,并且是那种事物,它主动性甚少,并未自己去除、区分并固着其局限性,而是囿于此类局限性,此类局限性在普遍的形成物中固化,作为健全的人类知性存在并且似乎因此直接从经验中得到采纳。在此类固化了的直观的倒错性与现在才固着的抽象之间,争执的图景必然与倒错性和抽象一样斑斑点点,每个都针对另一个忽而使用抽象,忽而使用所谓经验,而在经验与局限性双方,经验因经验而失败,局限性因局限性而失败,——忽而吹嘘原则和律令来反对哲学并把哲学作为对此类绝对真理无能的判官而排除,忽而滥用哲学用于理智判断并引证哲学,知性咬定此类绝对真理。

若直观在经验中是统治者,顶着对经验与受反思者的混合而承认经验有这种相对权利,这种相对权利若有所忆地关涉经验的无意识内核;但两者、那种内核和经验的外表之间的中庸,——意识是那个方面,经验的缺乏、因而经验的片面性偏向那个方面，而经验逆流而上反对科学性，不完整地联系、单纯接触概念，通过这种概念，经验以此方式只是不洁，经验逆流而上反对科学性，不完整地联系、单纯接触概念均源自那种必然性，即多与有穷性绝对沉潜于无穷性或者普遍性。

[二]

但正是**无穷性**方面构成与经验对立的先天性原则，我们现在转而观照此原则。

在绝对概念或者在无穷性中，经验性意见还行，经验性意见与概念相 [454] 逆而混合多样性与简化性，还过得去，是从其摇摆中推断出来的，而不完全的分离是明确的。在较低级的抽象中，无穷性虽然也作为主体的绝对性在一般幸福学中、尤其在自然法中由诸体系所突出，但并未进入无穷性在康德唯心主义或费希特唯心主义中所得到的纯粹抽象，那些体系意味着反社会主义并且设定个人的存在是首要者与至高者。

与此无关的是，阐明无穷性及其多样变形的本性；因为正如它是运动与变化的原则一样，其本质自身无非是成为其本质自身意外的对立物，或者它是负面绝对性、对形式的抽象，由于它是纯粹的同一性，它直接成为纯粹的非同一性或者绝对的对立；由于它是纯粹的理念性，它同样直接成为纯粹的实在；由于它是无穷者，它是绝对——有穷者；由于它是不确定者，它成为绝对的规定性。绝对过渡至对立者，这种过渡是无穷性及其多样变化的本性的本质，还有任何实在消失于其对立面中，能够阻止这种过渡与消失的无非是，按经验固着实在的一个方面，亦即实在，或者固着对立者的持存，放弃对立面、这种持存的空无。这种真实的对立者一方面是多样性的存在或者是有穷性，而与有穷性相对的是无穷性作为对多的否定并且正面地作为纯粹的统一；而绝对的概念以此方式得到建构，在这种统一中给出称为纯粹理性之事。但这种纯粹统一与跟它对立的多样性的 [455] 存在者的关系自身又同样是一种双重关系，或者是两者持存的肯定关系，或者是两者遭毁的肯定关系;但无论是那种持存还是这种遭毁,都只能理解成一种部分之物,因为若两者的那种持存是绝对的,则两者根本不会有关系,而若设定两者完全遭毁,则两者不会持存。两者的这种部分持存与部分遭否定——一个可分的自我与自我中一个可分的非我的对立,亦即在就因此而同样是部分的关系中——是这种哲学的绝对原则。在头一种、肯定的关系中,纯粹统一叫做理论理性,在否定关系中叫做实践理性;而因为在否定关系中,对对立的否定是首要者、也就是统一作为更多持存者,但在头一种关系中,对立的持存是首要者,也就是多是最初并且更多持存者,所以,此处,实践理性显现为真实的理性,理论理性却显现为理念的理性。但人们看到,这种规定完全隶属对立与现象;因为纯粹的统一被设定成理性,却是负面的、理念的,若对立者、多以此成为非理性者,反正具有持存,正如纯粹的统一显现为更有持存、更加真实,若多被设定成遭否定或者不如说被设定成有待否定。但正如本性与理性相对被设定成纯粹的统一,那种非理性的多之所以是非理性的,只是因为本性被设定成对多的无本质抽象,而理性则被设定成对一的无本质抽象;但就本身来观照,成为一与多的绝对统一的既有那种多,也有这种统一,而本性或者理论理性成为多,作为一与多的绝对统一,其实必须反过来规定成真实的理性,德性理性成为统一,作为一与多的绝对统一,但必须被规定成理念的

[456]　统一,因为在对立中,实在在多之中,理念性却在统一之中。

因此,借助叫做实践理性之事,只能认识理念之事与真实之事同一性的**形式**理念,而这种理念在这些体系中应是绝对的随遇平衡点;但那种理念并非来自差异而理念性并未获得实在,因为虽然在这种实践理性中,理念性与真实性同一,真实性还是保持完全对立。这种真实性在理性之外在本质上得到设定,而只有在对这种真实性有差异时,才有实践理性,实践理性的本质被领会成与多的一种因果关系,被领会成一种同一性,它绝对受一种差异所感染而且脱离不了现象。德性的这种科学言说理念性的与真实性的绝对同一性,德性的这种科学因此不按其言辞行事,而是其德性理性其实、本质上是理念性与真实性的一种非同一性。

适才规定德性理性是以统一形式出现的绝对者,而由于德性理性自身被设定成一种规定性,它就此似乎直接在此规定中被设定同样在本质上具有一种对立。差别却是,德性理性的真正实在与绝对性完全摆脱对本性的这种对立,它是理念性与真实性的绝对同一性。绝对者按其理念被认定成有差异者的这种同一性,后者的规定性是,对一个而言成为统一,对另一个而言成为多,而这种规定性是理念的,亦即根据上面指明的同一性的概念,它只在无穷性中:这种规定性既遭扬弃,又受设定;无论是统一还是多,其同一性都是绝对者,统一与多每一个自身是一与多的统一。但其一的理念性规定是多,这一个是对立者的持存、肯定的实在,而因此,对它自身而言,一种对立的双重关系是必然的。因为真实者在这一个中持存,这一个的同一性是一种相对同一性,而对立者的这种相对同一性是必然性。也就是说,正如它在差异中一样,其关系自身或者关系的同一性也必定是一个有差异者;不仅在差异者中有统一,而且多即是首要者。这种双重关系规定了必然性的双重方面或者绝对者现象的双重方面。因为这种双重关系与多重合,而若我们把有差异者的统一称为无差异性,则绝对者是无差异性与关系的统一,有差异者的统一在另一方面,其中扬弃了那种实在或者多;而因为这种关系是一种双重关系,绝对者的现象被规定成无差异性与那种关系或者那种相对同一性的统一,在那种同一性中,多是首要者、正面者,而且绝对者的现象被规定成无差异性与那种关系的统一,在那种关系中,统一是首要者与正面者;无差异性与那种关系或者那种相对同一性的统一是实体性的,无差异性与那种关系的统一是德性本性。而因为无差异性或者统一是自由,但关系或相对同一性是必然性,所以,这两种现象中的每一种都是自由与必然性的合一之在与无差异性。实体是绝对、无穷的;在无穷性这一谓项中[含有]神性本性的必然性或其现象,而这种必然性就在一种双重关系中表现为实在。两种属性中的每一种自身都表达实质,是绝对、无穷的,或者是无差异性与关系的统一,而借助这种关系,如此设定它们的差别,在这一个的关系中,多是首要者或者对他者炫耀者,在他者的关系中,一是首要者或者对

[457]

311

[458] 他者炫耀者。但因为在与它有关系的德性本性自身中,统一是首要者,所以,它即使在这种相对同一性,亦即在其必然性中也是自由的;或者因为统一是首要者,相对同一性由此未遭扬弃,所以,这第二种自由如此得到规定,即对德性本性而言,虽然有必然者,但必然性负面地得到设定。若我们就把德行本性相对同一性的这个方面孤立开来,不承认无差异性与这种相对同一性的绝对统一是德性本性的本质,而是关系或者必然性的方面,则我们会处于同一点,在这一点上,实践理性的本质被规定成拥有绝对因果性,或者德性本性虽然是自由的,而必然性只是负面的,但就因此还是得到设定,由此,就是那种自由并未摆脱差异,关系或者相对同一性成为本质,而只有绝对者被领会成负面绝对者或者被领会成无穷者。

这种想象对德性本性只从其相对同一性方面来领会,这种想象通过经验性的、通俗的表达如此受人欢迎,这种经验性的、通俗的表达是,真实者在感性、倾向、下层追求力等名下(关系之多这种契机)与理性(关系的纯粹统一这种契机)不一致(统一与多对立这种契机),理性的内容就在于,出于自己绝对主动与自主而欲求、限制并掌控那种感性(这种关系的规定性这种契机,即在这种关系中,统一或者对多的否定是首要者)。这种想象的实在基于每个人的经验意识和普遍经验,即在自身中既发现实践理性的那种分裂也发现实践理性的这种纯粹统一或者对自我的抽象。

[459] 也谈不上否认这种立场,而是它适才被规定成相对同一性的方面、无穷者在有穷者中存在这一方面;但必须声称这点,即它并非绝对立场,如指明的那样,在绝对立场中,关系只证明自己是一个方面,就证明对关系的孤立是片面之事,因为德性是绝对之事,那种立场并非德性的立场,而是在那种立场中没有德性。而至于引证庸常意识,则就在庸常意识中同样必然出现德性本身作为那种立场,因为关系自身是孤立的,被设定成自在存在、不被设定成契机,那种立场是非德性的原则。经验性意识之所以是经验性的,是因为绝对者的契机在它之中显得分散、并列、相继、碎裂;但若德性并非同样在它之中出现,甚至不会有庸常意识。在经验意识中,出现德性与非德性的这些多种多样现象,那种形式哲学可在其中选择,而并非

庸常意识之错、而是哲学之错的是,哲学选择了非德性的现象,以为借助负面的绝对性或者借助无穷性就拥有真正的绝对者。

对这种实践哲学的详述基于对这种负面绝对性所能之事的阐述,而我们不得不在要素上致力于那种试错,即指明负面绝对者是一个真正的绝对者。

即刻就会出现的是,因为纯粹的统一构成实践理性的本质,甚少谈得上德性的体系,甚至根本不可能有律令占多数,因为超越纯粹概念或者——因为只要纯粹概念被否定性地设定成多,亦即被设定成是实用性的,它就是义务——超越关于义务的纯粹概念与对一项律令的抽象之事, [460] 就不再属于这种纯粹理性;康德阐述了绝对纯粹的这种对概念的抽象,正如他极好地认识到的,实践理性缺乏律令的一切材料,实践理性能做的不过是使**适宜性形式**成为恣意妄为准则的最高律令。恣意妄为准则有内容,包含一种规定性;而纯粹意志则摆脱规定性;实践理性的绝对律令是,把那种规定性抬升入纯粹统一的形式,而表达这种被纳入形式的规定性是律令。如果有可能把规定性纳入纯粹概念的形式,如果规定性不通过此形式而自我扬弃,则表明它是正确的,通过负面的绝对性而自身变得绝对,变成律令与权利或者义务。但准则的质料依旧是原貌、一种规定性或者个别性;而同意把它纳入形式的普遍性就是全然分析性的统一,而若以一项定律宣布给予它的统一纯粹如原貌,则此定律为一项分析性定律并且是同语反复。而其实,纯粹实践理性立法自主的高明能力在于制造同语反复;知性的纯粹同一性,在理论性中表现为矛盾律,转向实践形式后,依旧是同一事物。若对逻辑提问"何为真理?"并由它作答,康德给出可发一噱的景象,即一人给山羊挤奶,另一人把筛子放在下面,则对那种实践理性提问"何为权利与义务"并由它作答,就是同一情况。若康德认识到,真理的一项普遍标准会是那种事物,它会适用于一切认识而不论它们 [461] 对象的差别,若康德认识到,清楚的却是,因为在真理的普遍标准上,放弃认识的一切内容而真理恰恰涉及此内容,由于特征不应同时涉及认识的内容,询问认识内容的真实性的一项特征就完全不合适、荒诞无稽,这样,康德就恰恰以此说出由实践理性提出的对义务与权利原则的判断。因为实践理性是绝对放弃意志的一切质料;通过一项内容就设定了恣意妄为的一种他律。但兴趣恰恰就是要知道究竟何为权利与义务;要询问道德律令的内容,并且关键只是这项内容;但纯粹意志的本质与纯粹实践理性的本质是,放弃一切内容,可见,因为道德立法必须具有一项内容,要在这种绝对实践理性处寻找一种道德立法,本身就是矛盾的,因为绝对实践理性的本质就在于无内容。

这种形式主义能够宣布一项律令,对此必然的是,会设定任一质料、一种规定性,它会构成律令的内容,而给这种规定性添加的形式是无普遍性的统一;你的意志的一项准则同时要被视为一种普遍立法的原则,纯粹实践理性的这项基本法表示,要把任一规定性设定成概念、设定成普遍性,这种规定性构成特殊意志这种准则的内容。但任何规定性都能够被纳入概念形式并且被设定成一种质,而没有什么不能以此方式成为道德律令。但其实,任何规定性本身是一种特殊性而非普遍性;与它对峙的是[462] 对立的规定性,而只要有这样一种规定性与它对峙,它就只是规定性。两种规定性中的每一种都同样能够得到考虑;两者中何者该纳入统一或者得到考虑而该放弃何者,这完全不确定并且是随便的;若一种规定性固着成自在自为持存,则当然不能设定另一种如此;但同样可以考虑这另一种规定性,因为思维的这种形式是本质,同样可以宣布这另一种规定性是一种绝对的道德律令。最庸常的知性不经指导也能实施那种轻松的操作,并能区分准则中的何种形式是否适合普遍的立法,康德以此疑问为例来表明这点,即通过一切可靠手段来扩大我的财产(假如借助一种存放物而显现这样一种手段),这项准则能否被视为一项普遍的实用律令,这项准则可能会有内容,即人人均可否认此存放物,无人能向他证明存放了此存放物;此疑问自行定局,因为这样一项原则作为律令会自毁,因为会导致根本没有存放物。① 但会根本没有存放物,其中会有何矛盾呢? 说没

---

① 《实践理性批判》,A 第 49 页。

有存放物,会与其他必然的规定性相矛盾,正如说可能有一种存放物,会
与其他必然的规定性相关联并由此自己变得必然。但不该唤来其他目的
与质料性根据,而是概念的直接形式该决定第一种还是第二种假设的正
确性;但就形式而言,对立的规定性中的一种与另一种同样无关紧要;可
以把每一种都领会成质,把这种领会宣布成律令。若设定了所有权的规
定性,则同语反复的定律可以由此构成:所有权是所有权,不是其他什么, [463]
而制造这种同语反复是这种实践理性的立法:若有所有权,所有权就必是
所有权。但若设定对立的规定性、对所有权的否定,则通过同一种实践理
性的立法而制造同语反复:非所有权是非所有权;若无所有权,则必定扬
弃欲成为所有权之事。但兴趣恰恰在于证明必定有所有权;要做的只是
在纯粹理性这种实际立法的能力之外之事,亦即要决定必须设定对立的
规定性中的哪一种;但这先前已经发生,并且预先设定了对立的规定性之
一,纯粹理性这样要求,然后它才能完成它那从现在起多余的立法。

　　但实践理性的分析性统一与实践理性的同语反复不仅是多余之事,
而且在它经历的转变中是错事,而它必须被认定为非德性的原则。通过
单纯把一种规定性纳入统一的形式之中,规定性存在的本性就会改变;而
规定性依其本性具有反对自己的另一种规定性,其一是对另一种的否定,
正因此并非绝对之事(而就实践理性的功能而言,无足轻重的是,是两者
中哪一种,因为它只提供空泛的形式),应通过与纯粹统一自身的形式这
种联系使规定性成为绝对的规定性、成为律令与义务。但一种规定性与
个别性抬升成一种自在之处,就设定了违背理性之处并且在关涉德性方
面设定了非德性。这种把受制约者、非真实者转成无条件者与绝对者容
易在其不合法性上得到识别、在其密道中找到。规定性被纳入纯粹统一 [464]
的形式或者形式同一性的形式,若规定的概念被表达成定律,规定性产生
"规定性 A 是规定性 A"这种形式定律的同语反复。形式,或者在"主项
与谓项的同一性是绝对之事"这一定律中,却只[产生]一种负面或者形
式性,负面性或者形式性与规定性 A 自身无涉;此内容对形式而言,是完
全假说之事。在定律中依形式而存在的绝对性却在实践理性中获得一种

315

迥异的意蕴;因为它也被套用到内容上,内容依其本性是一个受制约者,而这个非绝对、受制约者通过那种混合而违反其本质地升为一个绝对者。制造一种同语反复并非切合实际的兴趣,而这种多余的形式可是实践理性唯一的力量,为了这种多余的形式,实践理性不会如此多地扬弃;但通过把绝对形式与有条件质料相混合,意外地把形式的绝对性强加于内容的非真实性、受制约性,而纯粹理性的这种实际立法的要害就在这种颠倒与戏法中。强加于"所有权是所有权"这一定律的并非其真正意思"此定律以其形式所表达的同一性是绝对的",而是"此定律的质料,亦即所有权是绝对的"这一意思,这样,任何确定性都能立刻成为义务。恣意妄为可以在对立的规定性中选择,若对任一行为,找不到此类根据,只会是一种不宜,此类根据不再只像在耶稣会士处那样具有一种或然根据的形式,而是得到权利与义务的形式;而这种道德上的形式主义并不超越耶稣会士的道德本领还有幸福论那些重合的原则。

[465]　　在此情况下,或许应注意,对把规定性纳入概念作此理解,即这种纳入是形式之事,或者规定性应留存,也就是质料与形式相矛盾,其中质料是确定的,形式是无穷的。但若内容与形式、规定性与统一真的等同,则不会发生实际立法,而只会消灭规定性。所以,所有权自身直接与普遍性对立;若与普遍性等同,所有权就遭扬弃了。即使对实际立法而言,通过纳入无穷性、普遍性来如此消灭规定性也麻烦。因为若规定性是这种类型,即它自身表明扬弃一种规定性,则通过把扬弃抬升入普遍性或者升入遭扬弃之在,无论是有待扬弃的规定性还是扬弃都遭消灭;也就是一项准则关涉这样一种规定性,这种规定性以普遍性得到思考,自我毁灭,也就是一项准则会无力成为一种普遍立法的原则,也就是会不道德。或者:准则的内容是扬弃一种规定性,若准则的内容升入概念,就自相矛盾;若把规定性考虑成遭扬弃,则取消了对规定性的扬弃;抑或是要留存这种规定性,则又未设定在准则中设定的扬弃,而规定性无论是否留存,绝不可能扬弃它。但因为根据原则的一项(因为它自相矛盾)不道德准则表明扬弃一种规定性,它就是绝对理性的,也就绝对是道德的;因为理性者在其

负面是规定性的无差异性,是受制约者的扬弃之在。所以,要帮助穷人,这种规定性表明扬弃贫困所成为的规定性;准则的内容是那种规定性,准则通过把那种规定性抬升成一种普遍立法的原则而得到检验,准则将会[[466]]证明自己是错误的,因为它毁灭自己。若考虑穷人普遍得助,则或者根本不再有穷人或者净是穷人,而在此情况下就不会余下能够施教者,所以,在两种情况下,就会取消救助;准则被考虑成是普遍性的,就自我扬弃。规定性是扬弃的条件,但因为若贫困仍是规定性,则留存救助的可能性,但作为可能性,并非如准则所表明的那样作为现实;若要留存贫困,以便能尽救穷的义务,则由于那种让贫困持存就干脆未履行义务。光荣地卫国御敌,这项准则及更多无穷的准则被考虑成一种普遍立法的原则,就自我扬弃;因为那项准则比如得到如此扩展,既扬弃祖国的规定性也扬弃敌人的规定性与防卫的规定性。

统一如何甚少具有单纯扬弃规定性的纯粹负面意蕴,它同样甚少是直观真正的统一或者规定性正面的无差异性,而与后一种统一相比将从另一方面使那种统一的倒错本质更清楚。因为实践理性的那种统一本质上受一种差异感染,若被设定为对一种规定性的固着,则通过这种规定性,其他规定性就直接遭排除、负面地受设定,若实践理性的那种统一被设定成分析性定律,则分析性定律的同一性、分析性定律它的这种形式就与其内容矛盾。也可以如此概括:分析性定律作为定律以其内容与成为判断这种对定律的要求相矛盾;借助内容应该言说些什么,但以同一的定律什么也未言说,因为它并非判断,因为主项与谓项的关系只是形式上的,根本没有设定它们的差异。或者若把统一当成普遍性,则它完全关涉[[467]]一种经验多样性,而规定性作为当下的规定性与无穷数量凭经验的其他规定性对立。直观的统一则是规定性的无差异性,规定性构成一个整体,直观的统一并非把规定性固着成离析者与对立者,而是对规定性作概括与客观化;而因为这种无差异性与有差异的规定性反正联合起来,直观的统一就并非分离(离析者作为可能性,对立者作为现实,或者对立者自身在部分程度上作为可能的对立者,部分程度上作为现实的对立者),直观的统一却是绝对的临在。而在直观与临在的这种力量中,有一般德性的力量,当然也有特殊德性的力量,那种立法的理性起先关心此力量,其实恰恰该让概念的那种形式、形式统一的那种形式与普遍性的那种形式完全远离此力量,因为恰恰通过此力量直接扬弃了德性的本质,因为此力量通过使在德性上必然之事在与他者的对立中显现而使德性上必然之事成为一个偶然者;偶然者在德性中却是非德性的,而偶然者与经验上必然者合一。存在的一种痛楚通过直观的力量从它在其中成为一种偶有属性与一个偶然者的那种感受抬升入统一、抬升入一个客观者与自在存在的必然者的形态,通过这种直接的统一得以维持在存在的痛楚的绝对临在中,但通过直观的客观性与抬升入自在之在的这种统一而与主体真正分离、在对这种统一作固着直观时变得具有理念性质,这种直接的统一不偏不倚地考虑形式统一所招致的可能性;因为存在的痛楚却通过反思的统一与其他规定性相比或者被考虑成一个普遍者而不被认为是普遍的,以两

[468]　种方式变得偶然,由此,主体只在其偶然性与特殊性中认识自己,此种认识是善感并且是软弱无能这种不成体统。或者若德性关涉个体对个体的关系,则它是纯粹的直观与理念性,纯粹直观与理念性信赖存放物,纯粹的直观与理念性应得到坚持,应该让形式统一的介入与可能有其他规定性这种意念的介入远离纯粹直观与理念性。直观的那种统一表示:一个他者的一件我所熟悉的所有物是一个他者那件我所熟悉的所有物,不是别的什么,这种表示具有与实际立法作笼统表达的同语反复迥异的意蕴:别人的一件我所熟悉的所有物是另人的一件我所熟悉的所有物;因为与此定律对立的同样有另一定律:他者的一种我所熟悉的非所有物是他者的非所有物;亦即升入概念的一种规定性由此变得具有理念性质,同样可以设定与它对立的规定性。而对直观的表达包含一个**这个**、一种鲜活的关系与绝对的临在,可能性自身干脆与后者联系起来而一种与此分离的可能性或者一种异在干脆遭消灭,因为在这种可能的异在中有非德性。

若实践理性的统一也不会是直观的这种正面统一,而只会具有负面意蕴,即消灭规定性,则实践理性的统一会纯粹表达负面理性的本质或者

无穷性的本质、绝对概念的本质。但因为无穷性受固着并与绝对者离析，则它亮出本质，即成为其自身的对立物，而无穷性感染反思，反思欲坚持无穷性并在无穷性之中夺取统一，无穷性感染反思的方式是，它干脆招来对立物、一种差异与多，如此在无穷自我复制的这种对立之间只允许一种 ［469］ 相对的同一性，也就是自身作为无穷性，是其自身的对立物，是绝对的有穷性。而由于它如此受孤立，它自身只是无力的、遭理性真正毁灭性威力所抛弃的形式，这种形式吸收、接纳规定性，不毁灭它们，而是让它们在对立物中长存。

最近在整个伦理学中对自然法及其关系概念的较新规定取决于阐述过的对立、取决于把对立固着成一种实在、将其不完备的联系固着成一种相对同一性，而我们必须在这个更详细的方面来观照迄今为止得到一般分析之事，曾经设定的不可逾越的分离如何以其独特方式显现于自然法科学中。

绝对的概念是对立的原则，是对立自身，得到固着的绝对概念在分离中如此自我呈现，它作为纯粹统一自相对立，作为多而存在，使得它无论在纯粹统一的形式下还是在纯粹的多的形式之下依旧会是绝对的概念，也就是以多的形式并非会归纳不同特定概念的多样性，而是会既归入统一、也归入多；在许多特定概念中，**它**并不归纳多也不是多，而是归纳一并且是一。绝对的概念，因为自身是一种多，是大量主体，而它以纯粹统一的形式、作为绝对的量与这些主体对立，与它这种在质上的受设定之在相背。也就是设定了两者，对立者的一种内在合一之在是两者的本质，是绝对的概念，还设定了在统一的形式之下，绝对的概念的一种分离之在，绝对的概念以统一的形式成为权利与义务，还在多的形式之下设定了绝对的概念的一种分离之在，绝对的概念以多的形式成为思考性、意愿性主体。根据那第一个方面，权利与义务的本质和有意愿、思考性主体的本质 ［470］ 干脆合一，那第一个方面——正如一般对无穷性的较高抽象——是康德哲学与费希特哲学的伟大方面；但那个方面并未对此合一之在保持忠诚，而是因为它虽然承认这种合一之在是本质、是绝对者，它还是设定分成一与多同样绝对、一个与另一个以相同的尊严并列。由此,并非正面的绝对者,而是负面的绝对者或者绝对的概念会构成两者的本质而两者在正面的绝对者中会合一;那种必然的合一之在也会变成形式上的,而两种对立的规定性,被设定成是绝对的,就此在其持存中属于理念性,就此而言,理念性是两者单纯的可能性。可能权利与义务互不依赖、作为一个特殊者、与主体分离而具有实在,而主体与特殊者分离而具有实在;但也可能两者相连。而绝对必然的是,这两种可能性会分别存在并且得到区分,使得每种都会建立一门特有的科学;其一会涉及纯粹概念与主体的合一之在或者涉及行为的道德性,另一种会涉及非合一之在或合法性,而且,若在德性如此分离成道德性与合法性中,这两种成为单纯的可能性,两者就因此同样正面。其一对另一种而言虽然是负面的,但两者如是存在;并非其一是绝对正面者,另一种是绝对负面者,而是每种是相互关涉的两者,而由于起先两者只是相对正面,无论合法性还是道德性均非绝对正面或者真正有德性。而因为两者一种与另一种一样正面,两者于是就绝对必然,而必须不可改变、干脆地设定那种可能性,即权利、义务的纯粹概念与权利、义务的主体并非合一。

[471]   由此直接以如下方式得出合法性体系的基本概念。纯粹的自我意识有条件,而这种纯粹的自我意识、自我是真正的本质与绝对者,虽然如此,但它是有条件的,而其条件是,它进展至一种真正的意识,[两种形式]在这种受制约的关系中彼此反正保持对立。那种纯粹的自我意识、纯粹的统一或者空泛的道德律令、大家的普遍自由,与现实意识、亦即主体、理性者、个人的自由对立,费希特以比那项前提更通俗的方式对此作了表达,那项前提是忠诚与信仰失落了①,而基于此前提,建立了一个体系,虽然德性的概念与主体分离,但正因此只是形式上的、外在的——而这种关系称为**强迫**——通过此体系,应把两者联合起来。由于就此干脆固着了合

---

    ① 《依据知识学原则的自然法基础》第一部分,第 166 页及下页;《费希特全集》卷三,第 139 页及下页。

一之在的这种外表并且设定成绝对自在存在之事,所以,内心性、对失落的忠诚与信仰的重建、普遍的自由与个别的自由的合一之在与德性变得不可能。

而我们在此情况下引证费希特的阐述作为最一以贯之的阐述,它最不怎么是形式上的,而是确实尝试一个一贯的体系,该体系无须对它而言异己的德性与宗教。正如在一切从受制约者至受制约者的进展者中一样,在外表如此的体系中,或者不可能指明无条件者,或者,若设定这样一个无条件者,则它就是形式上的无差异,是无形式的本质、无智慧的威力、无内在质的量或者无穷性、不动的静止,形式上的无差异在自身之外具有受制约的有差异者。

遇有以机械必然性起作用的活动时①,即通过普遍意志强求每个个 [472] 人的作用,最高的任务是,这种普遍意志如何必然在成为其喉舌与管理者的主体身上是真实的,这样一项任务,对它而言,预设了个人意志与普遍意志的对立;与普遍意志的合一不能以此[得到]领会、设定成内在的绝对威严,而应受领会、设定成应通过外部关系或者强制而产生之事。但此处,在有待设定的强迫与监管进程(Progressus)的实在中,不可能进展至无穷系列并从真实跃至理念;必须有一个至高正面的点,由此点开始朝着普遍自由概念来强迫。但此点必定如一切其他各点一样被迫朝着普遍自由概念来强迫;一个点,它在这个强迫的普遍体系中不会受迫,就会脱离原则,会是超验的。问题就是,这种至高意志如何就会通过强迫与监管而适应普遍意志的概念,而整个体系就保持完全内在、先验。实现此事只能是整体的威力分布于彼此对立的双方,使得治于人者受治理的强制而治理受制于人者强迫。若设定威力、进而双方可能的强迫强度不均,一部分拥有的威力比另一部分多几何或者为了两者均有富余,则只有一部分、而非对立部分同样程度受迫,这不该如此。但其实只有占优者是强者,因为

---

① 《依据知识学原则的自然法基础》第一部分,第 169 页以下;《费希特全集》卷三,第 142 页以下。

[473] 某事对另一事是界限，对它而言想必无所谓；因而，对占优者而言，弱者并非界限；两者也必定以相同的支配力相互受迫并且相逼。不过，若行动与反应、状况与阻抗以此方式同样强壮，则相互的支配力还原至平衡；就此扬弃了一切活动、意志表现与行为，还原会被考虑成正面或者负面的，使得行动与反应被设定成存在的、起作用的，或者它负面地受设定，而平衡由此存在，即甚少有行动作为反应而存在。直接的对峙扩展进入作用的一个圈子，这样接触的中心与其中显现出对立者还原的那个点貌似通过迷惑性地使此中心留空而遭扬弃，意欲由此来缓解此终结，同样不怎么是真正的出路。最高威力通过其分支而使直至所有细部都强迫的等级制度下行，针对这种等级制度，应由这些细部再抬高一个同样此类的金字塔，直至针对下行等级制度的反压力达到巅峰，这样，全体会蜷缩于一个圈子中，其中接触的直接性会消失，只要诸力量抱成团，就会得到区分，通过中间环节会产生那种人为差异，这样就不会有环节直接反作用于它受其推动之事（因为由此还原至平衡），而是始终反作用于一个并非它受其推动的他者，这样，最初者推动最终者，而这个最终者又推动那个最初者。但这样一种**无穷动**（perpetuum mobile），其各部分都会成批地四下活动，这样一种无穷动并非自己活动，而是即刻把自己置于完满的平衡中，变成一

[474] 种完满的**无穷静**（perpetuum quietum），因为压力与反压力、强迫与受迫完全相同，同样直接对峙，就会与最初想象中一样，导致诸力量的还原；纯粹的量不可能受此类间接性迷惑，通过此类间接性根本未把差异或者真正的无穷性与形式带入量，而是量与适才一样，依旧是一种全然未拆分、纯粹、无定形的威力。以此方式对那种威力不可能有强迫，即威力与普遍自由的概念相宜，因为在威力之外找不到权力并且不可能把分离置于威力自身之中。

为此，就遁入完全形式上的区分。**现实的**权力却被设定成**一种**权力并且汇合在治理中；但与它对抗者，是**可能的**权力，而这种可能性本身应该能够对付那种现实。因为共同意志的这第二种无权力的实存应该得到评判，无论权力是否离弃它与之相连的共同意志，不管权力是否不再适应

普遍自由的概念；共同意志应该监督最高权力，在最高权力上，私人意志代替普遍意志时，共同意志应该剥夺私人意志的最高权力，而应该用来实现此事的方式，应该是具有绝对作用地公开宣布最高国家权力自此刻起一切行为完全无效。权力通过自己的判断脱离自身，这会是造反，不该、也不允许发生；因为这种纯粹权力由不折不扣的私人意志组成，后者就不可能作为共同意志而得以建构。但正是那第二种共同意志会把这种集合宣布为社群或者宣布纯粹权力也与普遍意志的理念汇集，因为它不再存在于先前的掌权者身上。要设定哪种规定性，通过此规定性应该对最高权力强求得某事，则必定与那种规定性相连的并非单纯可能性，而是实 [475] 权；但因为实权在共同意志其他代表的手中，所以，实权能够阻止任何此类规定性，还有消灭委托给执政官委员会办理之事、监督，根除公开宣布禁令，并根除炮制出某些手续，而且具有的权利与这种规定性的作用会置于其手中的这些人相同，因为这些执政官至少与那些人同时是私人意志，这些人的私人意志是否脱离了普遍意志，对此，政府既可以判断，执政官委员会也可以评判政府，同时反正可以提出此判断。众所周知，在近世由政府消解竞争性立法权、使政府瘫痪的立法权时，对设立与费希特式的执政官委员会类似的监督委员会会阻止这样一种暴行这种奇想，会有自身卷入其中的一个人不无道理地评判道，实施监督并且意欲制衡政府的这样一个委员会会同样受到粗暴对待。但最终，若最高掌权者愿意自愿允许普遍意志的这第二类代表召集社群，使得社群在掌权者与监督者之间作评判，该拿此类群氓怎么办，他们也监督本是私事的一切，更不怎么过公共生活，反正未就此形成共同意志的意识、本着全体的精神来行事，而只是形成对立物。

就此指明之事是，德性只根据关系得到设定，或者若外表与强迫被考虑成总体性，就自我扬弃。虽然以此证明，强迫并非真实者，并非自在之 [476] 事，但此事会变得更清晰，若我们借助其自身、根据其概念并根据这种关涉关系具有的规定性来表明此事，——因为这种关系根本就非自在之事，部分程度上有待辩证法来证明，部分程度上在上面得到简述。

总之，在与强迫相关并且正表示这种关系的概念中，有部分已经表明，它们是无本质的抽象、意念事物或者想象的本质，没有实在；起先对会与个人的自由分离的大家的普遍自由的概念作空无的抽象，然后在另一方面就出现个人的这种自由，同样是孤立的。每种自由都自在地得到设定，是无实在的抽象；但两者绝对同一，于是单纯**凭借**这第一种作为基础的同一性得到设定，是迥异于那些概念之事，那些概念仅在非同一性中具有其意蕴。随后，自然的或者原初的自由应通过普遍自由的概念自我限制；但能够被设定成可限制的那种自由正因此又并非绝对之事；于是，自相矛盾的是组成一种理念，即个别性的自由通过强迫这种外表而绝对必然与普遍自由的概念相应，——这无非意味着，想象个别性通过非绝对之事还是与普遍性绝对等同。在强迫这个概念自身中，直接为自由设定了外在之事；但一种自由，对它而言，某事会是真正外在之事、异己，这样一种自由并非自由；其本质与其形式界定恰恰是，无物是绝对外在之事。

[477]　　应完全摒弃那种自由观，根据此自由观，自由会是在对立的规定性中作一选择，使得，若有+ A 与-A，自由就会在于，**或者**规定自己是+A **或者**是-A，而且反正会受制于这种**非此即彼**。诸如选择的可能性之事反正是经验自由，它与经验普遍必然性合一并且反正与后者不可分。它其实是对对立者的否定或者是对立者的理念性，既是+A 的也是-A 的，是对那种可能性的抽象，即两者中无一存在；只有它被规定成只是+A 或者只是-A，对它而言，外在之事才会存在，但它恰恰是对立物而非适合于它的外在之事，所以，对它而言，不可能有强迫。

每种规定性依其本质或者是+A 或者是-A，并且-A 不可脱离地受制于+A，+A 不可脱离地受制于-A；正如个体把自己置于+A 的规定性之中，它也受制于-A，而-A 对个体而言是一个外物，并不受其控制，而是会为了+A 与-A 的绝对联系［的缘故］直接通过+A 的规定性处于-A 的异己控制之下，而自由的内容会是选择规定自己是+A 还是-A，自由就根本不会摆脱必然性。若自由规定自己是+A，则它未消灭-A，而是-A 绝对必然作为对自由而言的外物而持存，而若自由规定自己是-A，则反之亦然。只有自由把正负、–A 与 +A 汇合起来,不再处于 +A 的规定性中,它才是自由。在汇合两种规定性时,两者均遭消灭;+A–A＝0。若只是相对地着眼于 +A 与 –A 而考虑这种空无,把无差异的 A 本身考虑成一种规定性、针对另一种正负的一种正负,则绝对的自由同样超越这种对立如同超越任何对立与任何外表,干脆无力强迫,而强迫根本没有实在。

但自由的这种理念自身似乎是一种抽象,而若说到例如具体的自由、 [478] 个人的自由,则会[设定]规定性的那种存在、进而[设定]单纯的经验自由是选择的可能性,也就是还会设定经验必然性与强迫的可能性,总之也会设定普遍性与个别性的对立。因为个体是一种个别性,而自由是消灭个别性;个体经由个别性就直接在规定性之下,对个体而言,外物就此存在,因而可能有强迫。但一个其他外物是把规定性置于以无穷性形式出现的个体之中,一个他者是把规定性绝对地置于个体之中。以无穷性形式出现的规定性就此同时遭扬弃,而个体只作为自由者存在;亦即由于设定个体身上有规定性,个体就是这些规定性的绝对无差异,而个体的德性本性在形式上就在于此;正如组织、进而德性的正面以此为内容,因为只有在组织中才有总体性,此内容为,只要个体——无论对自己还是对他者——根本就有差异并且关涉一个外物,这种外表自身就会无差异并且是一种鲜活的关涉。但个体作为个别者的无差异在关涉规定性的存在时是负面的无差异;但确实设定个体的存在是个别性,亦即对个体而言确实不可克服的一种否定、一种规定性,外在者本身通过后者坚持下来,彼处却只给个体余下简直**负面的**绝对性或者无穷性,——既是对 –A 的也是对 +A 的绝对否定,或者留给个体的只是,个体把这种个别之在绝对地纳入概念。由于 –A 是针对主体的 +A 这种规定性的一个外物,所以,主体因这种关系而处于异己的控制之中;但由于主体能够将其 +A 作为一种规定性而同样负面地设定、扬弃、摆脱,主体遇有可能性时、在遇到异己权 [479] 力的现实时反正依旧是自由的。由于主体既否定 +A 也否定 –A,它就遭征服,但并未受迫;只有 +A 在主体身上绝对固着,由此可能有其他规定性的无穷之链受作为一种规定性的 +A 束缚,主体才会不得不遭受强迫。

放弃规定性,这种可能性是无限的,或者不存在绝对的规定性,因为这会直接自相矛盾;而是自由本身或者无穷性虽然是负面,但绝对者还有其个别之在是纳入概念的绝对个别性、负面绝对的无穷性、纯粹的自由。这个负面绝对者、纯粹的自由,在其现象上是终结,而通过终结的能力,主体证明自己是自由的并且索性超越一切强迫。终结是绝对的征服;而因为征服是绝对的,或者因为在征服中,个别性简直变成纯粹的个别性——亦即并非设定+A、排除−A(此排除并非真正否定,而只是设定−A 为一个外物、同时设定+A 为一种规定性),而是既扬弃正也扬弃负——,所以,征服是其自身的概念,也就是无穷的并且是其自身的对立面,或者是绝对的解放,而垂死的纯粹个别性是其自己的对立面、普遍性。在征服中,也就由此有自由,即无论设定一种规定性是正还是负、是主观还是客观,征服都纯粹着眼于扬弃一种规定性,不仅着眼于摒弃规定性的一个方面,也就是就自身来观照,使自己保持纯粹负面;或者因为扬弃自身也可能由反思来正面地领会、表达,于是,对规定性两方面的扬弃显现为朝两方面完全相同地设定规定性。

[480]　　若将此应用到惩罚上,则在惩罚中仅有报复是理性的;因为通过报复抑制了犯罪。一种规定性+A 设定了犯罪,这种规定性通过设定−A 得到补充,而这样两者都遭消灭;或者正面地看来:对罪犯而言,与规定性+A 相连的是对立的规定性−A,而两者的规定性同样得到设定,因为犯罪只设定了一种规定性。所以,惩罚是恢复自由,而不仅罪犯依旧自由或者不如说人使之自由,而且惩罚者也理性而自由地行事了。在它的这种规定中,惩罚就是自在之事、真正无穷并且是绝对之事,就此,这种绝对之事自身具有其敬与畏;惩罚出自自由并且本身在自由中依旧是征服性的。而若把惩罚想象成强迫,则它只是被设定成一种规定性、反正有穷之事、不把理性引入自身之事,完全属于关于一特定事物的普通概念,可以用一个他者来换取,或者完全属于关于一种商品的普通概念,可以凭其他事物,亦即犯罪来换取;国家作为审判权经营一个带有规定性的市场,这些规定性叫做犯罪,国家正待其他规定性之价来沽售这些规定性,而法典是价目表。

[三]

但这些抽象与由此产生的外表关系很空无,在此例中,负面绝对者的契机或者无穷性的契机称为规定犯罪与惩罚的关系,负面绝对性的契机或者无穷性也是绝对者自身的契机并且必定在**绝对的德性**中得到揭示,而我们将把握绝对形式的老练圆熟或者无穷性的老练圆熟有其必然的契机,我们将揭示,这些必然的契机如何规定绝对德性的形态,由此将产生 [481] 实践科学的真正概念与关系。因为此处首要的是规定此中包含的这些关系,也就是必须突出无穷性方面,所以,我们预设正面,即绝对的德性总体性无非是一个民族,借助我们在此观照的负面,这点就将在负面的如下契机中明晰。

在绝对的德性中,无穷性或者形式作为绝对负面就无非作为先前领会过的征服自身而纳入其绝对概念中,其中并不关涉个别的规定性,而是关涉无穷性或者形式的整个现实与可能性,亦即生命自身,也就是质料等同于无穷的形式,但无穷性或者形式的正面是绝对德性,亦即隶属于一个民族,负面中的个人仅通过终结的危险以一种明白无误的方式证明与一个民族合一。通过无穷者的绝对同一性或者与正面的关系这方面的同一性,形成了德性的总体性,正如各民族一样,作为个体而自我建构并且就此假装自己与各民族相反,是个别的;这种姿态与个别性是实在的方面,若不考虑它,德性总体性就是意念事物;那将会是舍弃绝对形式的对本质的抽象,这种本质正由此会是无本质的。个别性对个别性的这种关涉是一种关系、因而是一种双重关涉:其一是正面关涉,两者在和平中心平气和、平等地并存,另一种是负面关涉,由另一种关涉排除一种关涉;而两种关涉是绝对必然的。就第二种关涉而言,我们把理性的关系领会成一种纳入其概念中的征服或者领会成绝对的形式上的德行,这种德行是勇敢。正是通过关涉的这第二个方面,为德性总体性的形态与个体性设定了战 [482] 争的必然性,因为在战争中,有自由的可能性,即不仅个别的规定性,而且其完整性作为生命遭消灭,而且是为了绝对者自身或者为了民族,战争同样在其对诸规定性、对养成、固化规定性都无差异中维持各民族的德性健康,正如风的运动防止湖泊腐臭,风的运动会使湖泊持久宁静,正如持久甚或永恒的和平会使各民族持久平静。

因为德性总体性的形态与德性总体性的个体性被规定成对外的个别性,而对它而言,其运动被规定成勇敢,与适才得到观照的无穷性的负面直接相连的是另一方面,亦即对立的持存。一方面是无穷性,是负面的,与另一方面一样;第一个方面是否定之否定、与对立对立,第二个方面是否定与对立自身作为规定性或者多种多样的实在而持存。处于其纯粹内在无定形与简化性中的这些实在或者感情实际上是由差异重建、由于扬弃无差异的自尊心而经历了对直观的消灭并且复原的感情,——身体的需求与享受,本身又在总体性中得到设定,在其无穷的纠葛中听从**一种**必然性,在身体需求,为它们而劳动、累积方面构成普遍相互依赖的体系——该体系作为科学——,构成①所谓政治经济学体系。因为实在的[483]这个体系完全处于否定性与无穷性中,所以就其与正面总体性的关系而言,随之而来的是,必定由正面总体性完全负面地对待该体系,该体系必定依旧屈服于这种关系的统治;依其性质为负面之事,仍得是负面的,不得生成固化之事。它并非自为地自我建构、变成一种独立的威力,为了阻止此事,提出诸定律还不够,即人人有权生活,一个民族中,普遍性必须负责的是,每个公民有收入,获取完全有保障且轻松;最后一条被考虑成绝对的原则,其实会排除负面地对待占有体系,完全听其自便,使其绝对地得到确定。但其实,德性整体必定在感觉占有体系内在空无时维持该体系,阻止占有体系在量方面蹿升、形成越来越大的差异与不等,大于占有体系的本性所从事之事,这也在任何国家——更多地无意识地并且以国家希望摆脱的外在的自然必然性的形态,通过越来越大的、随着占有体系增长而增长的国家自身的费用并且相应提高的义务,也就是减少占有、妨

① 首版:"依旧是"。

碍获取,大多通过使逝去之事陷入形形色色混乱中的战争,并通过其他等级的嫉妒与压制贸易,部分是有意,部分是因愚昧无知违反其意志,诸如此类——达到此类程度,国家的正面德行在此类程度上甚至允许不依赖纯粹可靠的体系并且允许固守负面的、限制性的态度。

实在在适才得到观照的方面是纯粹的实在,在这个方面中,身体需求、享受、占有,还有占有、享受的客体是不同的方面;该方面的实在只表示关系的极限。但关系也包含一种理念性、对立规定性的一种相对同一 [484] 性,而这种相对同一性就不可能是正面绝对的、而只能是形式上的。在诸关系方面,真实者被置于同一性中,通过这种同一性,占有变成所有权、而且变成特殊性,也是鲜活的特殊性,同时被规定成一种普遍性,由此建构权利的范围。

至于绝对者在此关系中的反映,则它在上面就已经根据其不利于可靠者、确定者的持存这种负面而被规定成一种征服;根据有利于可靠者持存的正面,在这种特定材料中的无差异只能表现为外在的、形式上的相同,而所关涉的科学能着手的只是,在部分程度上规定不同性的分层,在部分程度上(为了使之成为可能)规定那种方式,即究竟如何能够如此客观而外在地设定鲜活者或者内心,以使它能够作那种规定与算计。德性的绝对实在在这种幂中通过在对立中存在的实在的持存而限于这种表面现象。固着的规定性自身中包含一种绝对对立,因为这种固着的规定性,不仅对不同性的等同与算计有其界限并且如几何学一样遇上不可通约性,而且——因为它完全[留存]于规定性中,而还是不能如几何学一样来抽象,而是因为它处于鲜活的状况,反正始终面临成堆的此类规定性——反正也遇上无穷的矛盾。诸规定性的这种矛盾却在直观时通过确定、坚持各项规定性而得到补救、终结,因为由此可以决断,这总胜似不作决断;因为事情自身中无绝对之事,所以其实形式之事就是本质之事,即总之作了决断与规定。但一件迥异之事是,会按照真正、彻底的公正性与 [485] 德性以此方式来决断,通过确定并绝对坚持规定性,这种方式恰恰是不可能的,仅在规定性杂乱无章时才有可能,并且通过直接的德性观照才是现

实的,这种方式奴役绝对地受设定的规定性并且仅坚持整体。——柏拉
图以其简单的语言言说对把质无穷地纳入概念作无穷规定、这种纳入的
个别性与直观的矛盾还有同时在自己中间有矛盾这两个方面——,很清
楚,立法本领属于王室本领;但最佳之事是,并非法律有效,而是睿智的王
者起作用,因为法律无力完备地规定最为恰切而非常普遍地会成为最出
色、最公正之事;因为人不同,行为不同,人类事物从未保持平静,这些都
不可能在任何事物上通过人类事物所有方面、任何时候都不可能以任何
本领呈现与自身相同。① 但我们看见法律恰恰给自己准备同一件事,如
同一个固执的粗人,他不允许反对其规定,也不允许有人询问此事,若有
人觉得其他事胜过他所确定的关系;说完全相同者会有利于从未相同者,
这也就是不可能的。②

    在人类事物的这一领域,自在存在的、绝对确定的权利与义务是可行
的,羁绊于此意念源自形式上的无差异或者负面绝对者,负面绝对者仅在
[486] 该领域的固着实在中有容身之所,然而它自在存在;但只要它自在存在,
它就是空泛的,或者恰恰除了纯粹抽象、完全无内容的统一意念,在它身
上没有什么绝对之事。它绝非出于迄今经验的推论,也不能把它视为一
种先天真实理念在具体性上和实施时偶然的不完美;而是应该认识到,此
处称为理念之事、还有对此希望有更好的未来,本身均是空无的,还应该
认识到,不可能有完备的立法,并且在具体的审判权中不可能有与法律的
规定性相应的真正公正性。至于认识的第一点,因为绝对者应该存在于
规定性自身中,所以绝对者只是无穷者,而设定的正是这同一种经验无穷
性与自身无穷的可规定性,它得到设定是在考虑把一个确定尺度与一条
绝对不确定线相比、或者考虑一条确定的线与一个绝对不确定尺度相比、
考虑测度一条无穷线或者考虑绝对分割一条确定线。至于认识的另一
点,同样无穷多、成型迥异的直观是裁判的对象,在这些直观中,每一种都

---

① 初版:"得到表现",据布赫纳/珀格勒改动。
② 《政治家篇》(Politikos),斯特凡努斯分页法第294页。

以日益增长的使命作了多重规定;通过立法来作区分的那种形成物使每种直观更加可区分、更加训练有素,而扩展立法并非接近正面完善这一宗旨,如上所示,正面完善在此并不具有真实性,而只具有形成物日益增长的形式。而为了在此多样性中安排对权利与判断作审判性直观时的合一,为了生成真正的一与整体,绝对必然的是,修正每种规定性,亦即就作为绝对的、自为存在的规定性在部分程度上予以扬弃,规定性作为法律支持绝对、自为存在的规定性,也就是规定性的绝对之在绝对必然得不到尊重;而且谈不上纯粹应用,因为纯粹应用会是设定个别规定性兼排除其他规定性。但这些其他的规定性通过其存在同样要求考虑它们,以便反作用不通过部分、而通过整体而确定、自身是一个整体。必定败于这种明确认识的是既有一种绝对的立法又有避开了法官内心的司法这种落空的希望和流于形式的意念。 [487]

　　在遇到观照过的实在体系时,指明过的是,绝对德性必定消极对待此体系;在该体系中,绝对者正如在该体系固着的规定性中所显现的那样,被设定成负面绝对者,被设定成无穷性,这种无穷性与对立物相反,表现为形式上的、相对的、抽象的统一;在前一种消极的态度中显得有敌意,在后一种态度中自身受其统治,在任何一种态度中对该体系均非不偏不倚。但有的统一是对立者的无差异并且在自身中消灭、把握对立者,还有统一只是持存的实在关系在形式上无差异或者是其同一性,这些统一通过把这种关系完全纳入无差异自身而必定干脆自己成一;亦即绝对德性必定完满地把自己安排成形,因为关系是对形态方面的抽象。由于成型关系变得干脆无差异,它就不再具有关系的本性;它依旧是有机本性与无机本性的关系。但如上所示,关系作为无穷性的方面自身是一种双重关系;有时因为统一或理念性是首要者与统治者,有时因为多或真实者是首要者与统治者。根据无穷性的方面,关系其实成型并且处于无差异中,而概念或者无穷性的永恒不安在部分程度上在组织自身中自我消耗,而生命的现象、纯粹质是无私的,使得关系作为其自己的种子永远会由灰烬重新升至青春,——部分程度上关系对外的差异永远是毁灭性的,靠无机性养活 [488]

自己,产生关系,由无差异引起无机本性的差异或者关系,又扬弃这种关
系并且把差异像自己一样来消耗。我们马上会看到,德性的这种有机本
性是什么。但其次在关系或者无穷性的这个方面,也设定遭消灭者持存,
正因为绝对概念是其自身对立面,以概念的纯粹的统一与否定性也设定
差异的存在;或者毁灭设定它毁灭之事,或者真实性,这样就会有德性不
可逾越的现实与差异。无穷性在其对手全力掌握下于此落脚,个体性通
过此落脚处、不仅根据可能性、而且根据物 actu、现实而处于对立中,无力
涤除差异、使自己被纳入绝对的无差异。说扬弃对立与对立的持存这两
者不仅是理念上的、而且是真实的,这根本就是设定分离与分选,使得德
性在其中客观的那种实在会分成绝对被纳入无差异中的一部分与其中真
实者本身持存的一个部分,也就是相对同一,只有绝对德性的余晖。就此
设定了绝对德性与相对德性的关系,绝对德性会完全寓于个体中而其本
质存在,相对德性同样在个体中是真实的。除了阻止负面者在实在中的
流布并调整到一个方面,德性组织不可能在实在中保持纯粹。在持存的

[489] 真实者中,无差异如何显现、成为形式上的德性,在上面指明了。此范围
的概念是真实**实际性**,主观看来是感受的真实实际性或者身体需求与享
受的真实实际性,客观看来是劳动的真实实际性与占有的真实实际性;而
若这种实际性根据其概念所可能发生的那样被纳入无差异,就是形式上
的统一或者在实际性中行得通的**权利**,这两者之上是作为绝对者或者**德
性**的第三者。但相对统一领域的实在或者实际性与合法性领域的实在在
德性的总体性体系中作为特别的等级得到建构。

这样,根据德性的绝对必然性,形成两个等级,其一作为自由者的等
级、绝对德性的个体,其器官是单独的个体,而由其无差异方面来观照,德
性是绝对鲜活的精神,由其客观性方面来观照是鲜活的运动,在作为其器
官与肢体的个体的总体性中,是非凡地自我享受着这个整体,德性的形式
方面或负面却同样必定是绝对的方面,因为工作并非着手消灭各项规定
性,而是面向终结,而工作的产物同样并非个别者,而是德性组织整体的
存在与维持。亚里士多德分配给该等级的任务是希腊人给它取名公民参

政（πολιτεύειν）之事，表示在人民中、与人民一起、为人民而过活，表示过
一种一般的、公共的生活，或者表示探究哲理，柏拉图根据其更高的鲜活
性并不想见到这两项任务分离，而想见到①它们干脆结合。随后是非自
由者的一个等级，它在需求与工作的差异中，有占有与所有物的所有权与
公正性，它的工作面向个别性，也就是不包含终结的危险。须把第三等级 [490]
算在这些等级中，因其工作并非具有训育性而粗放，它只与作为要素的土
地打交道，其工作面临的是，需求整体成为无中间环节的直接客体，也就
是自身如同要素一样是纯正的总体性与无差异，以此脱离第二等级知性
差异，在可能有形式上绝对的德性、勇敢与横死的情况下，保全自己、其躯
体、其精神，也就是能够根据质与基础本质来扩大第一等级。这两个等级
解除了第一等级的关系，在这种关系中，实在部分程度上在其静止联系
中、部分程度上在其积极联系中固着成占有与所有权、固着成工作，根据
的是那种方式，即在新生的民族中，经商阶级如何以一种现时限于此的方
式逐渐停止［了］服兵役，而勇敢更加净化地形成一个特殊的等级，此等
级因勇敢免除了经营，对此等级而言，占有与所有权至少是偶然之事。对
那第二个等级的结构，柏拉图依其质料如此规定，即②那些人无力感受勇
敢、有节制的风俗习惯（这种风俗习惯驱使其他人有德行），而只能感受
因恶劣残暴本性而与渎神、放肆和不公会合之事，王室本领通过死亡、放
逐与临终羞辱征服、摈弃了那些人，王室本领却把天性粗鲁卑劣者奴役成
奴颜婢膝的世代③，而亚里士多德认为与此相关的是，什么因其本性不是
自己、而是一个他者，什么如同身体对待精神一样④。

　　但因其本性而成为一个他者、自身没有其精神的此事与绝对独立个 [491]
体性的关系依其形式可能成为一种双重关系，亦即或者是作为特殊者的
该等级的个体的与作为特殊者的第一等级的个体关系，或者是普遍者与

---

① 　首版："是"。
② 　首版："即如"。
③ 　《政治家篇》（Politikos），期特凡努斯分页法第 308 页及下页。
④ 　《政治学》第一卷，c 第 4 页；c 第 5 页。

普遍者的关系。那种奴役关系在罗马帝国普遍性的经验现象中自行消失了;在绝对德性沦丧的情况下,随着高贵等级的贬抑,两个先前分开的等级变得相同了,而随着自由的终止,奴役必然终止了。由于形式上的统一与平等的原则必定起作用,它根本就扬弃了各等级内在的真正差别,首先并未完成上面设定的对各等级的分离,更未实现受制于各等级的分离各等级的形式,根据这种形式,各等级以普遍性的形式只作为整个等级对整个等级处于统治与依赖关系,即使在此关系中,有联系的两者也依旧是普通的两者;而在奴役关系中,特殊性的形式是这种关系的决定性形式,并非等级对等级、而是这种每个部分的统一消解于现实联系中,个人依赖个人。普遍与平等的原则必定先是如此强占了整体,使得它以两个等级的混合代替了分离;在形式统一的律令之下的这种混合中,其实完全扬弃了

[492] 第一等级,使第二等级成为唯一的民众;吉本①以这些特征表述这种变化的图景:长久的和平与罗马人不变的统治暗中使帝国活力慢性中毒。人的信念逐渐被带上**一个**层面,守护神之火熄灭,甚至尚武精神也消散了。个人的勇气留存着,但他们不再拥有这种**公共的**勇气,对独立的热爱、民族荣誉观念、有危险临在和发号施令的习惯滋长了这种勇气;他们接受来自其君主意志的律令与发号施令者,而最果敢的首领的后裔满足于公民与臣仆的地位。有更高追求者聚焦到皇帝麾下,而遭离弃的各国被剥夺了政治实力或者统一,不为人觉察地沉入平淡、无关紧要的**私生活**。借助这种普遍的私生活,因为民众只由第二等级构成这种状况,直接就存在形式上的法律关系,它固着并绝对地设定了个别之在,还由这样一种沉沦与全面的贬抑最为完备地形成并发展了关涉这种法律关系的立法。所有权与权利的这个体系因为个别性的那种固定之在而并未处于绝对性与永恒性中,而是完全处于有穷性与形式性中,它确实从高贵等级中离析、退出,想必能在一个独有的等级中建构自己,此处想必就能全方位地扩展自己。

---

① 爱德华·吉本:《罗马帝国衰亡史》(The History of the Decline and Fall of the Roman Empire)卷一,1787年,第74页及下页。

在部分程度上属于此体系的有本身从属性的、留存于形式性中的关于占有、契约等法律根据的问题,在部分程度上却根本就是立法的无穷膨胀,如柏拉图列举这些事物的类别,立法事关"个人对个人关于财物或者手工活计契约的这些诉讼标的物,也有侮辱、打击、关于法官权限与选任的安排这些法律诉讼标的,并且在市场与港口必然征收或者强加关税之处,因为不值得就此给善良的好人作出规定,因为若上帝赐予他们以真正有德性的宪法,他们会自行轻松找到对此必须作出规定的那种多。但在并非如此之处,则会发生的是,他们以此过活,即规定、改善许多诸如此类之事,以为他们最终将掌控最佳之事,他们如病人一样生活,那些病人由于不节制而不愿放弃其糟糕的食谱,通过医疗手段导致的无非是产生更多样、更大的疾病,而他们始终希望,若有人给他们建议一种手段,它就会让他们康复。同样滑稽的是那些人,他们就所述之事立法并始终加以改良,以为就此收场,不知他们其实仿佛在切断**九头蛇**。"① "如果这是真的,即随着民众中放荡不羁和疾病日益增加,许多法院开张了,而对糟糕、可耻的训育而言,找得到的标记莫过于,需要出色的医生与法官者不仅有不良者与手工业者,而且有自诩受过自由教育者,他们被迫拥有他人作为大人先生们和法官所强加的公正,以诉讼和辩护在法庭上度过许多时间"②,若此体系必定同时作为普遍状况在彼处发展并摧毁自由的德性,即自由德性与那些情况混合,原初并未与它们及其后果分离,则必然的是,此体系得到有意识的接纳,认识到它有理,遭高贵等级排除,承认它有自己的等级作为其王国,此体系能落户其中,能借助其纷乱、借助通过另一种纷乱扬弃一种纷乱来充分开展其活动。该等级的幂据此自我规定,即该等级处于一般占有中,而且在占有方面也尽可能公正,该等级同时建构一个连贯的体系,由于占有关系被纳入正式统一之中,因为每个个人本来都能够占有,他就直接对待作为普遍者或者作为市民、在作为**资产者**(**bour-**

[493]

[494]

---

① 《国家篇》(Politeia)四,斯特凡努斯分页法第 425 页及下页。
② 同上书,三,斯特凡努斯分页法第 404 页及下页。

geois)的意义上的大家,根据政治上无足轻重,该等级的成员是靠财产生活者,对这种政治上无足轻重,个人在和平与营利的果实中、在充分可靠地享受这些果实中找到了补偿,无论这种可靠性面向个别性还是面向整体。但针对每个个人的可靠性却面向整体,只要个人脱离了勇敢、逃脱属于第一等级的那种必然性,即遭受横死的危险,这种危险对个人而言是一切享受、占有与权利绝对不可靠。通过这样扬弃对原则的混合、通过已经奠基的、自觉地分离对原则的混合,事事都维持其权利,完成的只是应该之事,德性作为绝对无差异这种实在、同时德性作为真实关系这种实在处于既有对立之中,使得后者为前者所征服,而这种征服自身无差别化、得到抵消,这种抵消就在于认识必然性、就在于那种权利,德性给予其无机本性与神秘威力以那种权利,方法是,德性出让、牺牲了自己的一部分给

[495] 它们;因为牺牲的力量在于对与无机性的纠葛作直观并加以客观化,通过这种直观,这种纠葛遭消解,无机性遭分离,被认定为无机性,以此自己被纳入无差异,但鲜活性由于把它知晓为自己一部分之事置于无机性中而赴死,鲜活性同时承认无机性的权利、同时与之撇清干系。

　　这无非是上演绝对者永远与自己玩的德性中的悲剧,绝对性永远生于客观性中,以它的这种形态受难、赴死,由其灰烬跃升入壮丽。神性在其形态与客观性中直接具有双重本性,而其生命是这些本性的绝对合一之在。但这两种本性绝对斗争这种冲动借助其中包含的神性冲动呈现为勇敢,借助勇敢,这种冲动摆脱了另一种相冲突的冲动这一死神,却因这种解放产生自己的生命,因为这种生命只在与那另一种生命的相连之在中、但同样绝对地由另一种生命复苏,因为在这种终结中,在作为第二本性牺牲的终结中,征服了死神;借助另一种冲动而显现,神性冲动如此呈现,使得这种本性只会是神秘、纯粹负面的威力,对这种本性作纯粹抽象因与神性冲动鲜活地结合而遭扬弃,这种本性照入鲜活的结合中,通过这种理念上的合一在精神上使鲜活的结合成为其随顺的鲜活躯体,这种躯体作为躯体同时留存于差异与易逝性中,通过精神把神性视作一个异己者。这种悲剧的景象,确切地说,为德性而准备,是欧墨尼德斯作为正义

力量那起诉讼的结局,那种正义处于歧见中,还有阿波罗、不偏不倚的光明之神那起诉讼的结局,事关在德性组织、雅典民众面前俄瑞斯忒斯审判,雅典民众通情达理地以雅典的最高法院为代表在两种威力的票箱中投了相同的票数,承认两者并存,不过,如此并未平息争执,未规定两者的联系与关系,但神一般地以雅典的雅典娜为代表把因神自身而卷入歧见者完全交还给雅典最高法院,而借助与犯罪者均有染的两种威力的分野,雅典民众也如此实施和解,即欧墨尼德斯会由这些民众尊为神力,现在会在城内有其一席之地,使得复仇女神的野性会乐见跟其在下面城内建立的祭坛相对、高居于城堡上的雅典娜,由此会平静下来。 [496]

若**悲剧**在于,德性本性为了使自己不与其无机本性有纠葛,将其无机本性作为一种命运而与自己分离并且与之对立,并且通过承认斗争中的命运,与作为两者统一的神性本质和解,则为了阐明这幅景象,**喜剧**却一般会落到无命运这一边;或者喜剧[处于]绝对的生动性中,也就是只[表现]对立的剪影或者关于与人为的命运、虚构的敌人斗争的玩笑,或者不生动,也就是只表现关于独立性、绝对性的剪影:前者是旧喜剧或者神曲(神性喜剧),后者是现代喜剧。《神曲》(神性喜剧)没有命运、没有真正的斗争,因此,在它之中,绝对坚信、确定不含对立的绝对者具有实在,而作为对立物使这种充分的可靠性与平静活动起来之事,只是不严肃、不具有内在真实性的对立,此对立就会表现为反对显得异己、疏离、但处于绝对确定性中的神性,呈现为零星的独立性意识的残余或梦想,也呈现为特 [497] 性虽然具有固着、保持的意识,但这种意识完全软弱无力;抑或对立也会显现于自我感受到、自己意识到的神性中,这种神性有意识地给自己制造对立与游戏,在对立与游戏中,这种神性绝对轻率地将其各环节用于夺得特定奖赏,使其多种多样的方面与契机生成为充分的个别性并且形成特有的组织,正如这种神性确实也能作为整体不将其运动当成反抗命运的运动,而当成偶然性,以为自己不可战胜,以为损失不算什么,确信绝对控制任何特性与放纵,意识到柏拉图在其他方面所说之事,即城邦具有强得令人赞叹的本性。这样一种德性组织会比如毫无危险、焦虑或者妒羡地把各环节逼至任何艺术、科学与技巧中天才的极限,使它们在其中成为特殊之事,它自己肯定,此类神性怪异性无损于其形态的美,而是滑稽的特征,这些特征使其形态的一个契机娱乐化。我们只列举一个特定的民族,我们可以视为此类快活地提高各项特征的有荷马、品达、埃斯库罗斯、索福克勒斯、柏拉图、阿里斯托芬等等,但无论对较为严重地把苏格拉底特殊化作出严肃反应、对此尤其后悔,还是同时萌芽的个性化数量激增、生气勃勃,我们都不[会]错认的是,内在的鲜活性就此突出至其极限①,在[498] 这些种子成熟时宣布其力量、却也宣布承载这种鲜活性的这个实体死期将近,而对这种鲜活性确实引起的对立,还有先前甚至在其较为严肃与较为广泛的外表下的对立,如战争,可能当作偶然性并且同样轻率地激起并推动对立,不必再把它们当作剪影,而须当作占优的命运。

但另一方面,却有**别样的喜剧**,其纠葛没有命运、没有真正的斗争,因为德性本性囿于命运自身;此处,情节并非在游戏般的对立中,而是在对这种德性本能而言严肃的、对观众而言却是滑稽的对立中形成高潮,而针对它们的解救之道要在人物与绝对性的做作中寻找,这种解救常常落空、遭弃。简言之,德性本能(因为在这种喜剧中表演的并非自觉、绝对的德性本性)必须把持存者变成公正在形式上的绝对性与负面的绝对性,由此给持存者的焦虑提供关于持存者所有权是否具有稳定性的意见,通过条约、契约与一切想得到的条款约束把持存者的家当升级成可靠之事与确定之事,用经验与理性作为确定性与必然性自身来演绎这方面的体系并用最深刻的理智判断来奠定这些体系,——但作家笔下阴间的幽灵看着他们在地狱荒野中所植之树由紧接着的风暴刮走,就这样看见由尘世精神紧接着的转向甚或振作而冲走了由经验与理性证明的半拉子科学或完整的科学,看见一个坐标系受另一个排挤,看见此处人性代替严厉,彼处同一时间,威力的意志代替契约可靠性,无论在学术性还是在现实中,[499] 看见原则与权利最合法取得、最有保障的领地遭蹂躏——或者以为,正是

---

① 首版:"这会使内在鲜活性就此突出至其极限"。

超乎带有理性与意志的命运之上的自身努力在此类材料中劳累不堪,会产生此类变化,或者把它们当成意外之事、不当之事而发急,先祈求诸神反对此类必然性,随后屈从。在两种情况下,德性本能在这些有穷性中寻求绝对的无穷性,德性本能只表现出其信仰、其并非垂死错觉的可笑,这种错觉——在最清晰之处最为模糊——在它以为依偎于公正、可靠与享受自身的臂膀中之处已经失落、没道理。

喜剧使德性的两个区域彼此隔绝,它让每个区域纯粹自为地自便,在一个区域中,对立与有穷者是无本质的影子,但在另一区域中,绝对者是错觉。真正、绝对的关系却是,一个区域真的照入另一区域,每个区域与另一区域有血肉联系,它们相向相对都是严肃的命运;绝对关系就在悲剧中建立起来。

因为尽管有德性鲜活的形态或者或者有德性有机的总体性,构成德性真实方面之事在有穷性中,因而,虽然本身不可能将此事实体的本质完全纳入德性的神性之中,但此事本身就已经表达出神性绝对的理念,却是变形地表达。神性的绝对理念虽然未在自身中内在地把作为必然性得到区分的神性契机联合成绝对的无穷性,而是只拥有这种统一作为模仿的负面独立性,亦即作为个体的自由;但的确正是这种真实的本质反正与神性绝对无差异的本性与形态相连,若此本质不得不把这种本性与形态只视作一个异己者,则它还是对这种本性与形态作了直观,在精神上与它合一。即使对这种真实的本质而言,绝对首要的是,**要有**完全纯粹、无差异的形态与德性的、绝对的意识,而其次是无关紧要之事,即它作为真实者要把这种意识作为其经验意识来对待,比如首要之事是,要有绝对的艺术品,然后才是次要之事,即这个特定的个体是否是其原创者还是只是对此艺术品作直观、欣赏。绝对者的那种实存有多必然,这种分布也有多必然,即有一些是鲜活的精神,是绝对的意识,是德性自身的理念性、真实性的绝对无差异,另一些却是绝对者有血有肉、非永生的灵魂和绝对者的经验意识,这种意识不得将其绝对形式与内在本质完全汇合起来,但还是享受绝对直观当成享受仿佛对它而言的异己者,而且,对真实意识而言,通

[500]

过恐惧与依赖并通过听从与绝对者合一,对理念意识而言,却在宗教中、在共同的上帝中、在为上帝效劳中完全与绝对者汇合。

但我们在第一等级外在形式下置于一方之事,是对德性有现实的、绝对的意识。它是意识,本身根据负面是纯粹的无穷性与对自由作至高的抽象,亦即直闹到对意识作扬弃的征服关系或者自愿横死;根据正面,意识却是个体的个别性与特殊性。但这种自在负面,亦即一般意识,其中,指明过的区分只是其两方面,此自在负面绝对地被纳入正面,其特殊性、无穷性或者理念性以完美的方式绝对地被纳入普遍性、实在,这种合一是德性绝对生命的理念。无穷性与实在在德性组织中的这种合一中,神性

[501] 本性似乎——柏拉图说这种神性本性是永生的动物,其灵魂与躯体却永远共生①——同时以无穷性与统一的至高精力来表现其富于多样性,无穷性与统一变成理念要素非常简单的本性。因为最完美的矿物虽然在从团块中分离出来的每一部分中表现出整体的本性,但矿物的理念形式无论作为断裂这种内在形式还是作为结晶这种外在形式都是一种相外;而与在水、火、风、空气这些元素中不同,每个特殊部分都是完美的本性,是整体的代表,无论根据本质还是根据形式抑或是根据无穷性。连矿物的真实形式也不啻未充满无穷性的真正同一性,而是矿物的感觉没有意识。矿物的光是单色,看不清;或者它是无差别的颜色,所以没有阻碍点妨碍颜色穿过自身。矿物的声音由一个异己者发出,但并非自己发出;矿物的味道不好,其气味闻不到,其重力与硬度感觉不到;若矿物不属于对感受所作规定的个别性,而是把个别性汇集于无差异中,矿物就是未及发展、闭锁的无差异性,并非自我分离并且奴役其分离的统一,——也正如在其所有部分上都相同的要素,自身只有差异的可能性、没有差异的现实,并且只有量的形式的无差异,并非作为在质上受设定者的无差异。土却作为有机、个别的要素通过其诸形态的体系从最初的僵化与个别性开始散播至质与差异,只在德性本性的绝对无差异中才把自己归并成各部分

---

① 《费德罗篇》(Phaidros),斯特凡努斯分页法第 246 页。

完全相同、个别性与绝对性绝对、实在地合一——归并成最初的以太，最 〔502〕
初的以太从其相同、液态与柔软的形态通过独特的形成物把自己纯粹的
量分散成个别性与数字，由此完全征服这个绝对不羁、反叛的体系，即数
字净化成纯粹的统一、无穷性，变成智力，最初的以太以此征服负面，即负
面变得绝对负面——因为绝对的概念是其自身绝对、直接的对立面，而正
如古人所言①，空无不啻为某事——，可能与正面绝对性完全合一；在智
力中，形式或者理念性是绝对的形式，绝对形式本身是真实的，而在绝对
的德性中，是绝对形式最为真实地与绝对实体相连。在实在中作为纯粹
以太的简单实体与作为与绝对无穷性结合的简单实体之间有形成物，这
些形成物的个别性中没有一种能使形式、使质的统一（除非通过整体与
部分在量上基本相同或者在较高级的形成物中通过各部分中细致入微的
个性化）并且同时使形式与质的统一在形式上的结合成为一个整体（通
过植物叶片、世代、群居生活、动物共同劳作的社会性），成为与本质、实
体绝对无差异，这种无差异存在于德性中，因为仅在智力中，个性化被推
至绝对极限，亦即推至绝对概念，负面被推至成为其直接对立面的绝对负
面。由于个性化是绝对的个别性，只有它才能够成为绝对的普遍性；由于
个性化是绝对的否定与主体性，只有它才能成为绝对的肯定与客体性；由
于个性化是绝对的差异与无穷性，只有它才能成为绝对的无差异还有总 〔503〕
体性——所有对立都得以发展的**行动**（**actu**）和所有对立绝对根除、合一
时的**潜力**（**potentia**）——才能成为实在与理念性至高的同一性。

若以太在光惰性中抛出以太的绝对无差异成为多样性，在太阳系之
花中，扩展以太的内在理性与总体性，但那些光个体分散在多之中，但构
成环绕太阳系之花的叶子的这些光个体必定用僵化的个体性对待那些光
个体，所以，那些光个体的统一缺乏普遍性的形式，这些光个体的统一缺
乏纯粹的统一，两者无一具有绝对概念本身，则在德性体系中，上天体系
绽开之花折合起来，而绝对的个体完全统一至普遍性中，而实在或者躯体

---

① 亚里士多德：《形而上学》I、4。

与灵魂至为合一,因为躯体自身真实的无非是抽象的理念性,绝对的概念无非是纯粹的个体,由此,后者自身能够成为绝对的体系。因此,若绝对是自我直观之事,并且视自己为自己,而那种绝对直观与这种认识自我、那种无穷扩展与对其的这种无穷回撤至自身反正合一,则若两者作为属性是真实的,则精神高于本性;因为若本性是作绝对自我直观、是无穷差异化的居间传递与发展这一现实,则精神是将其自身视为其自身或者是绝对认识,在宇宙回撤于自身时,精神既是这种多遭分解的总体性,精神通过这种总体性来统摄,精神亦是这种多的绝对理念性,在这种理念性中,精神消灭了这种相外,在自身中把它反映成无穷概念的猝然统一点。

[504]　　由绝对德性的本性这种理念就产生了一种关系,这种关系还可以说是**个体德性与实在、绝对德性**的关系,还有绝对德性科学、道德与天赋权利的关系。因为实在、绝对的德性自身包括无穷性或者绝对概念、道地纯粹的个别性和对绝对概念作至高抽象时的纯粹个别性,所以,实在、绝对的德性就是个别者的德性,而反之,个别者德性的本质干脆是实在的、因而是普遍绝对的德性;个别者的德性是整个体系的脉搏,甚至是整个体系。我们在此也说明语言的暗示之处,它平素遭摒弃,从前述之事中充分表明为正确的是,成为普遍性或者**规矩**就是绝对德性的本性,也就是表示德性的希腊词和德语词出色地表达了德性的这种本性,但因为德性的较新体系以自为之在与个别性为原则,定会指摘这些言辞的联系,而这种内在的暗示得以证明自己有威力,使得那些体系不可能滥用那些言辞来标明**其**事情,而是接受道德性一词,虽然按其词源,此词虽然指向同一方面,但因为它更多是个新造的词,不那么直接与其贬义相抵触。

　　绝对德性却依上述之事在本质上是大家的德性,不能说它借助个体来反映自身;因为它是个体的本质,正如充溢于自然中的以太是自然的诸形态不可分离的本质,作为自然诸形态显现的形式的理念性、空间,在任[505]何形式中都绝对无殊;而是正如晶体的线与角是否定,晶体以这些线与角来表示其本性的外在形式,只要德性借助个体本身来自我表现,德性就是一种负面之事。它若不是个体的灵魂,就可能暂且不表现在个体中,只有它成为普遍性、一个民族的纯粹精神,它才是个体的灵魂。正面依本性其实是负面,或者如亚里士多德所言,民众依本性其实是个体;因为若个体分离出来就是非独立之事,则个人必定与所有部分一样与整体处于**一种**统一之中;但有谁不可能协同或者出于独立性而无所需,就并非民众的一部分,因而是动物或者是上帝。① 于是,只要德性表现在个体自身中,它就以否定的形式得到设定,亦即它是普遍精神的可能性,而属于个体的德性特性,如勇气或节制或节俭或慷慨等等,是负面的德性——因为在个体的特殊性中不会真正固着一种个别性、造成真实的抽象——并且是可能性或者能力,即在普遍德性中存在。这些德行本身是可能性并且处于负面意义中,它们是道德的对象,而人们看到天赋权利和道德的关系以此方式颠倒了,亦即只有本身负面性的领域归于道德,但依其名称,真正的正面归于天赋权利,真正正面应该构思,德性本性如何真正得到重视;而——若无论负面还是真正正面作为对外表、对形式道德律令、对纯粹意志、对个人意志作抽象,然后对这些抽象作综合如强迫、通过一般自由概念限制个人自由等等来表示对天赋权利作规定——由于在奠定作为实在的此类否定时,使德性本性至为沉沦、不幸,天赋权利会成为天赋权利。 [506]

　　但正如这些特性是反映绝对德性存在于作为负面的个别性中、但存在于那种个别性中,那种个别性与普遍性与整体绝对无差异,也就是这些特性是绝对德性反映在其纯粹的意识中,所以,连对绝对德性的反映也必定存在于其经验意识中,此类反映必定建构第二等级的德性天性,第二等级处于固定的实在中、占有、拥有所有权、不勇敢。道德性的寻常含义或多或少能够适宜于绝对德性的这种反映,对德性的这种反映就是**形式上**设定关系的规定性无差异,也就是**资产者**(**bourgeois**)或私人的德性,对这种德性而言,诸关系的差异是固定的,而这种德性依赖这些关系并且存在于这些关系中。据此,这种道德的一门科学首先是认识这些关系自身,只要就与德性的关涉来观照这些关系,因为对这些关系的认识为了绝对

---

① 《政治学》第一卷,第 2 页。

固着之在的缘故而只能是形式上的,上述那种同语反复表达在此就有其用武之地:这种关系只是这种关系;若你处于这种关系中,则在关涉这种关系时,就会处于它之中;因为若你在关涉这种关系的行为中,行事并不关涉它,你就消灭、扬弃了它。这种同语反复的真正意义同时直接包括的是,这种关系自身并非绝对之事,也就是说,连面向这种关系的道德也是依附之事、并非真正德性之事,这种真正意义依上所述由此产生,即只有概念的形式、分析性统一是绝对者,也就是因内容而是负面绝对者,内容作为一个特定者与形式相矛盾。

[507] 那些特性却是真正德性的,由于在它们之中显现出特殊性或者负面,被纯粹地纳入无差异,那些特性可以叫做德性特性,只有它们以更大的活力再度个性化,然而在绝对德性内部仿佛变成独特的活生生的形象如伊巴密浓达、汉尼拔、恺撒与其他一些人的德行,那些特性才能叫做德行。作为此类活力,它们是形态,也就是并非自在绝对,不怎么是其他有机形成物的形态,而是更强地突出整体理念的一个方面,而德行的道德或者——若我们想规定道德性的一般道德,而为了阐述德行,会取**伦理学**之名——伦理学必定因此只是对德行的一种本性描述。

正如伦理学关涉主观性或者负面,也必须把一般负面区分成差异持存和缺乏差异;那前一种负面正是适才所言,但这另一种负面、缺乏差异把总体性表现成受包裹之事、未展开之事,其中并不存在处于实在中的运动和无穷性。负面的这种形式之下的鲜活之处是德性的**生成**,而**教化**依其规定性是显露出来继续扬弃负面或主观性,因为儿童作为德性个体可能性的形式是主观者或负面,其成年是终止此形式而其教化是训育或者征服此形式;但正面与本质是,它饮用普遍德性的乳汁,生活在普遍德性对起先作为一个异己者作绝对观照之中,日益领会普遍德性,如此转入普

[508] 遍精神。由此不言自明,无论那些德行还是绝对德性,都不怎么像通过教化来生成那些德性、绝对德性,是争取特有、离析的德性,而力求特有的正面德性是徒劳之事,自身是不可行之事,而在德性方面,只有古代最睿智者的言辞才是真:有德性即按本国习俗生活,而在教化方面,有人问何为

对其子最佳教化,毕达哥拉斯信徒答语才是真:若你使他成为万事俱备民族的公民。①

若绝对德性如此将其特有的有机实体附身于个人,而其运动与鲜活性在大家的共同存在与行为中绝对同一为普遍性与特殊性,而我们却如此以特殊性观照了绝对德性,即说这种特殊性的本质是绝对同一性,我们同样确实却也以那种同一性观照了绝对德性,则绝对德性必定也以**普遍性的形式**和认识的形式,把自己表现为**立法体系**,使得该体系完全表达实在或者鲜活存在的习俗,以使常见的情况不会发生,即不能由一个民族的法律来认识在该民族中恰当并且存在于现实中之事,使真正的习俗具有法律的形式,这般笨拙,还有那种焦虑,即思考这些习俗,将其视为、承认为存在,这种事、此种笨拙、焦虑均是野蛮的标志。但习俗的这种同一性及其在法律中普遍性的形式只要作为理念性而持存,就同时也必定又与特殊性的形式完全汇合,如此,理念性自身必须维持纯粹绝对的形态,也就是被视为、膜拜为民族的上帝,而这种直观自身在一种崇拜中又具有其生机与喜人的激动。

[四]

[509]

我们阐述了绝对德性的总体性契机,建构其理念,也消除了与绝对德性相关涉的对合法性与道德性所作主流区分连同与之相关的把形式实践理性的普遍自由抽象成无本质的意念事物,并非通过混合比如两项原则,而是通过扬弃它们并建构绝对有德性的同一性而根据绝对理念规定了自然法科学与道德科学的差别,之后,我们就确定,绝对德性的本质并非抽象,而是德性的鲜活性,而其差别只涉及外表与负面,而此差别同时是与另一差别完全颠倒的关系,因为根据后一种差别,只会给予自然法以形式和负面,但会给予道德以绝对性、正面作为本质,但依据真实性,甚至连这

---

① 第欧根尼·拉尔修:《著名哲学家生平与观点》第八卷§16。

种绝对性也是不相上下的形式和负面，而此处称为形式与负面之事，简直什么都不是。

为了再说明**自然法与实证法学的关系**，我们只消在我们未继续追踪之处重拾这种关系的话头，只消标明这种关系接近终结之处。

我们还预先说明，哲学通过一种规定性或一种幂的概念的普遍性而任意在与一门特定科学的关系中设限。特定的科学无非是继续阐述、分析（取此词的较高级意义），如让哲学不加发展地作为简单规定性之事，[510] 自己又有分支并且自己就是总体性。但这样一种发展的可能性**形式**上在于，在理念中，直接就有绝对形式律令与总体性的律令，据此律令，可以进一步认识、发展一种规定性。**实在的**可能性却由此而存在，即这样一种未经哲学发展的规定性或幂并非一种抽象或者真正简单的原子，而是如一切事物一样在哲学中［是］实在，而一种实在之所以是实在，是因为它是总体性并且自身是幂的体系；阐述幂本身，就是发展，这种发展归于特定的科学。

由此得出结论，我们暂且可以说，叫做实证法学之事的一大部分或许是实证法学整体会属于充分发展、传播的哲学，而因为实证法学自我建构成独特的科学，既非从哲学中遭排除，亦未与哲学对立；通过自为存在与凭经验区分此军团与科学，并未设定真正区分此军团与哲学。实证法学自称经验科学，后者部分程度上意欲在现实世界中具有其可应用性并且主张其法律与行事方式也优先于庸常的想象方式，部分程度上依据现有宪法与立法的独特体系、隶属于一个特定民族以及一个特定时代，实证法学自称经验科学，并不决定必然把它们从哲学中排除的差别，因为想必没有什么如此适用于现实，在普遍的想象方式面前，亦即在真正庸常的想象方式面前（因为有非常特殊的庸常想象方式），如此有根有据的想必莫过于出自哲学之事，正如［想必］也不会有与此事一样如此独特、鲜活与既 [511] 有之事。为了能够言说这些科学与哲学的关系，须先确定、规定这些科学由此成为实证科学的差别。

首先，实证科学对其佯称所关涉的现实所作理解不仅是历史性，还有概念、原则、关系,总之许多事,本来属于理性而且应表现出内在的真实性与必然性。通过此类事来依据现实和经验、确定此类事对哲学是正面之事,这本来就须认定为不允许的。哲学证明为不真实之事,它就不可能真正出现于经验之中;而若实证科学依据现实与经验,则哲学同样能根据经验性联系宣布其证明实证科学所声称的一个概念并非实在,哲学可以否认在经验与现实中找得到实证科学佯称在经验与现实中发现之事。会体验到此类事物,哲学当然会承认这种臆想、一种偶然的主观意图;但若实证科学佯言在经验中发现并指明其观念与基本概念,意欲以此主张实在之事、必然之事、客观之事,并非主张主观意图。某事是主观意图抑或客观观念,是臆想抑或真理,哲学可以独自澄清。哲学可以**以人为本**(**ad hominem**)对实证科学以其人之道还治其人之身,此外,在经验中会出现实证科学的一个观念,哲学对实证科学否认此事实,相反,哲学可以声称,在经验中只能找到哲学的观念。哲学能够在经验中指明其观念,根据就在于称为经验之事模棱两可的本性。因为并非直接直观自身,而是把直 [512] 接直观升入智力、加以思考、解释,去除个别性,把被视为经验者宣布为必然性。也就是说,遇有在经验中所指明之事、被指明为经验之事,关键并非经验中我们可称为现实之事,我们在关涉通过思维带入直观中的分离时,可称此事为现实之事。但直观进入意念的领域,臆想就必定败于哲学的真理。实证科学以为直接取自直观之事,实证科学却借此把自身规定成具有直观的关系与概念,那样区分此事与不属于思维之事无论如何都很容易指明,也就是要证明哲学有充分权限支配不属于思维之事。于是,因为这样一种依据现实的思维在其臆想中往往由此变得真正正面,即它处于对立中、坚持规定性,也就是把意念事物或者想象的事物当成是绝对的,从中得出此类思维的原则,所以,此类思维遭遇的是,在任何规定性上,总是向它证明对立的规定性,从它所假定之事中其实恰恰推导出对立面。正如若把一物体密度增大或者比重提高解释成引力提高,也同样可以解释成斥力提高,因为吸引的只能与推斥的一样多;一个只在关涉另一个时才有意义;一个若比另一个大多少,相差如此多会什么都没有,而若把什么视为一个的提高,亦可正好看成对立面的提高。

[513]　　若在一般天赋权利中或者在惩罚理论上,尤其规定一种关系为强迫,哲学却证明此概念的空无,而实证科学言及经验与实现,说强迫还确为真实之事,说确实发生强迫,则同样有权、依据经验与现实来表明由哲学证明的强迫并非实在,说根本没有强迫,说绝不强迫人,从未强迫过人。因为此处关键只是对现象的解释,是否为了强迫这种观念而把某事视为单纯外在之事抑或内在之事。只要自称揭示有强迫实存之处,彼处恰恰可以指出同一种现象的对立面,亦即此现象并非强迫,而毋宁是自由的一种表现;因为此现象被纳入观念的形式,因而由内心、理念来确定,处于自由中的主体就反对这种现象。而若为了排除内心或者自由的对立,把应视为外物、视为强迫之事移入内心本身、据此主张心理强迫,则这样把外物纳入内心也同样无甚裨益。因为意念反正依旧自由,而心理强迫或者意念强迫无力约束意念。扬弃表现出来并且应用作强迫的规定性,这种可能性是绝对的;完全可能的是,因惩罚而有丧失规定性的危险,这种规定性的丧失有人承担,有人献出法律欲用惩罚夺走之事。若解释一种现象时,要说关于一种规定性的观念作为强迫而起作用或起过作用,则从反面

[514]　　来解释也完全可行,即现象是自由的表现。无论要催人行动还是要从法律方面阻吓行动,感性动力是心理之事,亦即内心之事,由此,它被直接置于自由之中,自由可曾会放弃它,都是意志的自由。但若反驳说,人还是会臆想的,而且有一种普遍的想象方式,即会发生一种强迫、而且是心理强迫,那这首先就不会真的,而是同样如此、无疑更普遍地臆想道,行为或者不作为出自自由意志,于是,人们就会为了建立原则、规定律令而不必为臆想而操多大心,正如天文学家在认识天体规律时不怎么会受阻于那种意见,即太阳、行星与一切星体围绕地球运动,恰如它们所显现的那般大,诸如此类;正如船主不怎么操心那种看法,即船静而岸行。若两者依循那种看法,则天文学家会认为不可能懂得太阳系,而船主会让桨手停止工作或者收帆,而两者即刻不可能达致目标,立刻意识到那种看法并非实在,正如他们曾愿意承认那种看法是实在一样,如上所示,强迫被考虑成

实在,亦即被想象成在一个体系中、在总体性中,直接就扬弃了自己与整体。

　　由于实证科学的臆想所坚持的这样一种规定性恰是其自身的对立面,所以,双方中每方都遵循对立的规定性之一,对双方而言,同样可能反驳另一方,这种反驳的可能性在于,要表明每种规定性根本不可想象、并非毫不关涉跟它对立的规定性;但由于规定性只在关涉对立的规定性时才存在、才有意义,这种对立的规定性就同样可能、必定存在并且得到揭示。若不关涉-A,+A 就无意义,由此可以证明,有+A 就有-A,对手于是如此表达,说此处与其说存在+A,不如说存在-A;但正是这点可以反驳其-A。但常常连这点功夫都不花,比如,与感性动力对立的**那种**自由,它因为这种对立而同样不怎么是真正的自由,关于那种自由,未指明的是,一切号称解释成这种自由的表现之事,其实不得不解释成感性动力的作用,这可能很有益,但相反,在可能表明如下所述之事时,就可能不再有益,即据说体验成感性动力的作用之事,其实不得不体验成自由的作用,而是简直放弃自由并声称,自由根本不归入此处,因为它是内在之事,更多是道德之事,甚至是形而上学之事。但此时未考虑到,在另一种规定性上有所耽搁,另一种规定性,亦即强迫和应由此设定强迫为外物的那种感性动力,若无对立的内心或者自由就毫无意义,而自由简直与强迫不可分离。犯罪行为,若从这方面来看,即由于与威吓性惩罚相背,与法律通过这种威胁所设立的感性动力相背,就需要**规定**之事,则这种规定之事叫做感性之事,而人们会说,它是犯罪源出于此的感性刺激;但从这方面来看,即行为是意愿,还有行为中的可能性,即放弃法律的感性动力,则行为显得自由,不能略去任何观点,无论那种规定性还是这种可能性,而是一个反正连着另一个,这样,每个直接就能从其对立面中推导出来。但臆想的逻辑以为,若设定一种规定性、一个对立者,确实可以放弃、缺乏另一种对立的规定性,正如连那种逻辑也由于它那类矛盾律而根本不可能领会,在此类规定性中,就直观的使命而言,对每一种规定性来说,对立面都无所谓,而在这种放弃与否定本质中,对对立面来说,其对立面完全无关紧要,

[515]

[516]

那种逻辑更加不能领会的是,两者合起来如同与感性相对的自由、还有感性与强迫反正并非真实之事,而是单纯的意念事物和想象的本质。

可见,只要法学由此变得实证,即它依循臆想与无本质的抽象,则它诉诸经验或者诉诸其可应用于现实之规定或者诉诸健全的人类知性、普遍的想象方式甚或诉诸哲学,毫无意义。

若我们细看科学以指明过的方式变得实证的原因,并且考虑假象与臆想的原因,则结论是,原因在于**形式**,因为在理念上成为一个对立者、片面者并且仅在与对立者的绝对同一性中具有实在者被设定成孤立、自为存在,被宣布为真实之事。正是通过这种形式,直观直接[遭]扬弃,而整体遭消解,不再是整体与真实之事;实证与非实证的这种差别也就不面向内容。通过这种形式,可行的是,不仅如上所示,一种纯粹形式上的抽象

[517] 得到固着,被错误地声称为真实性与实在,而且一种真正的理念与纯正原则从纯正原则的界限一方遭错认,被置于纯正原则具有真实性的幂之外,由此完全失去纯正原则的真实性。一项原则属于一种幂,这是原则的规定性方面;但在幂自身中,这种规定性既无差异化、又实在地充溢理念而存在,由此成为真正的原则;于是这种原则作为理念,显现于作为理念形态的这些规定性中,只被认定为这种幂的原则进而被认定为这种原则的界限与制约性。但若使此原则在其制约性中变得绝对甚或弥漫至其他幂的本性之上,就使它完全脱离其真实性。德性绝对、清晰的统一在这点上是绝对、鲜活的,即无论单独的幂还是诸幂的持存都根本不可能固着,而是正如这种统一永远扩展诸幂一样,这种统一同样绝对地消灭、扬弃诸幂,在不发达的统一与明晰中自我享受,在关涉诸幂时,深信自己内在的生命而不可分,忽而通过另一种幂损害一种幂,忽而完全转至一种幂而消灭其他幂,正如这种统一根本就是由这种运动退入在其中扬弃一切运动的绝对静止。而若一部分自我组织并摆脱整体的统治,则存在疾患,开始死亡,通过这种个别化,部分负面地侵袭了整体,甚或强迫整体仅为这种幂而自我组织,——好像听从整体的内脏的活力构成特有的动物,或者肝成为主导性器官并强迫整个组织工作。所以,在德性的一般体系中可能

发生的是,例如民法的原则与体系面向占有与所有权,专注于自我,在它 ［518］
所沉醉的详尽性中自以为是自在、无条件、绝对的一种总体性。这种幂的
内容是持存的有穷性,上面也已经根据其内容规定了这种幂的内在否定
性,而在内容中可能的无差异的反映就越发不能被当作绝对之事,正如取
得与占有的体系自身、民众的财富同样不怎么能被当作绝对之事,而在此
体系中又是一个单独的幂不怎么能成为绝对的幂,无论是耕地还是手工
工场、工厂还是贸易。

　　但若单独的幂及其原则忘却其制约性,使得它及其原则蔓延到其他
幂并服从后者,这种单独的幂将变得更加正面。正如力学的原则闯入化
学与自然科学,而化学的原则又尤其特殊地闯入自然科学,在德性的哲学
中、在具有不同原则的不同时代,情况同样如此。但在新时代,在自然法
的内部操持中,这种外在的公正性反映在持存的有穷性中,因而与形式上
的无穷性获得了对国法与国际法的特别领导权,这种形式上的无穷性构
成民法原则。这样一种从属关系的形式,如契约,染指德性总体性的绝对
威严,例如,就君主制度而言,中心点的绝对普遍性、还有特殊性在中心点
中的合一忽而根据授权契约被领会成一个最高国家公职人员与国家这个
抽象概念的关系,忽而根据一般契约关系被领会成每方均需要另一方的
特定两方之事,被领会成相互给予的关系,通过完全处于有穷性中的此类
关系,直接消灭了理念和绝对威严;民法契约直接面向主体的个别性与依 ［519］
赖性,就国际法而言,若要按照民法契约的关系而规定绝对独立自由的诸
民族的关系,本身也是矛盾的,这些民族是德性总体性。所以,国法本身
也可能关涉绝对个别性,意欲作为完美的警察完全充溢个别性的存在,如
是消灭公民自由,这会是最为严厉的专制;正如费希特乐见①个别性自身
的一切行为与存在为与其对立的普遍性和抽象所监督、所知、所规定。道
德原则也可能染指绝对德性的体系,意欲立于公法、私法还有国际法之
巅,——作为最强烈的专制,作为德性组织理念丧失殆尽,道德原则同样

----

① 首版:“是”。

351

会是最大的弱点,因为道德原则如民法原则一样只在有穷性中与个别性中存在。

在科学中,只能通过哲学来阻止各项原则及其体系如此固着、孤立,阻止其蔓延至其他原则及其体系,因为,部分不了解其界限,而其实必定具有把自己建构成一个整体、绝对者的趋势,哲学却在整体的理念中超乎各部分,由此既把每个部分保持在其界限内,又通过理念自身的高贵防止部分无穷蔓生;同样,在实在中,对诸幂的这种限制与在理念上的设定表现为德性总体性的历史,在德性总体性的历史中,德性总体性、在时间中

[520] 固定地在既在对立者之间的绝对平衡中上下波动,忽而通过民法略有优势来提醒国法有其规定性,忽而通过国法的优势而侵入民法,造成隔阂,如此,在部分程度上通过更有力地寓于其中而在一段时间中使任何一般体系复苏,部分程度上在大家分离时,提醒大家有时间性与依赖性,——德性总体性也由此消灭其蔓生、其自我组织,即它突然在各契机上将其蔓生与自我组织全部弄乱了,将其表现成纳入自身中、从统一中再生,借助提醒有这种依赖性,若其蔓生与自组织意欲自为存在,则借助它们的虚弱感再将其扫地出门。

法学实证性的这种特征涉及那种形式,通过此形式,一种幂设定自己孤立、绝对;诸如宗教还有其他不管什么,连任何哲学科学也可能遭这方面颠倒、污染。但我们也须从质料方面来观照实证。因为虽然无论我们适才称为实证之事,还是我们现在视如质料之事,两者均处于特殊性中,所以,我们适才还是观照了普遍性与特殊性、规定性形式的外在联系,现在,我们却观照特殊性本身。

而在此方面,我们须首先关心依其质料可能被设定成肯定之事,使其免遭形式主义;因为形式主义撕裂直观及其普遍性与特殊性的同一性,使对普遍性与特殊性的抽象彼此对立,而它可能从那种空泛中排除、却归入对特殊性的抽象之中的事情,由它视为肯定之事,而不考虑,通过这种对

[521] 立,普遍性与特殊性一样变成肯定之事,因为如适才所示,普遍性通过对立的形式变得肯定,它在那种抽象中以对立的形式存在。但实在反正是

普遍性与特殊性的同一性,而因此不可能发生那种抽象,不可能把通过抽象而形成的对立者之一、把普遍性设定成自在存在者。总之,若形式思维合乎逻辑,则若它把特殊性领会成肯定之事,则它必定干脆毫无内容;在形式思维的纯粹理性中,必定完全取消任何多数与可区分性,根本无法预见的是,栏目与章节怎么会勉强占多数,正如那些人把机体的本质领会成对生命力的抽象,其实必定把肢体、大脑、心脏与所有内脏领会成特殊之事、偶然之事与肯定之事并略去。

正如一切鲜活之事一样,连德性也干脆是普遍性与特殊性的同一性,所以,它是个体性与形态;它具有特殊性、必然性、关系,亦即相对同一性,但无差异化、遭同化,但它由此在相对同一性中变得自由,而这种德性可由反思视为特殊性,是既不对鲜活个体作肯定之事亦非与鲜活个体对立之事,由此与偶然性、必然性相关联,但是鲜活的;这个方面是德性的无机本性,但在形态与个体性上无机化了。我们只说最普遍之事,一个民族特定的气候及其在形成一般种属时的时期就属必然性,而这种必然性广为分布的链条中只有一环适逢该民族的当下,根据前一方面可以从地理来领会此环节,根据另一方面可以从历史来领会它。但德性个别性加入此环节,而该环节的规定性不涉及德性个别性,而涉及必然性;因为民族的德性鲜活性恰恰在于,民族具有规定性存在于其中的形态,但并非作为肯定之事(根据我们迄今对该词的用法),而是绝对与普遍性一致并且通过普遍性而复苏。而这方面之所以非常重要,也是为了要认识到,哲学如何教人重视必然性,既是因为,哲学是一个整体,只有浅见依循个别性并将其鄙视为一种偶然性,这方面之所以重要,也是因为哲学如此扬弃关于个别性与偶然性的观点,哲学指出,这种观点并非本身妨碍生活,而是由于生活让这种观点保持按必然性而有的面貌,可同时使它摆脱必然性,这样生活就充溢在这种观点中并且使其复苏。对水这种元素而言,动物有一部分无机化了,而对空气这种元素而言,另一部分动物无机化了,因此,水、空气是单独的元素,前者对鱼而言、后者对鸟而言不怎么是正面之事或者无生命之事,德性以此形式在这种气候中、在此时期加入一种特殊而

[522]

353

普遍的文化,这种形式同样不怎么是这种文化中的正面之事。正如生命的总体性在珊瑚虫的本性中,也在夜莺与狮子的天性中,世界精神在任何形态中都有其或模糊或发达但绝对的自信心,在任何民族中、在习俗与律令的任何整体中均享有其本质和它自身。

这个阶段对外同样有根据,这种外在方面属必然性自身,因为即使在对必然性的这种抽象中,通过理念又干脆扬弃了个别性;珊瑚虫、夜莺、狮子阶段的这种个别性是一个整体的幂,而在此关联中,它得到重视。超乎各阶段之上的是总体性这种理念,它却反映在其所有支离破碎的图景中,在其中直观自我、认识自我;而开阔图景的这种总体性是把个体证明为持存者。因此有形式上的立场,这种立场使特殊性的形式达到个体性并扬弃特殊性在其中变得实在的那种鲜活性,但经验性立场在设定一特定阶段实在之处要求更高的阶段。更高的阶段,即使处于其发达的实在中,而且在经验上,也同样存在;植物生命更高的发展在珊瑚虫中,珊瑚虫更高的发展在昆虫中,诸如此类。只有经验非理性声称在珊瑚虫中看出经验性地展现昆虫的较高阶段;珊瑚虫若非珊瑚虫,依旧无非是这块特定的、与我有经验关系的无生命质料,这块质料因此无生命且是质料,即我会设定它是一种落空的可能性,即成为他者,死亡就是这种空虚。若绝对没有经验联系而只关心更高展示,则会发现更高展示,因为按照绝对的必然性,必定存在更高展示。如采邑制可能显现为相当正面之事;但首先从必然性方面而言,它并非绝对个别之事,而是不折不扣处于必然性的总体性中;但对内,与生命本身相逆,采邑制是否正面,关键是民众在采邑制中作为个别性而真正组织起来,充满那种体系的形态并鲜活地充溢其间,无论这些状况的律令是否习俗。比如,若一个民族的禀赋根本就较低,是一种较弱的禀赋——而德性的虚弱在不开化、在形式文化中最严重——,若该民族让另一民族战胜自己,不得不失去其独立性,也就是较之斗争与死亡,宁要丧失自主性的不幸与羞辱,若该民族如此粗野地堕入兽类生活的实在,使得它根本不会使自己抬升至形式同一性、抬升至对一种普遍性作抽象,也就是在规定关系用于自然需求时,不能忍受公正的关系,而只能

[523]

[524]

忍受人格的关系,——或者普遍性的实在与公正的实在丧失一切信仰、一切真实性,而实在无力在自身中感受、享受神性图景,而是不得不将神性图景置于自身之外,为此图景而不得不将就于一种模糊的感觉或者相当痛楚的距离感与崇高感,则采邑制与受奴役具有绝对的真实性,而这种关系是德性唯一可能的形式,因此是必然的、公正的与有德性的形式。

从整体的这种个别性出发并从一个民族的特定性格出发,也就可以认识绝对总体性加入其中的整个体系;可以认识到,宪法与立法的所有部分、德性关系的所有规定如何干脆受制于整体并且构成一个体系,其中不曾自为先天地存在过联系、装饰,而是每种联系、装饰均经整体而生成并且臣服于它。在此意义上,孟德斯鸠不朽的成就基于对各民族个别性与性格作直观,若他未自我抬升至最鲜活的理念,反正还是并非从所谓理性演绎出各项安排与律令,亦非由经验概括出它们、然后上升至普遍性,而是如对国法各部分较高的关系一样,对民法关系较低的规定也仅由整体及其个别性的特征自上而下地加以领会,直至遗嘱、婚姻法等等,凭经验 ［525］的理论家臆想从理性认识关于其国家、法的体系的偶然性并使其脱离了人类知性或者也脱离了一般经验,孟德斯鸠就此以他们可以领会的一种方式对他们表明,特定律令所源出的理性、人类知性、经验并非先天的理性与人类知性,亦非会成为绝对普遍经验的先天经验,而仅是一个民族鲜活的个别性,这样一种个别性,其至高规定性又可以从一种较普遍的必然性来领会。

正如上面在关涉科学时所指明的那样,任何单独的幂都能得到固着而科学由此可能变得实证,所以,德性个体或者民族所声称的必定恰恰是这点。因为根据必然性,总体性必定在个体身上表现为支离破碎的规定性的持存,而个体当下被置于链条的单个环节下,后者必定消逝而另一环节必定出现。由于个体以此方式成长,一种幂更强烈地凸显,而另一种幂退隐,所以会发生的是,在另一种幂中组织起来的各部分发现自己遭淘汰、已死。这种分裂中,一些接近新生命,但另一些落脚于一种规定性的阶段上,它落后并看见生命飞逝,这种分裂仅由此才有可能,即固着一个

阶段的规定性且在形式上使之绝对。给予特定的习俗以法律形式且法律
形式是普遍性或者是同一性的负面绝对性,法律形式给予一个阶段的规
[526] 定性以自在存在者的假象;而若一个民族总体人多势众,则该民族在那种
规定性中组织起来的部分也大,而在法律中高于规定性的意识对新兴生
命的无意识者具有巨大影响。习俗与法律合一时,规定性并非肯定之事;
但正如随着个体的生长,整体并非均匀地进展,所以,法律与习俗分离,联
系诸环节的鲜活统一弱化了,正是在整体临在时,不再有绝对的关联和必
然性。此处,个体也就不可能由自身得到认识,因为其规定性没有它所解
释并使人领会的生命;而由于新习俗同样开始以法律来领会自身,所以法
律之间必定索性出现内在的矛盾。如前所述,历史只是观点的一个方面,
而且必然同时是自由的,而此处,必然性就与自由不再合一,就此而言,完
全归于纯粹的历史;在当下没有真正鲜活根据之事,其根据在往昔,亦即
要寻找一段时间,其中在法律中固着、但夭亡的规定性是鲜活的习俗并且
与其余立法协调一致。但恰恰为此认识目的之外,对法律和安排作纯粹
历史性的解释,其作用就不够了;若通过其作用,要证明只在往昔生命中
具有真实性的法律适用于当下,其作用将逾越其使命和真实性。相反,对
法律作这种历史性认识只会指明法律的根据在失落的习俗与夭亡的生命
中,这种历史性认识恰恰证明,若法律的确还通过法律的形式并由此具有
威力与权力,即尚有整体的诸部分有利于整体的利益而诸部分的定在与
整体相连,则法律现在于鲜活的当下缺乏知性与意蕴。

[527] 但为了正确区分无生命、无真实性之事与尚鲜活之事,应提醒人有一
项差别,它可能为形式观点所忽略而它必定阻止的是,本身负面之事,被
当作鲜活的律令,也就是本身负面的律令的统治被当作组织的复苏之在。
因为对整体的统治权而言,律令剥夺了各项规定性、各个部分,从各项规
定性、各部分中排除了整体的权力,建构个别性在整体性中的例外,律令
本身是负面之事、是开始终结的征兆,负面与例外生成得越多,而着手作
此剥离的律令对建构整体统一的律令而言过于强势,这种终结对生命而
言就越来越有威胁。须算作正面、逝去之事的也就不仅是完全属于往昔、

不再有鲜活当下而仅有非知性的威力,而且因为它没有内在意蕴而存在,所以具有肆无忌惮的威力,而且这种事没有真正实证的真实性,这确定了负面、与德性总体性脱离、分离;前者是逝去生命的历史,后者却是对当下终结的特定想象。所以,在一个松散的民族中,比如却是在德意志民族中,法律可能看似具有真实性,若不区分,它们是负面、分裂的法还是真正正面、统一的法。把一个整体组织起来的法仅对往昔具有意义,关涉早就作为夭亡的外壳而蜕去的一种形态与个别性,这些法律只还对诸部分有兴趣,由此不对整体设定鲜活的关系,而是设定对整体而言异己的权力与统治,而其中呈现出鲜活纽带与内在统一的那种事,作为适合其目的的手 [528] 段,不再具有丝毫适当性,也就是这种手段既无知性亦无真实性,因为手段的真实性在于,它与目的相应,通过整体中这种最内在的非真实性,也就会发生的是,在一般哲学科学中,在德性中,同样在宗教中,鲜能再有真,——消解就直接以此自我规定、自我巩固,在负面体系中自我设定,因此产生关于认识、法律在形式上的假象,认识与法律内在的本质是空无。若这样一个民族的认识与科学表现为,理性一无所识、一无所知,只存在于作为逃遁的一种空洞自由中,存在于空无及其假象中,则负面立法的内容与本质是,无法律、无统一、无整体;那头一种非真实性就是无意识、无拘无束的那种,这第二种非真实性却是无理要求有形式并以此自我巩固的那种。

并非哲学因为特殊性是一种特殊性而将其当作一种正面,而只是由于在整体的绝对关联之外,特殊性作为一个特有部分争得独立性。绝对的总体性作为必然性在其每一幂中自我妨碍,在幂上使自己作为总体性而产生,就在彼处既重复先前诸幂,亦预先推定后续诸幂;但诸幂中一种是最大的威力,总体性以此幂的色彩与规定性来显现,而非对生命而言成为限定性之事,虽然此事少得如同水之于鱼、空气之于鸟。同时必然的是,个别性会有进展、变形,而属于统治之幂者会弱化、逝去,以便必然性的所有阶段借助个别性来显现自身;但过渡时期的不幸是,新的形成物的这种强化并未绝对地涤除往昔之事,正是在这种不幸中有正面之事。而 [529]

自然虽然在一特定形态内以均匀的、却并非机械单调的运动,而是以一式加速的运动在继续,却也享有它所争得的一种新形态;它如何跃入此形态,也就如何在其中盘桓。正如炸弹在达致顶点时猛击,然后在顶点有一瞬间静止,或者如加热的金属不像蜡一样软化,而是一下子迸为溶液,盘桓其间——因为现象是过渡至绝对对立者,也就是无穷的,而对立者如此脱离无穷性或者脱离自己的空无是一种飞跃,而新生力量中的形态意识到其与一个异己者关系之前,其定在先是自为存在,——增长着的个别性也是既乐于那种飞跃又有一阵子享有个别性新形式,直至它逐渐对负面开放,即使在其没落时也是突然失效。

　　若德性的哲学教人领会这种必然性,教人将这种必然性内容的关联及内容的确定性认定为与精神绝对相连,认定为精神的鲜活躯体,德性的哲学与形式主义对立,形式主义把它能够归入特殊性这一概念之事视为偶然、无生命,则德性的哲学同时认识到,无论其形态是什么,个别性的这种鲜活性根本就是一种形式上的鲜活性;因为属于必然性之事的局限性,虽然被绝对纳入无差异,也只是必然性的一部分,并非绝对总体的必然性自身,也就是始终是绝对精神与其形态不一致。由于此绝对形态,德性哲[530]　学却不能遁入世界主义的无形态,亦不能遁入人类权利的空泛、多民族国家、世界共和国相同的空泛,作为空泛,这些抽象与形式恰恰包含德性鲜活性的对立面,按其本质对个别性是新教的、革命性的,而是德性哲学为了绝对德性的崇高理念也必须认识最美的形态;而因为绝对理念自身是绝对直观,所以,随着它的建构,也直接规定了最纯粹、最自由的个别性,精神以此个别性完全客观地对自成形态的自身作直观,并且完全不由直观回归自身,而是直接把直观自身认定为自身并且正是由此成为绝对精神与完美的德性,完美的德性同时按上面介绍的方式防止自己与负面有纠葛(因为正如由事情自身看出的,我们迄今称为正面之事,就本身来观照,是负面),使自己作为客观的、作为命运与负面对立,它有意识通过牺牲自身的一部分而把一种权力、一个王国让给负面,由此维持自己的生命,与后者撇清关系。

附　　录

教授资格论文论纲^①

[1801 年 8 月]

1. 矛盾是真理的规则,无矛盾是错事的规则(Contradictio est regula veri,non contradictio falsi.)。

2. 三段论是唯心主义的肇始(Syllogismus est principium Idealismi.)。

3. 正方形是自然的法则,三角形是精神的法则(Quadratum est lex naturae,triangulum mentis.)。

4. 在真正的数学中几乎无处可补充(除了为对偶的统一),且无处可取走(除了三位一体的对偶),且无处给作为总和的三位一体,且无处给作为差异的统一(In Arithmetica vera nec additioni nisi unitatis ad dyadem, nec subtractioni nisi dyadis a triade neque triadi ut summae,neque unitati ut differentiae est locus.)。

5. 正如磁是自然杠杆,行星对太阳的重力是自然杠杆(Ut magnes est vectis naturalis,ita gravitas planetarum in solem pendulum naturale.)。

6. 理念是对无穷与有穷的综合,而全部哲学由理念构成(Idea est synthesis infiniti et finite et philosophia omnis est in ideis.)。

7. 若无理念,无怀疑主义的理念,批判哲学则不完善(Philosophia critica caret ideis et imperfecta est Scepticismi forma.)。

8. 要求理性之对象、批判性哲学所主张之事,正摧毁了该哲学,是斯

---

① 首印:耶拿,普拉格尔出版社,1801 年版《所呈博士论文〈论行星轨道〉论题》(*Dissertationi philosophicae De orbitis Planetarum praemissae Theses*…);参见罗森克兰茨:《黑格尔生平》,第 156 页以下。

宾诺莎主义的肇始(Materia postulati rationis,quod philosophia critica exhibet,eam ipsam philosophiam destruit,et principum est Spinozismi.)。

9. 自然状态并非不公,所以不可抛弃(Status naturae non est iniustus et eam ob causam ex illo exeundum.)。

10. 伦理学所依据的是对所言表示敬重(Principium scientiae moralis est reverentia fato habenda.)。

11. 德性既意味着对自己行为负责,也意味着负责成为他人行动的对象(Virtus innocentiam tum agendi tum patiendi excludit.)。

12. 无前提的道德与德性难以协调一致(Moralitas omnibus numeris absoluta virtuti repugnat.)。

罗森克兰茨关于神性三角残稿的报告① [534]

[1804 年]

　　至于体系的最初形态,我们对它只能从它所留下的一些神秘废墟来作不充分的想象。最有可能的是,黑格尔并未将这些尝试中的任何一次完全做完,因为在写作过程中,想象的形式与纯粹思维的形式过于**不相称**。不过还是余下述及**神性三角**的可观残稿。当时经弗朗兹·巴德尔以其著作《论毕达哥拉斯正方形或世界四方》(蒂宾根,1798 年)又使这种呈几何图形的想象方式得到激发。连浪漫派哲学家雅各布·伯麦也以其《上帝的本质和三要素》恢复名誉。黑格尔在其形成物中也用这种形式。由于他却意欲以学术的严肃态度来充溢其形成物,而不仅以神秘的儿戏为其形成物沾沾自喜,他就必定根据形成物的几何规定性,如同恰恰根据会在其中成为最独特之事而毁灭形成物。因此,余下的无非是对自我作三重区分的统一这个概念。黑格尔的辩证法精神不满足于**单一的**三角。为表达理念的生命,他建构**关于三角**的一个**三角**,他使自己以此方式**穿行**于这些三角,即每个三角不仅忽而成为**极值**、忽而成为**中点**,而且每个三[535]角必定也在自身中以其每一**边**经历此过程。但作直观时,如此严厉、极端,为了还是维持统一在理念上的温和性、被想象成三角形、各边的差异的畅达性,他合乎逻辑地进展至进一步的鄙俗,把总体性表示成三角及其过程之上的**四角**。在写作过程中,他却似乎疲倦了;至少他在构思**动物**时

---

　　① 选自卡尔·罗森克兰茨:《黑格尔原始体系,1798 至 1806 年》,文学史袖珍书,编者 R.E.普鲁茨,(1844 年)第 2 期,第 153 页以下。——插图由 F.霍伊瑟曼首次发表于《精神疗法中央刊物》第 11 期(1938 年),第 359 页。

363

中断了工作。此残稿有趣之处尤其在于笨拙的形式与生动的辩证法内容之间强烈的冲突。这必定向黑格尔证明,不可能不强词夺理、不带杂乱的不充分想象而用不合逻辑的规定性来阐述真适用于认识。

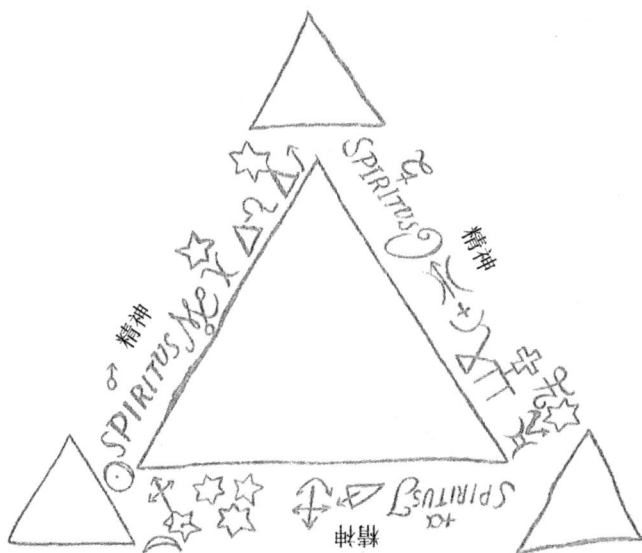

[536]　　　就此而言,此著作对黑格尔而言或许是最为可怕、同时最富有成果的努力。他通过在伯尔尼的工作从痛恨基督教所作多种多样的歪曲中又挣扎至信任基督教及其基本观念。他就意欲以关于诸三角的三角来**领会三位一体**。他现在不想把那种观念当成无理性而断然拒绝,在那种观念中,信仰历经几百年而崇拜其至高的财产。熟悉德国中世纪神秘主义者及其深奥的语言加剧了这种倾向。在瑞士时期末期,在黑格尔的草稿中就可见从**爱克哈特**大师和**陶勒**处所作摘录,他从文学报上抄写这些段落。但由于他探讨**灵知**,**圣灵**概念就作为那个概念向他拥来,因为它是**总体概念**,它其实逃避一切**想象**。在教会想象的演替中,起初看起来圣灵从属于圣父、圣子,后两者按想象的表达**散发出**圣灵。不过,教会自身明确承认圣灵与另两个所谓神性位格具有**相同的**独立性与永恒性。圣灵才是统一,若无此统一,圣父与圣子的差别就会无意义,或者若这种差别有意义,

也必定会导致二元论。因而，为了阐述位格**调和的相互性**，黑格尔辗转于最为奇特的表达中。此时，他也使用了圣父、圣子与圣灵的**王国**这种教会公式化语句，他后来在其宗教哲学中保留了此公式化语句。依他之见，对上帝这个概念而言，**爱**会是较为适当、较易懂的表达，但**圣灵**更为深刻。

"在圣子身上，上帝认定自己**是**上帝。他对自己说：我是上帝。在自身中不再是负面之事。此中，对上帝的自我意识作区分、上帝丰富的自我意识与上帝单一的自我意识和解，而圣子王国也完全是圣父的王国。上帝的自我意识并非圣子的一种内省、一种异在，亦非与单一的上帝有不同的内省，而是在圣子身上的直观是把圣子视为**其自身**，但使得圣子依旧是圣子，如同未作区分之事同时是已区分之事；或者宇宙扩展的王国不再有自为之在与自己相对，而是其自为之在是皈依上帝，上帝是上帝转入自我，为圣子的庄严而喜悦，他把圣子视为他自身。**尘世**在自身中之在不再是纯粹的自为之在、**恶**，尘世以此也不再是一个混合物。圣子直观尘世，在其庄严上与他相对的是上帝自身的庄严、回顾、回归上帝。而对圣化的尘世而言，这种**上帝的自我意识**是圣灵，圣灵从上帝身上表露出来，在圣灵中，尘世与上帝、圣子**合一**。这种圣灵在此是回归圣父的圣子与圣子在自身中或者在壮丽宇宙中存在之间永恒的中间人，圣子现在完全只是**合一**。包罗万象的圣灵的单一性现在折中，而现在不再区分；因为尘世作为上帝的自我意识现在是圣灵，尘世却也是上帝将其视为自己的那个永远的圣子，而两者是**一种统一**，是上帝对自身的认识。诸三角的神圣三角就这样闭合了。第一个三角是上帝的理念，它在其他三角中得到详释，通过其他三角而回归自身。"

"这**首个**三角同时只是绝对统一的三角的一边，在这**首个**三角中，只有神性与自身交互直观、认识。正是在神性理念中，统一的纯粹之光是中庸，而统一的那个方面同样是光线纯粹外射、纯粹衍射回自身。"

"在**第二个**三角中，上帝的直观走向一方。他与恶发生联系，而折中是两者混合的**糟糕之处**。但此三角变成**四角**，原因是纯粹的神性超乎其上。四角的不幸却也不允许它依旧是此四角，而是不得不突变成其对立

[537]

[538]

者,圣子必定经历尘世、克服恶,而由于他作为胜利者走向一方,另一方必定唤醒上帝的自我认识作为与上帝合一而存在的新认识、作为圣灵:由此,中庸变成一种美好、自由、神性的中庸、**上帝的宇宙**。这第二个三角由于存在于分离中,自身以此成为一个**双重**三角,或者其两方面每一方都是一个三角,一个三角是另一个三角的颠倒,而中庸在历史的这种运动中是绝对统一那种创造一切的力量,中庸超乎第一个三角,将其纳入自身,在自身中变成另一个三角。但可见之事是两个三角,中庸却只是在内部起作用的不可见势力。”

“但通过第二个三角的第二个三角,直接形成了**第三个三角、由一切回归上帝自身**、或者理念倾注在一切之上。曾只是混合之事,是通过这种圣灵与上帝绝对合一,而圣灵如何在上帝身上认识自我,此事也同样在上帝身上认识自我。”

这种三角形建构就还由黑格尔专门引领着穿过自然,不过经常离开预设的想象、带有对纯粹逻辑性名称、形象名称的奇特混合。**太阳**被称为其体系的**负面统一**。**地球**据说会制造空气与水的对立,而且它们并不**懒散地**避让,而是借助自身表示对立者并且自毁,空气用水自肥,水用空气自肥,而同时,两者都由此**紧张**至**突变**,每个都转成对立者,诸如此类。即使在以后的岁月里,黑格尔偶尔也使用三角形图式。

[539]

黑格尔札记格言选①

[1803—1806 年]

伯特格尔②**言说传说拼凑者**保萨尼阿斯,言说嚼舌头的法玛;但他是夫子自道。

一长串洛克里人因为淡漠的男童而自缢。**希腊的娈童恋仍鲜有人领会**。其中有对妇人高贵的鄙弃,表明会新生一个神。③

一方若分崩离析,就存在了。新教就如此,据说其差异现在于教会合一的尝试中重合;证明它不再存在。因为在分崩离析中,建构起内在差异作为实在。新教产生时,天主教的一切分裂都停止了。现在,基督教的真实性始终得到证明,不知为谁;因为我们可是与土耳其人无关。

"烟斗戳上脸或放入容貌。"这不是诗吗? 烟斗所面向并在其中显现的相当个性之事,在此完全客观地被设定成并非主观之事,其后还会隐藏 着什么,如墙上一张画,——而用来与烟斗相连的手也同样。我从乏味的商人处听说了那种表达。

---

① 载于《柯尼斯堡文学报》1842 年第 31 期(5 月 4 日)、第 32 期(5 月 11 日)、第 38 期(6 月 22 日)、第 42 期(7 月 20 日)、第 43 期(7 月 27 日),标题为《警句》,由卡尔·罗森克兰茨通报;后来(选)载于罗森克兰茨的《黑格尔生平》,第 537 页以下:《耶拿时期格言》。
② 卡尔·奥古斯特·伯特格尔,1760—1835 年,作家。
③ 此格言只在首印时有,在《黑格尔生平》的文献附录中没有,参见第 592 页编辑说明。

现在什么不叫科学！"梯形建造师或者整个梯形建筑术。"泥炭建筑、造烟囱、养牛等等如此成为科学。

佐默的中篇小说第 391 页"屈服的男童"。这难道不是希腊人的**不定过去时分词**(**participium aoristi**)吗？

经验。**烛光**投下的阴影，由晨间的**日光**照亮，变**蓝**；日光投下的阴影（较弱，而为了让它形成，人不得不离开光线），由烛光照亮，变**红**。烛光投下的阴影始终极近光线，对着淡绿闪烁。

论历史逻辑。得到确信的是，我们判断：金子是黄色的。这种确信是或然的。但并非同样或然的是，我们推断：人都会死，卡尤斯是个人；他就会死。我至少从未想过如此无聊的玩意。应该在内部行事，而我们对此没有意识。不过，在内部发生许多事，如尿形成还有更糟之事，但若它变得外显，我们就掩鼻。作此类推断时同样如此。

旧时的德国人本来曾是一个快乐的民族。尤利西斯一生都是严肃的，德国人把可敬的尤利西斯变成幼稚可笑的恶作剧者，把似神的喀耳刻变成猪，借助喀耳刻以涅默西斯的身份露面。近人或多或少做相同之事，不过更严肃。往昔，该民族曾是对那些似神者的**讽刺**，现在这些近人却是对严肃的处理者与领会者的讽刺。

[542]

曾有过一个诗意的天才时期，当下**哲学的天才时期**似乎亦如此。把一些碳、氧、氮与氢捏合起来，插进他人划有极性等等的一张纸，用虚荣等等的笨拙之辩把火箭射入空中，他们以为是表现积脓，**格雷斯、瓦格纳**①

---

① 约翰·雅各布·瓦格纳(1775—1841)凭借谢林的推荐于 1803 年成为维尔茨堡的哲学教授。

之流即如此。最粗略的经验连同关于质料与各极的形式主义,饰以无理性的类比和醉醺醺的闪念。

农妇生活于其最好奶牛莉泽的圈子里,然后是黑奶牛、花斑母牛等等的圈子里;也生活于其小子梅尔滕,还有其闺女乌尔舍尔等等的圈子里。如此亲密之事对哲学家而言是无穷性、认识、激动、感性律令等等。而对农妇而言,其逝去的兄弟、伯父、叔父、舅父意味着什么,对哲学家而言,柏拉图、斯宾诺莎等等也同样意味着什么。一个与另一个同样具有现实,柏拉图、斯宾诺莎等等却在永恒性上胜出。

在流浪汉处,人已经处于科学中。彼处离**父亲,我犯了罪**(pater peccavi)不再遥远。

是否只有德国妇女让法国女人给自己定律令? ——女士,您表示反对,说连德国男子也是,而且引证**帝国代表史**。——您不了解这段历史?哦,那我得给您讲讲。法国人让德意志帝国确信,德意志帝国要与他们开战。除了一些一文不值的市侩外,德意志帝国虽然未动武;但法国人保证过此事,而因为法国人保证过此事,人们就不得不遭抢劫一空。后来德意志帝国从报上获悉——我们在餐桌上读报纸,您可以想象,这说的是德意志帝国,引起怎样的喜悦——和平了。但为了让德意志帝国知道,如何有了和平——法国人是有礼貌的人——他们就特意派遣一名使节前往德国,将此告诉德意志帝国。毋庸置疑,此人还带了一人。此二人保证此事时,德国人是正派人——从两名见证者的口中,真相大白——当然相信此事。连他们也是有礼貌的,对此感激不尽。[543]

若绝对者失去平衡,从其来回漫步的地盘上落水,则它变成鱼、一个有机者、鲜活者。若它现在同样失去平衡而落入**纯粹思维**——因为连纯粹思维也不会是其地盘——则它会注入其中,变成糟糕之事、有穷之事,若非因公,人们对此其实该羞于言及,而且因为无可否认的是,有逻辑存在。水是如此冷而糟糕的元素,而对生命而言,在其中还是如此舒适。难道思维会是糟糕得多的元素吗?绝对者会在其中感觉如此糟糕并且也在其中表现糟糕吗?

在德国,总是使**健全的人类知性**免遭所谓**哲学僭妄**。徒劳,因为即使哲学把一切让给哲学的僭妄,则对哲学的僭妄也无甚益处,因为它们没有健全的人类知性。纯正健全的人类知性并非农民式的粗鲁,而是在带有

[544] 教化的规定性的文化界自由地、强行即刻寻求真实性,然后直接成为卢梭式的悖论,他用原则来表述其与规定性、还有与教化自身的矛盾,或者纯正健全的人类知性作为经验、理智判断、诙谐,如伏尔泰或者爱尔维修一样。德国贵族可能也有健全的人类知性,但正因此,他们完全需要它,而没有证明可能需要它,因为那些哲学的僭妄止步了。

人们一向就不指责**维兰德**有悖论,他提出佯谬的命题,即懂点人们所论述的质料会有益,而人们发现该命题经过检验。

愚人吃一堑长一智,智者则吃百堑仍不敏。

别当瞌睡虫,而要始终警醒!因为若你是瞌睡虫,你就又盲又哑。但若你警醒,你就见到一切,告诉大家此为何事。这却是理性、是掌控世界。

提图斯和韦斯巴芗的钱币上有:蕴含神性(ϑειότης)、**罗马永恒女神**(**aeternitas**)(**蒂蒂 Titi** 等等)寻常之事。也已经有了**皇帝万岁**(**Aeternitas Augusti**)。皇帝称号:**万岁陛下**(**Aeternitas vestra**)。永恒的生命(Αἰώνιος βίος)也因为历朝历代托勒密而出现在罗塞塔石碑上;否则也只有永恒性(αἰώνιος)。这个永恒性的(αἰών)似乎通常只为新约特有。

可以告诉肆无忌惮者,良知是道德之灯,它在善途上闪耀;若走上恶途,则吹灭之。

他者并入整体（**In omnia alia abeunt**）,借助其对主观性的否认而会 [545] 思考、假定证实之事、真实性。其主观的不安无力做到认识上的从容不迫。它们不受管教。

在施瓦本,人们言说早已发生之事:已经久远得真假莫辨了。所以,基督早就因我们的孽而死,久远得真假莫辨了。

不再有很多人去舞会、公共场所、剧场。**家人携手,回归良俗**（**On s'assemble en famille, on revient aux mœurs**）。这些**良俗**（**mœurs**）是空泛枯燥的公共性、是道德性。

对下流而言,只有道德性才可能作为与德行的关系。如卡尔·莫尔,由于父亲与情人故去,他完全绝望地通过道德行为来自罚:"人还有救。"真正的悲剧是道德性。对我们而言,它同时是感伤的。

科学的真实性是照耀一切、令一切愉悦的一道素净之光以及一丝温暖,一切在这种温暖中同时发芽生长,把内在的珍宝分解于生命的绵长之中。卡帕纽斯是**闪念**,他以不足道的糟糕方式在形式上毁灭性地仿造这道天火,无力获致既有的生命。

若有人了解毕达哥拉斯定律并且说:它既不能吃也不能喝;另一人说:这对我何用? 关键是要用于生活;我得发现我的总体性表现在其中;第三者说:从中不会得出用益、至理名言适用于道德生活;——则这一切都是一码事,但我们这样尊重这种表达,称第一种为农民式的蠢笨,第二 [546] 种为健全的人类知性,第三种为热心于人类的道德兴趣。

小步舞背后有如此多玄机！14 年前，巴黎最著名的舞蹈教师马塞尔欣喜不已地如是说。当今舞者说法有异，**须有舞德**，他们并非戏言。(Que de choses dans un menuet! s'écriait Marcel, le plus fameux maître de danse de Paris, il y a quatorze ans, dans l'enthousiasme de son art. Les danseurs d'aujourd'hui disent autrement: *il faut savoir le moral de la danse*, et ils disent cela très serieusement）。在德国，这叫作：诗。

德意志帝国是无自己行动的一个道德神物，而且它是因其体格而造成的死物（L'empire germanique est un *être moral sans action par lui même*, et il est un corps, mort par sa constitution）。德国并非君主国等等，并非**国家**，而是一个**帝国**。帝国**应**是一个概念，或者若它该是国家，它毋宁是一种空洞的观念。

《汇报》报道在柏林的**斯塔尔**夫人，王后如何跟她攀谈："夫人，我希望您相信我们品味高雅，我们对您光临柏林并未觉得受宠若惊。我早就欣赏您，盼望与您相识（J'espère, Madame, que Vous nous croyez de trop bon gout, pour n'être pas flatté de Vôtre arrivée à Berlin. Il y a longtemps, que je Vous ai admirée, et j'ai été impatiente, de faire Vôtre connaissance）。"此处的确也是惺惺惜惺惺，而且正如谚语所说，物以类聚，人以群分。

在德国对科学的探讨中，多数著作的内容只是这一项：**连我也知道**，某些地方发明了什么。比如，六百人研究了牛痘，大家都重复同一件事。他们于是因**剽窃**而起了争执，但实情是，他们**都抄袭相同之事**，如同据说福音书作者并非相互抄录，而是面前各有**一部**《福音书》。在独立的科学如哲学中，人人抄袭空泛平庸的形成物。

罗伯斯庇尔对一切给出的回答（此处有人想到这个，做了那个，想要这个或者说了那个）是：**死亡（la mort）**！单调的回答极其无聊，但它跟什

[547]

么都相配。你们想要外衣:这儿呢;还有背心:给;你们给人一耳光,这里
还有另一边脸颊;你们想要小指:砍去吧。我可以毁灭一切,放弃一切。
这样,一意孤行就不可克服,而借助它自身可以克服一切。但应予克服的
至高者恰恰会是这种自由、这种终结本身。

晨间**读报**是一种切合实际的晨祷。人们以上帝或者以世界原貌为准
来确定其对世界的态度。读报与这点一样给人以同一种自信,即知道自
己情况如何。

祈祷、劳作吧(**Ora et labora**)! 祈祷、诅咒吧! 若有人咒骂,**诅咒**还
是存在,但在宗教中,所有平素相外的这些事物都重合。尘世该死,你该
辛劳谋生! 劳作意味着毁灭世界或者诅咒世界。

有必要**完整地**研习一个哲学体系。**原则**包含一切,但也只是包含、潜
在地包含空泛的形式上的概念,并非事情自身。吝啬者捂住钱包留住万
般可能的享受,省却现实,省却享受本身之累。

哲学未作答的问题,得到如此的回答,不该如此提问。

格勒特、**哈格多恩**、**乌茨**使**德性**归于平淡:究竟有谁会热爱德性,诸如
此类。虽然我发现了,此事在德性与知性之间,诸如此类。朋友,德性并
非空名,诸如此类。可别这样! ——柏林的一个书商**尼古拉**于是虚构或
者尤其敦促**清正**。

在德国,人们何等鄙视**金钱**并且表现出来,这是美妙的特征。德国人 ［548］
悬拟它可鄙、低级得无以复加的起源。人们以称为钱串子的那些人物把
这种起源呈献在面前。据说有神话关联为根据。人们不可能把一段烤肠
或者不管什么与一种如此低级的形成方式想到一起。

庸俗思维并不作构思:此处柳树、插条旁有一棵菩提树,等等,下面有一头奶牛经过。庸俗思维并不作证明,而是努力去证明什么,证明无聊是深刻、庸俗思维的疲乏是结果。

具有一种深刻**意蕴**之事,正因如此而无所适用。

我们的后世是下一次弥撒。正如在理性中,一切都互相靠拢,在山色中,水流也在逼近。**其露面的小人物就在眼前**(Pedes eorum,qui efferent te,sunt ante ianuam)。

科学。个人可以对自己和他人保证,他是否享有科学。决定这是否为真的是周围接近者、时人,若此二者已经赞同,则还有后世。不过,意识如此在教化中提升,非常缓慢的领会变得更加顺畅、迅速,没过几年就引来了**后世**。对**康德**哲学早有指摘,而**沃尔夫**哲学坚持了50年以上。对**费希特**哲学而言,对其立场的确定来得更迅速。**谢林**哲学在本质上是什么,很快就表露出来。对它们的裁判仿佛即将来临,因为许多人已经懂得它们。不过,这些哲学并非败于证据而更多败于经验,即它们可以走到何种地步。它们盲目培养追随者,但织物越来越薄,最终,它们发现自己惊讶于蜘蛛网透明了。对它们而言,如同冰化了,水银流过手指,而它们不会知晓自己遇上了什么。它们就不会再明白,而有谁看它们用来兜售其智慧的手,见到的无非是空手,于是继续嘲笑。而那些感到寒意者仍把它们宣布成什么,这些人臆想参透了此事,因为他们还只是瞥见了此事的空无,而非其原貌。这两部分人都弄错了。而真相是,这种消失之事本身使此事至此地步。圣经的语句应验了:若我们沉默,则石头大叫。

研习科学时,首件主观之事是对自己**诚实**。怀疑一切思易、言易,但问题是,这真吗?若本质的整个本性不自我否定,则空话就是谎言,而令人吃惊的是,人对自己和他人意欲说谎、说服之事。

[549]

374

研习科学须使自己不由原则引离正道。它们是空泛的,无甚意义。似乎有特殊性者才获得诸原则的意义。原则常常也是糟糕的。它们是关于事情的意识,而事情常常胜过意识。要继续研习。首先,意识是模糊的。**千万别自称逐步领会并证明**,而是抛开书,如在梦醒之间继续读书,放弃意识,亦即放弃个别性,这是难堪的。我就如此研习了微分学等等。听说研习康德《纯粹理性批判》者亦如此。

教化中**奇特**、奇妙的著作等同于一枚炸弹,落入一座懒城,在这座城 [550]
里,大家都在把酒,极其睿智而未觉得,他们平淡无奇的舒适恰恰招致炸雷。

最为有害的是,**意欲免犯错误**。对主动犯错的畏惧是安适,伴随着绝对被动的犯错。所以,石头不会主动犯错,除了例如硝酸浇到其上的石灰。那它就完全不羁了。它真正误入歧途,沸腾,进入另一个世界。它觉得一窍不通,它毁灭了。人并非如此。他是实体,他自持。人们须放弃的正是这种僵化(因为德语很难使一个名词、一个事物、一个有节制者、有妻儿的一个未来公民成为谓项!)、这种黏滞性。**可塑性**而非本能的**不合我意**(non aridet)是真实性。只有理解学习之后到来的事情,才超乎其上。

一个哲学体系的**原则**是哲学的**结果**。正如我们阅读一出戏剧的最后一个场景、小说的最后一页或者桑丘认为预言谜底更好,一种哲学的肇始却也是其终局,而前述之事并非如此。但无人会满足于哲学的这种结局或者谜面,而是**运动**会被视为本质,通过运动才得以实现。特殊性存在于普遍性之中,哲学的反对者否认之,而他们自身从事此事,他们仅在原则上来回扯皮,因为在原则中有整体。他们拥有整体,正如他们购买了一册 [551]
欧几里得的书或者购买了成为数学家的一个奴隶,就拥有数学。人们不可能通过购买原则或者结果而获赠事情自身,仿佛还能收买。而遇直观时止步,如雅各布·伯麦,是鄙俗,正如遇原则时止步是肤浅。知识的发展并非清除那些直观,不怎么是清除原则,而是由内而外或者由外入内形成直观。**伯麦**的直观是一种更深刻的直观,比**雅科比**的信仰所显露的更深刻。那些人把此类事物当成特殊的微不足道的意见而把鄙俗置于事情自身之中,他们与认为原则并非根本者一样有错。前者使鄙俗之事的形式成为事情的本质,后者相反使成为事情的本质信仰的纯正性。(雅科比:我们生于信仰;握手;**更喜欢**门德尔松,诸如此类;如同假惺惺的虔敬派教徒握手时歪头斜眼,而不懂得说什么。)

不开化者听说弦斜边的平方等于两勾股平方的总和,他感到惊异。他以为,也可能不一样,他尤其害怕知性而停留于直观。理性舍弃知性则什么都不是,知性舍弃理性则还是点什么。不可能把知性馈赠出去。

永恒、**神圣**、**绝对**、**无穷**这些话语拔高、温暖了对此有感觉者,使其发热。正是这些神秘力量支配着他,把他牵来拽去,而它们控制他的标志是,他因它们而**自命不凡**。那是希腊人得到直观的诸神,它们对斯堪的纳维亚人而言只作为抽象、作为话语就此甚至以理念的形式存在。只有领会才消灭作为神秘力量的它们。领会与它们分离。领会不在它们的要素范围内,而是废弃它们,看透它们,是不带感情的明晰。那些**话语**提升了人,——对它们有所认识使人提升,不知胜出几何!但对它们的认识给予人、自我以自由,而提升是个体剔除的激昂或者(剔除的)感觉。

[552]

上帝,成为本性,扩展成壮丽和默默循环的诸形态,上帝意识到扩张,意识到单点性无可挽回,并且对此感到愤怒。怒气是这种形成物、这种集中到空洞的一点上。怒气发现自己及其本质被倒入无休无止的无穷性中,彼处无临在,而有无序的越界,这种界限虽然遭扬弃,它始终生成。由于这种怒气是越界,它就是摧毁本性。这种超越诸形态同样是一种绝对反省、一种生成为中心。怒气于此中将其诸形态强咽下去。诸形态整个扩展的王国不得不通过此中心点;诸形态的骨架遭压碎,其肌肉就被榨碎至此液体中。

上帝恼怒于自身处于其异在中,堕落的魔鬼固着于此,反抗上帝,而他的美使他傲慢。本性连同对其形态的意识炫示本性并夸耀本性。但本性的这种自为存在或者其作为意识的存在并非其在对自身始终冷静想象中的存在,使得意念只会是次生之事,空洞无为的空间,接受其内容,而是这种意识就是绝对活动。正是恼怒自身点燃意识中的怒火,自我消耗并耗尽了其盛气凌人的壮丽。消耗殆尽的本性以新的理想形态上升为阴曹,阴曹失去了那种最初的生命、在其生命终结后其精神的现象。这种新形态却是除恶,新形态是在中心点灼人的痛楚中坚持下来,在中心点,它在提纯后把所有碎屑留存坩埚中,这种新形态是残渣,这种残渣是纯粹的空无。这种新形态自我抬升为自由精神,后者只把本性看成精神的这种神化。 [553]

此类神话、此类直观是对**鄙俗**的直观。这些直观的形态消灭了个体,或者个体在此其实是恼怒于这种生成的、自身又持存的绝对者。因为个体在其中什么也不是。它并非正在没落,而是没落了,而为了变得绝对,那种直观尚须经历第二次过程。这第二次过程是科学或者认识,即那种自我想象、上帝的那种生平出自对自身的认识;本性在其本质上并非异在,精神恼怒于它如此失落,而是本性的直观自身是精神。个体自身是本性而对神灵的直观是一种自然的直观,看直观的内容是否就是精神。个体在耗尽自身时或在科学中给自己造就了这种道路,因为在科学中,主体的自然本质毁灭了。而不仅是把个体提升至此或者教化个体;不仅是从个体的方面来考虑、不仅是关涉个体;而且是绝对者自身的第二个循环,绝对者成为精神,第二个循环自身作为生出的总体性、作为精神、作为意识进入那种痛楚,使得精神作为意识借助作为已经生成者的自身而引起它那种生成。——对宗教的那种直观是一般宗教,而只有作为科学,它才是此事。并非在自身中走过、造就作为直观性循环的那种第一条道路,而是科学超越信仰、对信仰的直观,作为精神而自我离弃并作为精神而复

[554] 苏。那种直观的形成物、科学的发展正是此事,即那种直观始终是精神,不丧失精神,且作为这种不自我迷失的精神**自己**变成一个他者,且找回自我。知识使直观的任何契机成为在自身中的一个过程或者成为一种精神上的天性,这种契机本身是一种捉摸不透的、确定的形态,此形态不打开其内部,而是出现、行事并且通过另一行动者而消失。

糟糕的反思是对专注于**事情**有畏惧,[它]总[想]超越事情而回归自身。如**拉普拉斯**所言,分析者沉溺于算计,对他而言,任务就消失了,亦即对算计的各契机作概览,算计的各契机依赖整体。不仅洞悉个体对整体的依赖性才是根本,[而且]同样根本的是,每个契机自身不依赖整体而是整体,而这是专注于事情。

浮士德发现人类的范围过于狭隘,以蛮力犯之,为的是将它推过现实。他发现高贵者遭压制、冷落,而笨伯、无赖受敬重。他欲研究道德弊端的缘起、人与永恒的关系,人是否引领人类者,还有折磨人类的矛盾由何而起。他欲领会事物的根据、自然界与道德世界现象的秘密弹簧和安排一切**者**。

徒劳! 他匆匆登上生活的舞台,彼处德行与恶习纠缠,善源自恶,恶源自善。精神愈益迷惘。它看见必然性之链纠缠着自由的创造物,咬牙[555] 切齿于无人自主行为,它也改变不了此事。它不得不听任一切永恒发展下去,而它看不见的那种神秘威力似乎只是嘲笑它,它对此裹以深不可测的模糊态度,捉摸不透的沉默。对人的精神而言,一切都是不可捉摸的,它对自身而言是个谜。

神学提供思辨失灵之事:我何处得罪了尔等的上帝? 我只追求根据心的引领去满足人类的律令,尔等的上帝未曾付出牺牲而助尔等实现愿望,未曾抑止尔等的痛楚,受你们烦扰者徒劳地求助于他。必然性是强大无名威力之名。这是你领会的一切。屈从而死吧。

并非神灵、而是人类自身因滥用其禀赋,因错误应用其能力,因怯懦、怠惰而对一切负有责任。人滥用其幸运地得到之事、宗教、统治与科学。**最为幸运**的是,人在宁静中远离人的喧嚣活动,平淡度日,而不知人如何治于人,而不探究为何上帝在我们眼前让我们日常所见事物发生? 但人**能**这样吗? 他决定其处境、其命运吗? 他不会被裹挟进生活的漩涡吗? 这巨大的**为何**复现。

不再谴责上帝,但承认依赖上帝的人意欲知道,他为何存在。而若不能强求答案,则他还是想知道,为何自然对他半途而废,在他要求有确定性处只能让他预料。人是其命运、其使命的主人。他可以通过其作为促进、干扰道德世界的美妙进程,而从乞丐到国王的全人类是道德世界的工长。人只生发置于他身上的追求,如同可见世界的任一事物,差别只在 [556] 于,只有他的自由意志和他领会善恶的感觉使他能够奖惩。——我战胜了向恶的倾向。我的意志的纯粹性正是按理性律令行事的那种感觉,是那种信念,通过知性起作用者不可能消逝,正是那种感觉与那种信念抬升了我。——高贵者与由这些神制造的幽灵不停地作勇敢的、常常是徒劳无果的斗争:心与知性两分;崇高的梦想和堕落的兽性梦想;纯粹与崇高的感觉、英雄行为与犯罪;聪慧与荒唐;暴力与呻吟着屈服;整个人类社会连同其奇迹和蠢事、可憎之事与长处。**不过**,那种热情也许不止是空想家的梦想? 冷静的知性能证明它正确? 我们跟随那种热情,不是追求虚无缥缈、在此方面失去本质性? 是啊,正如世界如其现状般存在,此类梦想确实可以实现吗?

自然的精神:生活在我之中、与我一同生活! 我与尔等同在,对尔等不可能比我本色更加直言以对了! 花开花谢、繁茂与摧毁彼此依赖。我的友情给尔等掩去了环环相扣。我让我可爱的孩子们有了对女伴的错觉。尔等的幸福是对我的回报。幸福之泉在尔等的心中奔涌。只在彼处寻找尔等的幸福吧! 躲避在我之外寻找尔等幸福者的妄想吧!

人人意欲且以为胜过他的这个世界。有谁更佳,只是比他人更好地表述他的这个世界。

[557]　　　　哲学中寻常的**康庄**大道是,阅读前言与评论,以获得对事情的大致概念。

　　　　研习时的**终极康庄**大道是自行思考。

　　　　如此多人反对哲学体系,在一个**特定**体系上**忽视**的事态是,该体系是哲学;忽视[主要事态],如同忽视橡树是树一样。

　　　　基塞韦特发现**聋哑人**极倾向于说话押韵,而这显得几乎难以置信:他们押的韵不基于正字法,而基于声调。

　　　　用**自己**的语言言说是至高的教化要素之一。一个民族理应如此。让包括拉丁字母的洋味出局!

　　　　有人露面并提供**庸常之事**。大家欢迎他为同类并且关照他:你是我们的人,你也不会那么较真,诸如此类。

　　　　对公众而言,在哲学上,关键是宗教、失落的宗教;关键并非科学;科学后来才重要。人意欲获悉,他在这方面如何,他意欲自我满足,这是当代人类的兴趣。

　　　　如今不再说"**纯科学**",不过还是说:你**设想**一座房子边上有两根树干,诸如此类,来代替:你**想象**一下。

[558]　　　　**意念**不再那么关键。我们有的是意念,好的、糟糕的、美妙的与大胆的。而重要的是**概念**。但由于意念可**通过自身**而直接起作用,而作为概念应使人领会,所以,文风的形式由此得到改变、或许需要一丝不苟努力的一种面貌,如在柏拉图、亚里士多德处。

380

在公众身上的**效应**是一种绝对的标准,主体可能因此变得疯狂。主体做了一切;但正是这种无意识的**本能**阻碍了其**洞见**。

关于道德:其至高之事,是[要]把此心的罪责与痛楚埋葬在此心自身中,使心成为心的坟墓。

在《新约》的**奇迹**上,关键并非奇迹的**内容**,而是它是**奇迹**。有什么归因于治愈干枯的手、归因于一棵无花果树枯萎或者婚礼宾客醉酒!

补过的袜子胜过破袜子;自我意识并非如此。

研习意味着,可以把他人考虑过之事视为真。但[若][以为][以此]先就如同即刻结束伪假之事,就不了解事物。

因为宗教失落了,人们要求哲学专注于**开导**并代替教士。

哲学**术语**和寻常意识的**术语**之间的隔膜还是应予突破;不愿**思考**已知者。应该点到为止,不该真把哲学付诸实践;但若哲学转向习以为常,[559]它就真付诸实践了。

对哲学不会那么好的是,有一个**命题**或者能够言说一个**命题**:这**存在**或者**什么都不是**。

人们钦佩地引述康德,说他教授**探究哲理**、不教授**哲学**;似乎有人教做木工,但不教做桌椅、门、橱柜等等。①

———————

① 如下警句直至"喜欢施洗约翰节前夕的篝火"(第 563 页)只在首印时有;参照第 592 页编者注。

381

自然哲学的理念就是离奇、非理性。因哲学而激动只[是]一种刺激,不会获得实体性。

完美性当然处处只是一,但尤其在艺术中是重要性:不愿让立像有色;不把合唱的抒情性与人的戏剧性结合起来;如此亦不把探究哲理与诗化结合起来,总之,决心作出必要的分离并严格维持分离。

有人恐惧不安。若他们听说一个事物、一种物质或一种材料——都该是理念。——正如现在无人会用荷马的话把埃阿斯①比作驴子,学习也是在上流社会不再听见的一个词。

只有根据意识的历史,人们才通过费希特的功绩这一概念知晓,在这些抽象概括上得到什么。

[560] 柏拉图在许多哲学家处研习过,作过漫长艰苦的努力,作过旅行,可能并非创造性的天才,亦非诗性天才,而是头脑迟钝。上帝在睡梦中教训天才。他在睡梦中给予他们之事,却也只是梦幻。

东方风格:水:生命之父、云之父;蜂蜜:胜利之父;糖:痊愈之父;肉:有余之父;酒:易消化之父;面包:恩惠之父、人性之父;卧榻:欲望之父;齐特拨弦琴:游戏之父;良伴:完美之父;奶酪:旅者之父——诸如此类,名称肤浅,由于它是如此泛泛的描写,必定又按其意义如符号一样为人所知,并非自身清晰。

评论家是掘墓人。但即使他们埋葬鲜活之事,它还是得以保持原貌。

---

① 埃阿斯,希腊神话人物,萨拉米斯岛国王忒拉蒙之子;在荷马诗作中,是阿喀琉斯之后希腊最勇敢、强壮的英雄。——译者注

他们自己得学习。评判、刻画意味着扼杀,意味着表现**个体**、而非**事情**,似乎个体是鲜活者、而非**真**。秘密法庭的判官、共济会成员不过是其余的观众,自己落后。若公开奥秘,他们只与**臆想之事**有关。

时间似乎不利于哲学,因为似乎要如此费力,办得到的只是想到**超感觉**、初始;但须在最众所周知之事如水果中指明这种初始;而非对一般宗教的感觉。

> 在《熙德之歌》中写道:但哪个败者
> 　　　　　　　不抱怨不公。

哲学统治观念,而观念统治世界。精神通过意识介入对世界的统治。[561]这种意识是精神无穷的工具,还有刺刀、大炮、躯体。但它们的旗帜和它们的统帅的灵魂是精神。并非刺刀、并非金钱、并非雕虫小技是统治者。也必须如此,正如钟表有齿轮,但其灵魂是时间和使质料服从其规律的精神。伊利亚特并非杂糅而成,亦非由刺刀与大炮构成的巨著,而精神是作曲家。

比如较之于太阳的壮丽、较之于东与西,**统一**与**差别**听起来穷酸,说任一事物自身均有东与西。但对穷者宣讲的是福音,而他们会感知上帝。

自然哲学。在其中完全不撒谎之前,还将过去很长时间。——或承认此事或与此相反,厚颜无耻地坚持到底。——绝对之事:所有奶牛夜里都是黑的。——绝对的认识[是]扫除一切的大扫帚,**清理门户**(**qui fait la maison nette**)。

翁特瓦尔登州:牧人生活。精神教化没有进展,助长了怠惰习气。传道员依赖选择他们的民众,他们的生计由民众左右。这种依赖性使他们诡计多端。他们讨好无文化的群众,汲汲于各家秘密,结党朋比,扩大对乡人的控制。他们不得利用这种控制对无知狭隘者推荐偏离常例之事;没有有益的学校,只有粗鲁、粗野化。为了维持他们的影响与职位,较富[562] 裕家庭的策略需要听任那种粗野化。**无教养群众的自由变成贫困、消沉。** 教堂不乏祷告者,街道不乏朝圣者,坟墓不乏跪拜者。但同时世风日下,对遭人妒羡的富人受损则幸灾乐祸,还有诽谤、不忠、忘恩负义。纵有万般贫困,仍有经营不善、大吃大喝;小气、乞丐般的自私自利。虽乏人耕作、虽林地衰败、虽无精益求精,仍奢华日盛。

熙德之歌

秘密是妇人
对我们男人心有威力
秘密在它们之中
深藏,对我主上帝来说,
我想,他也难解。
若在那重大日子,
它将寻找一切瑕疵,
上帝审视妇人之心,
他或认为大家
该罚或均无过错;
她们的心如此纠结。

在卢塞恩,圆帽逾18英寸一般因奢华误国而遭禁!

在探究哲理时,无物可作想象。有时有一幅图景,人以此图景为准。亚里士多德的白板(Tabula rasa)偶然作权宜之用。人人对亚里士多德所知仅此而已。他的灵魂概念的本质并未得到表达。

路登记述关于胡戈·格劳秀斯的故事:第 231 页:当时有人传谣,国王(古斯塔夫·阿道夫在吕岑之役后)还活着;他有充分的理由散布其死讯。格劳秀斯说, 这些**滑头**(homines acuti) nos velut crassos, qui mortuum mortuum credimus, irrident. Hoc est Germaniae acumen。①——同样,若哲学家评判一个国家或诸如此类,说它死了,这就意味着,它可是还活着,帝国议会等等。**日尔曼尼娅的幽默**(Hoc est Germania acumen)! [563]

神灵在**艺术品**中,无论在糟糕的还是在优秀的艺术品中都受膜拜。对神灵的敬畏、对个人的毁灭充溢在这种聚合中。但不久,神灵放松了,环顾四周鲜活者,恢复了生机感。它们认定自己是生命,相互作声,抓住双手,感知自己,转而运动、**舞蹈**。欢呼必定变成和谐、变成图景与意念的多样性。得当的尺度成为对主体性、任意性的克制。个体成为客观统一的环节。神灵如众神之母赛比利一样自己播鼓,它们平素悄悄、无意识地发力。神灵就这样自我享受,而人认为自己与它们同一。在**神灵进餐**时略过了这种享受,但神灵进餐深刻地表示无穷的痛楚、内心深处完全碎裂。上帝自我牺牲,献身自毁。上帝自身死了;这是遭上帝摒弃至深的绝望。

喜欢施洗约翰节前夕的篝火只消得到组织。在众山上大量点火。这是喜爱初火,那喜爱这样一种鲜活要素与宗教事务有何不同呢?因为这是喜爱它自身作为一种要素。这种喜爱必须自重、有意识地安排自己、使自己合法。只消把这种喜爱当真,它就是礼拜。但它不会得到如此对待。[564] 人在痛楚的宗教中蔑视其喜悦,摒弃喜悦意识。——希腊人则不同,他们甚至使进餐成为礼拜,亦即有意识、有意享受进餐。在我们处,无聊是家

---

① "这些滑头戏弄我们这些有几分幼稚者,我们相信一个死者已死。这是日尔曼尼娅的幽默。"

常便饭。社交聚会羞于进餐。没有人比希腊人更严肃、更快乐了。

以前,低微的民众阶层开除个别家人当成替罪羊,在后者身上落着拮据、悔罪和自己异化直至疯癫的负担,民众自己却自在出门,通过这些受害者给自己收买来和解。现在,民众却自己悔罪了。

宁可遭人强取千万、遭唾面、脚踹、挨揍,也不自愿给出百万、以伤人而自愿受伤:这是**德意志民族的气质**。以所费金钱与实物的十分之一、以千分之一的苦楚、以免除上一场战争让德国人付出的深重的耻辱的代价,他们可以通过所失的十分之九来阻止千分之九百九十九的苦楚,得到荣誉而非耻辱。但德国人[宁]愿认错赔罪、保持中立,亦即备受双方折磨,也不愿拥护一方。他们满足于还是置身事外。他们是欧洲的贵格会民族。他们任人夺走一切、夺走外套,而且出于好脾气,为了不板着脸,他们还给人上衣。若他们挨了一方、交战国一方一巴掌,他们就摆出姿势,也得挨另一方一下。正如德尔图良描写基督徒那样。

[565]　人们用事物的**情况**来指事情的**性质**。四条木腿、上面一块板,是一把椅子的情况,也就是椅子。

反对**暴利**的法律有必要性。因为个人不了解机会和那些有钱可借的个体,钱就显得比实际更稀有。国家则应知道这种对稀有程度的了解或者知道金钱数量。国家规定利息所增加的后果是,以为稀有程度更高、由此形成更高的利息,那种难堪会源出于这种后果。此外,正如关于是战是和、关于冰雹天气等等的任何谣言都会影响谷物价格,在金钱上,会出现相同的波动。正是这种变化不定推高了价格,因为售价更高或者至少不会更低的希望强于对对立面的恐惧,而那种希望导致惜售强于这种恐惧导致抛售。因而有必要对面包、肉等等**定价**。

情妇、妓女（Κουριδίη ἄλοχος）——此妇人不会因经常坐月子而精疲力竭——女奴隶们。——欲望持续的时间不同和男人的财富交换女人的魅力、生殖力和健康，这在欧洲人婚姻的神圣性上是一种失调，这种失调在一个民族中始终维持了无声的斗争、内在的不睦与放纵的弊端。①

没有一个国家像德国把每个奇想即刻变成普通之事，培养成每日偶像，而把竖立偶像推波助澜成招摇撞骗，而若把这种奇想约束在其界限内，它也同样快地遭遗忘，它本会结出的果实就失落了。由此，它在其相宜的程度上得到认识、估计与使用，[相反，]它以别的方式在其不当膨胀的同时缩水并且如所说的那样遭遗忘。 [566]

南德人诚实地翻印。北德人摘抄并重复相同内容；概要，有一章提前或挪后；甚至高端报纸亦如此。

我很清楚地记得，我在学术中游走有多久，我真的认为，彰显之事尚非一切。从如何行事的套话中，我推断出，本质尚居幕后，而大家会知晓的远多于他们所言，亦即为何拔高此等事情的精神与根据。在本该可以找到此事之处，总是说或做此事，似乎是人所共知之事，做寻常之事也就是恰当之事，我在彼处徒劳地寻找过，而找不到理由证明其正确，我发现，其实不会多于我可能领会之事，此外只有此事、这种充满信心的口吻、肆意与不自量力。

大家熟稔的博士**加尔**先生②令人极为惊讶地已经结束了一门课程，纯正博物学的一名爱好者建议，要求加尔先生再开一门课，因为由他的报

---

① 此警句只见于首印（参照第 592 页编者注）。希腊文措词意为"年轻的同房女人"。

② 弗朗茨·约瑟夫·加尔，1758—1828 年，颅相学创始人，巡回宣讲时为其学说作宣传，也前往耶拿。

告可知,他满腹经纶,总会给我们讲述新故事。目前他已经表示无意于

此,看来会以新活动更多表明他大脑空空。他将

1. 为了表现大脑而展示他光滑的皮肤;借助围裙代替帽子,借助两条裤子代替女士;

2. 展示尾骨神经的起源;

3. 指出大量新感觉,在女士身上除了跳舞意识还有缝纫意识和烹饪意识,在野小子身上指出打谷棒意识,在他人身上却指出招摇撞骗者意识,均不加思考;

4. 从孤儿院延请梳头女芭芭拉·施普吕茨拜恩,她以其对头颅熟练的操纵和她的经验将会对博士加尔先生有益。

有人澄清**时代**,有人在十四行诗中提升对它的感受,培养它、反映它、仰视它、膜拜它。时代对每个人都是**无花果树树干**(**truncus ficulnus**),人人都想以它的整体造出个水星;但魔鬼悄悄从他手中拿走**树干**(**truncus**),或者换个比喻,拿走勃朗峰花岗岩,只给他留下碴或者颗粒,人们若在灯下细看其成品,他只弄出个小得该死的小水星,而骂不够时代和魔鬼的恶劣,魔鬼只给他留下此类面包屑,就有大量小时代乱跑,大家对其描述均不同:扎尔茨曼的小时代、坎佩的小时代、牛痘小时代;——澄清之,使它成为纯净的以太,诸形态的星星以永恒的太阳之美从纯净的以太中间跳将出来。

德国文学杂志准则^①

［1807 年］

　　一般的目的是促进科学教育和美育,通过评论在德国出版的涉及科学与艺术的新著作,不属于工商阶层者均参与科学教育和美育。

　　甲)排除不包含书评的一切文章,因为其内容因杂志范围的不确定性而变得过于非均质,在杂志细节上,包含的关注过于受限,在杂志广泛性上,因样式贫乏而容易变得肤浅,包含^②的关注过少。

　　乙)评论不以文学认识为目的,也就不**完整**通告所有即将发表的著作,反正其他杂志也可能更多是许诺作通告而非确实予以^③通告。也就是有时有意略过不重要之事,有时略过不属于科学和文学作品之事;也就是排除经济、工艺学等学科。

　　丙)特殊、真正的科学、神学、法学等的**细目**若只能使专攻者感兴趣,同样不在本计划内。但遇有关于这些科学,还有关于医学、物理学、自然史、化学、数学、历史、语文学的**普及作品**时,可能不那么取决于其**内容**的是,对其评论是否符合本机构的目的,而取决于**此评论的风格**自身的是,一般的精神教育还有科学和品味是否由此得人心。 ［569］

　　丁)这些不会通过通常所谓书评和评论得到促进,由此只会描述一部著作,但并不深入其内容,由此,人们大致获悉,此书是好是坏,还有作者论述的作品,但并不探究事情自身且不与作者详谈。因而,**评论更多具**

---

① 手稿:普鲁士文化财产黑格尔遗物基金会。首版:《黑格尔全集》卷十七,1835 年。

② 手稿:"得到"。

③ 手稿:"作"。

有**研讨风格**,而非具有评论风格,研讨风格以作者的阐述为基础并且以此为依循。

戊)一部著作,无论其内容是经验性还是理论性的,只要它虽然显得有趣,但其内容的新颖之处尚不容真正的评判,就应**历史性地说明其内容**(分析),去除不当的羞愧,因为评论者自觉无力表明自己是已经对付了一切**知识**(scibili)、对一切所知高人一筹的大师,这种羞愧阻止言及此事,如[雅各布·约瑟夫·]温特尔的著作和某些其他著作那样,遇到那些著作,评论者自觉尚不能夸耀而还是不放弃这么做,意欲满足于作一分析,这种分析暂且向读者通报,受读者欢迎,常比判断更受欢迎;若只能在两者、分析与纯粹评论之间选择,肯定将是前者更受读者欢迎。

[570] 己)同样,那些评论无立足之地,它们意在向作者证明其著作以怎样的注意力得到阅读,除了一般的判断外,还有**与作者对话**,对其吹毛求疵、纠错,这些只在作者与评论者之间、但对任何第三者而言均无兴趣。总之,略去一切只应是评论者个人的意见,即使他摆出读者代表的姿态。

庚)而触及特定学科著作的根本内容,得到普遍关注,与这种关注对科学有益的程度相同。举个例子,若一篇评论探究一本书的准则,情况就会像保卢斯评《新约》①。在其他特殊的科学如法学中,同样与此相关的有自然法、国家法,还有学说汇撰体系、对刑法学的探究、**拿破仑法典**(Code Napoléon)等等。如医学中的系统性,如对各种疾病的卓见与才思敏捷的治疗,黄热病连同对其短暂的关注等等。物理学与化学中,明显与此相关的有此类著作,它们包含对科学的丰富。反正,古代文学自会引起有学养者关注;重要的是,给其开辟、方便此路,尤其通过降低为此作迂腐穷酸努力的价值和**神秘科学**(scientiae arcanae)的价值,某些从业者作出神秘科学的假象,但细究之下,表明神秘科学只是他们的怪念头和恣意妄为。

---

① 海因里希·埃伯哈德·戈特洛布·保卢斯:《对新约的语文学、校勘学与历史学评论……》,吕贝克,第1800页以下。

辛）当下，所有科学鉴于其概念和空洞无物而面临重生，这种空洞无物把科学内容变成单纯的材料，不加批判、无意识地使用它们通常根本不会具备的概念。理论方面与经验方面构成一种传统，这种传统不经细查 [571] 就作为早已得到证明之事、置于珍品中之事而得到传承。这种传统若非遭读者轻视，反正也已经让读者觉得无聊，尤其是评论界将其探究对准这种传统。恰恰通行之事、本身具有传统之事、被视为早就为人所知之事——一种旧货，使用这种旧货、还有仿佛传统的生活方式所导致的是，人们承认旧货，而始终在此事上继续言说者其实并不比天文学家更认真，若他们迁就于太阳围绕地球公转的陈词滥调——，恰恰这种沿袭之事最需要颠覆、投入使用，以至少激起惊奇、惊讶，并促人深思。

壬）这并非指深究诸科学在当下酝酿时的做派，这种做派从哲学出发覆盖了诸科学并把它们弄乱。部分程度上，为了战胜空洞无物的科学性，只需健全的人类知性，若健全的人类知性具有训练有素的可靠性，这种可靠性不会受那种貌似严肃的科学性迷惑也不会敬佩后者。部分程度上，那种哲理性的科学性本该是一种应用、本该是抽象理念过渡至特定内容、过渡至本真的科学——作为当下关心之事——，其实大部是空泛的形式主义，一知半解概念的不成熟的炮制品，浅薄、大多甚至幼稚可笑的奇想，既对哲学自身无知亦对科学无知，如——更确切地表示我所指之事——温迪施曼①、格雷斯②的气质，斯特芬斯的气质大部也是，还有《耶拿文学总汇报》尤其在其开始时作过的验证。这股粗野的林中洪流行将 [572] 使理性与科学迷惘，谢林在部分程度上说明并使用了这股粗野的林中洪流的手法与原则之后，现在郑重地开始舍弃它们，一种科学的评论尤其应抗拒其手法与原则。我们将由此帮助读者的本能，读者由最初惊讶过渡至对那种做派无所谓，我们将由此支持那种尊重，由于对哲学普遍有需求其实总还是把尊重献给哲学，我们将由此在因傲慢与不成熟而缄默、视而

---

① 卡尔·约瑟夫·希罗尼穆特·温迪施曼（1775—1839），德国医学家、神学家、哲学家、人类学家。——译者注

② 约翰·约瑟夫·冯·格雷斯（1776—1848），德国出版家、学者。——译者注

不见的所有有见识的朋友身上发现有兴趣,我们还将清理过于羞怯而不曾去审视的惊讶,这种惊讶因与那种扭捏作态相交织的普遍理念而对此有过尊重,我们将通过剔除不纯正之事而使它获得纯正之事。

癸)透彻探究、研讨**事情**自动包含的是,中庸、糟糕之事——若因任一考虑或因它所具有的非分要求而不得不说到它——不应希冀得到爱惜与宽容,而是听任所有反对的理由摆布并听凭才智与奇想的摆布,同样包含的是,依旧远离一切个人的、幸灾乐祸之事、源于想摩擦或想显摆这种**瘙痒症(pruritus)**的一切。关键是事情,其中也包含这点,即评论者想必宁愿——知性地——能够认定某事出色,而非不得不说相反的话,尤其因为恰如其分地阐明某事为何出色比找到缺陷更难;未及生发的赞赏与赞同得到的关注却与一味指责与挑剔所得到的一样少。真正热心于科学并作透彻探讨同样依旧不会成瘾,一名评论者某种程度上以为会因身份而
[573] 必定有瘾,以为总比已很聪明之事更聪明,遇有出色之事还会说明,本可以把它做得更好(由此在多数情况下会变得更糟),总之对一切所知都以为胜人一筹并摆出大师与判官的面孔,不再能说他从著作中学着采纳并由此意义来言说。

一言以蔽之,若既搁置个人顾忌,也搁置对传统不够亲近,亦搁置只是得到声称、保证、未及探究亦未及展开的单纯意见,洒脱地对待科学与品味之事,反对一切非分要求,严肃地断言科学与品味之事并探究根据,则一家这么做的机构由此在现有机构中大多出众,它不可能缺乏内在关注和在普通读者中的关注,普通读者的本能对恰当之事始终给予优先权,优先于他们暂且将就的糟糕之事。

关于**对外惯例**,我说明如下各点:

杂志按月出版一期,倾向于 12 印张而非 10 印张以下。

依销售份数与书商接触,这样假定 500 份或 750 份为确定的起点、最低印数。

领导部门由那些着手这家机构的那些人组成,在应作预告的著作、应

予延请的员工方面实施监督,应被视为整体的所有者。

身为、并且持久是领导部门成员的编辑经管书信往还、簿记与印刷等日常业务。

费用先从整体的收益中扣除,结余后确定酬金数量,给予编辑的并非 [574] 固定薪金,而是结余中一定的百分比、百分之十五至二十作为其劳务费。

出版社书店以零售价格优惠百分之二十至二十五提供书籍;评论者有权以零售价优惠百分之四十留存书籍,否则领导部门的财务部售出书籍。这些应计入成本。[书籍]虽经使用但对书店而言并非卖不出去,书店不能明确转让给本机构一册,亦可把它们作他用,就无任何佣金地再接受那些书籍。

1807 年 7 月开始。

谁抽象地思考①

[1807 年]

　　思考？抽象地？—Sauve qui peut! 能者自救！我已经听说受敌手收买的变节者如此宣布，他宣布此文为的是此处会言及形而上学。因为**形而上学**如同**抽象**一词、也近乎**思维**一词，是人人或多或少面对它如同面对身染病疫者一样唯恐避之不及的词②。

　　但此处要解释，何为思维、何为抽象，并非那么有恶意。对美好的世界而言，无法忍受的莫过于解释。若有人开始解释，我本人就觉得够受了，因为需要时，我自己就理解一切。此处对思维与抽象的解释反正就已经显得完全多余；因为恰恰只因为美好的世界已知何为抽象，它就避之不及。人们不渴求不了解之事，也不可能憎恨之。

　　也不会有意阴险地意欲让美好的世界与思维或者与抽象和解；比如，在轻松交谈的假象下，会夹带思维与抽象，结果不知不觉地，而且并未激起厌恶，思维与抽象［会］潜入社会，甚至会由社会无所觉察地把它拉进去，或者如施瓦本人所表述的那样，会扯进去，现在，这种纠葛的作者揭发了这个平素的生客，亦即抽象，全社会会在另一头衔下把它当老熟人来对待、承认。通过此类识别场景，世界会违愿地获得教训，此类识别场景自身有着不可原谅的错误，即它们同时让人羞愧，而操纵者意欲伴装小有名气，使得那种羞愧与这种虚荣抵消了效果，因为它们其实又踢开了以此代

---

①　手稿:普鲁士文化财产黑格尔遗物基金会。首版:《黑格尔全集》卷十七,1835 年。
②　《黑格尔全集》:"**思维**此词是"——手稿:"思维是词"。

价换来的教训。

编制这样一个计划反正就会遭破坏;因为为了实施这样一个计划,需要的是不预先说出谜语。但标题就已经做了这样的事;若此文考虑用此类诡计,在此标题中,谜面不得从一开始就露面,而是如喜剧中的部长,必须整出戏都穿着外衣游走,最后一场才解开外衣,让智慧之星闪露出来。解开形而上学的外衣于此根本不如解开部长外衣那样好看,因为前者暴露的不过会是一些言辞;因为玩笑最妙处其实应在于,表明社会早就有此事自身;它最终只赢得名气,而部长的星宿意味着较为实在之事、钱包。

何为思维,何为抽象——上流社会预设每个在场者都知道此事,而我们处于这样一个上流社会中。问题只是询问**谁**会是抽象地思考者。正如已经提醒过的,意图并非让它①与这些事物和解,苛求它忙于难事,告诫它,说它轻率地忽略了对具有理性者而言符合等级地位之事。其实意图是让美好世界与自身就此和解,只要它不对这种忽略感到亏心,但至少内心还是对抽象的思维有某种敬重如同敬重崇高之事而掉转目光,并非因为它觉得抽象思维过于微不足道,而是因为它觉得抽象思维太难理解,并非因为抽象思维过于庸常,而是过于高雅,或者反之,因为它觉得抽象思维是一个**种类**(**Espèce**)、特殊之事,人们不以此在一般社交圈中出众,如以新的盛装艳服而出众,而是人们其实以此自绝于社交圈或者使自己在社交圈中可笑,如同以寒服或者也以华服自绝于社交圈或者使自己在社交圈中可笑,哪怕华服由旧日镶嵌的珠宝或者尚如此富丽的刺绣组成,但早已令人费解了。

[577]

谁抽象地思考呢? 无教养者,而非有教养者。上流社交圈之所以不抽象地思考,因为过于容易,因为过于低级,低级并非根据外在等级,并非出于虚假的故作高雅,而是因为事情内在的无足轻重,这种故作高雅假装把它所不能之事置之度外。

对抽象思维的偏见与尊重大到嗅觉灵敏者于此会预先嗅到讽刺或嘲

① 手稿:"提醒过,它勿"。

弄;不过,因为他们是《晨报》①的读者,他们知道,有奖征集讽刺作品,我就会宁愿相信理应得奖,因而竞逐,而非此处就会尽我全力。

我只消为我的定律列举那些例子,人人会承认它们包含此定律。一名谋杀犯被带到刑场。对普通民众而言,他不过是个谋杀犯。夫人小姐 [578] 们或许评论说,他是个孔武有力、漂亮、有趣的男人。那些民众觉得这种评语可怕:什么,一个谋杀犯漂亮?思维怎么会这么差,称一个谋杀犯漂亮;你们大概也好不了多少!这是上等人中间普遍存在的伤风败俗,教士或许补充道,他了解事物的根据与人心。

善于识人者寻访犯罪者受教育的过程,在其往事中发现教养不良、父母家境糟糕②,此人有较轻微犯罪时,有某种非同寻常的严酷性使他怨恨世俗约定的制度,对这种制度最初的一种反作用,把他驱离这种制度,使他现在只有通过犯罪尚能自保。——可能有人若听说此类事情,会说:此人想为这个谋杀犯开脱!因为我记得年轻时听到[过]一名市长抱怨,写书人太过分了,试图根除基督教和正直;据说有个人为自杀写辩护词;可怕,太可怕了!——进一步追问使《维特的烦恼》得到了理解。

这意味着,如果抽象地想来,无非把谋杀犯看成这种抽象事物,即他是个谋杀犯,因这种简单的质而剔除他身上所有其余的人性本质。敏锐善感的莱比锡圈子截然不同。它给车磔的刑车和受车刑的罪犯抛撒、系 [579] 上花环。——这却又是相反的抽象。基督徒可能喜欢搞玫瑰十字架或者不如说十字架玫瑰,可能喜欢用玫瑰缠绕十字架。十字架是早就圣化的绞架和刑车。它失去了其片面的意义,即成为污名性惩罚的工具,相反,它了解对极其痛楚与至深摒弃的想象,连同最为可喜的欢乐与神性荣誉。而莱比锡[十字架]束以紫罗兰和虞美人,是科策比式的和解,是善感与糟糕之事的一种随便相处。

---

① 《有教养阶层晨报》,自 1807 年 1 月 1 日起出版;1807 年 1 月 2 日有奖征集讽刺作品,投寄截止日期 1807 年 7 月 1 日。

② 《黑格尔全集》:"在其往事中,在其所受教养中,家境糟糕"。

截然不同的是，我曾听说一个普通老妇、一个养老院妇人破坏了对谋杀犯的抽象，对他表示敬意，使他虽死犹生。砍下的头颅置于断头台上，而那时有日照；她说，可有多美，上帝的圣宠阳光使**宾德尔的**头颅闪闪发光！——你不配让阳光照耀你，人们对他们所气恼的一个无赖说。那名妇人看到谋杀犯的脑袋受阳光照射，那这事也还是值得的。她把他从断头台之罚升入上帝的阳光圣宠，并非通过她的紫罗兰和她的善感虚荣而完成和解，而是在更高级的阳光中看见他被纳入圣宠。

采购的女人对女摊贩说，老婆子，你的蛋坏了。什么，后者回答，我的蛋坏了？我觉得你糜烂呢！你这么说我的蛋？你？公路旁的虱子没把你爸吃掉，你妈没跟法国人跑掉，你奶奶没死在养老院里，——你用冒牌围巾给自己置办了一件完好的衬衫；人家知道得很清楚，你的这条围巾、你的帽子哪儿来的；若没有军官，现在某人不会如此打扮，而若夫人们更看重持家，某人会蹲班房，——把袜子上的洞补上吧！——简言之，女摊贩把采购的女人说得一无是处。她抽象地思考，而她根据围巾、帽子、衬衫等等，并根据手指和其他局部，也根据父亲和整个家族，把采购女人归入犯罪，只是采购的女人发现蛋坏了；她身上的一切完全染上了这些坏蛋的色彩，而女摊贩所说的那些军官——只要沾点边，有多可疑——，可能在她身上察觉的事物完全不同。 [580]

从女仆想到仆役，则糟糕的处境莫过于仆人受雇于一个身份和收入不高者。主人越高雅，仆人处境越好。常人又更抽象地思考，他对仆人摆谱，只把后者当仆人对待；常人坚持这种评价。仆人在法国人处感觉最好。高雅者对仆人不拘礼节，法国人甚至与仆人是好友；他们单独相处时，仆人吹牛说看过狄德罗的《宿命论者雅克及其主人》，主人不过拿出几撮烟草、看看钟，其余诸事听任仆人自便。高雅者知道，仆人不仅是仆人，而且还知道市面新闻，认识姑娘，工于心计；他就此询问仆人，而仆人可以说出所知之事、老板所问之事。在法国主人那里，仆人不仅可以这么做，而且还可以把谈资拿到桌面上，可以有自己的意见并加以坚持，而若主人想要什么，则不以命令，而是他先得对仆人细说他的意见，对仆人说好话,为的是让自己的意见占上风。

[581]　　军中出现相同的差异;在普鲁士①军队中,士兵可以挨揍,他就是贱民;因为有权挨揍者是贱民。所以,对军官而言,普通士兵被视为可揍主体的这种抽象概念,有制服和**剑饰**(**porte d'épée**)的主人就得与此打交道,而这种抽象概念存在,为的是听命于魔鬼。

———————————

① 《黑格尔全集》:"奥地利"。

黑格尔亲笔简历①

[1804年9月草稿]

　　本人格[奥尔格]·威[廉]·弗[里德里希]·黑[格尔]1770年8月27日生于斯图加特。父母格[奥尔格]·路[德维希]·黑格尔、财政署发送处咨议,克[里斯蒂娜]·路[易丝],婚前姓弗罗姆,设法既通过私人授课又通过斯图加特完全中学的教学使我在诸学科中接受教育,斯图加特完全中学教授古代语言和现代语言以及诸学科的基础知识。我18岁时由蒂宾根神学院录取。两年用于在施努雷尔门下学习语文学,在弗拉特、贝克门下学习哲学和数学,两年后,我成为哲学硕士,此后三年,在勒布雷、翁兰、施托尔和弗拉特门下学习神学,直至我通过斯图加特教会监理会主持的神学考试,以神学课程候补者身份得到录取;我按父母的愿望选择布道职位,出于爱好而坚守神学学业,为的是它与古典文学和哲学相连。我得到录取之后,在神学阶层职业种类中选择了那种职业,它与真正的职业工作无关、与布道职位的事务无关,既使我能有闲醉心于古代文学与哲学,也创造机会在别国在陌生情况下生活。我在伯尔尼和法兰克福 接受的两个家庭教师职位中找到了那类职业,其职业事务给了我足够的时间关注那门科学的进展,我使那门科学成为我毕生的使命。我在两个职位上度过六年之后,在家父死后,我决定完全献身于哲学,而关于地点,耶拿的名声不容他择,在彼处,我还同样会发现机会,还能最好地完善自

---

　　① 首版:诺尔:《黑格尔青年时代神学文集》,蒂宾根,1907年;亦见于《黑格尔书信往还集》卷四,第91页及下页。

己所从事之事,亦尝试教职。我于此撰写论述费希特哲学体系与谢林哲学体系差异、前者不足之处的著作,此后不久因我的博士论文《论行星轨道的哲学论文》(de orbitis planetarum)公开答辩而得到摄政者的允许。我与谢林教授共同出版两卷本《哲学批评杂志》,其中[由我编辑的有]:

引言;

普通人的知性如何看待哲学;

论新旧怀疑主义;

康德哲学、雅科比哲学与费希特哲学;

迄今为止对自然法的探讨。

三年来任哲学编外教授,我作了若干论述哲学的讲座,而我觉得去年冬天听者众多。公国矿物社团去岁接受我为第二助理,自然研究会新近接受我为其成员。

由于在多方面的研习中,哲学成为我的职业,所以,唯愿由最尊贵的摄政者提名为公职哲学教师。

编辑对第二卷的说明

除附录外,本卷包括所谓耶拿评论文集;它也可能名为《耶拿小册子》,因为除了(用拉丁文写就、因此排除在外的)高校任教资格论文《论行星轨道的哲学论文》(Dissertatio philosophica de Orbitis planetarum)(1801 年)外,它收集了黑格尔在耶拿时期发表的所有作品。这同时说明了它不包含什么:首先是于法兰克福开始、却在耶拿重新着手并完成的宪法著作,包含在第一卷中;然后主要是若干体系草稿和讲座手稿,它们仍未令人满意地得到编辑。有如下版本:

1. 《黑格尔首个体系》,由 H.埃伦贝格和 H.林克编选,海德堡 1915 年版;后以《耶拿逻辑、形而上学与自然哲学》之名由格奥尔格·拉松重新编辑(《哲学丛书》第 58 卷,莱比锡 1923 年版);

2. 《耶拿实在哲学》(一),由约翰内斯·霍夫迈斯特编选,《哲学丛书》66ᵇ 卷,莱比锡 1932 年版;

3. 《耶拿实在哲学》(二),由约翰内斯·霍夫迈斯特编选,《哲学丛书》第 67 卷,莱比锡 1931 年版。

最新的研究①证明,这些版本并未提供可靠的文本,未提供黑格尔体

---

① 尤其参见海因茨·基默勒:《黑格尔耶拿讲师工作文献》(1801—1807 年)与《黑格尔耶拿文集年表》,《黑格尔研究》卷四,波恩,1967 年,第 21 页以下与第 125 页以下。

系思想沿革的确切图景。虽然 1801 年由古斯塔夫·莫拉特首次编辑的《德性体系》(后来更为完整地由拉松编选在《政治与法哲学著作》中，《哲学丛书》第 144 卷，莱比锡 1913 年版)以完整的(哪怕也是未完成的)手稿为基础，但以其当时提供的文本形态也很成问题，局部甚至很混乱，新版之前必须重新尽力编辑。出于这些原因，除了放弃收入上述草稿和笔记，编辑部别无他法。

[585]

    《作品集》编选者相当任意地把耶拿时期的作品分在两卷中。在第一卷(《哲学论文》，由米舍莱编选，1832 年)中，有《费希特和谢林哲学体系的差异》和出自《哲学批评杂志》的《信仰与知识》，此外有该杂志上的文章《论自然哲学与一般哲学的关系》，但谢林旋即声索该文为己所有。(1844 年，该卷新版时，在《作品集》编选者中对此产生了争论，即是否该剔除该文。米舍莱引证黑格尔对他的口头声明而拒绝主要由亨宁所要求的剔除。)出自《哲学批评杂志》的其他作品在《作品集》第十六卷中(《杂集》(一)，由 F.弗尔斯特和 L.博曼编选，1834 年)。格洛克纳在为他负责的纪念版重新编排《作品集》时，把耶拿文集合并在第一卷中。——《作品集》中(还有纪念版中)不含出自《埃朗根文学报》的评论，拉松于 1909 年首次又使它们可供人使用(《黑格尔研究文集》，柏林，1909 年)。拉松后来于 1928 年(作为由他筹划的《黑格尔全集》第一卷)编辑了黑格尔的《最初印刷册》(《哲学丛书》第 62 卷)，它们基本上包含了也在本卷中发表之作。

    对这些文本所有新版都具有权威性的却是 1968 年出版的历史校勘版(《黑格尔全集》)第四卷：《耶拿评论文集》，由哈特穆特·布赫纳与奥托·珀格勒编选。该卷——连同《哲学批评杂志》影印版——一起为人所借重。此处提供的文本就基于首版。《黑格尔全集》版中异文(部分程度上编辑广为介入)未特意说明。

费希特与谢林哲学体系的差异 [586]

耶拿,塞德勒学术书店,1801 年,184 页

(基默勒①,第 15 号,1801 年 7 月底之前)

黑格尔 1801 年年初前往耶拿时,去了谢林处。与后者的关系决定了他在耶拿时期的思维,即使在关系变得尴尬时也一样。这种关系的首个佐证是《费希特与谢林哲学体系的差异》,其构思却可能追溯至前面在法兰克福的几个月。不确定的是何时落笔;估计在 1801 年春天、初夏(前言注明"1801 年 7 月")。8 月初,此作就已付梓,10 月印毕。——若不计卡特论战文章的匿名译文(第 1 卷)——这是黑格尔的首部出版物。

《埃朗根文学报》评论(1801—1802 年)

1.(评论:)《布特威克思辨哲学基础》;1801 年 9 月 15 日、16 日(基默勒第 17 号,1801 年 8 月 26 日或更早)

2.(通告:)《韦讷布尔格的两部著作》;1802 年 4 月 9 日(基默勒第 31 号,1802 年 3 月 26 日之前)

3.(评介:)《格斯特克对公正概念的演绎》;1802 年 4 月 28 日(基默勒第 32 号,1802 年 3 月 26 日之前)

4.(通告:)《克鲁格哲学新工具论提纲》;1802 年 6 月 4 日(基默勒第 33 号,1802 年 3 月 26 日之前)

《埃朗根文学报》自 1799 年初至 1802 年中出版,由 J. G. 莫伊泽尔(1799—1800 年)、G. E. A. 梅默尔(1800—1802 年)和 K. Ch. 朗斯多夫(1802 年)主编。自 1801 年起,它分为评介版、通告版与简讯版。黑格尔

---

① 海因茨·基默勒:《黑格尔耶拿文集年表》,出处同上,第 137 页以下几页;均注明基默勒目录上的号码和相关文本的日期标注(括号中的号码表示,文章不仅或者不确定是黑格尔所撰。)

[587]　因谢林的推荐而成为撰稿人。其——关于布特威克的——首篇评论于1801 年 8 月 26 日、论文答辩前一日寄给梅默尔(参见《黑格尔书信往还集》第一卷,第 63 页及下页)。半年之后(参见 1802 年 3 月 26 日信件,出处同上,第 66 页)继之以另三篇作品,还有对菲施哈贝尔论费希特的一部著作的评论(基默勒第 34 号),但未再发表于《文学报》上,显然散佚;在 3 月 26 日信件中预告过的对赫尔德的《论说上帝》的评论亦如此(基默勒第 35 号)。

《哲学批评杂志》文章(1802—1803 年)

《哲学批评杂志》1802—1803 年在蒂宾根的科塔出版社分两卷出版,各为三册,由谢林和黑格尔主编。在第二卷第三册(1803 年春)时,杂志停刊——未再作通告,因为尽管谢林离开了耶拿,起先考虑的是续办,未能到这一步,肯定不仅基于自 1803 年起两名编者在空间上的明显距离。——如下清单说明各期的内容与出版日期以及各篇文稿的署名与成文时间。

《哲学批评杂志》预告(在《埃朗根文学报》与其他杂志上,1801 年 12 月)——[黑格尔与谢林;基默勒第 24 号,1801 年 12 月]

第一卷第 1 册(1802 年 1 月)

引言:论哲学批判的本质……[黑格尔,由谢林协助;基默勒第 21 号,1801 年 11 月]

论绝对同一性体系及其与最新(莱因霍特)二元论的关系[谢林]

寻常人类知性如何看待哲学……

[黑格尔;基默勒第 22 号,1801 年 11 月]

简讯版:1. 本版的特别目的[黑格尔/谢林;基默勒第 23 号,1801 年 11 月末]

简讯版:2. 策特尔致斯克文茨信件[谢林]

第一卷第 2 册(1802 年 3 月)

怀疑论与哲学的关系……[黑格尔;基默勒第 27 号,1802 年 2 月中旬之前]

吕克特与魏斯[谢林,黑格尔协助;基默勒第 28 号,1802 年 2 月中旬 [588]以前]

简讯版:1. 费希特哲学的新发现[谢林]

简讯版:2. 巴伐利亚[黑格尔/谢林;基默勒第 29 号,1802 年 2 月中旬]

简讯版:3.(格丁根)[黑格尔/谢林;基默勒第 30 号,1802 年 2 月中旬]

第一卷第 3 册(1802 年秋印刷,但 11 月或者 12 月才连同第二卷第 2 册——也就是在第二卷第一册之后——才发行)

论自然哲学与一般哲学的关系[谢林,黑格尔协助;基默勒第 37 号,1802 年秋]

论哲学中的建构[谢林,黑格尔或许协助]

一些涉及自然哲学的著作的通告[谢林]

简讯版:甲　关于维莱先生尝试把康德哲学引入法国的简讯[谢林]

简讯版:乙　格丁根 I–III[黑格尔/谢林;基默勒第 38 号,1802 年秋]

第二卷第 1 册(1802 年 7 月)

信仰与知识[黑格尔;基默勒第 36 号,1802 年 7 月之前]

第二卷第 2 册(1803 年 11 月/12 月)

论对自然法作学术探讨的种类[黑格尔;基默勒第 41 号,1802 年 11 月之前]

第二卷第 3 册(1803 年 5 月/6 月)

自然法文章的续篇和结束

从哲学方面论但丁[谢林]

一些涉及自然哲学的著作的通告[谢林]

黑格尔 1801 年 12 月 30 日致函胡夫纳格尔(《黑格尔书信往还集》第一卷,第 65 页):"当下又有新东西付梓,即《哲学批评杂志》第一期,由我与谢林联手……主编,此杂志部分意在增加杂志数量,部分意在给非哲学的胡作非为设规矩定分寸;此杂志将使用的武器相当丰富;人家会将其称为棍棒、鞭子与响板;一切为了好事和天主之光荣(gloriae Dei);有时可能会有抱怨,但其实麻木不仁是必然的。"

[589]

黑格尔很晚才在该杂志项目中露面,或者确切地说:自 1798 年起,在谢林、费希特、施莱格尔兄弟、施莱尔马赫与莱因霍特这个圈子里,有若干其他项目先于该杂志项目;作为出版商,科塔与翁格尔参与其中。最终,尚寂寂无名的黑格尔作为谢林的联合主编亮相,原因不仅在于所述人群中的紧张关系,可能也是谢林策略性的一招。(卡罗琳于 1801 年 11 月 23 日自耶拿致函奥古斯特·威廉·施莱格尔:"谢林要我告诉你,他与黑格尔在科塔出版社出版一份评论性哲学杂志;你还不该告诉费希特,谢林想出乎意料地把第一册寄给他……")

谢林与黑格尔不仅是主编,他们还是杂志的作者——显然是独家作者。因为文稿未署名,只能推断各篇文章和简讯的作者身份;事实上,自黑格尔死后,作者身份颇有争议①,尤其从《论自然哲学与一般哲学的关系》、《吕克特与魏斯》和《论哲学中的建构》诸文来看。由于诺尔发表了黑格尔亲笔简历(本卷中第 582 页及下页),争议似乎定案了:黑格尔并未列举所述三篇文章为其文章。但因为只是一份(还是下落不明的)草稿,完全可以质疑清单的约束力和完整性。至少可以考虑黑格尔的合著者身份,而在自然哲学一文中,黑格尔的合著者身份甚至很有可能(正如述及的那样,黑格尔对米舍莱声索此文为己所有)。谢林与黑格尔在哲学上的密切合作恰恰在《哲学批评杂志》上导致某篇文稿事实上属于两人,无论他们确实合著该文,还是两人之一配合,激发或者编辑对方的

[590]

---

① 参见哈特穆特·布赫纳:《黑格尔与哲学批评杂志》,《黑格尔研究》卷三,波恩 1965 年版,第 95 页以下。

文章。

《哲学批评杂志》的预告就是黑格尔与谢林合写的;谢林明显参与了《论哲学批判的本质》的引言(据其自述不止于此;1838 年 10 月 31 日,他致函 Chr.H.魏瑟:"至于《哲学批评杂志》的引言……,(部分)是由 H.所写,然而多处以及主要想法是我的,不过,我眼下无法确指那许多处;可能没有不经我至少修订之处。")连简讯版也可能在很大程度上是合作成果,时而以黑格尔为主,时而以谢林为主。确定作者为黑格尔的文稿①有:

第一卷第 1 册引言:《论哲学批判的本质》(谢林协助)

第一卷第 1 册《寻常人类知性如何看待哲学》

第一卷第 2 册《怀疑论与哲学的关系》

第二卷第 1 册《信仰与知识》

第二卷第 2—3 册《论对自然法的探究种类》

如下文稿(简讯版)应归两位作者,但可能属于黑格尔的多于谢林的:

第一卷第 1 册《本版的特别目的》

第一卷第 2 册《巴伐利亚;格丁根》

第一卷第 3 册《格丁根 I—III》

本卷收入这些文本,但不收入论吕克特与魏斯的文章(第一卷第 2 册)、论自然哲学的文章(第一卷第 3 册)和论哲学中建构的文章(第一卷第 3 册),因为它们整体上更多指向谢林,不确定黑格尔是否参与。

附　　录

[591]

附录辑录了异文,它们不再能表明特征。尤其是前两段文本:

---

① 　参见 H.布赫纳,出处同上书与《黑格尔全集》卷四,汉堡 1968 年版,编辑报告第 540 页以下。

1. 黑格尔于 1801 年 8 月 27 日在其大学执教资格审查程序范围内为（有意作佯谬表述）作过答辩的**争议论题**(基默勒第 16 号,1801 年 8 月 23 日之前)；

2. 罗森克兰茨通报过的《神性三角残稿》(基默勒第 68 号,1804 年春),对罗森克兰茨而言,代表"体系的最初形态",其实却标志着黑格尔在作为体系思想家的道路上倒是值得注意的一站。所附黑格尔的插图(第 535 页;基默勒第 67 号)作为符号表现与残稿的异文不严格吻合,但应归入此语境。

3. 罗森克兰茨于 1842 年在《柯尼斯堡文学报》(第 31、第 32、第 38、第 42、第 43 期)上发表了出自黑格尔《札记》的箴言与笔记(1803—1806 年),并(不完整地)收入其黑格尔传记《警句》中。在彼处(第 198 页以下),他就此写道：

"……或许在思辨方面相对孤寂,黑格尔发现自己因谢林离开而被置于这种孤寂中,这种孤寂驱使他把各类反思、哲学书籍与自然科学书籍的摘录、亲力亲为的物理实验的记载杂乱无章地扔进他为此目的而给自己留着的一本小书……在这些摘选中,黑格尔表现得很消极,在有思辨内容的摘选中,他偶尔作赞同性或者否定性的评论。大量评语涉及哲学方法与时代的普遍不满。

若单独截取笔触各异、但以天才的原初性威力在瞬间冲动中迸出的这些《警句》,则其美令人惊讶。在玄妙的摘录与书名的方石间,它们萌[592] 芽为意义之花。这些残稿的每一份都是一个小整体,因其偶然性而具有表达上最大的确定性。不仅按内容、而且按措辞,这些残稿中也有许多化为《现象学前言》,虽然焕发出更为完美的光彩。黑格尔于其中愈益摆脱**片面的玄想**,谢林哲学开始退化成片面的玄想……"

若只是不完整地把这些格言收入黑格尔传记中,则在部分程度上是技术上的疏忽(《文学报》第 42 期依旧未得到顾及;本卷中为第 559—563

页),部分程度上却也是有意为之:第二部分格言(论希腊娈童恋,本卷第
540页)在发表后即激起反感,可能因此由罗森克兰茨剔除;出自最后一
期的一段格言可能同此命运,它未对婚姻的神圣性表示应有的敬意(第
565页)。①

4.《德国文学杂志准则》(首版:《黑格尔全集》卷十七,1835年;手
稿:普鲁士文化财产黑格尔遗物基金会;基默勒第82号,1807年2月/3
月号)。

在耶拿最后的岁月中(谢林与其他许多人已经离开耶拿),黑格尔也
谋求变换;他谋求去海德堡,同时谋求在那里创办一份评论性杂志。自
1805年起,尤其在其致尼特哈默尔的信件中,他反复言及海德堡杂志计
划。在海德堡当地,此项目得到诸如凯斯特讷与舍尔弗②的支持;人们鼓
励黑格尔表述其设想。所以,1807年春(可能在班贝格就)形成了《德国
文学杂志准则》。黑格尔的计划当然未及实现。他本人于3月1日接掌
了班贝格报编辑部,在海德堡,克罗伊策、道普等人于1807年末创办了
《海德堡文学年鉴》,1808年,邀请黑格尔参与。

5.《谁抽象地思考?》(首版:《黑格尔全集》卷十七,1835年;手稿:普
鲁士文化财产黑格尔遗物基金会③)。此文在黑格尔生前发表的情况不 [593]
为人知。罗森克兰茨把此文移至柏林时期,说黑格尔欲以此"娱乐社交
圈"。依霍夫迈斯特之见,此文归入耶拿时期。基默勒的手迹比对④却表

---

① 参见弗里德海尔姆·尼科林:《黑格尔耶拿时期不为人知的格言》,《黑格尔研究》
卷四,波恩1967年版,第9页以下。
② 弗朗茨·约瑟夫·舍尔弗(1778—1832),德国医学教授,谢林自然哲学的拥护
者。——译者注
③ 由安克·本霍尔特-汤姆森编辑,载于《黑格尔研究》卷五,波恩1969年版,第161
页以下。
④ 海因茨·基默勒,出处同上书,第173页及下页;亦参见安克·本霍尔特-汤姆森,
《黑格尔〈谁抽象地思考〉一文》,《黑格尔研究》卷五,波恩1969年版,第165页以下。

明,它可能在班贝格才形成(最早1807年4月至7月1日)。文中所提及的《有教养阶层晨报》有奖征集日期提供了依据(参见本卷第577页注)。

6.《黑格尔亲笔简历》(草稿,1804年9月)。首版:《黑格尔青年时期神学著作》,由H.诺尔编选,蒂宾根,1907年(手稿散佚)。此草稿与黑格尔申请获任为非教席教授有关。依诺尔之见,此函附在1804年9月29日致歌德的信中。——若确有誊清稿——却也可能呈送魏玛的部里了。

第20卷中编辑后记通报了一般的编辑原则。此处只作一些提示:
——正字法和标点符号均规范化、现代化;
——小改动不作说明(如改正明显的印刷错误),较重大的改动在脚注中指出;
——(尽可能)核对引言,(必要时)予以纠正;出入较大时(黑格尔惯于相当不拘原文地引用)不修正引言,而是置于单引号中而非双引号中;
——主要设想为阅读辅助的编辑附注放在方括号中;编辑说明在脚注中;用箭头表示参阅本版其他各卷。

重要术语与人名德汉对照及索引

（说明：下列页码为德文版《耶拿时期著作》的页码，见本书边码。）

411

责任编辑:安新文
装帧设计:薛　宇
责任校对:胡　佳

图书在版编目(CIP)数据

耶拿时期著作:1801~1807/[德]黑格尔 著;朱更生 译. —北京:人民
　出版社,2017.2
(黑格尔著作集;2)
ISBN 978 - 7 - 01 - 016021 - 4

Ⅰ.①耶…　Ⅱ.①黑…②朱…　Ⅲ.①黑格尔,G.W.F(1770~1831)-
哲学思想　Ⅳ.①B516.35

中国版本图书馆 CIP 数据核字(2016)第 071129 号

耶拿时期著作
YENA SHIQI ZHUZUO

[德]黑格尔 著　　朱更生 译

人民出版社 出版发行
(100706　北京市东城区隆福寺街 99 号)

北京新华印刷有限公司印刷　新华书店经销

2017 年 2 月第 1 版　2017 年 2 月北京第 1 次印刷
开本:710 毫米×1000 毫米 1/16　印张:27.5
字数:390 千字　印数:0,001-5,000 册

ISBN 978 - 7 - 01 - 016021 - 4　定价:68.00 元

邮购地址 100706　北京市东城区隆福寺街 99 号
人民东方图书销售中心　电话 (010)65250042　65289539

版权所有·侵权必究
凡购买本社图书,如有印制质量问题,我社负责调换。
服务电话:(010)65250042